Erwin Gatz

Roma Christiana
Ein kunst- und kulturgeschichtlicher Führer
über den Vatikan und die Stadt Rom

Erwin Gatz

Roma Christiana

Ein kunst- und kulturgeschichtlicher Führer über den **Vatikan** und die **Stadt Rom**

SCHNELL + STEINER

Bibliografische Informationen Der Deutschen Bibliothek
Die Deutsche Bibliothek verzeichnet diese Publikation
in der Deutschen Nationalbibliografie;
detaillierte bibliografische Daten sind im Internet über
http://dnb.ddb.de abrufbar.

2. verbesserte Auflage 2003

Gestaltung: Sibylle Glinz/Raoul Heiler, Regensburg
Fotos: Stefan Meier, Città del Vaticano/Giorgio Vasari, Rom
Satz, Lithoherstellung: Visuelle Medientechnik GmbH,
Regensburg
Druck: Erhardi Druck GmbH, Regensburg
Printed in Germany – ISBN 3-7954-1577-2

1 Vorwort

Der Zug der Deutschen in den Süden und insbesondere nach Rom ist ungebrochen. In den letzten Jahren sollen jeweils 600 000 die Ewige Stadt besucht haben. Wer selbst schon einmal als Besucher in Rom war oder längere Zeit hier lebte, weiß, daß diese Stadt tatsächlich nicht ihresgleichen hat und Pilger, Kunstfreunde sowie andere Reisende immer wieder in ihren Bann schlägt. Für viele wurde und wird die Begegnung mit ihr zum prägenden Erlebnis. Rom ist die älteste ununterbrochen bestehende Stadt der Welt und die Monumente der römischen Antike sind hier in einer Dichte erhalten wie sonst nirgends. Mit ihnen ist das christlich geprägte Rom des Mittelalters und der Neuzeit eine untrennbare Verbindung eingegangen. Als Rektor des Campo Santo Teutonico bei St. Peter habe ich mich seit über zwei Jahrzehnten mit den Teilnehmern vieler Romseminare darum bemüht, in die Geschichte des Papsttums und der von ihm mitgestalteten „Ewigen Stadt" einzudringen. Als Frucht lege ich nun diesen Führer zum christlichen Rom vor. Er will den Zugang zu dessen wichtigsten Denkmälern und Kunstwerken sowie zu zentralen Fragen der Kirchen- und Kunstgeschichte erschließen, wobei das antike Rom natürlich nicht ausgeschlossen bleibt, denn kirchen- und kulturgeschichtlich hat die westliche Welt römisches Blut in ihren Adern. Im Mittelpunkt stehen dabei der Vatikan mit St. Peter und dem Borgo sowie die großen Kirchen und die Katakomben. Die einzelnen Stadtteile werden auf acht Rundgängen erschlossen. Ein Ausflug führt nach Castelgandolfo. Präzise Texte verbinden sich dabei mit exzellenten Fotos, mit Graphiken und Karten zu einer Einheit, die den Besuch der Stadt oder die Erinnerung daran zu einem neuen Erlebnis werden läßt.

Der Rombesucher trifft auf eine Bilderfülle, die in krassem Gegensatz zur frühchristlichen Bildlosigkeit steht. Dabei wird nicht nur die Hl. Schrift ins Bild gesetzt, sondern auch die Geschichte der Christenheit erzählt. Einen Bildersturm wie in den Kirchen des Ostens oder der Reformation hat es hier nie gegeben. Manche Bilder sind freilich dem heutigen Besucher fremd. Das gilt an erster Stelle für die zahlreichen echten und unechten Reliquien, die dem christlichen Kunstschaffen so große Impulse gaben. Der christlich verankerte Reisende wird sich daran nicht stören, sondern sich an den Schönheiten der Stadt erfreuen und hinter den Legenden das Eigentliche finden. Diesbezüglich gilt noch immer, womit Papst Nikolaus V. (1447 – 55) den Ausbau des Vatikans begründete: Die Schönheit und Größe des christlichen Glaubens soll nicht nur in Worten, sondern sie muß auch in Bildern dargestellt werden.

Erwin Gatz

Der erhöhte Christus mit Schriftrolle und im Redegestus auf den Wolken des Himmels. Apsismosaik in SS. Cosma e Damiano (6. Jh.).

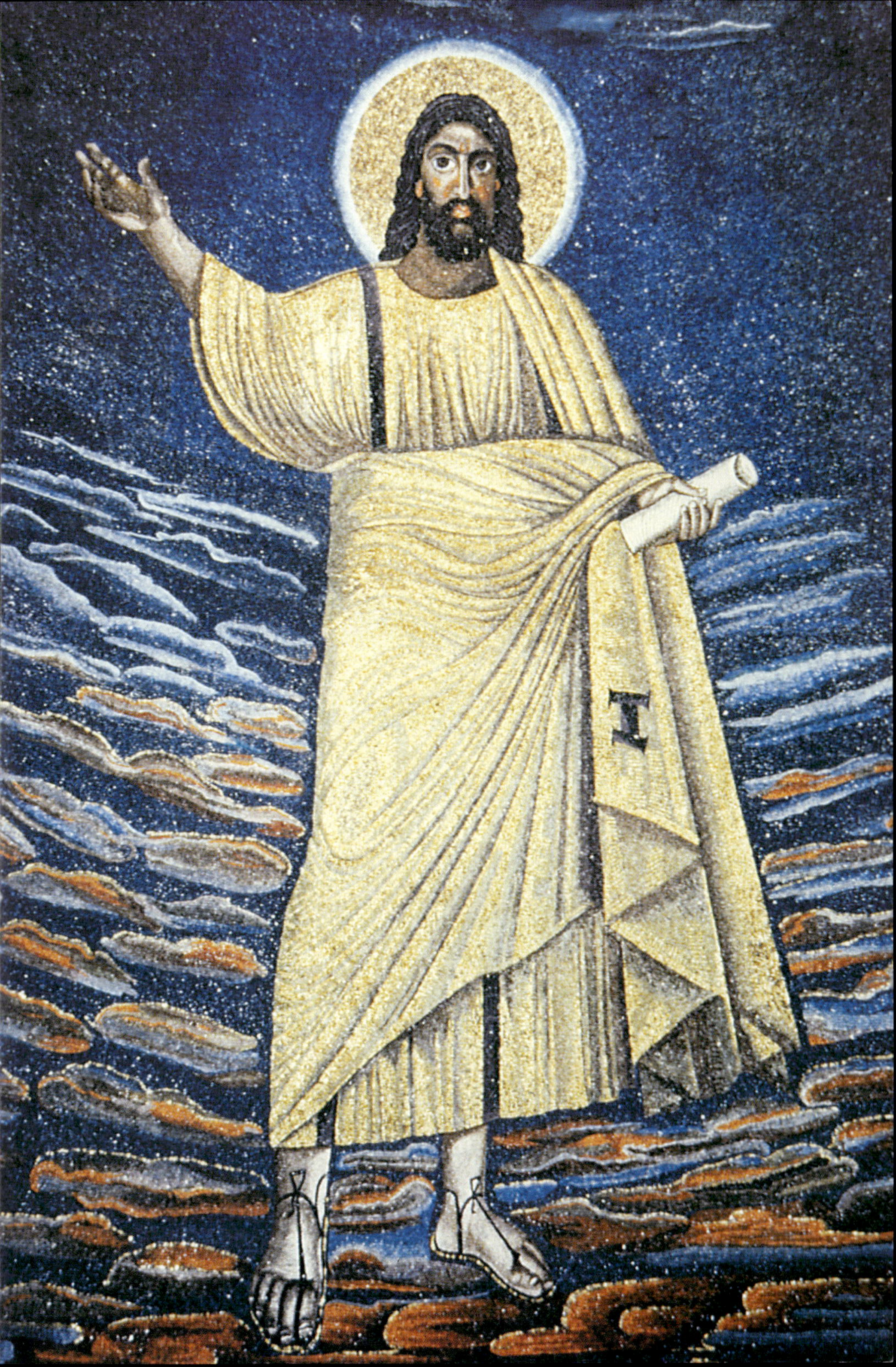

Inhalt

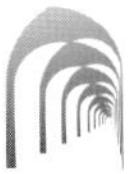

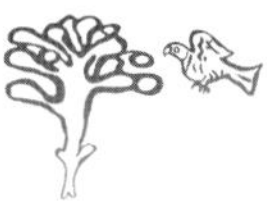

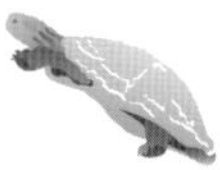

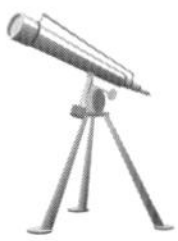

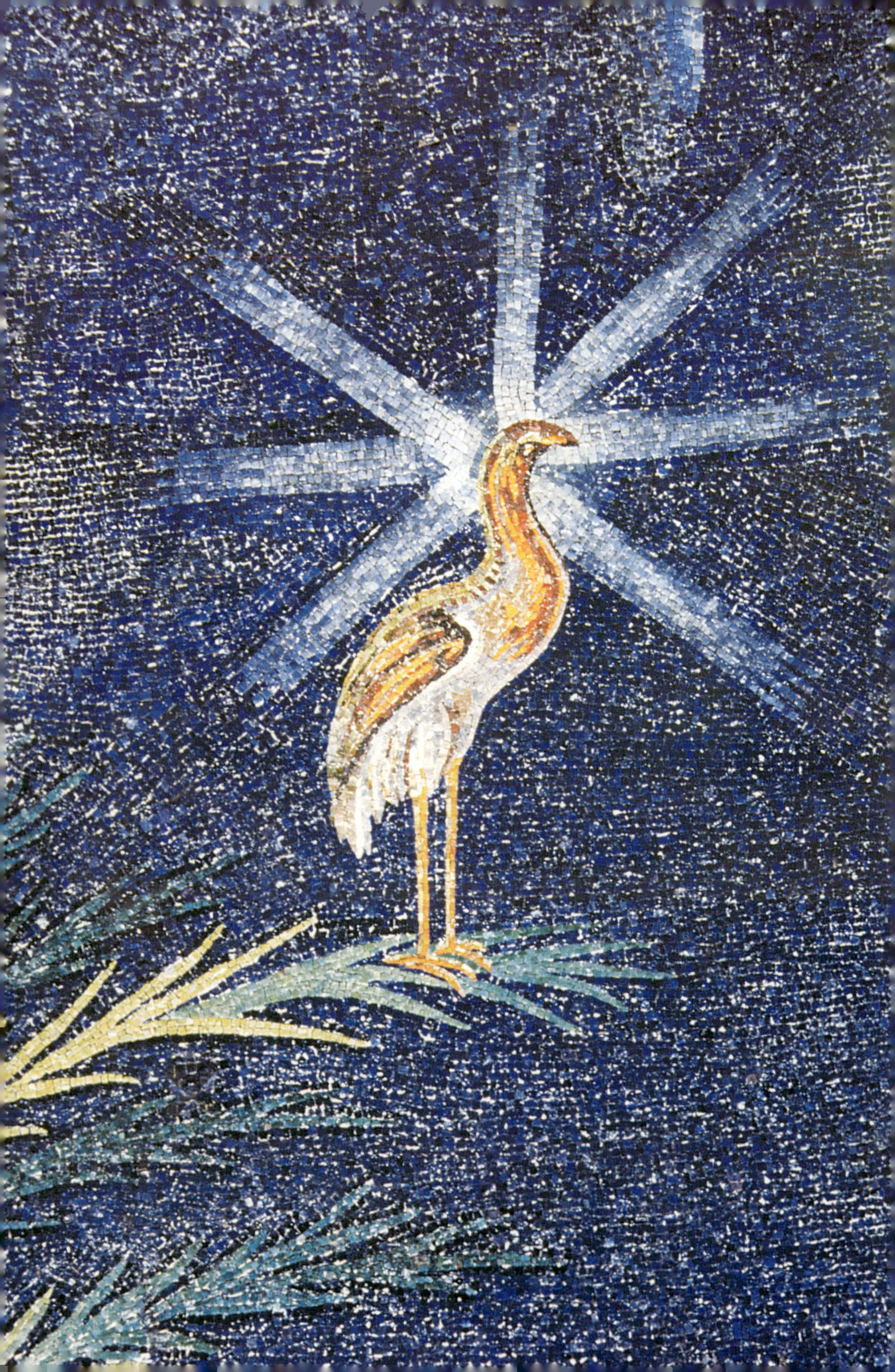

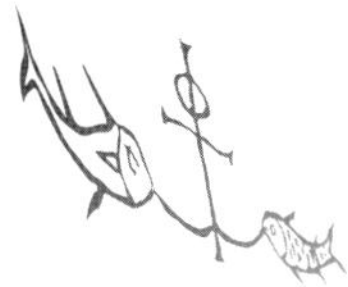

2 Zur Bedeutung Roms für die Christenheit

Rom ist seit 1871 die Hauptstadt Italiens (1997 ca. 3 Millionen Einwohner). Es ist aber mit dem Vatikan zugleich Sitz des Papstes und Zentrum der katholischen Christenheit. Nach der antiken Tradition gründete Romulus die Stadt im Jahre 753 v. Chr. Sie erlebte sowohl Zeiten großer Blüte (um 50 v. Chr. zählte sie mindestens 500 000 Einwohner) wie auch Tiefen (um 1400 zählte sie nur 20 000 Einwohner). Ihre städtische Kontinuität brach nie ab. Sie ist die älteste ununterbrochen bestehende Stadt der Welt.

Nachdem Rom seit dem 4. Jh. v. Chr. zur führenden Macht Mittelitaliens und nach den Punischen Kriegen auch zur Vormacht des Mittelmeeres aufgestiegen war, entwickelte es ein ausgeprägtes Sendungsbewußtsein. Einen Höhepunkt erreichte dieses in der langen Friedenszeit unter Kaiser Augustus (27 v. Chr. – 14 n. Chr.). Damals formte der Dichter Vergil in der Äneis die Romidee literarisch. Danach bildete die römische Geschichte die Erfüllung eines göttlichen Ordnungsplanes. Nach der Hinwendung Konstantins d. Gr. (306 – 337) zum Christentum (313) und der Gründung der neuen Hauptstadt Konstantinopel (326) fand die antike Romidee kurz vor dem Verbot der heidnischen Kulte durch Kaiser Theodosius d. Gr. (379 – 395) (392) noch einmal einen Vertreter im Stadtpräfekten Symmachus. Diesem war bewußt, daß sich das politische Zentrum des Imperiums längst in den Osten verlagert hatte, doch wollte er Rom als sakrales und kulturelles Zentrum erhalten.

In dieser ihrer selbst gewissen Weltstadt bildete sich seit der Mitte des 1. Jh.s eine christliche Gemeinde als zunächst nur eine unter den vielen religiösen Gruppierungen in der Stadt. Der spätere Vorrang Roms innerhalb der Kirche beruhte nicht auf der Übernahme der vorchristlichen Romidee und jenes römischen Führungsanspruchs, der sich im Anspruch auf Ewigkeit äußerte – der Begriff „Ewige Stadt“ ist vorchristlich! – sondern auf dem Umstand, daß hier Petrus und Paulus predigten und starben. Mindestens seit der Mitte des 3. Jh.s wurde in

Der auf einer Palme sitzende Phönix, in seiner Selbstaufopferung und dem Wiederauferstehen aus der Asche Gleichnis Christi. Apsismosaik von SS. Cosma e Damiano (6. Jh.).

Rom das Gedenken an beide Apostel gemeinsam gefeiert. Nach heutigem Kenntnisstand ist es sicher, daß beide in Rom wirkten und starben; es ist jedoch unwahrscheinlich, daß sie sich hier persönlich begegneten. Über das Verhältnis beider zueinander und ihre Begegnungen in Jerusalem und Antiochien berichten dagegen die paulinischen Briefe. Danach gab es zwischen ihnen wegen der Behandlung der aus dem Heidentum kommenden Christen Auseinandersetzungen, jedoch kein dauerhaftes Zerwürfnis. Schon die frühe Christenheit war der Überzeugung, daß beide Apostel trotz ihrer unterschiedlichen Positionen in Harmonie für die gemeinsame Kirche handelten. Im allgemeinen Bewußtsein trat freilich Paulus allmählich hinter Petrus zurück. Dies hing mit dem Aufstieg des Papsttums und der Päpste als Inhaber des Petrusamtes zusammen. Als die Papstresidenz im 15. Jh. vom Lateran an den Vatikan und damit an das Petersgrab verlegt wurde, erhielt die Petrusverehrung zusätzliches Gewicht.

Die Kirche von Rom war sich früh bewußt, daß sie aufgrund der apostolischen Nachfolge eine Führungsrolle für die Christenheit besaß, und die anderen Kirchen haben auch allgemein diesen Vorrang anerkannt. Damit ging die Verchristlichung des Romgedankens einher, und während die Stadt seit der Verlegung der Kaiserresidenz nach Konstantinopel und den Stürmen der Völkerwanderung ihr politisches und wirtschaftliches Gewicht verlor, gewann sie es durch den Aufstieg des Papsttums auf anderem Gebiet zurück. Das christliche Rom wuchs dabei in die antiken Traditionen hinein und das Papsttum verchristlichte den römisch-imperialen Reichs- und Kulturgedanken. Dies kommt in einem berühmten Vergleich zum Ausdruck, den Papst Leo I. d. Gr. (440 – 461) in einer Predigt zum Apostelfest Peter und Paul ausführte. Darin stellte er die beiden Apostel dem mythischen Brüderpaar Romulus und Remus gegenüber. Während aber Romulus seinen Bruder erschlug, herrschte zwischen den Aposteln und Gründern des christlichen Rom trotz ihrer Meinungsverschiedenheiten Einvernehmen (concordia). Das wurde am Fest Peter und Paul gefeiert, fand aber auch seinen künstlerischen Ausdruck, so z.B. auf Goldgläsern, den Böden vornehmer Trinkgefäße, wie sie sich in großer Zahl in den Katakomben erhalten haben und in den Vatikanischen Museen aufbewahrt werden. Auch auf den römischen Apsismosaiken der Spätantike und des frühen Mittelalters sind Petrus und Paulus, meist als Begleitfiguren zu Christus, gemeinsam dargestellt.

Die Entwicklung und Bedeutung Roms war seit dem frühen Mittelalter eng mit der des Papsttums verbunden, das immer mehr an die Spitze der abendländischen Christenheit trat. Die ökumenischen Konzilien des ersten Jahrtausends fanden dagegen ausnahmslos im Osten des Imperiums statt, von dem die römische Kirche sich 1054 trennte. Den Päpsten gelang es, seit dem frühen Mittelalter einen Kirchenstaat aufzubauen, der ihnen trotz aller damit verbundenen Probleme eine relativ große Unabhängigkeit sicherte. Das wird vor allem bei einem Vergleich mit den Patriarchen von Konstantinopel deutlich, die unter dem oft erdrückenden Einfluß des Kaiserhofes standen. Gregor I. d. Gr. (590 – 604) ergriff ferner durch die Entsendung von Missionaren nach England (596) als erster Papst die Initiative für die Ausbreitung des Christentums. Dadurch wirkte er dem drohenden Zerfall der abendländischen Christenheit in eine Vielzahl von Landeskirchen unter königlicher Führung entgegen. Von England her erfolgte dann wiederum jener Missionsvorstoß ins Fränkische Reich, durch das dieses eng an die römische Kirche angeschlossen wurde. Die Romorientierung der westlichen Christenheit fand ihren Ausdruck in der nun einsetzenden Romwallfahrt. Deren Ziel waren die Gräber der Märtyrer. Die Wallfahrt blieb seitdem ein zentrales Motiv der Romfahrt. Das von den Langobarden und später vom stadtrömischen Adel bedrängte Papsttum lehnte sich umgekehrt an das Fränkische Reich an. Dieser Prozeß erfuhr seinen Höhepunkt in der Kaiserkrönung Karls d. Gr. (800 – 814) durch Papst Leo III. am Weihnachtsfest 800 im Petersdom.

Mit der Gründung des abendländischen Kaisertums kam es zu einem neuen Motiv für die Romfahrt, denn seitdem zogen bis ins 15. Jh. insgesamt 18 deutsche Könige nach Rom, um sich durch den Papst zum Kaiser krönen zu lassen. Der hohe Stellenwert der Stadt im Bewußtsein der westlichen Christenheit zeigte sich auch darin, daß sie von Rom mit dem Christentum auch dessen kulturelle Grundlagen übernahm. Aus der Verschmelzung von Christentum, römisch-lateinischer Tradition und Germanentum entstand das christliche Abendland. Die Wertschätzung der Stadt der Apostelfürsten und des Papstes zeigte sich ferner im Verlangen nach Reliquien römischer Märtyrer und in der Nachahmung Roms. Danach strebten die kaiserlichen Residenzstädte Antiochien, Mailand und Trier, vor allem aber Konstantinopel, das sich als „Zweites Rom“ verstand. Nach dem Fall Konstantinopels an die Türken (1453) erhob Moskau den Anspruch, „Drittes Rom“ zu sein. Noch weit bis ins Mittelalter erwies sich der Abbildgedanke als so wirkmächtig, daß auch Aachen, Konstanz, Trier und Bamberg Kirchen auf „sieben Hügeln“ errichteten, um dem römischen Vorbild nachzueifern.

Neben die Wallfahrt und die Krönungsfahrt trat seit dem Aufstieg des Papsttums zu gesamteuropäischer Bedeutung (13. Jh.), dem damit zusammenhängenden Ausbau der Kurie und des anwachsenden Geschäftsverkehrs ein weiteres Motiv für die Romreise, das immer mehr Romreisen erforderlich machte. Daß daneben auch die Wallfahrt nicht zurückfiel, zeigte sich im Aufkommen der Heiligen Jahre. Das erste dieser Pilgerjahre wurde 1300 gefeiert. Rom blieb als Pilgerziel auch von Bedeutung, als die Päpste während des 14. Jh.s in Frankreich residierten, doch erlebte die Stadt damals einen Tiefpunkt ihrer Geschichte. Neuer Aufschwung erfolgte nach der Beilegung des Großen Abendländischen Schismas und der Rückkehr der Päpste im 15. Jh. Die Stadt nahm damals Zuwanderer aus allen europäischen Nationen auf und wurde im Zeitalter der Renais-

Ausrufung des ersten Heiligen Jahres 1300 durch Bonifaz VIII. Fresko von Giotto (?) in der Laterankirche.

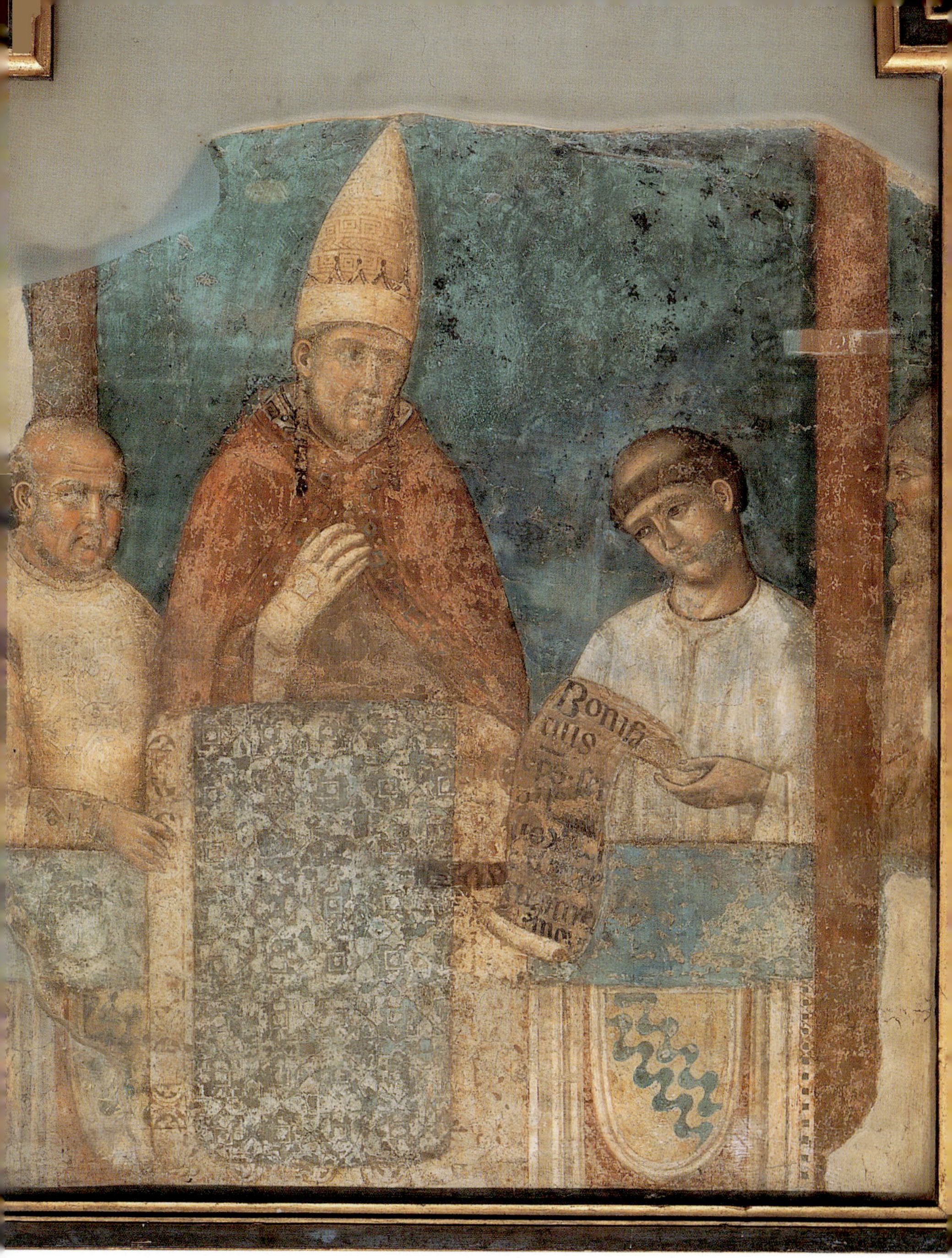

sance wieder zu einem kulturellen Zentrum. Nachdem dann die Krise des Papsttums zu Beginn des 16. Jh.s und die Ausbreitung der Reformation eine weitere Romkrise ausgelöst hatten, erholte die Stadt sich nach dem Konzil von Trient (1545 – 63) und den Erfolgen der Katholischen Reform. In religiöser Hinsicht bildete sie freilich nur noch den Bezugspunkt für den bei der alten Kirche gebliebenen Teil der westlichen Christenheit. Das zeigte sich schlagartig in der Reaktion auf die 1582 von Papst Gregor XIII. (1572 – 85) durchgeführte Reform des weltlichen Kalenders. Dieser wurde von den katholisch gebliebenen Ländern sofort, von den zur Reformation übergegangenen Ländern dagegen nur mit großer Verspätung und von der Orthodoxie bis heute noch nicht übernommen. Rom war seit dem 17. Jh. nicht nur das Zentrum der katholischen nachtridentinischen Konfessionskirche, sondern es bewies als barocke Metropole eine große Ausstrahlung über diese hinaus. Das spielte bei der spektakulären Konversion der Königin Christine von Schweden (1626 – 89) zum Katholizismus (1654/55) und ihrer Übersiedlung nach Rom eine Rolle. Im Zeitalter der Aufklärung zeigte sich dann jedoch unverkennbar eine Säkularisierung des Romgedankens. An die Stelle der Pilgerfahrt trat nun immer mehr die Kunstreise, und während die Stadt von ungebrochener kultureller Ausstrahlung blieb, verblaßte ihre kirchliche Bedeutung.

Im 19. Jh. erfuhr Rom nach der Niederlage Napoleons eine Aufwertung als Symbol der legitimen Ordnung gegen revolutionäre Bestrebungen. Angesichts der in den meisten Staaten herrschenden staatlichen Kirchenhoheit erschien nun das Papsttum als Garant kirchlicher Freiheit. Daraus erwuchsen die romzentrierte („ultramontane“) Frömmigkeit und die „Katholische Bewegung“, die sich mit Unterstützung des Papsttums in den einzelnen Ländern um kirchliche Selbstbestimmung bemühte. Auf dem Hintergrund dieses Ringens um Freiheit und Abgrenzung gegenüber staatlicher Bevormundung kam es zur Einberufung des Ersten Vatikanischen Konzils (1869/70) und zur Definition der Dogmen vom päpstlichen Universalepiskopat und der päpstlichen Unfehlbarkeit, die die Geschlossenheit des Katholizismus mit dem Autoritätsprinzip betonten und die päpstliche Gewalt zu einer bis dahin unbekannten Höhe steigerten. Infolge der erleichterten Reisemöglichkeit (1848 erste Bahnverbindung zum Hafen Civitavecchia) kamen jetzt mehr Reisende und Pilger nach Rom als je zuvor. Sie besuchten die christlichen Erinnerungsstätten, namentlich die wiederentdeckten Katakomben, suchten aber auch die Begegnung mit den Päpsten, die immer mehr Besucher in Audienz empfingen. Dies wurde durch den Untergang des Kirchenstaates (1870), nach dem Pius IX. (1846 – 78) sich zum „Gefangenen im Vatikan" erklärte, noch gesteigert. Lediglich die Weltkriege brachten Unterbrechungen. Eine neuerliche Steigerung der katholischen Romorientierung brachten das Zweite Vatikanische Konzil mit der Internationalisierung der Kurie und den zur Normalität werdenden Konsultationen – bis weit ins 19. Jh. hinein waren Reisen der Bischöfe nach Rom dagegen eine Seltenheit gewesen – aber auch dem Aufkommen des Massentourismus. Paul VI. (1963 – 78) trug dem Rechnung, indem er 1964 – 71 durch den angesehenen Architekten Pier Luigi Nervi (1891 – 1979) eine Audienzhalle erbauen ließ. Kennzeichnend für die neuere Entwicklung ist die Zunahme von Kurzaufenthalten anstelle der früher längeren Verweildauer. Rom bietet auch dem nur kurze Zeit hier verweilenden Reisenden und Pilger aufgrund seiner beispiellosen Dichte christlicher Kunst und der hier greifbaren Realität der weltumspannend gewordenen Kirche faszinierende Begegnungen.

Rom ist jedoch nicht nur als Sitz des Papsttums und der Kurie Zentrum der katholischen Christenheit, sondern auch – und das wird oft übersehen – weil fast alle großen Orden hier ihre Generalate mit ihrer Führungsspitze besitzen. Die Orden sind von außerordentlich großer Vielfalt. Man kann sie grob in die aus benediktinischer Wurzel hervorgegangenen Orden (Benediktiner, Zisterzienser, Mechitaristen, Trappisten u. a.), die Chorherren (Augustiner-Chorherren, Prämonstratenser u. a.), die Bettelorden oder Mendikanten (Franziskaner, Dominikaner, Augustinereremiten, Karmeliter u. a.), die nachtridentinischen Reformorden (vor allem die Jesuiten) und die neuzeitlichen, oft für Spezialaufgaben gegründeten Kongregationen (z. B. Palottiner, Salesianer, Steyler Missionare) unterscheiden. Ende 1995 gab es weltweit 262 418 Diözesan- und 142 332 Ordenspriester. Während die Diözesanpriester jeweils einem Bistum angehören und dort arbeiten, es sei denn, sie werden von ihrem Bischof für andere Aufgaben freigestellt, gehören die Ordenspriester einer Abtei oder einer Ordensprovinz an. Die aus benediktinischer Wurzel gewachsenen Orden sind in Abteien oder Prioraten gegliedert. Ihre Mitglieder sind ortsgebunden und nur in Ausnahmefällen versetzbar. Sie haben durchweg in Rom eine Vertretung, so der Benediktinerorden mit seinem Abt-Primas, der seinen Sitz bei S. Anselmo hat. Streng zentralisiert sind die Bettelorden. Sie heißen so, weil sie im Gegensatz zu den benediktinischen Gründungen nie landwirtschaftliche Güter besaßen, sondern von dem lebten, was die Gläubigen ihnen spendeten. Diese apostolisch tätigen Orden tragen teilweise demokratische Züge. Ihre Oberen werden nur auf Zeit gewählt. Wesentlich straffer noch sind die neuzeitlichen Seelsorgeorden organisiert. Das gilt besonders für die Jesuiten. Deren General unterstehen z. B. weltweit ca. 22 000 Jesuiten. Das ist weit mehr, als die priesterreichsten Diözesen der Welt (z. B. Mailand: ca. 2300 Diözesanpriester) besitzen. Es liegt auf der Hand, daß die Ordensleitungen, deren Mitglieder weltweit tätig sind, nicht nur über großen Einfluß verfügen, sondern daß sie auch oft hervorragend über die Entwicklung in den verschiedenen Ländern und besonders auch in den Problemregionen informiert sind. Neben den Männerorden sind auch die Frauenorden nicht zu unterschätzen. Ende 1995 gab es weltweit 837 960 Ordensfrauen.

Über sie ist ein Überblick schwerer als über die Männerorden zu gewinnen, weil viele dieser Gemeinschaften klein sind. Manche besitzen ebenfalls in Rom ihr Generalat. Die Ordensfrauen fallen optisch stärker auf, weil sie im allgemeinen ihre Ordenskleidung beibehalten haben, während viele Priester nur noch im Dienst an einer besonderen Kleidung zu erkennen sind.

Neben der Kurie und den Ordenszentralen ist Rom für die katholische Christenheit aber auch ein wichtiges Studienzentrum mit 1997 acht kirchlichen Hochschulen, ca. 1000 Professoren, ca. 10 000 Studenten, zahlreichen Fachinstituten, Bibliotheken und Zeitschriften. Da viele Priester aus aller Welt hier studieren, ist Italienisch als internationale Verkehrssprache für die Kirche von großer Bedeutung. Daneben werden das Englische und auch das Spanische immer bedeutender. Die deutsche Sprache ist vor allem wegen der deutschen wissenschaftlichen Theologie immer noch wichtig. In den römischen Kollegien des Germanikums, der Anima und des Campo Santo kommen auch viele nichtdeutsche Theologiestudenten mit der deutschen Kirche und Kultur in Kontakt.

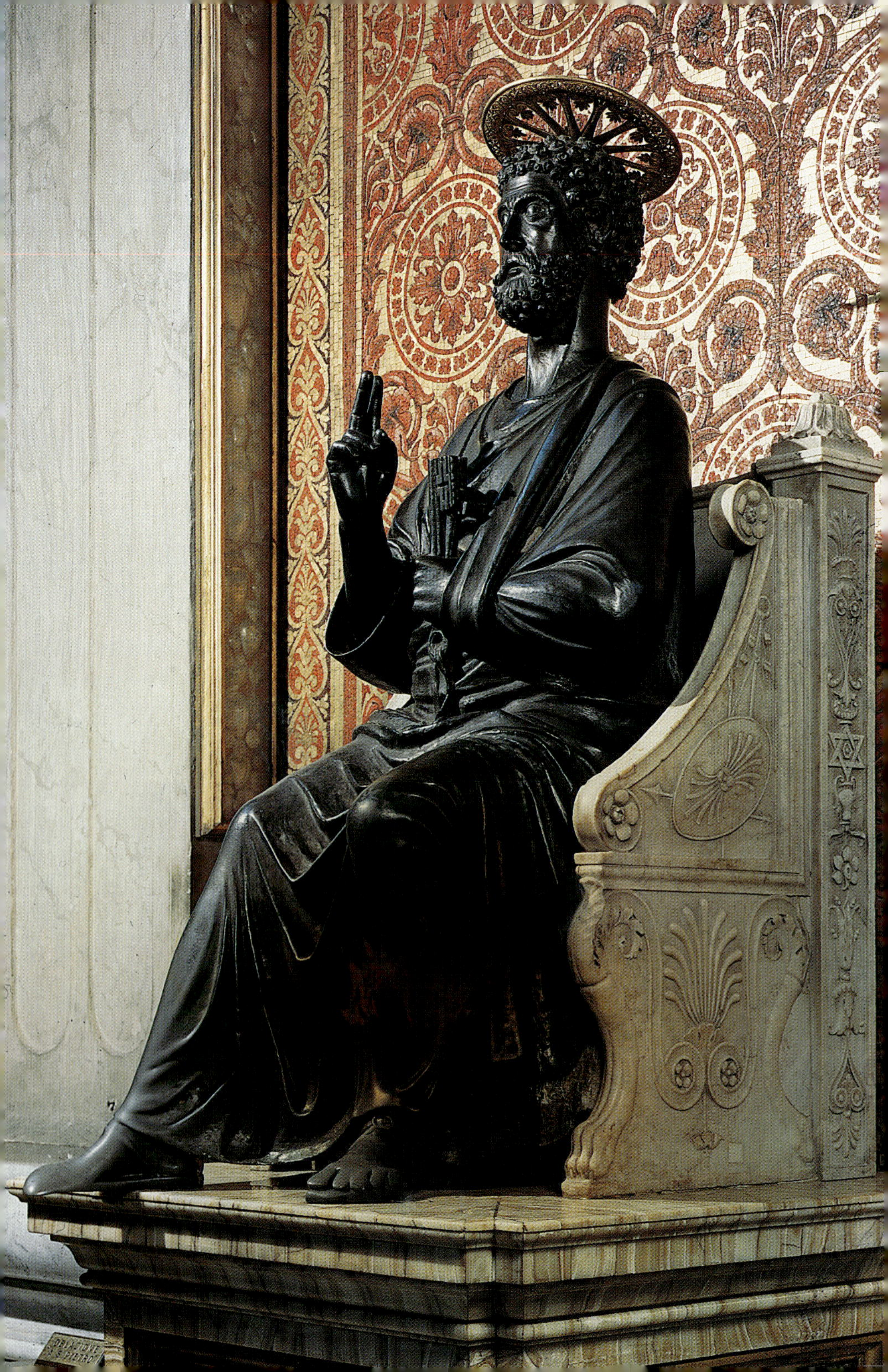

3 Etappen der Papstgeschichte

Seit 50 Entstehung einer christlichen Gemeinde in Rom aus judenchristlichen Zuwanderern. An sie richtet Paulus 56/57 den Römerbrief.

Um 60 Petrus und Paulus wirken in Rom.

64 Nach einem verheerenden, vielleicht von Kaiser Nero (54 – 68) veranlaßten, Stadtbrand kommt es auf der Suche nach Schuldigen zur **ersten Christenverfolgung.** Die Opfer werden im Zirkus des Caligula (37 – 41) und Nero am Fuß des Vatikanischen Hügels wie Brandstifter durch Verbrennung und Auslieferung an Raubtiere hingerichtet. Auch Petrus und Paulus sterben als Märtyrer. Ihre Gräber werden seit dem 2. Jh. am Abhang des Vatikanischen Hügels (St. Peter) und an der Straße nach Ostia (St. Paul vor den Mauern) verehrt.

1. – 3. Jh. Die römische Christengemeinde wächst trotz wiederholter Verfolgung und Abdrängung in die Illegalität. Am Ende des 1. Jh.s richtet Bischof Clemens (88 – 97) ein Schreiben an die Gemeinde in Korinth, in dem sich bereits der Führungsanspruch der Kirche von Rom spiegelt. Dieser kommt auch im Streit um den Termin des Osterfestes (Ende des 2. Jh.s) und im Ketzertaufstreit (3. Jh.) zur Geltung und wird aufgrund der apostolischen Tradition Roms von den anderen Kirchen anerkannt. Der **Vorrang der Kirche von Rom** beruht auch auf ihren zahlreichen Märtyrern. Die spätere Ausbreitung des Christentums geht vielfach mit der Übertragung römischer Märtyrerreliquien einher. Im 3. Jh. geht die römische Gemeinde von der griechischen zur lateinischen Gottesdienstsprache über.

313 Kaiser Konstantin d. Gr. (306 – 337) gewährt den Christen nach seinem Sieg an der Milvischen Brücke **Glaubensfreiheit** („Toleranzedikt"). Zuvor war es unter Kaiser Diokletian (284 – 305) zur letzten, blutigen Verfolgung gekommen. Es gibt Christengemeinden auch schon in Neapel, Ravenna, Mailand, Aquileja, auf Sizilien und in Apulien. Die rechtliche Anerkennung des Christentums begünstigt seine schnelle Ausbreitung und erlaubt die Errichtung erster großer Kirchenbauten (Basiliken).

Bronzene Sitzfigur des hl. Petrus von Arnolfo di Cambio in St. Peter (13. Jh.). Die Plastik gilt als eine der ersten figürlichen Bronzegüsse seit der Antike.

Gegen mancherlei Widerstand gelingt es dem Christentum, seine Wertvorstellungen in das öffentliche Leben einzubringen und zur staatstragenden Größe aufzusteigen.

330 Die Verlegung der **Reichshauptstadt** in das am Bosporus neu gegründete **Konstantinopel** signalisiert den Bedeutungsverlust und beginnenden Abstieg der Stadt Rom, die wie der ganze Westen des Reiches immer stärker unter den Druck der germanischen Völker (Völkerwanderung) gerät.

410 Rom wird durch den Westgoten Alarich († 410) erobert und geplündert. Die zivilisierte Welt ist vom Fall der „Ewigen Stadt" erschüttert. Angesichts des Niederganges der byzantinischen Herrschaft in Italien und des dadurch bedingten Machtvakuums entsteht aus dem reichen kirchlichen Grundbesitz (seit dem 6. Jh.: „Patrimonium Petri") langsam der **Kirchenstaat.** Das Papsttum wächst durch Übernahme öffentlicher Aufgaben in eine immer stärkere Position hinein. Hervorragende Päpste dieser Zeit sind Damasus I. (366 – 384) und Leo I. d. Gr. (440 – 461), die den päpstlichen Führungsanspruch hervorheben, und Gregor I. d. Gr. (590 – 604), der sich wie Leo als Kirchenschriftsteller, aber auch als glänzender Organisator hervortut. Er entsendet als erster Papst Missionare, und zwar nach England.

Im 8. Jh. entsteht die gefälschte Urkunde der später sog. **Konstantinischen Schenkung,** nach der Konstantin d. Gr. den Päpsten die Stadt Rom und den Westen des Reiches übergeben habe. Sie dient seit dem 11. Jh. als Begründung des päpstlichen Anspruchs auf den Kirchenstaat, ehe sie im 15. Jh. als Fälschung erkannt wird.

754 Angesichts der von den Langobarden, die seit dem 6. Jh. in Italien eingewandert sind und dort Herzogtümer errichtet haben, drohenden Gefahr wendet sich Papst Stephan II. (752 – 757) mit einem Schutzersuchen an den fränkischen König Pippin. Dieser erweitert durch die **Pippinische Schenkung** aus langobardischem Beutegut den bereits bestehenden

Kirchenstaat. Pippin und sein Sohn Karl d. Gr. (800 – 814) unterwerfen in mehreren Kriegszügen die Langobarden.
800 Die päpstlich-fränkische Allianz erreicht ihren Höhepunkt mit der **Krönung des fränkischen Königs Karl zum Kaiser** durch Papst Leo III. (795 – 816) am Weihnachtsfest in St. Peter zu Rom. Damit löst sich das Papsttum definitiv von der byzantinischen Oberhoheit. Seitdem erfolgte bis 1530 die Krönung der römisch-deutschen Kaiser durch den Papst, 1452 zum letzten Mal in Rom und 1530 überhaupt zum letzten Mal. Der hohe Preis dieser Bindung des Papsttums an die germanischen Reiche des Westens, die zur Voraussetzung für die Entstehung des christlichen Abendlandes wird, besteht in der fortschreitenden Entfremdung gegenüber der griechischen Kirche des Ostens, die seit dem 7. Jh. unter den Druck der islamisch-arabischen Expansion gerät. In Konstantinopel sieht man die Begründung des abendländischen Kaisertums durch den Papst als Verrat am gemeinsamen Ursprung an.
1046 Kaiser Heinrich III. (1039 – 56) setzt auf der **Synode von Sutri** bei Rom drei rivalisierende Päpste ab und benennt Bischof Suitger von Bamberg als neuen Papst. Dieser nimmt den Namen Clemens II. (1046 – 47) an und bringt damit seinen Rückgriff auf die altchristliche Tradition zum Ausdruck. Auf ihn folgen vier weitere „deutsche" Päpste: Damasus II. (1048), Leo IX. (1049 – 54), Viktor II. (1055 – 57) und Stefan IX. (1057 – 58).
1054 kommt es zum **Bruch zwischen griechischer und lateinischer Kirche.** Das damit beginnende Schisma ist trotz des im wesentlichen gleichen Glaubensbekenntnisses und der Bemühungen der lateinischen Kirche bis heute nicht überwunden. Nach einem zeitweisen Niedergang des Papsttums, das vom 10. bis ins 11. Jh. vom stadtrömischen Adel beherrscht wird („saeculum obscurum") setzen sich, durch Impulse der benediktinischen Ordensreform (Cluny) angetrieben, auch in Rom die Kräfte der Erneuerung durch. Diese zielt auf eine Loslösung –

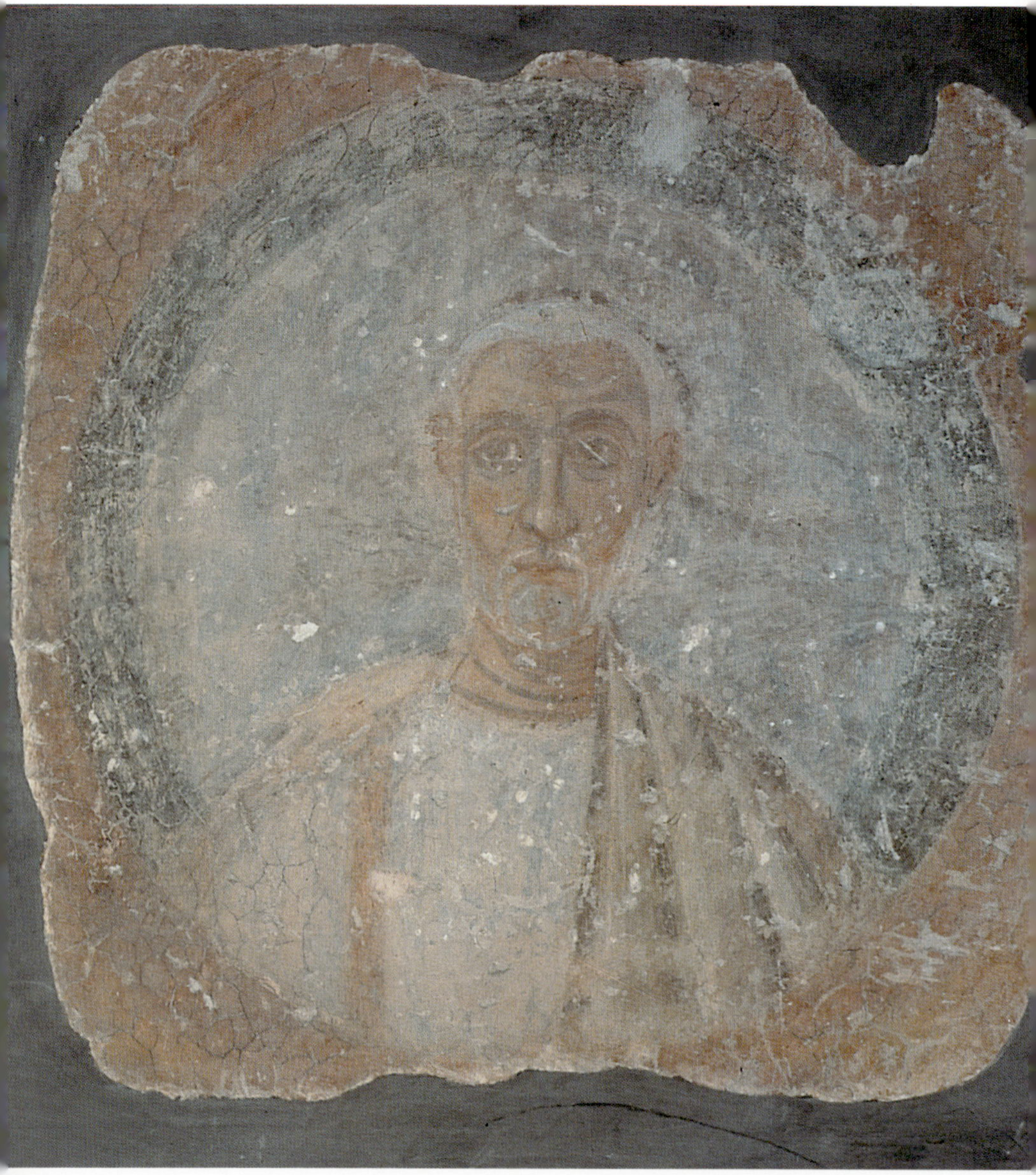

zunächst der Klöster – von weltlicher Bevormundung und auf Selbstbestimmung („libertas ecclesiae").

1059 Papst Nikolaus II. (1059 – 61) bestimmt, daß die **Papstwahl** künftig durch die Kardinäle erfolgt. Damit beginnt der Aufstieg des Kardinalskollegiums (im Mittelalter oft weniger als 20 Mitglieder). Es gilt als „Senat" des Papstes.

1073 – 1085 Papst **Gregor VII.** Er kämpft seit 1075 im sog. **Investiturstreit** mit Kaiser Heinrich IV. (1056 – 1106) um das Recht auf Einsetzung der Bischöfe, die bis dahin im Reich wegen ihrer Doppelstellung als Bischof und Reichsfürsten durch königliche Bezeichnung erfolgt. Dabei geht es um das grundsätzliche Zusammenspiel von geistlicher und weltlicher Gewalt. Ein Programmpunkt der gregorianischen Reform ist ferner die Durchsetzung des Pflichtzölibates für alle Geistlichen.

1076 Absetzung und Exkommunikation Heinrichs IV.

1077 Der Kaiser leistet in **Canossa** Kirchenbuße und wird vom Bann gelöst.

1095 Urban II. (1088 – 99) ruft die abendländische Christenheit zur **Befreiung des Hl. Grabes in Jerusalem** auf und weist damit der unter dem christlichen Adel verbreiteten Kreuzzugsbereitschaft eine neue Richtung. Die Befreiung Jerusalems bleibt bis ins 15. Jh. ein wichtiges Anliegen der Päpste. Da die Kreuzzüge unter seiner Oberhoheit stehen, erweist sich das Papsttum als einigende Führungsmacht der lateinischen Christenheit. 1098 wird Jerusalem erobert. 1291 fällt Akko als letzter Stützpunkt der Christen im Hl. Land in die Hand der Mameluken. Die Hl.-Land-Wallfahrt bleibt eingeschränkt möglich.

1122 Im **Wormser Konkordat** wird der bisherigen Konflikt zwischen weltlicher Belehnung durch den Kaiser und geistlicher Beauftragung mit einem Kompromiß beigelegt. Wie bei der Papstwahl das Kardinalskollegium, so wird für die Bischofswahl das Domkapitel die allein maßgebende Wahlkörperschaft. Der Konflikt bringt dem Papsttum einen erheblichen Prestige- und Machtgewinn.

Papst Markus († 336) aus der Reihe der Papstbildnisse in St. Paul vor den Mauern aus der Zeit Leo d. Gr. (440-461). Das Fresko stammt aus der alten Basilika und wurde nach dem Brand von 1823 geborgen. Es wird heute im Kloster neben der Basilika aufbewahrt.

1215 Das von Papst Innozenz III. (1198 – 1216) einberufene **Laterankonzil** ist die größte synodale Kirchenversammlung des Mittelalters. Es zeigt das Papsttum auf dem Höhepunkt seines geistlichen und politischen Einflusses. Die neu gegründeten, zentral organisierten **Bettelorden** (so genannt, weil ihre Mitglieder nicht von landwirtschaftlicher Arbeit, sondern von den Spenden der Gläubigen leben) der Franziskaner, Dominikaner und später auch der Augustinereremiten und Karmeliten praktizieren das Evangelium radikal. Sie wirken in den aufsteigenden Städten als Seelsorger (Predigt, Bruderschaften) und stehen in besonderer Weise im Dienst des Papsttums. Außerdem haben sie maßgeblichen Anteil an der Entwicklung der seit dem 13. Jh. entstehenden Universitäten. Das kirchliche Schwergewicht verlagert sich von Italien nach Frankreich.

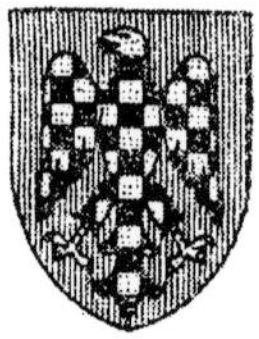

Innozenz III.
1198 – 1216
Lotario
dei Conti di Segni

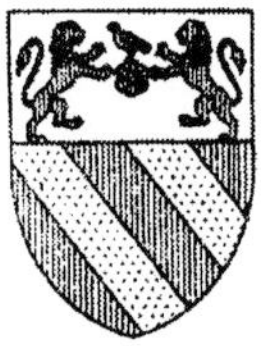

Honorius III.
1216 – 1227
Cencio Savelli

1294 Coelestin V. dankt nach fünfmonatigem Pontifikat als bisher einziger Papst freiwillig ab, weil er sich seinem Amt nicht gewachsen fühlt.

1300 Bonifaz VIII. (1294 – 1303) ruft **das erste Hl. Jahr** aus. Dessen Verlauf zeigt das große internationale Ansehen des Papsttums. Bonifaz äußert jedoch in der Bulle „Unam sanctam“ (1302) einen übersteigerten Führungsanspruch, den der französische Nationalstaat nicht hinnimmt. 1303 wird Bonifaz in Anagni überfallen („Attentat von Anagni“) und gedemütigt.

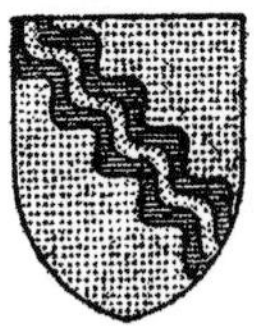

Bonifaz VIII.
1294 – 1303
Benedetto Caetani

1309 – 1376 Die Päpste residieren nicht in Rom, sondern in **Avignon** (Südfrankreich). Dort stehen sie unter französischer Vorherrschaft, während Rom und der Kirchenstaat verfallen. In Rom versucht Cola di Rienzo († 1354) um die Mitte des 14. Jh.s eine Republik zu errichten. In Avignon entsteht ein großer Papstpalast. Als Ausgleich für die ausbleibenden Einnahmen aus dem Kirchenstaat erfolgen der Ausbau eines Abgabensystems und der Zugriff auf die Vergabe zahlreicher Benefizien. Dies führt im Laufe der Zeit zu einer starken antikurialen Stimmung.

1377 Gregor XI. verlegt die päpstliche Residenz nach Rom zurück.

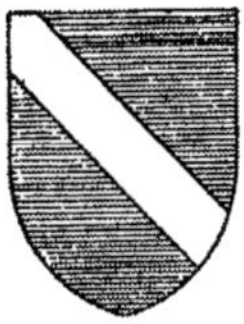

Eugen IV.
1431 – 1447
Gabriele Condulmer

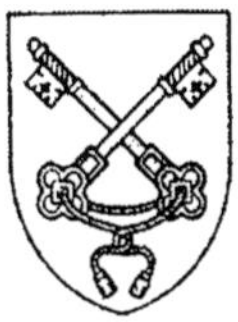

Nikolaus V.
1447 – 1455
Tommaso Parentucelli

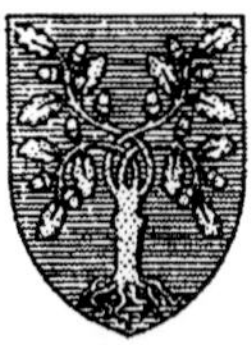

Julius II.
1503 – 1513
Giuliano della Rovere

1378 Doppelwahl. Seitdem gibt es bis 1417 zwei Päpste mit dem Sitz in Rom bzw. Avignon. Das große **Abendländische Schisma** wird 1409 durch die Wahl eines dritten Papstes noch schlimmer.

1414 – 1418 Das **Konzil von Konstanz** überwindet unter Führung Kaiser Sigismunds das Schisma. Die drei Päpste treten zurück bzw. werden abgesetzt. 1417 wählt das Konzil (nicht das Kardinalskollegium) den neuen Papst: Martin V. (1417 – 31). Im Gegensatz zur Beilegung des Schismas gelingt dem Konzil die Reform der Kirche „an Haupt und Gliedern" nicht. Es kommt nur zu begrenzten Reformen, und das Reformverlangen bleibt virulent.

1431 – 1449 Auf dem **Konzil von Basel** kommt es zum entscheidenden Ringen über die Zuordnung von Konzil und Papsttum. Es gelingt Eugen IV. (1431 – 47), der u. a. durch die 1439 erreichte Union mit den Griechen (die nach der Eroberung Konstantinopels durch die Türken 1453 auf türkischen Druck widerrufen werden muß) großes Ansehen erlangt hat, den päpstlichen Führungsanspruch durchzusetzen. Zu durchgreifenden Reformen kommt es dagegen nicht.

1447ff Seit Nikolaus V. (1447 – 55), dem ersten Humanisten auf dem päpstlichen Thron, geht das Papsttum die folgenreiche Verbindung mit der **Kultur der Renaissance** ein. Dies führt einerseits zu künstlerischen Leistungen von höchstem Rang (1475 Gründung der Vatikanischen Bibliothek, seit Julius II. Beginn der Vatikanischen Kunstsammlungen), andererseits aber auch zur Verlagerung des päpstlichen Interesses auf die Festigung und den Ausbau des Kirchenstaates und die Erhebung ihrer Familien zu fürstlichem Rang und Glanz.

1517 Die durch die **Thesen Luthers** (1483 – 1546) ausgelöste Protestbewegung wird in Rom zunächst als „Mönchsgezänk" unterschätzt. Kaiser Karl V. (1519 – 56) kann die 1521 vom Wormser Reichstag über Luther verhängte Reichsacht wegen kriegerischer Verwicklungen nicht durchführen. Die reformatori-

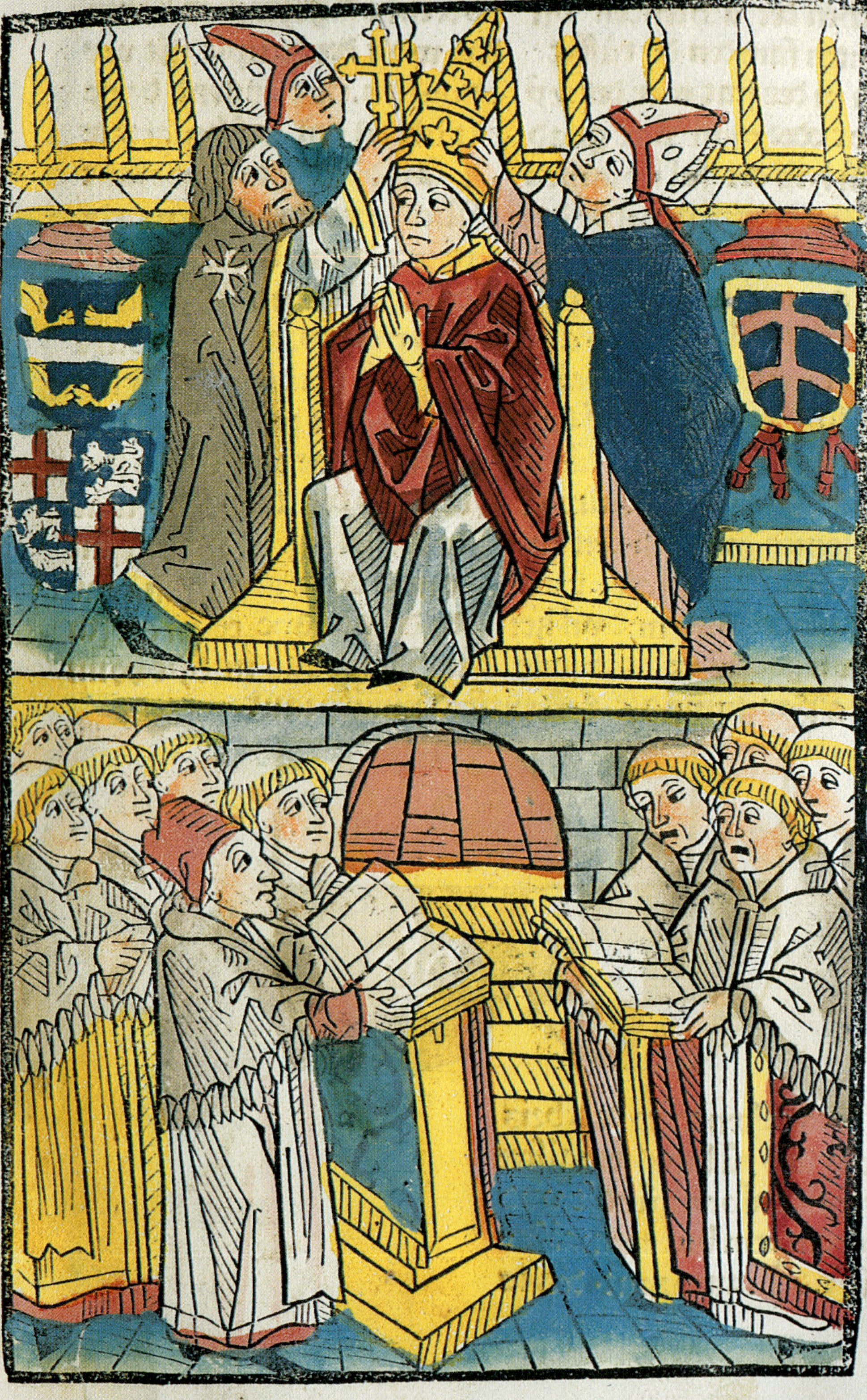

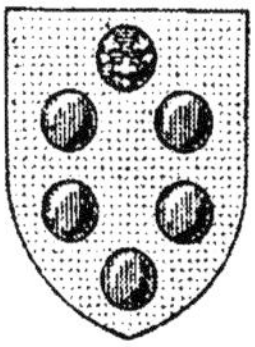

Clemens VII.
1523 – 1534
Giulio de' Medici

Paul III.
1534 – 1549
Alessandro
Farnese

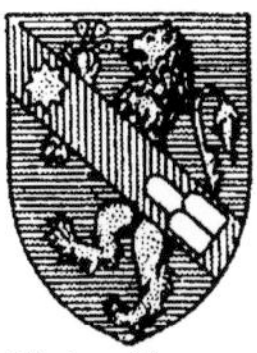

Sixtus V.
1585 – 1590
Felice Peretti

Krönung Martins V. in Konstanz 1417 nach der Konzilschronik des Ulrich von Richental (Augsburg 1483). Kolorierter Holzschnitt.

sche Bewegung breitet sich aus, und seit 1523 beginnt die Bildung einer lutherischen Kirche. Die Päpste zögern trotzdem aus Sorge vor dem wiederauflebenden Konziliarismus die von Luther geforderte und von Karl V. unterstützte Einberufung eines Reformkonzils hinaus. Auch die römische Kurie lehnt einen grundsätzlichen Wandel ab. Dabei stehen Reformverlangen und Verweltlichung nebeneinander. Nepotismus, Korruption der Verwaltung und die Herabwürdigung der Kirche zum Werkzeug der dynastischen Politik bilden die verhängnisvollen Auswüchse der päpstlichen Politik.

1527 Die **Plünderung Roms** („Sacco di Roma") durch die Söldner Karls V. bedingt das Ende der Renaissance in Rom.

1534 – 1549 Papst Paul III. erkennt, obwohl selbst der Renaissance zutiefst verbunden, die **Notwendigkeit einer kirchlichen Wende.** Er bringt reformwillige Persönlichkeiten ins Kardinalskollegium und beruft ein Konzil ein, das den Verfall der Kirche wenden soll.

1540 Päpstliche Anerkennung des von Ignatius von Loyola (1491 – 1556) gegründeten **Jesuitenordens.** Dieser wird zu einem entscheidenden Träger der kirchlichen Erneuerung.

1545 – 1563 Das **Konzil von Trient** (diese Stadt ist gewählt, weil sie zum Reich, aber auch zum italienischen Sprachbereich gehört) legt in der Auseinandersetzung mit den Reformatoren das katholische Glaubensbekenntnis fest (tridentinisches Glaubensbekenntnis) und erläßt wichtige Reformdekrete.

1552 Ignatius von Loyola gründet in Rom das **Collegium Germanicum** als erstes Ausländerseminar zur Ausbildung von Seelsorgern für die Kirche im Reich. Die Gründung anderer Ausländerseminare folgt. Rom wird zum Ausbildungszentrum.

1566 – 1590 Die Päpste Pius V. (1566 – 72), Gregor XIII. (1572 – 85) und Sixtus V. (1585 – 90) nehmen die **Durchführung der Konzilsbeschlüsse** energisch in die Hand und setzen sich damit an die Spitze der nachtridentinischen Erneuerung. Gregor XIII. errichtet seit 1578 Reformnuntiaturen, deren Inhaber den speziellen Auftrag erhalten, die Kirchenreform voranzutreiben. Sixtus V. schafft 1588 die frühneuzeitliche Kurie als eine für ihre Zeit bahnbrechend moderne Behörde. Auch sie steht im Dienst der kirchlichen Erneuerung. Das Papsttum bleibt seitdem fest in italienischer Hand. Neben der lutherischen und reformierten entwickelt sich die nachtridentinische katholische Kirche.

1622 Gregor XV. (1621 – 23) gründet die für die Organisation der Heidenmission bestimmte **Propaganda-Kongregation.** Während der katholischen Kirche seit der Reformation weite Teile Europas verloren gehen, gewinnt sie mit den großen Entdeckungsreisen der katholischen Mächte Portugal und Spanien in Übersee große neue Gebiete. Sie wird damit zur Weltkirche.

1648 Im **Westfälischen Frieden** werden gegen den Widerspruch des Papstes neben dem Luthertum auch die Reformierten reichsrechtlich anerkannt. Die konfessionelle Spaltung des Reiches ist damit besiegelt. Der politische Einfluß des Papsttums geht zurück, während Rom seine Bedeutung als Kulturmetropole halten und im Zeitalter des Barock noch weiter ausbauen kann.

1773 Clemens XIV. (1769 – 74) hebt unter dem Druck der Aufklärung und der bourbonischen Mächte den um die katholische Erneuerung, die Seelsorge und die Wissenschaft hoch verdienten **Jesuitenorden** auf. Es gibt keinen gleichwertigen Ersatz.

1789 Die **Französische Revolution** führt zum Untergang des Ancien Regime und zu einer weitgehenden Neugestaltung der europäischen Staatenwelt und der kirchlichen Verhältnisse.

1798 Der Kirchenstaat wird vorübergehend aufgehoben und Papst Pius VI. (1775 – 99) gefangengenommen. Er stirbt 1799 in französischer Gefangenschaft. Der Untergang des Papsttums scheint unvermeidlich.

1800 Die Kardinäle wählen unter österreichischem Schutz in Venedig einen neuen Papst: Pius VII. (1800 – 23). Dieser schließt 1801 mit Napoleon ein Konkordat, das den Frieden zwischen dem französischen Staat und der Kirche herstellt.

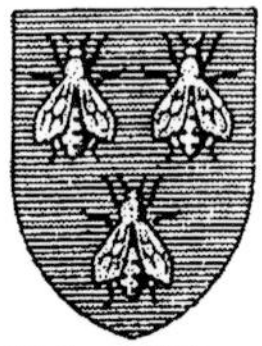

Urban VIII.
1623 – 1644
Maffeo Barberini

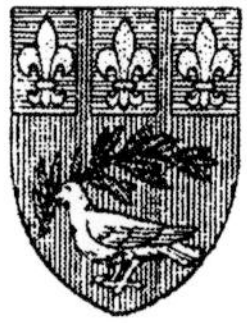

Innozenz X.
1644 – 1655
Giovanni Battista Pamphilj

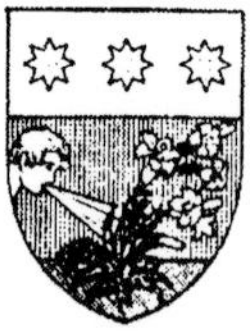

Pius VI.
1775 – 1799
Giovanni Angelo Braschi

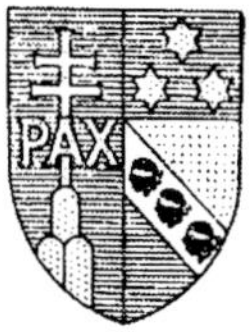

Pius VII.
1800 – 1823
Barnaba Gregorio Chiaramonti

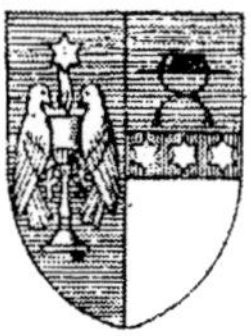

Gregor XVI.
1831 – 1846
Bartolomeo Alberto Cappellari

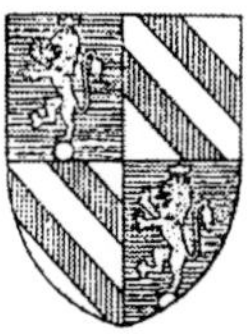

Pius IX.
1846 – 1878
Giovanni M. Mastai Ferretti

1803 Im Reich bringt die **Säkularisation** das Ende der an den Adel gebundenen Reichskirche mit einer weitgehenden Enteignung des kirchlichen Besitzes und der Aufhebung der meisten Klöster.

1809 Pius VII. wird gefangen genommen und der Kirchenstaat wieder aufgehoben. Napoleon will dem gefangenen Papst ein neues Konkordat abpressen.

1814 Nach dem **Fall Napoleons** kehrt Pius VII. nach Rom zurück und führt den Jesuitenorden wieder ein. Der Wiener Kongreß stellt 1815 den Kirchenstaat wieder her. In der Folge werden wichtige Konkordate mit zahlreichen Staaten abgeschlossen. Das Ansehen des Papsttums ist in der nachrevolutionären Ära hoch, doch führen ausbleibende Reformen und die „Priesterherrschaft" im Kirchenstaat allmählich zu einem Wandel. Angesichts der in den meisten europäischen Staaten drückenden Kirchenhoheit verbindet sich die kirchliche Freiheitsbewegung mit dem Papsttum (Ultramontanismus). Ein starker Papst soll den bedrückten Kirchen zu Hilfe kommen.

1830 Die **italienische Einheitsbewegung** (Risorgimento), die ein einiges Italien anstrebt, erstarkt. Die Päpste lehnen sie ab, da sie im Interesse ihrer Unabhängigkeit auf den Kirchenstaat nicht verzichten wollen.

1848 Papst Pius IX. (1846 – 78) flieht angesichts der revolutionären Bewegung aus Rom. Der Kirchenstaat wird mit Hilfe einer französischen Intervention wiederhergestellt. Angesichts der neuen Reisemöglichkeiten setzt eine intensivere Romwallfahrt ein als je zuvor. Pius IX. erfreut sich großer Popularität.

1860 Der **größte Teil des Kirchenstaates wird durch den Freischärler Giuseppe Garibaldi** (1807 – 82) **erobert** und entscheidet sich in einer Volksabstimmung für die Angliederung an das Königreich Italien. Der Kirchenstaat bleibt auf das Gebiet um Rom beschränkt.

1870 – 1871 Das Erste Vatikanische Konzil steigert die geistliche Führungsstellung des Papstes durch das Dogma vom

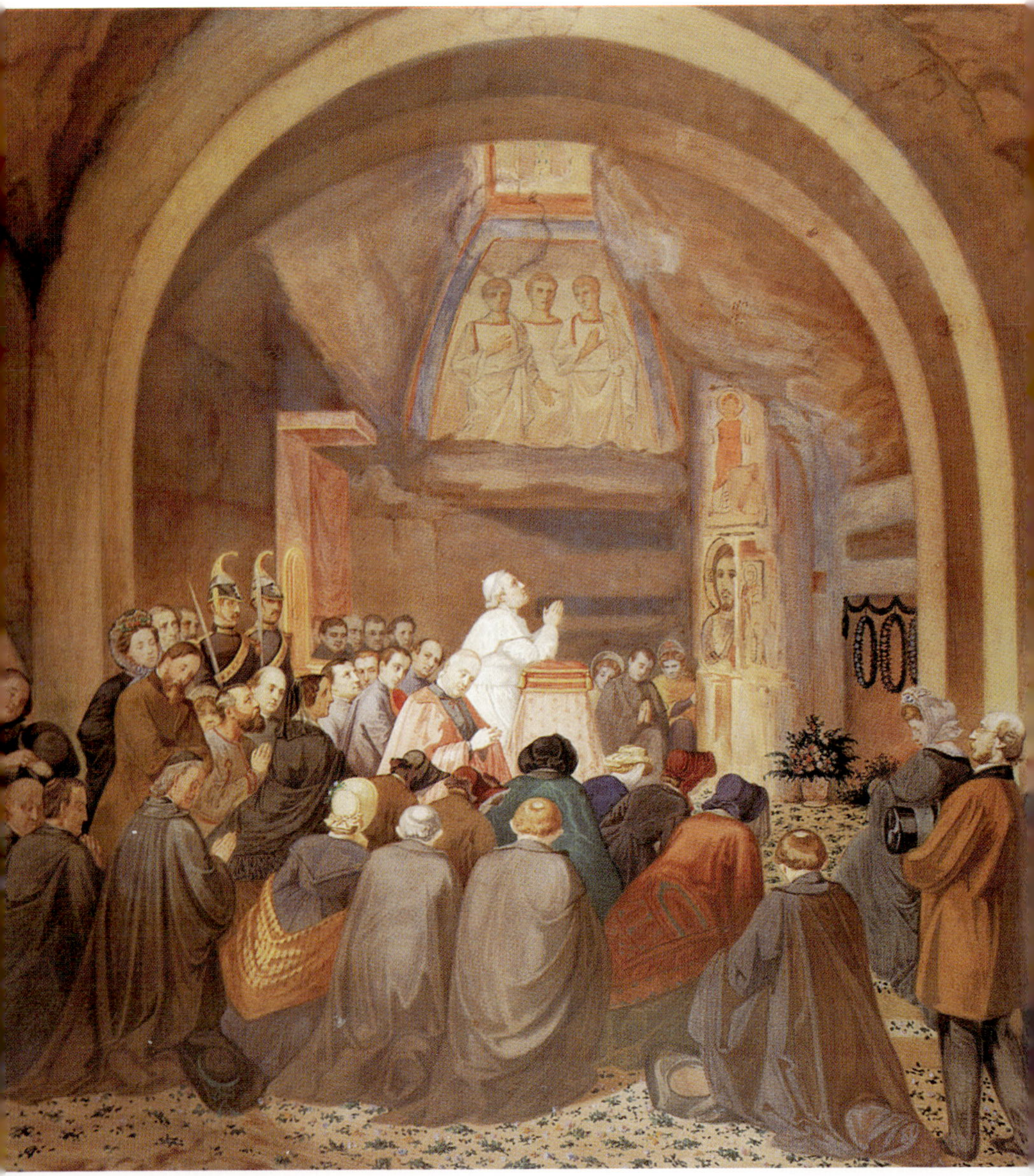

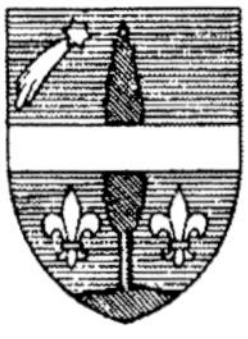

Leo XIII.
1878 – 1903
Gioacchino Pecci

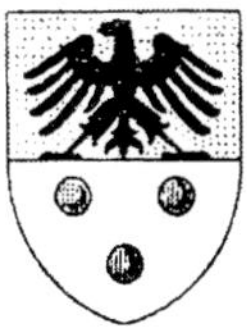

Pius XI.
1922 – 1939
Achille Ratti

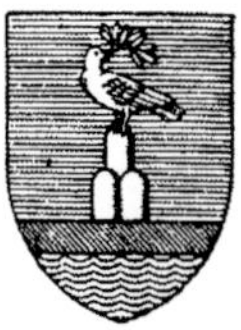

Pius XII.
1939 – 1958
Eugenio Pacelli

Pius IX. betet in der 1854 von G. B. de Rossi wieder aufgefundenen Caeciliengruft in der Katakombe S. Callisto. Rechts unten die Brüder de Rossi (1863).

unfehlbaren Lehramt. Ein Teil der Bischöfe widerspricht, nimmt die Entscheidung aber doch an.

1870 Italienische Truppen besetzen den Rest des Kirchenstaates. Die Bevölkerung stimmt mehrheitlich für den Anschluß an das Königreich Italien. **Rom wird Hauptstadt des geeinten Italiens.** Pius IX. bleibt kompromißlos, protestiert und betrachtet sich als „Gefangener im Vatikan". Der Konflikt zwischen Papsttum und italienischem Staat („Römische Frage") belastet beide Seiten schwer und spaltet die italienische Gesellschaft.

1878 – 1903 Unter Leo XIII. erfolgen Modernisierungen auf vielen Gebieten. Hinwendung zu den sozialen Problemen. 1891 Enzyklika „Rerum novarum". Anerkennung der christlichen Demokratie. Die Römische Frage bleibt ungelöst.

1914 – 1918 Im Ersten Weltkrieg wahrt Benedikt XV. (1914 – 22) strikte Neutralität. Seine Friedensbemühungen bleiben erfolglos.

1929 Die Römische Frage wird durch die **Lateranverträge** gelöst. Dadurch erfolgt die Gründung des souveränen Vatikanstaates, der dem Papst die Wahrnehmung seiner internationalen Aufgaben erleichtert.

1943 – 1944 Nach dem Zusammenbruch des faschistischen Regimes und der Besetzung Roms durch deutsche Truppen werden rassisch und politisch Gefährdete in kirchlichen Institutionen Roms verborgen. Es gelingt Pius XII. (1939 – 58), für Rom den Status als freie Stadt durchzusetzen. Die deutsche Besatzung respektiert die Souveränität des Vatikanstaates. 1944 wird Rom kampflos geräumt.

1958 Johannes XXIII. (1958 – 63) kündet die Einberufung eines ökumenischen Konzils an, das die Einheit der Christen und die Erneuerung der Kirche vorantreiben soll.

1962 – 1965 Das **Zweite Vatikanische Konzil** vereint mit über 2500 Konzilsvätern, zahlreichen Beratern und Beobachtern mehr Teilnehmer als jedes frühere Konzil. Paul VI. (1963 – 78) führt das Konzil nach dem Tod Johannes' XXIII. weiter und drängt auf die von zahlreichen Krisen begleitete Durchsetzung seiner Beschlüsse. Durch die modernen Reisemöglichkeiten, die vom Konzil gewünschten Konsultationsorgane und die Internationalisierung der Kurie wird der Kontakt zwischen den Ortskirchen und der römischen Zentrale intensiver als zuvor. Auch die Zahl der Pilger und anderer Romreisender erreicht eine zuvor unbekannte Höhe.

1978 Papst Johannes Paul I. stirbt nach 33tägigem Pontifikat an einer Herzattacke.

16. 10. 1978 Kardinal Karol Wojtyla (geb. 18. 5. 1920 in Wadowice, Polen, 1946 zum Priester geweiht, 1964 Erzbischof von Krakau) wird als **erster Nichtitaliener seit 1523 und als erster Slawe überhaupt zum Papst gewählt.** Er nimmt den Namen **Johannes Paul II.** an. Sein Pontifikat ist durch eine dichte Folge von Bischofssynoden, eine beispiellose Reisetätigkeit in alle Kontinente und die Begegnung mit vielen Menschen gekennzeichnet, die ihm durch seine außergewöhnlichen Sprachenkenntnisse erleichtert wird. Die ökumenische Bewegung sucht er voran zu treiben, ohne wesentliche katholische Positionen aufzugeben. Aus persönlichen Erfahrungen wendet er sich scharf gegen die totalitären Regime und tritt für die Menschenrechte ein. Durch das von ihm angetriebene Selbstbewußtsein der Polen und die zusammen mit dem sowjetischen Ministerpräsidenten Michail Gorbatschow propagierte Idee vom gemeinsamen Haus Europa bereitete er den politischen Umbruch von 1989 geistig mit vor. Nachdem er 1981, wohl im Auftrag eines östlichen Geheimdienstes, durch ein Attentat lebensgefährlich verletzt wurde, sind seiner Aktivität engere Grenzen gesetzt.

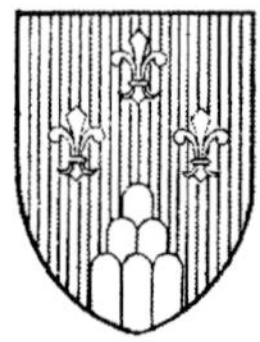

Paul VI.
1963 – 1978
Giovanni Battista
Montini

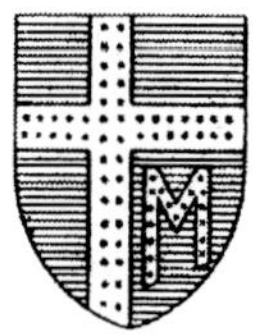

Johannes Paul II.
1978
Karol Wojtyla
fel. regnante

Johannes Paul II. beim sonntäglichen Angelusgebet am Fenster seines Arbeitszimmers. Blick vom Petersplatz auf den Apostolischen Palast.

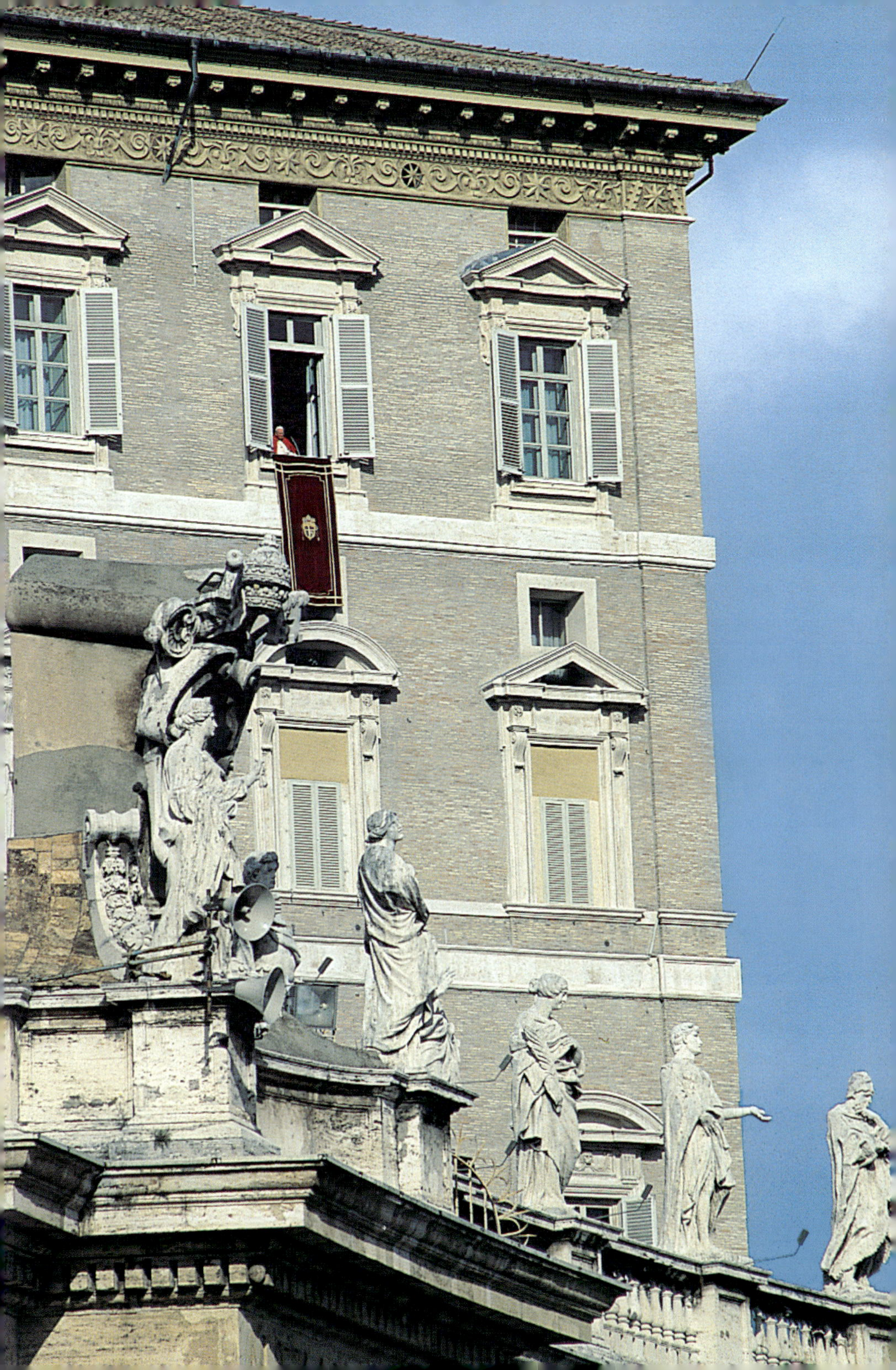

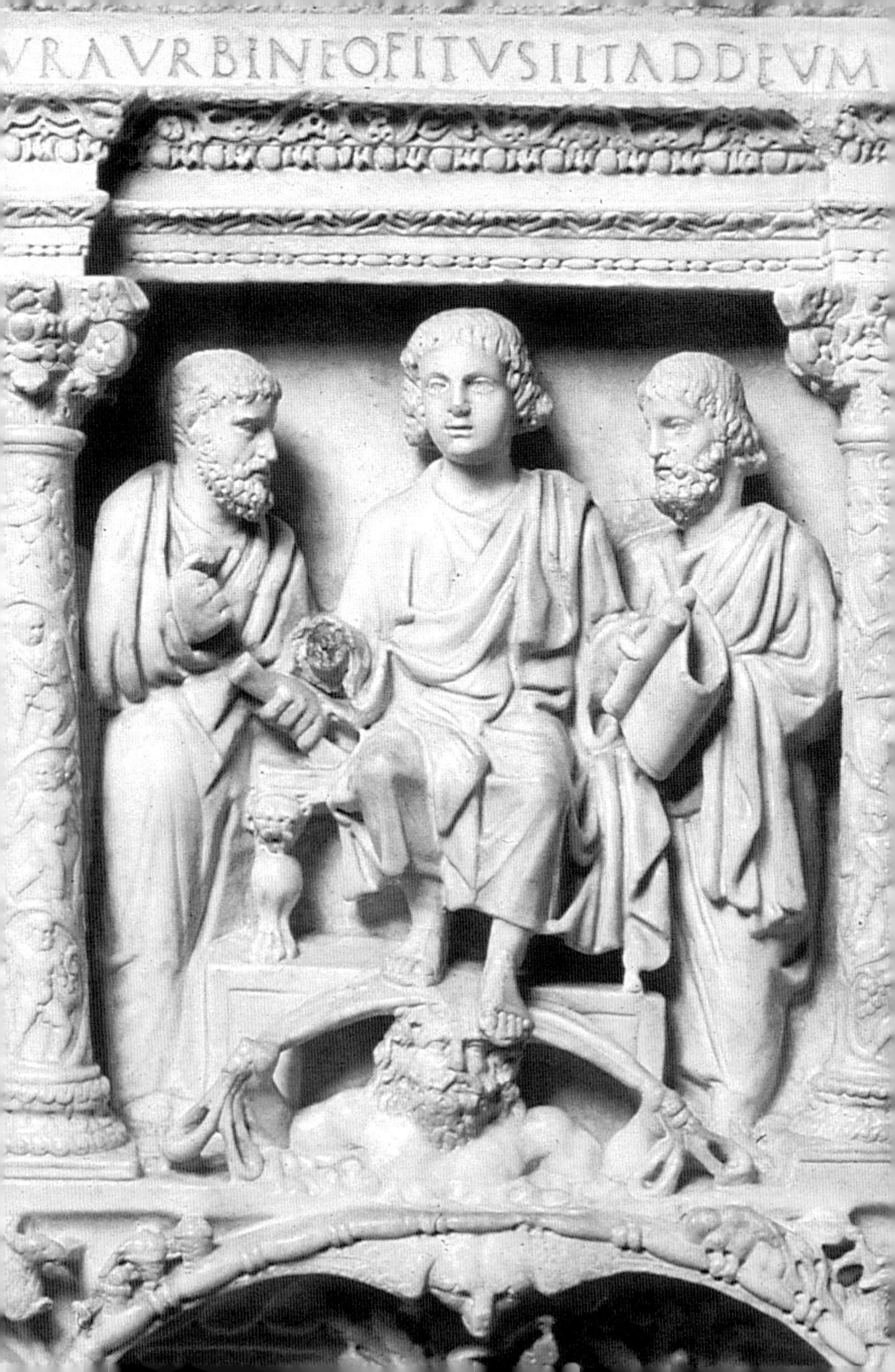
VRAVRBINEOFITVSIITADDEVM

4 Zur Stadt- und Kunstgeschichte

Frühchristliche Zeit und Spätantike

Das Christentum blieb bis in die Spätantike auf den von der griechisch-römischen Kultur geprägten und vom Imperium Romanum beherrschten Mittelmeerraum beschränkt. Das Judentum, aus dem die christliche Gemeinde hervorgewachsen war, stand in vielfacher Spannung zu dieser Welt, und es wurde in seiner Eigenart auch weithin respektiert. Zu den Eigenarten Israels gehörte gemäß dem Gebot des Alten Testamentes ein grundsätzliches **Bilderverbot:** „Du sollst dir kein Gottesbild machen, noch irgend ein Abbild von etwas, das droben im Himmel oder unten auf der Erde oder im Wasser unter der Erde ist.“ (Ex 20,4). Dabei ging es eigentlich um ein Verbot der Bilderverehrung (z. B. des goldenen Kalbes), wie sie die Nachbarn Altisraels kannten. Das Bilderverbot Israels blieb auch für die frühe Christenheit verbindlich. Daher konnte es zunächst nicht zur Entstehung einer christlichen Kunst kommen.

Die ältesten christlichen Monumente Roms sind die → **Katakomben,** die lange ohne Bildausstattung blieben. Die Anfänge der christlichen Bildkunst sind bis heute umstritten. Es scheint, daß sie ihren Ausgang seit dem 3. Jh. von der römischen **Grabkunst** genommen hat. Seitdem tauchten auf römischen Sarkophagen und in römischen Katakomben allmählich biblische Darstellungen auf. Von den über 60 bekannten unterirdischen Grabräumen (Hypogäen) und Katakomben Roms besitzen 37 Malereien. Dabei handelt es sich meist um mit lockerem Pinselstrich hingeworfene Szenen, die insbesondere das Wirken göttlicher Hilfe (Errettung) aus dem Alten oder aus dem Neuen Testament zum Inhalt haben. So sind z. B. dargestellt Daniel in der Löwengrube, die drei Jünglinge im Feuerofen, Noah in der Arche, das Quellwunder des Mose und die Geschichte des Jona. Aus dem Neuen Testament sind dargestellt die Brotvermehrung, Wunderheilungen Christi wie die der blutflüssigen Frau, des Gelähmten, des Aussätzigen und des Blinden, sowie die Er-

Mittelbild der oberen Zone des Junius-Bassus-Sarkophags aus dem Jahr 359. Christus thront über dem personifizierten Himmelsgewölbe Caelus, begleitet von zwei Aposteln.

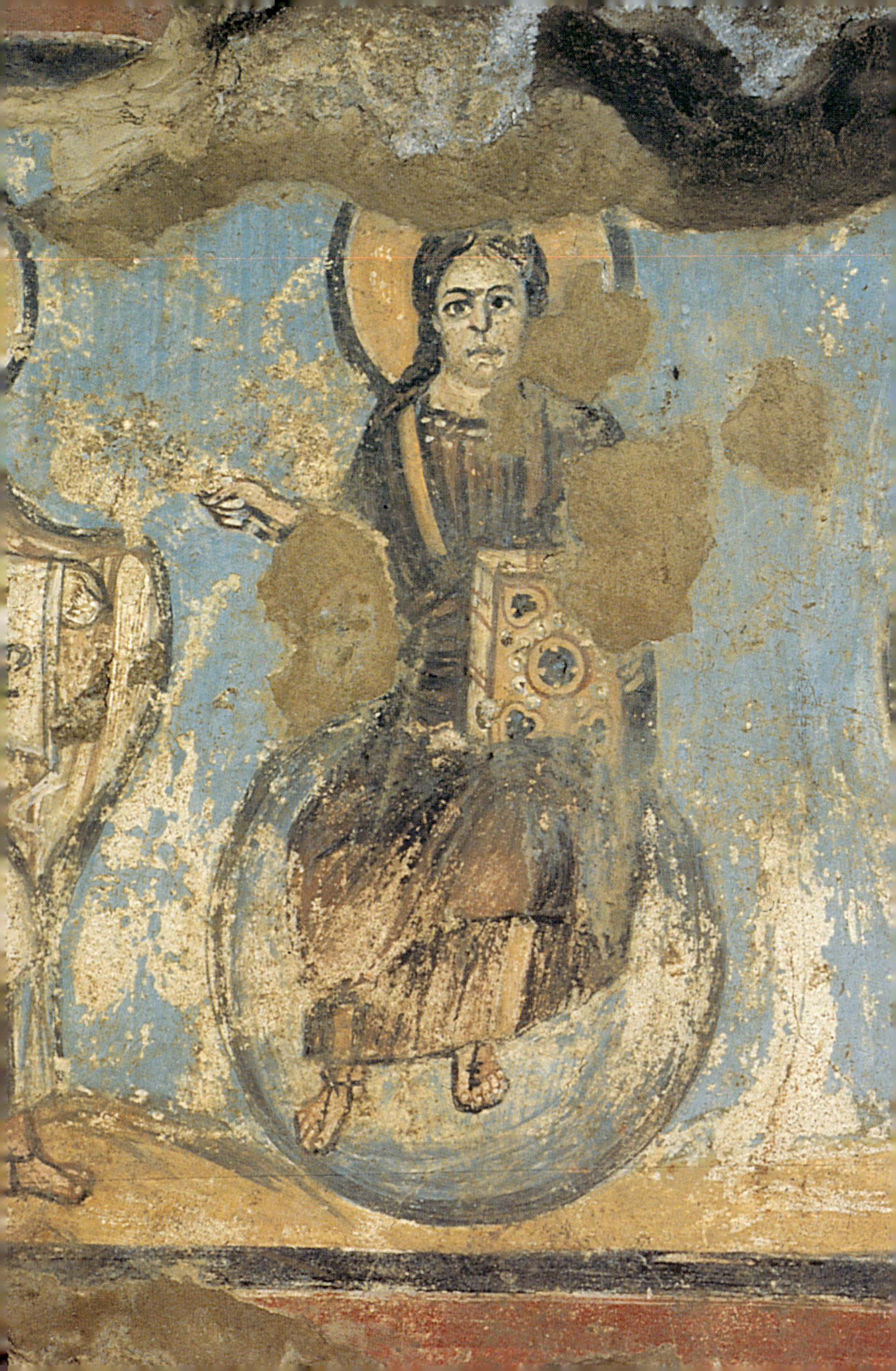

weckung des Lazarus, aber auch die Huldigung der Magier und Wunder durch Apostel. Als **Konstantin d. Gr.** (306 – 337) sich dem Christentum zuwandte, gab es also schon eine christliche Bildkunst. Gegen sie wurde freilich unter Hinweis auf das alttestamentliche Bilderverbot immer noch polemisiert. Der Verzicht auf bildliche Darstellungen war jedoch für die frühen Christen, für die bildliche Darstellungen eine alltäglich erfahrene Wirklichkeit bedeuteten, schwer durchzuhalten. Die Auseinandersetzung um Möglichkeiten und Grenzen christlicher Bildkunst flammte im Lauf der Kirchengeschichte immer wieder auf und führte zeitweise zu regelrechten Bilderstürmen. Im einzelnen war die Ablehnung bildlicher Darstellungen freilich sehr unterschiedlich. Sie reichte vom generellen Verbot bis zum Verbot der Gottes- und Christusdarstellung bei gleichzeitiger Zulassung der Darstellung von Heiligen und von Szenen aus der Heiligen Schrift.

Die Gegner der Christus- und Gottesdarstellung argumentierten damit, daß es nicht möglich sei, den erhöhten Christus im Bild darzustellen, daß er vielmehr im Gläubigen selbst lebendig sein müsse. Die Befürworter der Darstellung Gottes und Christi im Bild argumentierten dagegen mit der Fleischwerdung des Wortes. Die verschiedenen christlichen Kirchen haben die Frage nach der Zulässigkeit des religiösen Bildes unterschiedlich beantwortet. Für die Kirchen der Orthodoxie vergegenwärtigen Ikonen nach den Bestimmungen des Konzils von Nizäa (787) gemäß dem antiken Empfinden Christus und die Heiligen. Daher werden die Ikonen verehrt. Luther (1483 – 1546) ließ Bilder aus katechetischen Gründen dagegen nur zur Vermittlung christlicher Glaubensinhalte und als Lehrhilfe für Analphabeten zu, während Calvin sie radikal verwarf. Die katholische Kirche befürwortet Bilder und läßt deren Verehrung zu. Dies wurde angesichts der reformatorischen Herausforderung 1563 durch das Konzil von Trient bestätigt.

Christus thront auf dem Globus als Herrscher des Kosmos. Detail eines Wandfreskos aus dem 7. Jh. in der Commodilla-Katakombe bei St. Paul.

Die Kirche von Rom gab aber nicht nur der christlichen Bildkunst Impulse. Hier fielen auch maßgebliche Entscheidungen für den **Kirchenbau.** Seitdem das Christentum neben den anderen Religionen als gleichberechtigt anerkannt wurde, vollzog sich der Gottesdienst in Kirchengebäuden. Die Entstehung des christlichen Gotteshauses beruhte auf einem fundamentalen Wandel der Vorstellung vom Heiligtum, wie er sich bis zum 4. Jh. vollzog. Auch diesbezüglich war die jüdische Praxis richtungweisend. Das älteste Heiligtum der Israeliten war die Bundeslade. Sie stellte das Mal der Hilfe Jahwes dar und wurde nach dem Bau des Tempels Salomos († 932 v. Chr.) im Allerheiligsten aufbewahrt. Dort war Jahwe gegenwärtig. Der nach dem babylonischen Exil neu erbaute Tempel (515 v. Chr.) blieb dagegen ohne die Bundeslade, da diese verloren gegangen war. Das Allerheiligste blieb seitdem leer. In dem dunklen Raum weilte Jahwe unsichtbar, während die heidnischen Tempel in den entsprechenden Räumen Götterbilder besaßen. Für die Juden symbolisierte also der leere Raum den unsichtbaren Gott. Damit war der folgenreiche Schritt vom Kultmal zum Kultraum getan. Als dann im Zeitalter des Hellenismus in der jüdischen Diaspora der Andachtsdienst in der Synagoge entstand, löste sich die Kultgemeinschaft vollends von der Bindung an einen bestimmten Raum. Die Gemeinde der Glaubenden konnte sich seitdem überall, also nicht nur im Tempel, zu Gebet, Schriftlesung und Predigt versammeln. Diese Vergeistigung befähigte das Judentum nach der Zerstörung Jerusalems und des Tempels im Jahre 70 n. Chr. dazu, seinen Gottesdienst gänzlich von einem bestimmten Raum zu lösen. Dahinter stand die Vorstellung, daß Gott überall gegenwärtig ist, wo seine Offenbarung verkündet wird.

In dieser Umwelt bildete sich die christliche Gemeinde. Jesus wirkte in Tempel und Synagoge, kündigte aber bereits einen Wandel an: „Glaube mir, Frau, es kommt die Zeit, da ihr den Vater weder auf diesem Berge, noch in Jerusalem anbeten werdet ... Gott ist Geist, und die ihn anbeten, sollen in Geist und Wahrheit anbeten.“ (Joh 4, 21 ff.). Auch Paulus betonte, daß die christliche Gemeinde für ihren Gottesdienst grundsätzlich nicht auf einen bestimmten Raum angewiesen sei: „Wißt ihr nicht, daß ihr der Tempel Gottes seid, und daß der Geist Gottes in euch wohnt?“ (1 Kor 4, 16). Da die Gemeinde selbst Gottes Heiligtum war, blieb der Platz, an dem sie Gottesdienst feierte, ein Zweckbau und somit profan. Die Christen kannten daher lange Zeit keine sakralen Bauten, denn dafür wäre die Heiligung des jeweiligen Ortes Voraussetzung gewesen. Sie feierten ihre Gottesdienste vielmehr in Privaträumen. Der Verzicht auf Sakralbauten, und das, obwohl Gottesdienst gefeiert wurde, war unter den Hochkulturen einzigartig. Er war nur möglich angesichts höchster Vergeistigung. Noch um die Mitte des 3. Jh.s schrieb der christliche Schriftsteller Minucius Felix: „Wir haben keine Tempel und keine Altäre.“ Die wachsende Zahl von Christen machte jedoch die Anlage von Kultbauten schon aus praktischen Gründen nötig. Auch wurde die hohe Vorstellung vom vergeistigten Heiligtum nicht mehr generell mitvollzogen. Daher richteten private Stifter bereits vorhandene Gebäude für den Gottesdienst her, bzw. sie erbauten sie neu. Es ist vermutet worden, daß sich die ältesten Kirchen Roms unter den Haus- und später sog. **Titelkirchen** (Ende des 4. Jh.s) befunden haben, doch läßt sich dies mit Sicherheit für keinen der aufgefundenen Räume nachweisen, da es noch keine festen Altäre und Kirchbautypen gab und sich Malereien nicht erhalten haben. Nach der Konstantinischen Wende kam es dann im Auftrag des Kaisers zur Errichtung kirchlicher Großbauten. Die älteste und richtungweisende Stiftung des Kaisers, die ebenbürtig neben die heidnischen Tempel treten sollte, war die **Lateranbasilika** (→ S. Giovanni in Laterano). Sie ist in der heutigen Kirche vollständig erhalten, durch spätere Umbauten aber so verdeckt, daß sie in ihrer ursprünglichen Gestalt nicht mehr sichtbar ist. Die Lateranbasilika war und ist die Kirche des Bischofs von Rom. Sie stand zwar in einer Traditionslinie mit jenen Tempeln und Heiligtümern, die die Kaiser den Staatsgottheiten errichtet hatten, brach aber auch in wichtigen Punkten mit diesen. Während nämlich die heidnischen Tempel auf Außenwirkung bedacht waren, lag der Schwerpunkt der christlichen Basiliken auf dem Innenraum, der ja im Gegensatz zu den heidnischen Tempeln der Sammlung einer Gemeinde diente. Der Zentralraum der heidnischen Tempel, die fensterlose Cella, war dagegen schon aus praktischen Gründen für den christlichen Gottesdienst ungeeignet.

Die von Konstantin erbauten Kirchen hatten die Gestalt von **Basiliken.** Auch in diesem Punkt brach der Kirchenbau mit der Tradition des heidnischen Tempels, denn die Basilika war ein profaner Bautyp für Handelsgeschäfte und die dazu gehörige Gerichtsbarkeit, die bei ungünstigem Wetter von den Foren in den geschlossenen Innenraum verlegt wurden. Sie war ein meist durch Säulen oder Pfeiler gegliederter mehrschiffiger Bau. Ihre Bestimmung für den Gottesdienst erforderte einen Raum für die Sammlung der Gemeinde, die durch Prozession und Opfergang in den Gottesdienst einbezogen wurde, sowie die Ausrichtung auf ein abgesondertes Presbyterium (Altarraum) mit Bischofsthron, Altar und Vorrichtungen für den Lesegottesdienst. Die Basilika bestimmt die Gestalt des Kirchenbaues in weiterentwickelten Formen bis in die Gegenwart.

Die erste Kirchenstiftung Konstantins betonte schon durch ihre Dimensionen von 100 m Länge und 55 m Breite mit einem gut belichteten Haupt- und beiderseits je zwei niedrigeren und dunkleren Seitenschiffen das große Interesse des Auftraggebers an diesem Bau. Im Gegensatz zu dem schlichten Äußeren, das auf allen Dekorationsapparat verzichtete, bot sich das Innere in großer Pracht dar: Rote Granitsäulen säumten das Mittelschiff, grüne Marmorsäulen trennten die Seitenschiffe. Weitere Architekturteile waren aus weißem Marmor gefertigt. Auch Boden und Wände waren mit kostbaren Steinen verkleidet. Man kann sich diese Marmorinkrustration, die mit dem antiken Ausdruck „Opus sectile" bezeichnet wird, nicht prächtig genug vorstellen.

S. Sabina auf dem Aventin. Die dreischiffige Säulenbasilika aus der Mitte des 5. Jh. bewahrt mit ihren antiken Säulen, den Marmorintarsien über den Arkaden und dem lichtdurchfluteten Mittelschiff eindrucksvoll den Charakter einer frühchristlichen Basilika.

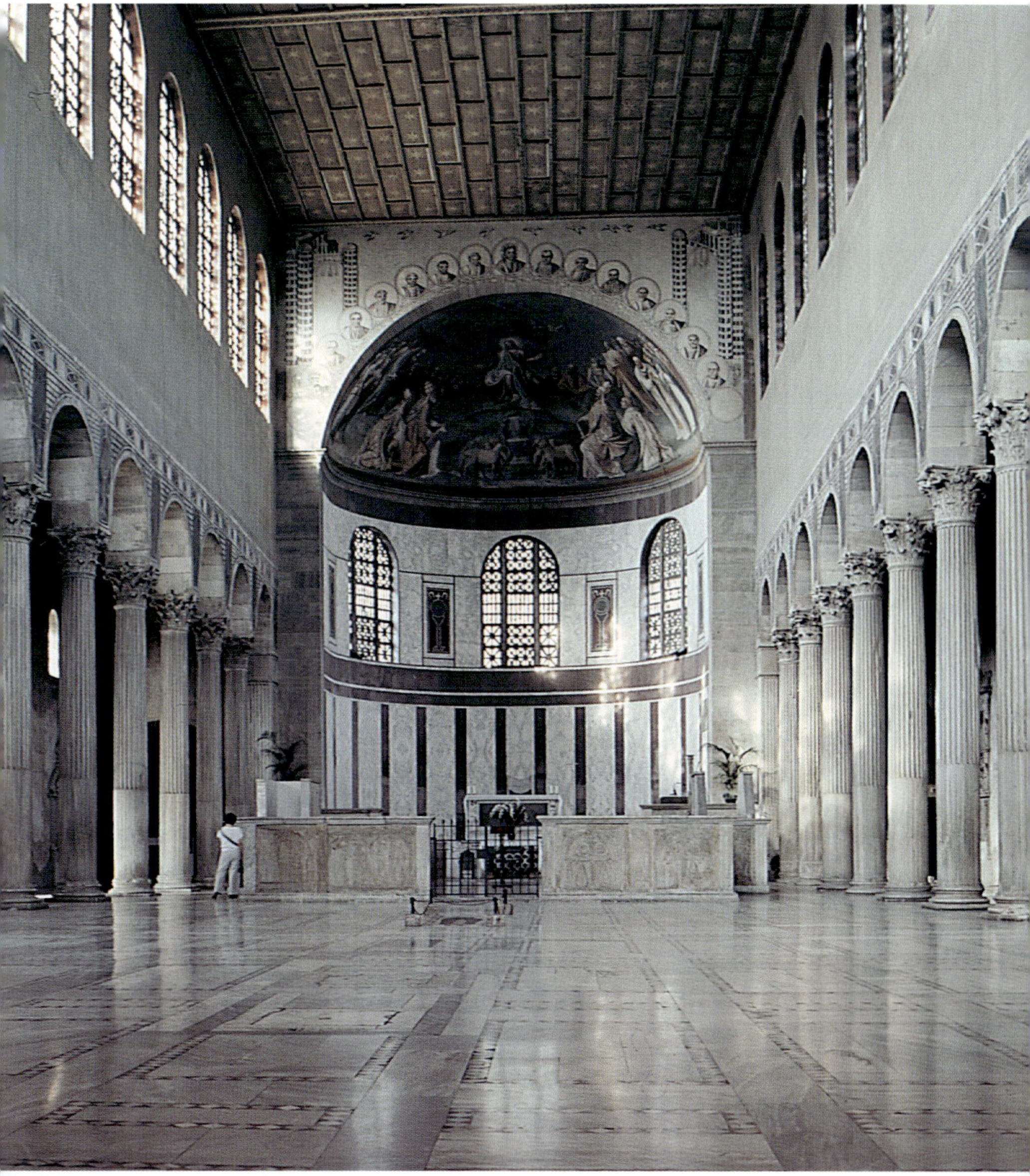

Rom war seit der Kaiserzeit mit wertvollen Steinen aus dem ganzen Bereich des Imperium Romanum geschmückt worden. Der in der Stadt selbst vorhandene Tuffstein besitzt dagegen trotz seines rustikalen Flairs nicht die Festigkeit der farbigen Steine. Noch bis heute schöpft Rom aus diesen Reserven der Antike, die es immer wieder neu verarbeitet. Die Laterankirche hatte wie die anderen alten Basiliken einen hölzernen offenen Dachstuhl. Wenn auch keine der konstantinischen Basiliken unverändert erhalten ist, so sind wir doch gut über sie informiert. Eine Anschauung davon gewinnt man in St. Paul vor den Mauern (386/395) und in S. Sabina.

Zur Laterankirche gehörte ein für den **Taufgottesdienst** bestimmtes oktogonales Gebäude (Baptisterium), wie es im Mittelalter für alle Bischofskirchen üblich war. Die Form des Zentralbaus wurde ferner für Mausoleen (S. Costanza), dagegen nur ausnahmsweise für andere Kirchen (S. Stefano Rotondo) gewählt.

Außer der für den Gemeindegottesdienst bestimmten und daher in der Stadt gelegenen Lateranbasilika ließen Konstantin und Mitglieder seiner Familie außerhalb der Stadt über den Gräbern von Märtyrern **Coemeterialbasiliken** errichten. Sie dienten neben der Feier der Eucharistie dem Gedächtnis der dort verehrten Märtyrer und der in benachbarten Mausoleen beigesetzten Toten der kaiserlichen Familie. Unter den konstantinischen Stiftungen ragte das fünfschiffige und zusätzlich mit einem Querschiff ausgestattete Alt-St. Peter hervor, das Konstantin am Vatikan über dem Grab des Apostels errichten ließ. Dieser Basilika war wie den antiken Tempeln ein von Säulengängen umstandener, für die Sammlung der Gläubigen bestimmter Vorhof (Atrium) vorgelagert, wie ihn viele andere Kirchen ebenfalls erhielten.

Der Bau von Coemeterialkirchen erübrigte sich seit dem 6./7. Jh., als die **Gebeine der Märtyrer** aus den Katakomben in die städtischen Kirchen übertragen wurden. Während die Katakomben seitdem in Vergessenheit gerieten, wurden die Gemeindekirchen nun gleichzeitig Gedenkstätten der Heiligen. Aber auch in anderer Hinsicht kam es zu Änderungen. Während nämlich die Titelkirchen von wohlhabenden Gemeindemitgliedern und die ersten kirchlichen Großbauten vom Kaiser oder von Angehörigen der kaiserlichen Familie gestiftet worden waren, traten seit dem späten 4. Jh. auch Päpste, so z. B. Damasus, als Kirchenstifter auf. Ihre Bauten blieben größenmäßig hinter den kaiserlichen Stiftungen zurück und hatten nie mehr als drei Schiffe.

Die Laterankirche besaß wahrscheinlich noch keinen **Bildschmuck,** allenfalls das Kreuz als Siegeszeichen in der Apsis. Die erst später einsetzende Bildausstattung der Kirchen erfolgte durch monumentale **Mosaiken,** die z. T. bis heute erhalten sind. Das Mosaik ist eine Flächendekoration, deren malereiähnliche Wirkung durch Addition verschiedenfarbiger kleinteiliger Einzelkörper aus dauerhaftem Material (Stein, Glasfluß, Ton u. a.) erreicht wird. Jede Farbfläche setzt sich aus vielen farbigen Einzelelementen zusammen. Das Mosaik ist besonders zur Gestaltung großer Wandflächen geeignet und wird daher als ornamentaler oder figürlicher Schmuck auf Fußböden, Wänden und Gewölben verwendet. Im hellenistischen Osten des Römischen Reiches beheimatet, und zunächst nur für Fußböden eingesetzt, wurde es gegen Ende der römischen Republik zum Wandmosaik weiterentwickelt. Als solches erlebte es seine reichste Entfaltung.

Die Entwicklung des frühchristlichen Mosaiks hängt eng mit der des Kirchenbaus zusammen. Dessen Aufwertung im Sinne eines Symbols seit Konstantin d. Gr. kam den transzendenten und irrealen Wirkungen des vom Licht belebten Mosaiks zugute. Die in irrealem Glanz aufscheinenden, mosaiküberzogenen Wände wurden dabei zum Träger der Licht- und Raumsymbolik. Die ältesten christlichen Wandmosaiken Roms haben sich, wenn auch nur fragmentarisch, in S. Costanza erhalten. Im

Umgang des Rundbaues ist der Schmuck thematisch noch ganz der vorchristlichen Antike verpflichtet. Die Mosaiken zeigen hier geometrisches Dekor, Weinranken und Szenen der Weinernte. In den Wölbungen der Apsiden sind dagegen christliche Themen dargestellt: die Traditio legis und die Übergabe der Schlüssel an Petrus. Die **Traditio legis** stellt die Erscheinung des Auferstandenen vor Petrus und die Offenbarung des Gesetzes des Neuen Bundes dar. Trotz der noch nicht ausgeräumten Bedenken gegen Bilddarstellungen setzte sich bis zum Ende des 4. Jh.s der bildliche Schmuck der Kirchen durch. Seitdem wurde in der Apsis der erhöhte Christus, später von Maria, den Titelheiligen und dem Stifter begleitet, dargestellt. Im Obergaden des Langhauses wurde die Geschichte des Alten und Neuen Bundes erzählt.

Das älteste erhaltene **Apsismosaik** Roms besitzt S. Pudenziana. Die auf etwa 400 zurückgehende Darstellung zeigt Christus als Lehrer der Wahrheit unter den Aposteln. Er wächst jedoch über die Gestalt des Lehrers hinaus und empfängt Attribute des Herrschers. Obwohl jedes unter den monumentalen römischen Mosaiken der Zeit seine Eigenart hat, folgen sie im Grunde dem gleichen Schema. Den glanzvollsten Mosaikenschmuck besitzt S. Maria Maggiore, dessen Obergaden im 5. Jh. mit Szenen aus dem Alten Testament und dessen Triumphbogen mit der Darstellung der Kindheitsgeschichte Jesu geschmückt wurden.

Reichen plastischen Schmuck erhielten zur Zeit Konstantins auch die christlichen **Sarkophage.** Während heidnische Themen nun ganz zurücktraten oder adaptiert wurden, zeigen sie ähnlich wie die Katakombenmalerei wunderbare Errettungen oder Heilungen nach dem Alten oder Neuen Testament. Diese sind oft in dichter Gestaltenfülle in zwei Reihen übereinander und einer Muschel in der Mitte mit dem Bild des oder der Beigesetzten dargestellt. Andere Sarkophage werden durch Säulchen streng gegliedert. Im berühmtesten Sarkophag wurde

Thronender Christus als Lehrer der Wahrheit. Zentralbild des Apsismosaiks von S. Pudenziana. Obwohl stark ergänzt und überarbeitet, ist es die älteste erhaltene Apsiskomposition in einer römischen Kirche (um 400).

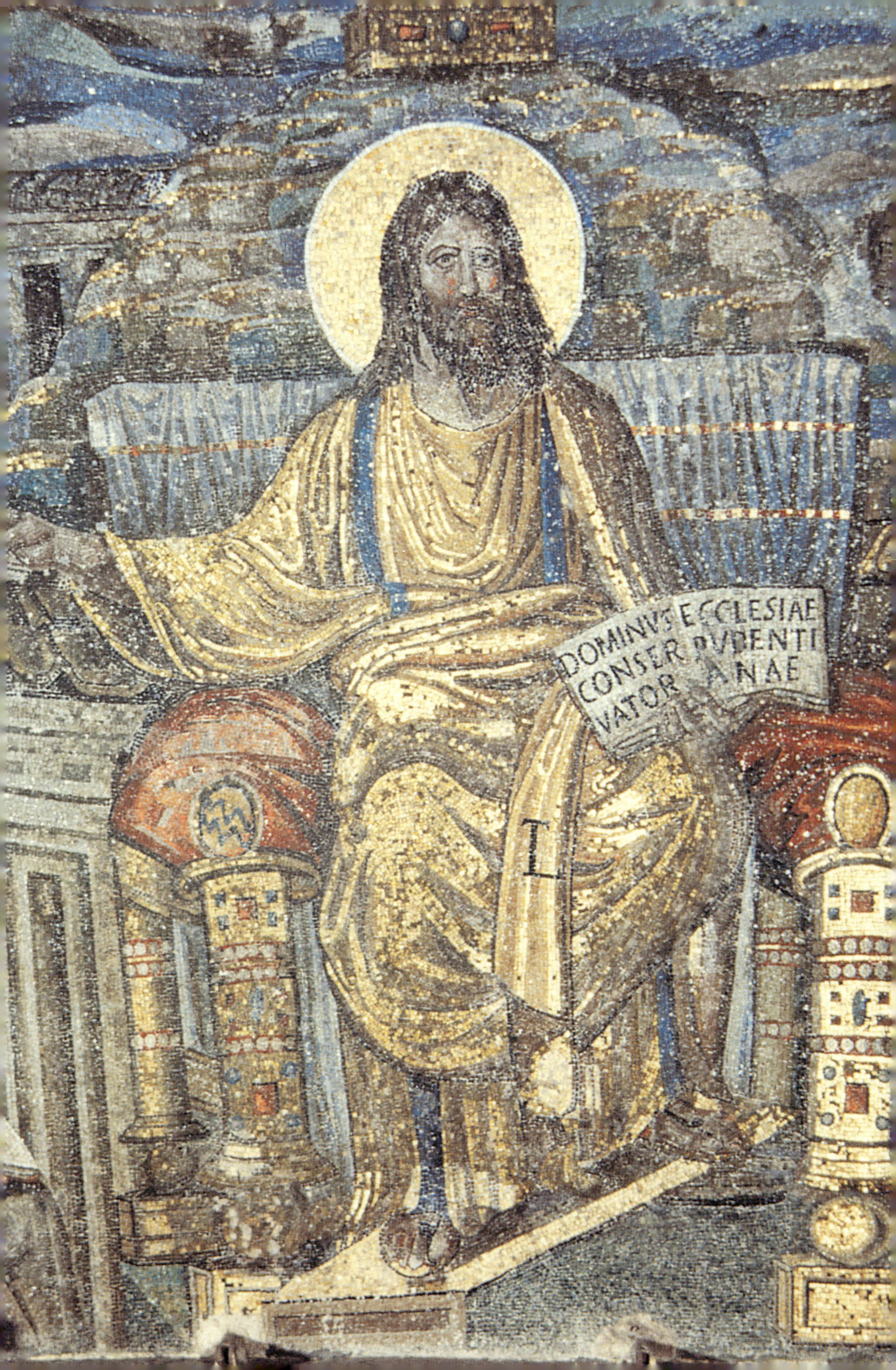
DOMINVS ECCLESIAE
CONSER PVDENTI
VATOR ANAE

359 der Stadtpräfekt Junius Bassus in Alt-St.-Peter beigesetzt. Das kostbare Kunstwerk kann man im Domschatz von St. Peter aus der Nähe studieren. Auch auf den Sarkophagen trat wie in den Apsismosaiken die Gestalt des hier in jugendlicher Schönheit dargestellten Christus in den Mittelpunkt.

So reichhaltig sich die Bildkunst seit der konstantinischen Wende entwickelte, das christliche Bildwerk besaß damals nur einen erzählenden Anspruch. Es war nicht Gegenstand der Verehrung. Selbst Papst Gregor d. Gr., der den volkstümlichen Vorstellungen weit entgegenkam, verwarf noch die **Bildverehrung.**

Nachdem im 4. Jh. die grundlegende Ausbildung der Kirchenbauten und des christlichen Bildschmuckes erfolgt war, vollzog sich seitdem die weitere Ausgestaltung. Da seit Konstantin mit der Hauptstadt des Imperiums auch dessen Schwerpunkt in den Osten verlegt worden war, stieg in Rom die Bedeutung der Päpste als Auftraggeber. Ihre Bauten blieben an Größe, nicht dagegen an neuen Ideen hinter denen der konstantinischen Zeit zurück. Schon damals war ein weitgespannter Bogen zwischen Lang- und Querhaus üblich. Er griff ein Ehrungsmonument römischer Staatsbaukunst auf, wurde seit der karolingischen Zeit **Triumphbogen** genannt und bevorzugt für Mosaiken genutzt. Schon für die konstantinischen Bauten war der Rückgriff auf Werkstücke aus älteren Bauten (Spolien) üblich. Dies wurde in der Spätantike gang und gäbe. So wurden Säulenschäfte – am liebsten Monolithen – Kapitelle, Gesimse etc. antiker Bauten in viele Kirchen eingefügt. Ausstattungsstücke spätantiker Kirchen waren ferner die **Schola cantorum,** der in das Langschiff vorgeschobene, oft durch wertvolle Chorschranken wie in S. Clemente und S. Sabina abgetrennte Raum für den Klerus, ferner die für die feierliche Verkündigung des Evangeliums bestimmte Kanzel und der oft prächtige **Osterleuchter,** in dem das antike Säulenmonument fortlebt. Der Altar wurde schließlich durch ein zeltartiges **Ziborium** als die eigent-

Chorschranken von S. Sabina mit den charakteristischen Flechtbandmotiven. Langobardisch 8./9. Jahrhundert. Im Hintergrund leicht erhöht der Ambo.

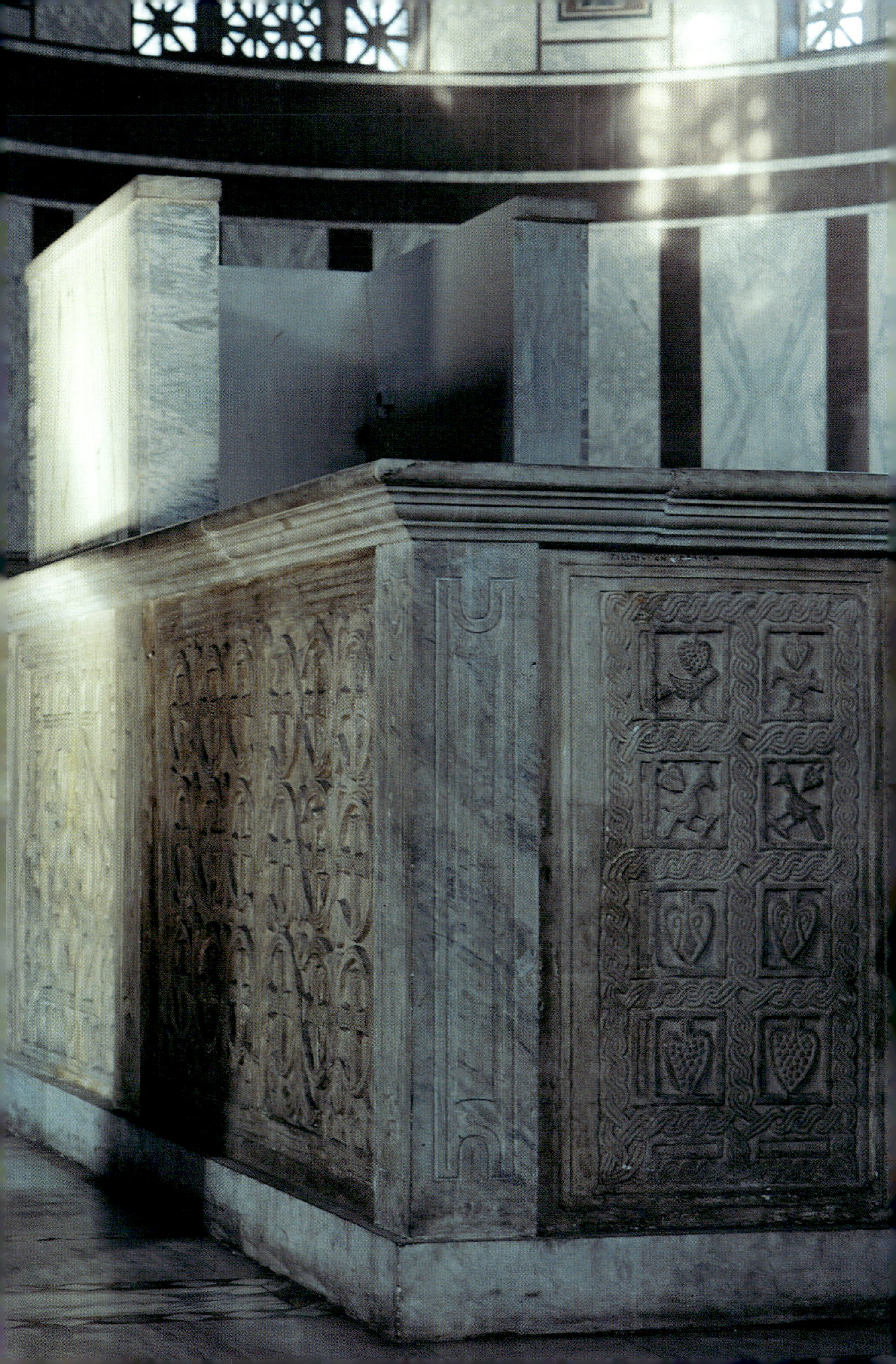

liche Mitte des Baues hervorgehoben. Das älteste unter allen Ausstattungsstücken der altchristlichen Basiliken war jedoch der **Bischofsthron.** Von ihm aus – nicht von der Kanzel – predigte der Bischof, und zwar sitzend „ex cathedra“.

Mittelalter

Während die frühchristliche Kunst aus den antiken Traditionen schöpfte und diesen in Material und Formgebung eng verbunden blieb, vermittelte die Hinwendung zu den aufsteigenden germanischen Völkern dem römischen Kunstschaffen neue Impulse. Der erste Papst des Mittelalters, Gregor d. Gr. (590 – 604), vollzog einen wichtigen Schritt auf die Germanen zu. Als er nämlich 596 den Mönch Augustinus als Missionar mit 40 Gefährten nach England sandte, gab er ihm die Weisung, die heidnischen Tempel nicht zu zerstören, sondern in Kirchen umzuwandeln. Diese Anweisung wirkte sich auch in Rom aus, denn dort wurde 609 das Pantheon, das seit 391 geschlossen war, als **erster Tempel zur Kirche umgewidmet.** Ein Jahr zuvor war auf dem Forum die Phokassäule als letztes antikes Denkmal errichtet worden. Die Umwidmung des Pantheons blieb nicht der einzige Fall dieser Art. Die Archäologie hat ähnliches für andere Fälle feststellen und in S. Nicola in Carcere auch darstellen können.

Nach Gregor d. Gr. unternahmen auch die Päpste des späten 8. Jh.s Schritte zur Annäherung an die germanischen Völker. 754 weihte Stephan II. (752 – 757) in St. Denis den Hausmeier Pippin (751 – 768) als König der Franken und 800 folgte Leo III. (795 – 816) in Rom mit der Krönung Karls d. Gr. (800 – 814) zum Kaiser. Damit löste das Papsttum sich politisch vom Osten, doch brach dessen künstlerischer Einfluß damit keineswegs ab. Rom erhielt damals neue Kirchen mit reicher Mosaikenausstattung, so S. Maria in Domnica, S. Prassede, S. Cecilia und S. Marco. Dabei wandten sich die Künstler allmählich von den byzantinischen Vorbildern ab und orientierten sich an frühchristlichen Kunstwerken. Auf den damals entstandenen Apsismosaiken schreitet meist Christus, von Heiligen und Stiftern begleitet und die Hand zum Segen erhoben, dem Beter entgegen. Das Mittelschiff dieser Neubauten blieb entsprechend der römischen Tradition ohne Gewölbe, der Dachstuhl offen. Am Anfang des 13. Jh.s wölbten die Zisterzienser in Tre Fontane erstmals ein römisches Mittelschiff ein.

Nach der Eroberung des Langobardenreiches durch Karl den Großen (774) kamen **langobardische Steinmetze** nach Rom, um Chorschranken und Altarziborien in jenem Stil zu schaffen, der im Norden der Halbinsel längst üblich war. Sie überzogen die Marmorplatten mit einem Flechtwerk aus geometrischen oder florealen Mustern und symbolischen Tierdarstellungen, in das sie das Kreuz oder Stiftermonogramme hineinstellten. Neben kompletten Stücken haben sich zahlreiche Fragmente davon erhalten.

Wie sehr das Rom des Mittelalters noch in der Antike wurzelte, und zugleich zu Neuem fähig war, zeigt sich in den Apsismosaiken von S. Clemente und S. Maria in Trastevere, die beide im 12. Jh. entstanden und aus dem Formenschatz der frühen Christenheit und der Spätantike schöpften. So wächst in der Apsis von S. Clemente das Kreuz aus einer üppigen Akanthuspflanze heraus, wie sie auch die alte Eingangshalle des Lateranbaptisteriums schmückt. Auch das Apsismosaik von S. Maria in Trastevere, das den thronenden Christus mit seiner Mutter zwischen Heiligen und dem Stifter zeigt, bildet ein Zitat der Antike. Es zeigt zugleich Anklänge an die ottonische Buch- und Wandmalerei mit ihrem Farbenreichtum und der Freude an Gold, Edelsteinen und Prachtgewändern.

Ein weiteres Zeugnis christlicher Baukunst des Mittelalters bilden die **Glockentürme** (campanili). Sie sind im Gegensatz zu den runden Türmen Ravennas, die im Adriagebiet lange Vorbild blieben, viereckig, im unteren Teil geschlossen und mit Blendarkaden geschmückt, im oberen Teil von Klangarkaden durchbrochen, die unten durch Pfeiler, oben durch Marmorsäulchen von einander getrennt sind. Die Ziegelflächen sind oft durch Scheiben roten Porphyrs, grünen Serpentins oder durch farbige Terrakotten geschmückt. Als schönste unter den römischen Campanili gelten die von S. Maria Nuova (S. Francesca Romana), SS. Giovanni e Paolo und S. Maria in Cosmedin. Im Gegensatz zu den noch heute ihrer Bestimmung dienenden Glockentürmen sind die Geschlechtertürme, mit denen die römischen Adelsfamilien seit dem 12. Jh. ihre Stadtburgen ausstatteten, seit dem Sieg der päpstlichen Stadtherrschaft um die Wende zum 15. Jh. niedergelegt bzw. als Reste in andere Gebäude inkorporiert worden.

Aus dem 12. und 13. Jh. haben sich zahlreiche Werke der römischen **Marmorkünstler** (marmorarii romani) erhalten, für die sich von dem aus der Gegend des Comer Sees stammenden Familienverband, unter dessen Mitgliedern der Name Cosmas verbreitet war, der Name Cosmaten durchgesetzt hat. Es handelte sich dabei um Handwerkerfamilien, die erstmals ihre Werke zeichneten und damit aus der Anonymität des Kunstschaffens heraustraten. Eine der berühmtesten unter ihnen war die der Vassalletti. Die Marmorkünstler schmückten in Rom, Latium und in den angrenzenden Gebieten, z. T. auch außerhalb Italiens, im Auftrag von Päpsten, Adelsfamilien und Äbten Kirchen mit Altären, Verkleidungen, Kanzeln, Chorschranken, Bischofsthronen, Kreuzgängen, Fußböden und seit dem späten 13. Jh. auch mit Grabdenkmälern. Ihr Material war Marmor, in den sie Mosaiken in geometrischer Anordnung sowie farbige Steinplatten bzw. -scheiben einfügten. Ihr Schaffen stand in engem Zusammenhang mit der seit dem 12. Jh. aufkommenden Idee der Renovatio Romae, d. h. der Erneuerung der Stadt aus dem Geist des Frühmittelalters, wie sie u. a. von einigen Päpsten propagiert wurde.

Zu den bedeutendsten der von den Marmorkünstlern geschaffenen Werken gehören die **Kreuzgänge,** deren prächtigste

Grabmal Honorius' IV. († 1287) Die Liegefigur des Papstes, vermutlich von Arnolfo di Cambio, gehörte ursprünglich zum monumentalen Grab des Papstes in St. Peter. Im 16. Jh. wurde sie auf den mit Cosmatenarbeit verzierten Sarkophag der Mutter des Papstes in die Familienkapelle nach S. Maria in Aracoeli übertragen. Ein Beispiel für Marmorskulptur und Cosmatenarbeit des 13. Jh.s

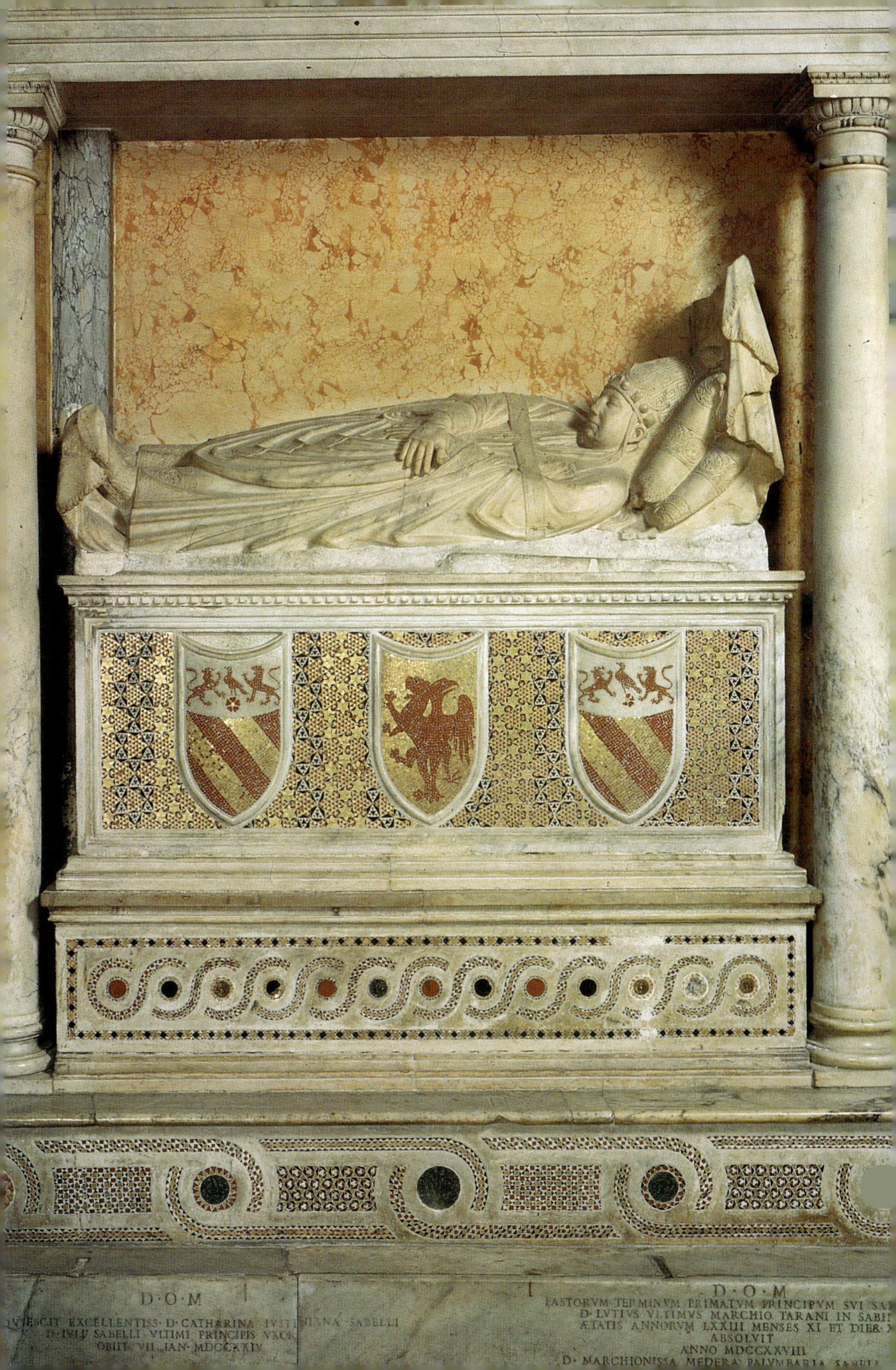
D·O·M
EXCELLENTISS·D·CATHARINA
SABELLI
D·IVLII SABELLI VLTIMI PRINCIPIS VXOR
OBIIT VII IAN·MDCCXXIV
D·O·M
FASTORVM TERMINVM PRIMATVM PRINCIPVM SVI
D·LVTIVS VLTIMVS MARCHIO TARANI IN
ÆTATIS ANNORVM LXXIII MENSES XI ET
ABSOLVIT
ANNO MDCCXXVIII
D·MARCHIONISSA MEDERA PALVMBARIA

sich bei St. Paul vor den Mauern und bei der Laterankirche befinden. Aber auch andere Kirchenkomplexe wie z. B. SS. Quattro Coronati oder S. Scolastica in Subiaco sind damit geschmückt. Als Kreuzgänge bezeichnet man Klosterhöfe mit bedeckten, halboffenen Umgängen, wie sie in Rom seit dem 8. Jh. bezeugt, aber erst seit dem 12. Jh. erhalten sind. Sie gehörten zur Grundausstattung von Stadtklöstern, für die sie jene Abgeschiedenheit schufen, die sonst in der Stadt nicht möglich gewesen wäre. Ein besonders herausragendes Werk der Marmorkunst bildet der um 1180 entstandene, mit Plastiken, nicht aber mit Mosaikinkrustration geschmückte Osterleuchter von St. Paul vor den Mauern. Trotz der Vielfalt und Qualität dieses Kunstschaffens blieb es auf Rom und sein Umland beschränkt. Künstlerische Impulse von gesamteuropäischer Bedeutung kamen damals nicht aus Rom, sondern aus Frankreich und aus dem Reich, den Ursprungsländern des gotischen Kirchenbaus. In Rom hat man diesen neuen Stil nur ein einziges Mal, und zwar ab 1280 in der Dominikanerkirche S. Maria sopra Minerva angewandt. Dieser gewaltige Bau erhielt, wie viele Mendikantenkirchen, eine reiche Ausstattung an Seitenkapellen bedeutender römischer Familien.

So sehr dieses Kunstschaffen auf Rom und sein Umland beschränkt blieb, so sehr weitete sich gelegentlich der Blick. Um 1246 gab z. B. ein Neffe Papst Gregors IX. (1227 – 1241) den Auftrag zur Ausmalung der Silvesterkapelle bei SS. Quattro Coronati mit der Silvesterlegende, nach der Konstantin d. Gr. Papst Silvester (314 – 335) nach seiner Heilung vom Aussatz als Dank die Stadt Rom und den Westen des Reiches übergeben habe.

Zu den großen, von Frankreich her inspirierten Künstlern im Rom des 13. Jh.s zählte **Arnolfo di Cambio** († 1302). Er stammte aus der Toskana und ging 1284 von Rom nach Florenz zurück. Während seiner römischen Schaffensperiode aber beschenkte der umworbene Künstler, der auch in Neapel wirkte, zusammen mit seinen Gehilfen die Stadt mit einer Reihe bedeutender

Werke. Während die Cosmaten sich auf das Dekorative beschränkt hatten, wandte Arnolfo sich dem Individuum zu und schuf eine Reihe von Ehrenstatuen und Grabmälern. Von ihm stammen mit hoher Wahrscheinlichkeit die Sitzfigur des hl. Petrus in St. Peter und mit Sicherheit das Grabmal Bonifaz' VIII. in den Grotten von St. Peter.

Zu den großen künstlerischen Leistungen der Zeit gehörte auch das Werk **Pietro Cavallinis** († um 1330), eines der bedeutendsten italienischen Maler des späten 13. Jh.s. Von ihm sind im wesentlichen die kleinen Mosaiken zum Marienleben in S. Maria in Trastevere und das beschädigte Fresko des Jüngsten Gerichtes im Nonnenchor von S. Cecilia erhalten. Cavallini bemühte sich als erster um Plastizität in seinen Darstellungen und trug dazu bei, daß sich die italienische Malerei vom byzantinischen Einfluß freimachte, obwohl er selbst noch durchaus in dieser Tradition stand.

Nachdem das erste **Heilige Jahr** (1300) noch einmal das hohe Ansehen des Papsttums unterstrichen hatte, verlor Rom wenig später mit der Übersiedlung von Papst und Kurie nach Frankreich seine tragende Mitte. Der Volkstribun Cola di Rienzo († 1354) propagierte zwar um die Mitte des 14. Jh.s unter Berufung auf idealisierende Romvorstellungen die Autonomie der Stadt, doch zeigte schon die Tatsache, daß während der Abwesenheit der Päpste das römische Kunstschaffen erlosch, auf welch unsicherem Boden dieser Anspruch stand. Erst nach der Rückkehr Papst Gregors XI. nach Rom (1376) entstand als Denkmal des neuen Anfangs der Campanile von S. Maria Maggiore in romanischen Formen, aber zugleich mit einem gotisch spitzen Helm.

Renaissance

Nachdem das Konzil von Konstanz (1414 – 18) 1417 mit der Wahl Papst Martins V. (1417 – 31) das **Große Abendländische**

Schisma überwunden hatte, strebte der neue Papst aus der bedeutenden römischen Familie der Colonna seine baldige Übersiedlung in die Ewige Stadt an, denn ihm war bewußt, daß er nur dort seine Unabhängigkeit gewinnen konnte. Der Kirchenstaat bestand damals nur noch als Anspruch und sein Gebiet war von Söldnerführern beherrscht. Daher gelangte Martin V. erst 1420 nach mühsamen Verhandlungen nach Rom. Dieses bot damals im Gegensatz zu den blühenden Städten Oberitaliens ein heruntergekommenes Bild. Die Stadt hatte in der Antike bis zu 1 Million Einwohner gezählt. Um 1400 waren es noch 20 000. In dem viel zu weit gewordenen Mauerring lagen verstreut wie Dörfer einzelne Siedlungen, und in den großen, aus der Antike überkommenen Ruinenkomplexen horsteten die miteinander rivalisierenden Adelsfamilien. Erst Bonifaz IX. (1389 – 1404) war es gelungen, ihre Macht zu brechen. Außerdem waren das Straßennetz und die antiken Wasserleitungen verfallen. Daher hatten sich die Siedlungen von den Hügeln in die hochwassergefährdete Niederung des Tiberbogens (dort finden sich noch zahlreiche Hochwasser-Marken) verlagert, wo die Menschen sich aus Brunnen oder aus dem Fluß mit Wasser versorgten. Die mangelnde Hygiene erklärt die zahlreichen Seuchen, von denen die Stadt heimgesucht wurde und denen oft tausende von Menschen zum Opfer fielen.

Die entscheidende Ursache für den **Niedergang der Stadt** bildeten die lange Abwesenheit der Päpste in Avignon und später das Schisma mit dem Bedeutungsverlust Roms. In der Stadt fehlte aber auch im Gegensatz zu den oberitalienischen Städten jene Kaufmanns- und Handwerkerschicht, die dem Adel Paroli bot und die Kultur der freien Kommunen mit ihren Selbstverwaltungsorganen und damit einen Bürgersinn entwickelte, der nicht nur die notwendigen Infrastrukturen schuf, sondern die Städte mit Plätzen, Brunnen und repräsentativen Bauten schmückte. Rom sah sich ferner mit dem Erbe der

Engel. Ausschnitt aus dem Jüngsten Gericht Pietro Cavallinis in S. Cecilia in Trastevere. Cavalini gehörte zu den bedeutendsten italienischen Malern des späten 13. Jh.s.

Antike konfrontiert, das in vielfacher Hinsicht seine Entfaltung behinderte, zugleich aber ständig ausgebeutet wurde.

Martin V. ließ nach seiner Rückkehr die Straßen der Stadt und einige Kirchen erneuern, vor allem die Laterankirche, die später sein Grab aufnehmen sollte. Er entwickelte jedoch noch **kein Gesamtkonzept.** Das gleiche galt für Eugen IV. (1431 – 47), der von Auseinandersetzungen mit dem Konziliarismus absorbiert war und sich nur zeitweise in Rom halten konnte. Seinen Sieg über das Konzil ließ er immerhin auf dem Hauptportal von (➔) St. Peter feiern, doch fand sich dafür in Rom kein geeigneter Künstler. Dieser mußte aus Florenz gerufen werden. Es fehlte somit im Rom des frühen 15. Jh.s nicht ganz an Kunstschaffen. So führte im Auftrag des gelehrten Kardinals Branda da Castiglione um 1428 der aus der Toskana stammende, in Florenz ausgebildete Masolino († um 1447) mit seinen Ausmalungen der Katharinenkapelle in S. Clemente erstmals die Perspektive in die römische Kunst ein. Diese Gemälde sollen das erste nach einhundertjähriger Unterbrechung in Rom geschaffene Kunstwerk gewesen sein. **Kardinäle** waren überhaupt schon lange neben den Päpsten die wichtigsten Auftraggeber künstlerischen Schaffens, und ihre Bedeutung auf diesem Gebiet sollte sich noch steigern.

Zu einem Qualitätssprung des Kunstschaffens kam es unter Nikolaus V. (1447 – 55), dem ersten Humanisten auf dem päpstlichen Thron. Unter ihm setzte jene **Verbindung von Papsttum und Humanismus** ein, die Rom zu einem **Zentrum der Kultur der Renaissance** und zur Kunstmetropole aufsteigen ließ. Der hohe Preis dafür bestand aber in der Verweltlichung von Papsttum und Kurie. Dies äußerte sich seit Sixtus IV. (1471 – 84) in einem fast schrankenlosen Nepotismus und in der Umformung des Kirchenstaates zu einem geistlichen Fürstentum. Die Forderung nach Kirchenreform verkam dagegen zur Leerformel.

Während dieser Zeit verwandelte die Stadt ihr Gesicht. Die Adelsfestungen wurden nun beseitigt, und an die Stelle von

Wohntürmen traten **Paläste** (Palazzi). Einer der ersten war der durch Kardinal Pietro Barbo seit 1455 erbaute Palazzo Venezia, in dem sich noch der Übergang von der Burg zum Palast spiegelt. Gleichzeitig erlebte die Villenarchitektur mit dem Bau von Palästen und Gartenanlagen außerhalb des Stadtgebietes eine Neubelebung. Ferner wurden Straßen ausgebaut, neue Brücken über den Tiber gespannt, Kirchen restauriert und die **Papstresidenz** vom Lateran bzw. aus den Kardinalspalästen an den **Vatikan** verlegt. Zusätzliche Impulse und wirtschaftliche Mittel brachten die stark besuchten Heiligen Jahre, besonders das von 1450, ferner die Zuwanderung aus vielen Ländern Europas und aus dem von den Türken bedrohten und 1453 eroberten Konstantinopel. Nie zuvor entstanden in Rom so zahlreiche Landsmannschaften und Bruderschaften mit nationalen Pilgerhäusern und Kirchen, und nie zuvor war die Kurie so international wie im 15. Jh.

Da Nikolaus V. unangefochten an der Spitze der abendländischen Kirche stand, war es ihm möglich, über Einzelmaßnahmen hinaus ein Gesamtkonzept zu entwickeln. Seine Ideen und seine Mitarbeiter bezog er aus Florenz, wo er selbst viele Jahre zugebracht hatte. Mit ihnen entwarf er eine Umgestaltung des Borgo, des beim Vatikan liegenden Stadtteiles, der nun nicht mehr nur Pilgerziel, sondern zugleich Sitz der Päpste war. An die Stelle des verkommenen spätmittelalterlichen Roms sollte eine der Würde der Kirche entsprechende **ideale Stadt** treten. Dabei stützte er sich auf den großen Bautheoretiker Leon Battista Alberti († 1472). Sein Vorhaben wurde zwar nur in Teilen verwirklicht, doch begann Nikolaus den sich über Jahrhunderte hinziehenden **Ausbau des Vatikans.** Dessen Mitte bildet der Dom über dem Grab des hl. Petrus, den Nikolaus durch einen Neubau ersetzen wollte, ohne das basilikale Schema aufzugeben. Die sich an St. Peter anschließende, in mehreren Jahrhunderten gewachsene Palastanlage ist heute nicht nur Papstresidenz, sondern zugleich Sitz des Staatssekretariates, des Vatikanischen Archivs, der Vatikanischen Bibliothek und der Vatikanischen Museen. Nicht mehr im Besitz der Päpste ist dagegen die → Engelsburg, die einst als Festung den Zugang zum Borgo von der Stadt her über die Engelsbrücke bewachte und seit dem Mittelalter letzte Zufluchtstätte der Päpste war. Das gleiche gilt für das Hospital vom Heiligen Geist. Ein Problem für die Neugestaltung bildeten die Ruinen der Stadt Rom und damit das Vermächtnis der Antike. Ihr Abbruch und ihre Beseitigung standen im Widerspruch zu den Idealen der Renaissance, die die Zeugnisse der Antike erhalten wollte. Daher wählten viele Baumeister einen Kompromiß, indem sie antike Werkstücke in die Neubauten einbezogen. So finden sich z. B. in frühen Renaissancebauten zahlreiche Teile aus dem Marcellustheater und dem Kolosseum.

Während Nikolaus die Vision einer neuen Stadt entwickelte, kam unter Sixtus IV. die **Renaissance** nach Rom. Sixtus ging in die Geschichte vor allem als bedenkenloser Förderer seiner Verwandtschaft, und damit des **Nepotismus** in großem Stil ein, doch erfolgte unter ihm zum ersten Mal nach langer Unterbrechung auch wieder der Bau neuer Kirchen. Die erste unter ihnen war S. Maria del Popolo an der Piazza del Popolo. Sie wies dem römischen Kirchenbau einen neuen Weg, denn sie erhielt als kreuzförmige Basilika ein gewölbtes Mittelschiff. Damit wurde das gemauerte **Gewölbe,** auf das die altchristliche Basilika verzichtet hatte, endgültig in den römischen Kirchenbau eingeführt. Noch folgenreicher war die Zusammenführung beider Schiffe durch eine **Vierungskuppel.** Damit war das Grundschema für den Kirchenbau der Hochrenaissance und des Barock gegeben. Während der Zentralbau sich letztlich nicht durchsetzen konnte und es beim basilikalen Typ blieb, erhielt dieser fortan keinen Campanile mehr, sondern eine Vierungskuppel. Daher bestimmen bis heute Kuppeln, nicht Türme, die Silhouette des historischen Zentrums Roms.

Grabmal Sixtus' IV. († 1484) von Antonio Pollaiuolo im Domschatz von St. Peter. Mit ihm beginnt eine neue Tradition der Papstgrabmäler.

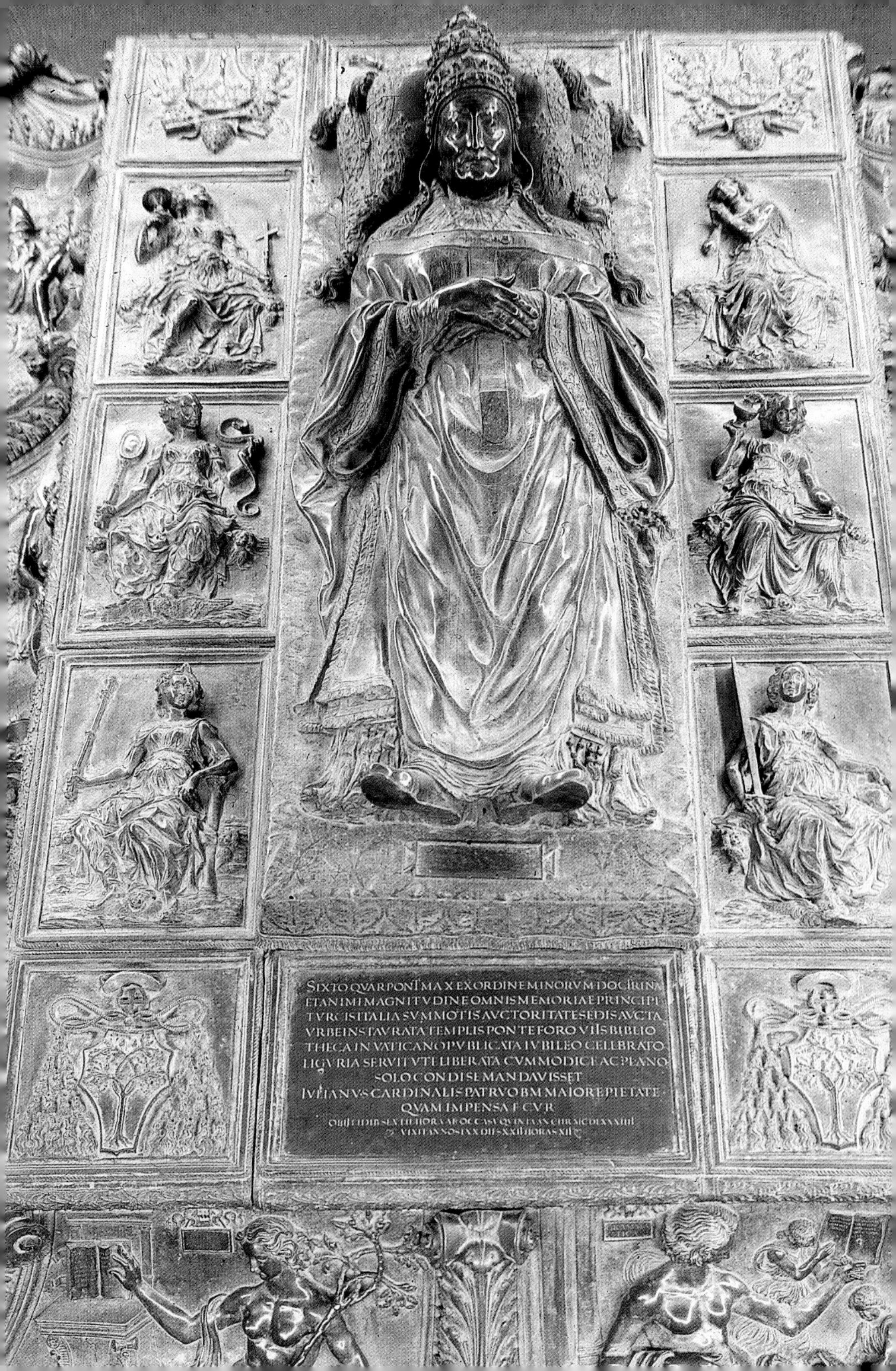
SIXTO QVAR PONT MAX EX ORDINE MINORVM DOCTRINA
ET ANIMI MAGNITVDINE OMNIS MEMORIAE PRINCIPI
TVRCIS ITALIA SVMMOTIS AVCTORITATE SEDIS AVCTA
VRBE INSTAVRATA TEMPLIS PONTE FORO VIIS BIBLIO
THECA IN VATICANO PVBLICATA IVBILEO CELEBRATO
LIGVRIA SERVITVTE LIBERATA CVM MODICE AC PLANO
SOLO CONDI SE MANDAVISSET
IVLIANVS CARDINALIS PATRVO B M MAIORE PIETATE
QVAM IMPENSA F CVR
OBIIT IDIB SEXTIL HORA AB OCCASV QVINTA AN CHR MCDLXXXIIII
VIXIT ANNOS LXX DIES XXII HORAS XII

Eine Kuppel erhielt auch die von Sixtus zur Erinnerung an einen Sieg umgebaute Kirche S. Maria della Pace, während er in der später nach ihm benannten → Sixtinischen Kapelle darauf verzichtete. Von seinen zahlreichen Schöpfungen besteht heute noch die **Vatikanische Bibliothek,** deren Grundstock jene Büchersammlung bildete, die Nikolaus V. zusammen getragen hatte und die Sixtus nun öffentlich zugänglich machte. Von großer Bedeutung war auch das von ihm erneuerte **Hospital vom Heiligen Geist** nahe der Via della Conciliazione. Die Sorge um Alte, Kranke, Waisen und Pilger war seit jeher ein zentrales kirchliches Anliegen. Sixtus schuf einen Neubau, der schon aufgrund seiner Dimensionen – er hatte die gleiche Länge wie Alt-St.-Peter – zeigte, welchen Stellenwert die Sorge um Hilfsbedürftige für die Kirche hatte.

Mit Sixtus begann eine neue Tradition der **Papstgrabmäler.** Die Päpste der frühen Christenheit wurden wie alle anderen Christen in den Katakomben beigesetzt. In der Callisto-Katakombe ist noch eine ihrer Grabkapellen erhalten. Auch seit man die Katakomben aufließ und die Beisetzung in die Kirchen verlegte, behielt man Sarkophage bei. Erst seit dem 13. Jh. kam es unter französischem Einfluß zur Anlage von Wandnischengräbern. Seitdem entwickelte sich der Brauch, den Päpsten Grabmäler von oft hohem künstlerischem Rang zu geben. Dabei konnten die Verstorbenen liegend, sitzend, stehend oder kniend dargestellt sein. Viele Papstgrabmäler befinden sich in Neu-St.-Peter. Die letzten Päpste erhielten wieder einfache Grabplatten. Sixtus erhielt dagegen durch den aus Florenz kommenden Bildhauer Antonio Pollaiuolo (1431/32 – 98) fünf Jahre nach seinem Tod als Grabdenkmal gleichsam eine ewige Aufbahrung auf einem bronzenen Katafalk. Einst hatte es seinen Platz in einer Chorkapelle, in der sich die Kanoniker täglich zum Gebet versammelten. Heute kann man es im Domschatz von St. Peter besichtigen.

Während Sixtus Künstler von nur mittelmäßigem Rang beschäftigt hatte, änderte sich das unter seinem Neffen **Julius II.**

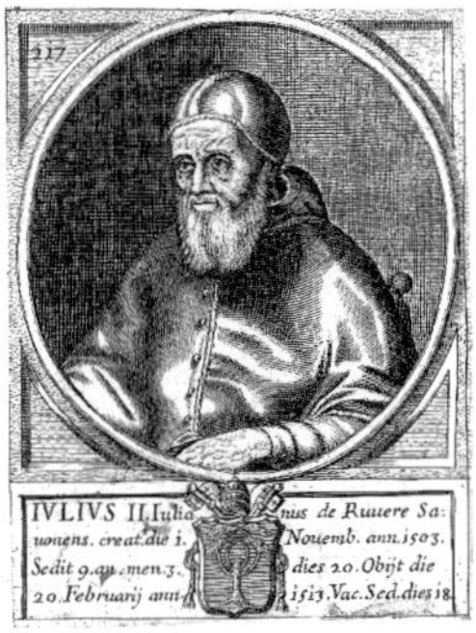

Papst Julius II.

(1503 – 13) grundlegend. Julius wurde der größte Mäzen unter allen Päpsten und ließ nur das Beste gelten. Daher überholte Rom unter ihm Florenz als Kunstmetropole. Fünf Jahre vor der Wahl Julius' II. kam **Michelangelo Buonarroti** (1475 – 1564) als 23jähriger nach Rom, wo er innerhalb eines Jahres seine Pietà (→ St. Peter) schuf, die ihn mit einem Schlag berühmt machte. Sein künstlerisches Wirken teilte er seitdem zwischen Rom und Florenz. Auch **Donato Bramante** (1444 – 1514), der einflußreichste Architekt der Hochrenaissance, lebte seit 1499 in Rom, und auch der Maler und Architekt **Raffaello Santi** (1483 – 1520) arbeitete teils in Florenz, teils – wahrscheinlich durch Vermittlung des wie er aus Urbino stammenden Bramante – in Rom. Julius gelang es, diese sehr unterschiedlichen Persönlichkeiten für seine Vorhaben zu gewinnen. 1505 betraute er den 30jährigen Michelangelo mit der Schaffung seines Grabmales, das von 40 Marmorfiguren geschmückt werden und seinen Platz unter der Hauptkuppel von Neu-St.-Peter finden sollte, noch ehe der Grundstein zur neuen Basilika gelegt war. Nie zuvor hatte ein Papst seine Selbsteinschätzung so zum Ausdruck gebracht. Dabei ging Julius weder wegen seiner geistlichen, noch wegen seiner politischen Bedeutung, sondern einzig wegen seiner Kunstpolitik in die Geschichte ein. 1506 wurde der Grundstein von Neu-St.-Peter gelegt. Dabei wurde das Langhaus der konstantinischen Basilika zunächst noch geschont und dem geplanten Zentralbau lediglich die Apsis und das Querhaus geopfert. Bramante lieferte die grundlegenden Ideen, aber auch Raffael und Michelangelo, dem der Bau 1547 anvertraut wurde, sowie Giacomo della Porta (1540 – 1602), der ihn seit 1572 vollendete, trugen zu seiner Gestalt bei. Selten war ein Bau von solchem Tauziehen begleitet worden, kaum je aber hatten auch so viele bedeutende Künstler zur Vollendung beigetragen wie bei St. Peter.

1509 übertrug Julius dem erst 25jährigen Raffael die Ausmalung seiner Wohnräume, der → Stanzen. Während dem

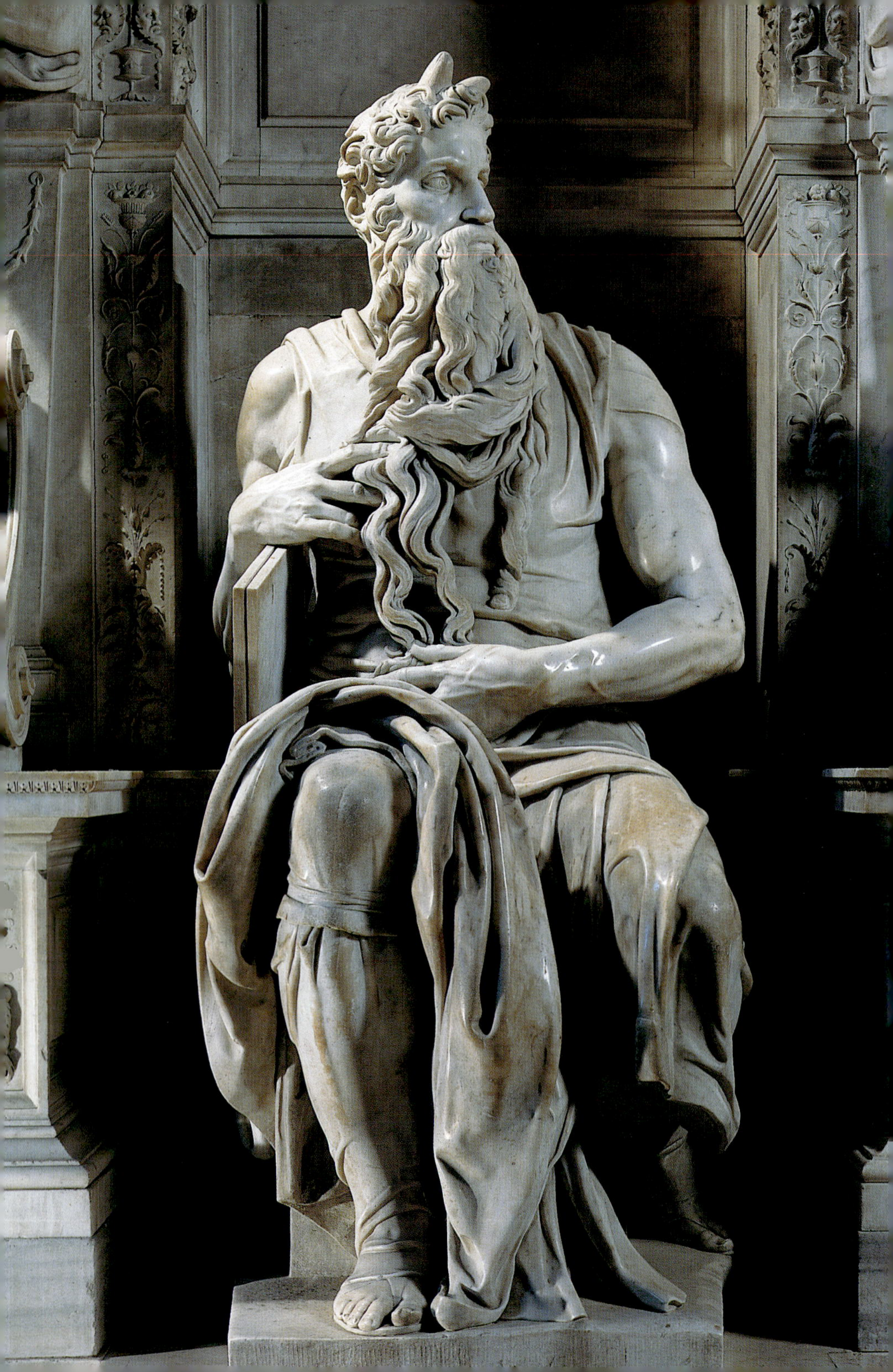

Urbinaten das Thema dafür vorgegeben wurde, behielt Michelangelo, der im gleichen Jahr mit der Ausmalung der Decke der –› Sixtinischen Kapelle begann, diesbezüglich freie Hand.

Diese ungeheure künstlerische Schaffensperiode konnte sich so nicht fortsetzen. Dennoch verebbte auch unter Leo X. (1513 – 21) das Kunstschaffen keineswegs. Erst jetzt vollendete Raffael die Ausmalung der Stanzen und 1515/16 entwarf er die Kartons jener **Bildteppiche,** die in Brüssel für die Sixtinische Kapelle hergestellt wurden und die sich heute in den Vatikanischen Museen befinden. Kurz vor seinem Tod schuf Raffael mit der heute ebenfalls in den Vatikanischen Museen gezeigten Transfiguration sein vielleicht schönstes Gemälde.

Nach dieser langdauernden Konzentration auf die künstlerische Ausstattung Roms wurde das Papsttum seit dem Ausbruch der Reformation mit anderen Problemen konfrontiert. Der Geldzufluß, der die Hochblüte des Kunstschaffens erst ermöglicht hatte, versiegte weithin und 1527 markierte der **Sacco di Roma** das Ende der Renaissance in Rom. Dennoch fehlte es in Rom auch in der Folge zu keinem Zeitpunkt an neuen Kirchen, Palästen und Kunstwerken.

Aus der Zeit Pauls III. (1534 – 49), unter dem die Reform endlich die Kurie erfaßte, sind bedeutende Unternehmen zu nennen. Es war dies die seit 1537 durch Michelangelo und dessen Nachfolger durchgeführte **Umgestaltung des Kapitols.** Dieser kleinste unter den sieben Hügeln Roms war in der Antike das religiöse Zentrum der Stadt, im Mittelalter lange verwahrlost, 1143 aber zum Sitz des römischen Senates bestimmt worden. Während seine Gebäude bis dahin dem Forum zugewandt waren, erfolgte nun deren Umorientierung zum Vatikan als dem neuen Bezugspunkt der Stadt hin. Seit Sixtus IV. (1471 – 84) war der Hügel durch die Übertragung antiker Skulpturen geehrt worden. Unter Paul III. wurde er außerdem mit der Reiterstatue Mark Aurels (161 – 180) ausgezeichnet, in dem die Renaissance das Ideal des antiken Herrschers sah. Ein

Sitzfigur des Mose von Michelangelo. Grabmal Julius II. († 1513) in S. Pietro in Vincoli. Das ursprünglich für St. Peter vorgesehene Grabmal sollte mit 40 freiplastischen Figuren das prächtigste Papstgrabmal werden.

ebenfalls unter Paul III. durch Michelangelo verwirklichtes Kunstwerk war das Jüngste Gericht in der –> Sixtinischen Kapelle.

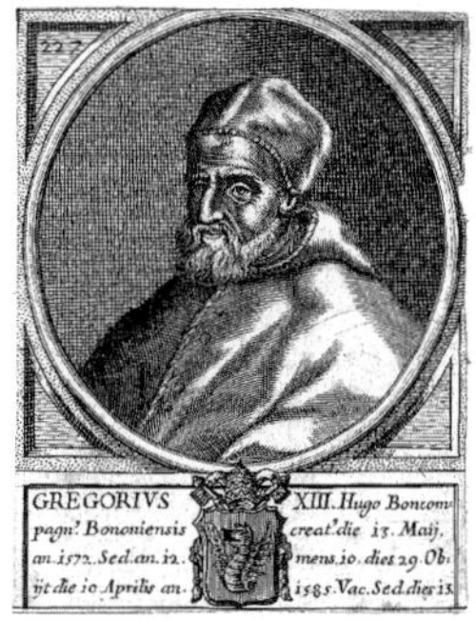

Papst Gregor XIII.

Nachtridentinische Zeit

Das unter großen Schwierigkeiten zu Ende gegangene **Konzil von Trient** (1545 – 63) hatte jenem Reformverlangen zu entsprechen gesucht, das seit dem 15. Jh. immer wieder ausgesprochen worden war. In der Nachkonzilszeit machten sich besonders Gregor XIII. (1572 – 85) und Sixtus V. (1585 – 90) um die Reform unter päpstlicher Führung verdient. Dies hatte auch Konsequenzen für das römische Kunstschaffen und die Stadtgestaltung. Gregor XIII. war wie wenige Päpste an der Förderung der Wissenschaften und an der Priesterausbildung interessiert. Rom besaß zwar seit dem Mittelalter eine Universität, doch hielt diese keinen Vergleich mit den hohen Schulen Norditaliens aus. Erst mit Hilfe des 1540 gegr. **Jesuitenordens,** der Wissenschaft in strenger Bindung an das Papsttum betrieb, wurde ein Wandel möglich. Unter Gregor erhielt er mit dem Collegio Romano sein Ausbildungszentrum, von dem aus die geistige Rück- und Neueroberung Europas und der Neuen Welt für die katholische Kirche erfolgte. Fester Bestand dieses Komplexes war die große Kirche S. Ignazio, neben Il Gesu die Hauptkirche des Ordens.

Dies alles stellte aber **Sixtus V.** in den Schatten, der in seinem kurzen Pontifikat der Stadt Rom ein neues Gesicht gab. Er wollte diese selbst zum **christlichen Monument** umgestalten. An Projekten für eine Gesamtschau der Stadt mit neuen Straßen und Plätzen fehlte es seit dem 15. Jh. nicht. Schon Leon Battista Alberti hatte davon geträumt. Wirklichkeit wurde diese Vision aber erst unter Sixtus V. mit Hilfe des Architekten Domenico Fontana (1543 – 1607). Deren Konzept berücksichtigte die Bedürfnisse der Bevölkerung wie auch der Pilger und

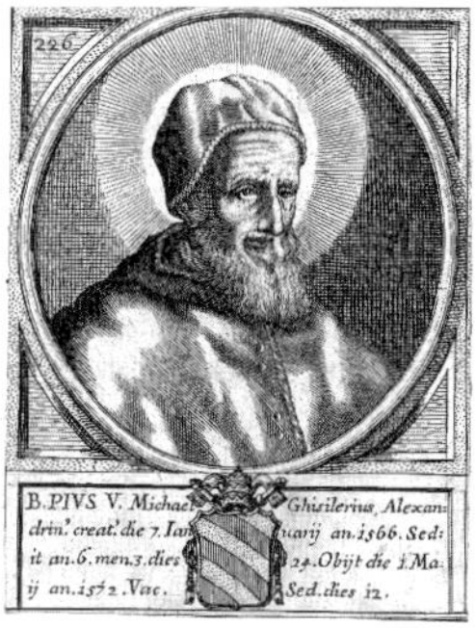

Pius V.

der künstlerischen Gestaltung. Sixtus ließ zunächst den Aquädukt Felice für die Wasserversorgung der auf den Hügeln gelegenen Stadtteile anlegen. Er endete in einem Brunnenhaus, das im Gegensatz zu den mit heidnischen Gestalten geschmückten Brunnen mit Mose, der das Wasser aus dem Felsen schlägt (daher „Mosesbrunnen“), Gott als dessen Geber darstellt. Danach erfolgte die Anlage geradliniger Straßen, die die großen Basiliken miteinander verbinden, von S. Maria Maggiore sternförmig ausstrahlen und den Pilgerverkehr erleichtern. Sie führen auf große Plätze, in deren Mitte aus den Trümmern Roms geborgene **Obelisken** aufgestellt wurden. Diese wurden wie auch die noch vorhandenen **Triumphsäulen** des Mark Aurel und des Trajan zu christlichen Denkmälern umgestaltet. Dadurch entstand neben dem Rom des Mittelalters, das mit seinen verwinkelten Straßen und Gassen über den antiken Trümmern gewachsen war, eine neue, klar gegliederte Stadt. An den neuen Straßen wuchsen die Kollegien und Palastbauten der neuen Zeit. Unter den großen, von Sixtus hinterlassenen Werken sind ferner der → Salone Sistino für die Vatikanische Bibliothek und die Sixtinische Kapelle in → S. Maria Maggiore zu nennen, wo der Papst für Pius V. (1566 – 72) und für sich selbst das Grab bereiten ließ.

Das Anwachsen der Bevölkerung zog den Bau öffentlicher Bauten und Brunnen nach sich. Dabei war das künstlerische Schaffen vom Geist strenger Monumentalität bestimmt. Die bekanntesten Baumeister und Bildhauer der Zeit kamen aus der Lombardei und aus dem Tessin. Es waren Giacomo della Porta, Domenico und Giovanni Fontana, Martino und Onorio Longhi sowie Carlo Maderna.

Noch unter Sixtus kam 1588 Michelangelo Merisi da Caravaggio (1573 – 1610) nach Rom. In zahlreiche Händel verstrickt, mußte er 1607 die Stadt verlassen, nachdem er sie zuvor mit Gemälden von kraftvoll-herbem Naturalismus beschenkt hatte. Für sie war der Kontrast von Hell und Dunkel von zentraler

Bedeutung. Seine bedeutendsten römischen Werke sind die Geschichte des hl. Matthäus in S. Luigi dei Francesi sowie die Bekehrung des hl. Paulus und das Martyrium des hl. Petrus in S. Maria del Popolo.

Bedeutend für das Stadtbild war schließlich die unter Paul V. (1605 – 21) durchgeführte Vollendung von Neu-St.-Peter. Die Hauptkirche der Christenheit bildete bis dahin noch einen Kompromiß aus dem Rest des konstantinischen Langhauses und dem 1506 begonnenen und 1590 überkuppelten Zentralbau. Bald nach dem Amtsantritt Pauls fiel die Entscheidung, das Langhaus durch einen Neubau zu ersetzen. Dadurch siegte aus liturgischen Gründen der Typ der traditionellen Basilika über die Idee des reinen Zentralbaus.

Hochbarock

Was sich im 16. Jh. ankündigte, das kam im 17. Jh. zur Vollendung. An die Stelle der strengen Architektur des späten 16. Jh.s traten seitdem ein freierer Umgang und eine plastischere Durchbildung der Architekturelemente. Das seitdem entstehende neue Rom war wesentlich von **Gian Lorenzo Bernini** (1598 – 1680), **Francesco Borromini** (1599 – 1667), **Carlo Rainaldi** (1611 – 91) und **Pietro da Cortona** (1596 – 1669) geprägt, die von der Architektur eine dekorative Auffassung hatten, so daß die Grenzen zwischen den einzelnen Künsten verschwammen und sich alles zu einem „Gesamtkunstwerk" verband. Das barocke Rom wurde damit ein gemeinsames Werk der Baumeister, Bildhauer und Maler. Dafür waren die bewegten Fassaden der Kirchen und Paläste, die Brunnen und die geschwungenen Treppen charakteristisch. An die Stelle wuchtiger Massen trat lockere Vielfalt. Rom wurde dadurch die Geburtsstadt des **Barock,** in der Päpste und andere Auftraggeber miteinander wetteiferten, prächtige Kirchen, Paläste, Landhäuser, Klöster und Kollegien zu erbauen.

Hauptschiff von S. Ignazio. Neben Il Gesù die wichtigste Jesuitenkirche in Rom und in ihrer Architektur zusammen mit Il Gesù stilbildend für zahlreiche Jesuitenkirchen auf der ganzen Welt.

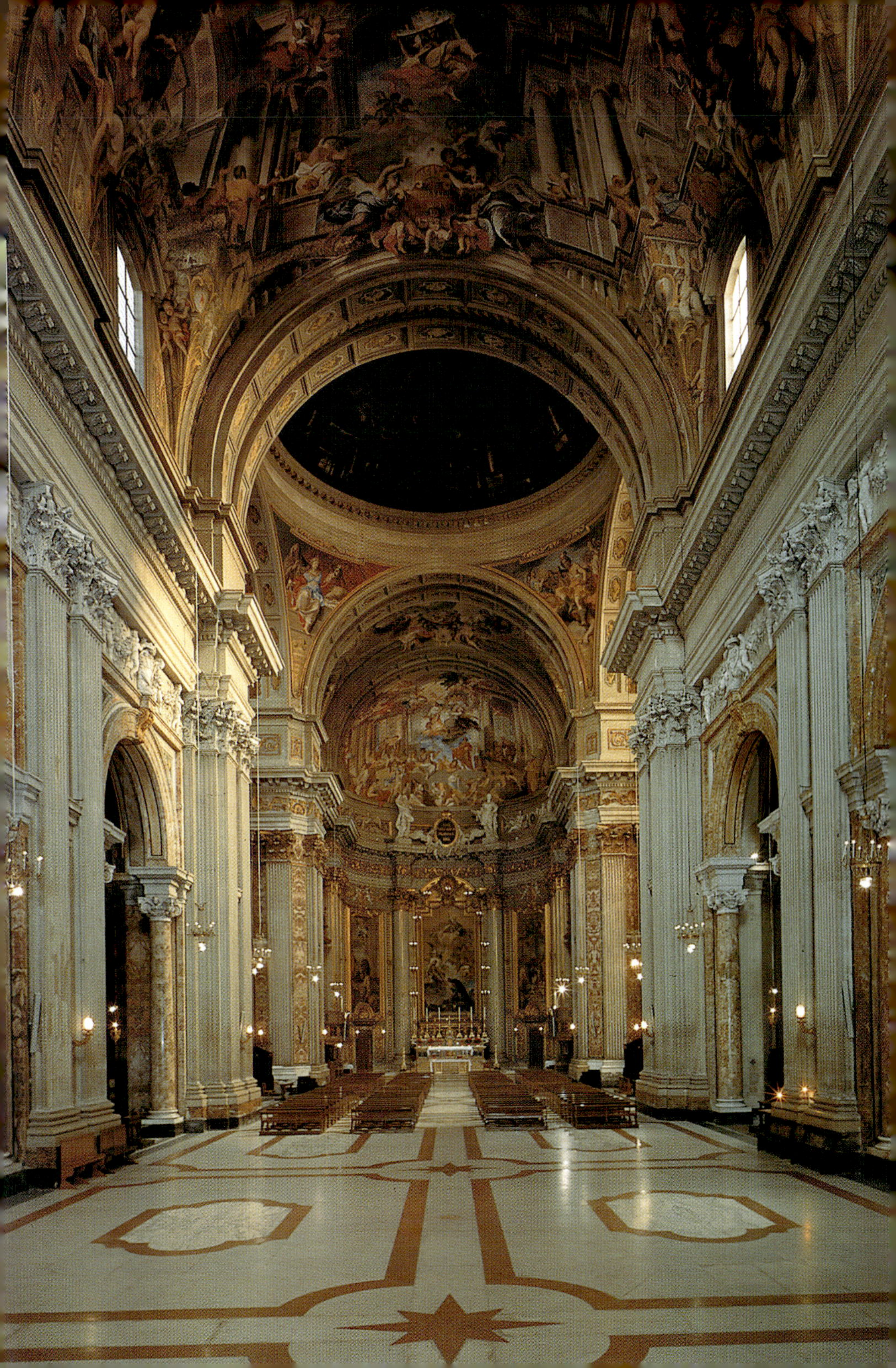

Rom erhielt ein neues Gesicht und als Begegnungsstätte der katholisch gebliebenen Welt setzte es den Maßstab für die europäische Kultur des Barock.

Die für die Stadtgestaltung wichtigsten Päpste dieser Zeit waren **Urban VIII.** Barberini (1623 – 44) und **Alexander VII.** Chigi (1655 – 67). Unter dem Pontifikat Urbans sank die politische Bedeutung des Papsttums im Verlauf des Dreißigjährigen Krieges immer mehr. Urban war 1604 – 07 als Nuntius in Paris gewesen, blieb Frankreich eng verbunden und fürchtete wie Richelieu (1585 – 1642) eine spanisch-österreichische Übermacht. Während er die katholische Partei im Reich mehr mit Worten als mit Taten unterstützte, gelang es ihm, den Kirchenstaat unversehrt über den Krieg zu bringen. In krassem Gegensatz zu seinen politischen Mißerfolgen stand sein kulturelles Engagement. Die dafür bestimmten hohen Zuwendungen an seinen Nepoten Francesco Barberini wurden schon zu seiner Zeit scharf kritisiert.

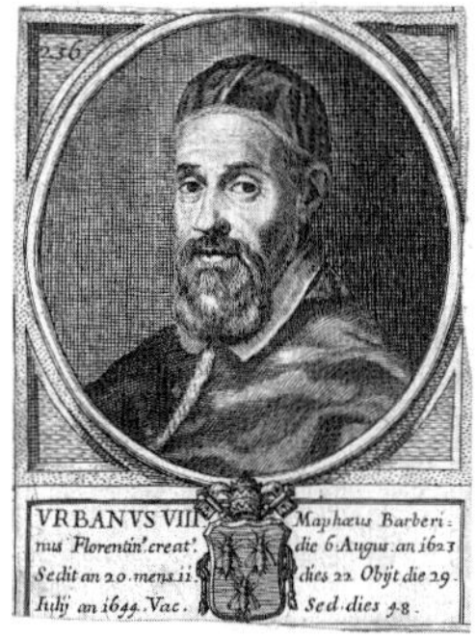

Papst Urban VIII.

Alexander VII. war dagegen seit 1639 Nuntius in Köln und mit jenen Verhandlungen befaßt gewesen, die 1648 zum Westfälischen Frieden geführt hatten. Da dieser die konfessionelle Spaltung im Reich besiegelt hatte, stellte er aus der Sicht der Kurie, die an der Einheit der abendländischen Christenheit festhielt, eine Niederlage dar. Nach Rom zurückberufen, wurde Chigi 1651 Staatssekretär, 1652 Kardinal und 1655 Papst. Angesichts des politischen Bedeutungsverlustes des Papsttums legte er umso größeren Wert auf dessen kulturelle Ausstrahlung. Er erlebte bald nach seiner Wahl, daß Christine (1626 – 89), die Tochter König Gustav Adolfs von Schweden (1611 – 32), der durch sein militärisches Eingreifen in den Krieg 1630 die Sache der bedrängten lutherischen Partei gerettet hatte, auf den Thron verzichtete, katholisch wurde und nach Rom kam. Bei dieser Konversion soll die kulturelle Attraktivität der katholischen Kirche eine Rolle gespielt haben. Alexander umgab sich nicht nur mit Gelehrten und Künstlern, sondern er plante auch

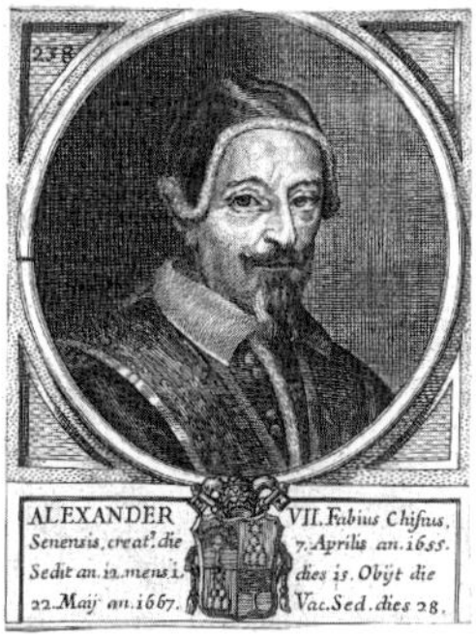

Papst Alexander VII.

die barocke Gestaltung Roms nach einem einheitlichen Konzept. In Anspielung auf seine Bauleidenschaft, die die finanziellen Möglichkeiten im Grunde überschritt, spottete man zugleich über seine Nierensteine und über sein schweres „Steinleiden“.

Urban und Alexander sahen in Gian Lorenzo Bernini jenen Künstler, der ihre Ideen verwirklichen sollte. Er stellte seinen Ideenreichtum und seine große Schaffenskraft denn auch unter fünf Päpsten in den Dienst des Papsttums und gab einer ganzen Epoche das Gepräge. Neben ihm spielte aber auch sein Rivale Francesco Borromini eine bedeutende Rolle. Während unter Urban der fürstlich großartige Palazzo Barberini, wesentliche Ausstattungsteile von St. Peter, Kirchen, Kollegien, Hospize sowie Befestigungsanlagen entstanden, ist der Name seines Nachfolgers Innozenz X. (1644 – 55), der vornehmlich Borromini heranzog, mit der Gestaltung der Piazza Navona verbunden. Noch eindringlicher arbeitete Alexander am Bild der Stadt. Er soll bereits am Abend seiner Wahl mit Bernini seine Pläne besprochen haben. Nach seinen Vorstellungen sollten die antiken Bauten nicht angetastet werden, vielmehr der Nachwelt erhalten bleiben und zusammen mit neuen Plätzen, Straßen, Kirchen, Palästen und Parks ein neues Stadtganzes bilden. Der „Roma antica e moderna“ sollte sich jeder einzelne Bau einordnen.

Das barocke Rom bot die Kulisse für zahlreiche **geistliche und weltliche Feste.** Für Prozessionen, Umzüge und den festlichen Empfang hochgestellter Persönlichkeiten schmückte die Stadt sich zusätzlich mit eigens geschaffenen Dekorationen. Dieses festfreudige Rom des Hochbarock stieg zur europäischen Kulturhauptstadt auf und zog mehr Fremde und Künstler in seinen Bann als je zuvor. Für junge Adelige gehörte seitdem ein Aufenthalt in der Ewigen Stadt zum unverzichtbaren Programmpunkt ihrer Bildungsreise, der sog. Kavalierstour. Auch entstanden seit dem 17. Jh. infolge der Herausbildung des ständigen Gesandtschaftswesens zahlreiche diplomatische Vertretungen. Es bildeten sich ferner neue Fremden-Kolonien von Künstlern und Gebildeten für den kulturellen Austausch und neben die traditionellen Pilger schoben sich allmählich die modernen Bildungsreisenden. Zugleich wurden die neu gegründeten Akademien Treffpunkte der gebildeten Welt. Zugleich setzte die Lockerung der konfessionellen Abschließung ein und 1747 nahm Preußen nach dem Erwerb Schlesiens als erster nichtkatholischer Staat diplomatische Beziehungen mit dem Heiligen Stuhl auf.

Das Gesicht Roms wurde seit dem 16. Jh. durch die Arbeiten der **Kupferstecher** weit bekannt. Diese Kunst wurde seit dem 15. Jh. entwickelt und erreichte im Zeitalter des Barock ihre höchste Vollendung. Sie konzentrierte sich zunächst darauf, die Werke der großen Künstler wie Raffael weiteren Kreisen bekannt zu machen, bezog aber auch bald die Stadt als ganzes ein. So entstanden die großen Stichwerke und Veduten eines Antonio Tempesta (1555 – 1630), Giovanni Battista Piranesi (1720 – 78) und vieler anderer, die uns ein getreues Bild des Roms ihrer Zeit vermitteln und es in ganz Europa bekannt machten. Goethe kannte z. B. lange bevor er seine Romreise antrat, Rom durch die Kupferstichsammlung seines Vaters.

Das Papsttum des 18. Jh.s besaß nicht mehr den Schwung des nachtridentinischen Reformeifers. Politisch war es unbedeutend und zudem durch den Jansenismusstreit belastet. Dennoch kam es auch in diesem Jahrhundert des **Spätbarock** durchaus noch zu beachtlichem Kunstschaffen. Hier sind die unübertroffene Brunnenanlage der Fontana di Trevi, die Spanische Treppe und die Piazza S. Ignazio, aber auch die großen Kirchenfassaden von S. Giovanni in Laterano, S. Croce, S. Giovanni dei Fiorentini und S. Maddalena zu nennen. Außerdem setzten die **wissenschaftliche Beschäftigung mit der Antike** und die Einrichtung öffentlicher Sammlungen ein. So gründete Benedikt XIV. (1740 – 56) 1756 das Museo Sacro der Vatikanischen Bibliothek, „um den Glanz der Stadt zu mehren und die Wahrheit der

Grabmal des 1575 in Rom auf einer Kavalierstour verstorbenen Erbprinzen Karl Friedrich von Jülich-Kleve-Berg im Chor von S. Maria dell'Anima.

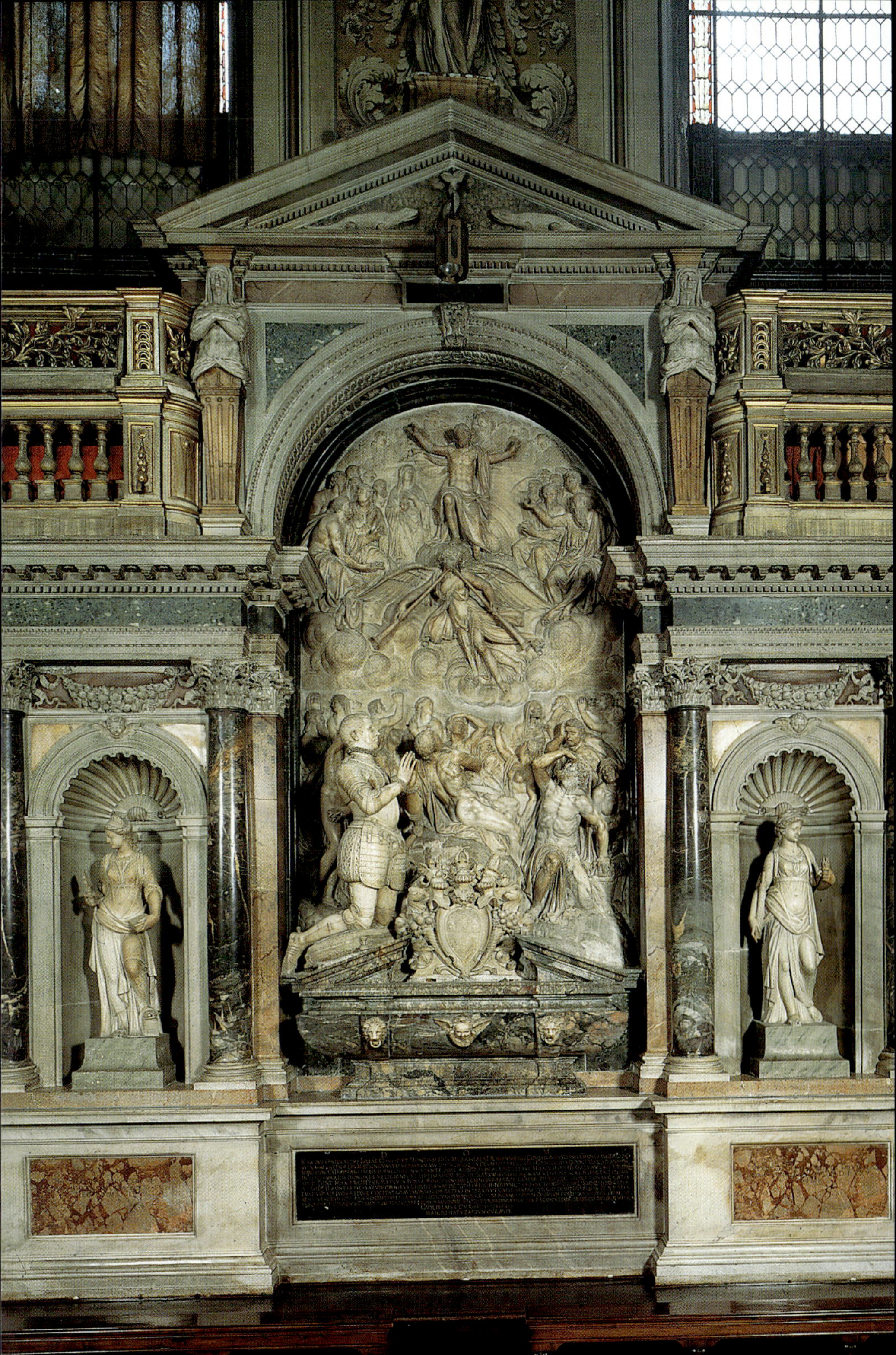
D O M

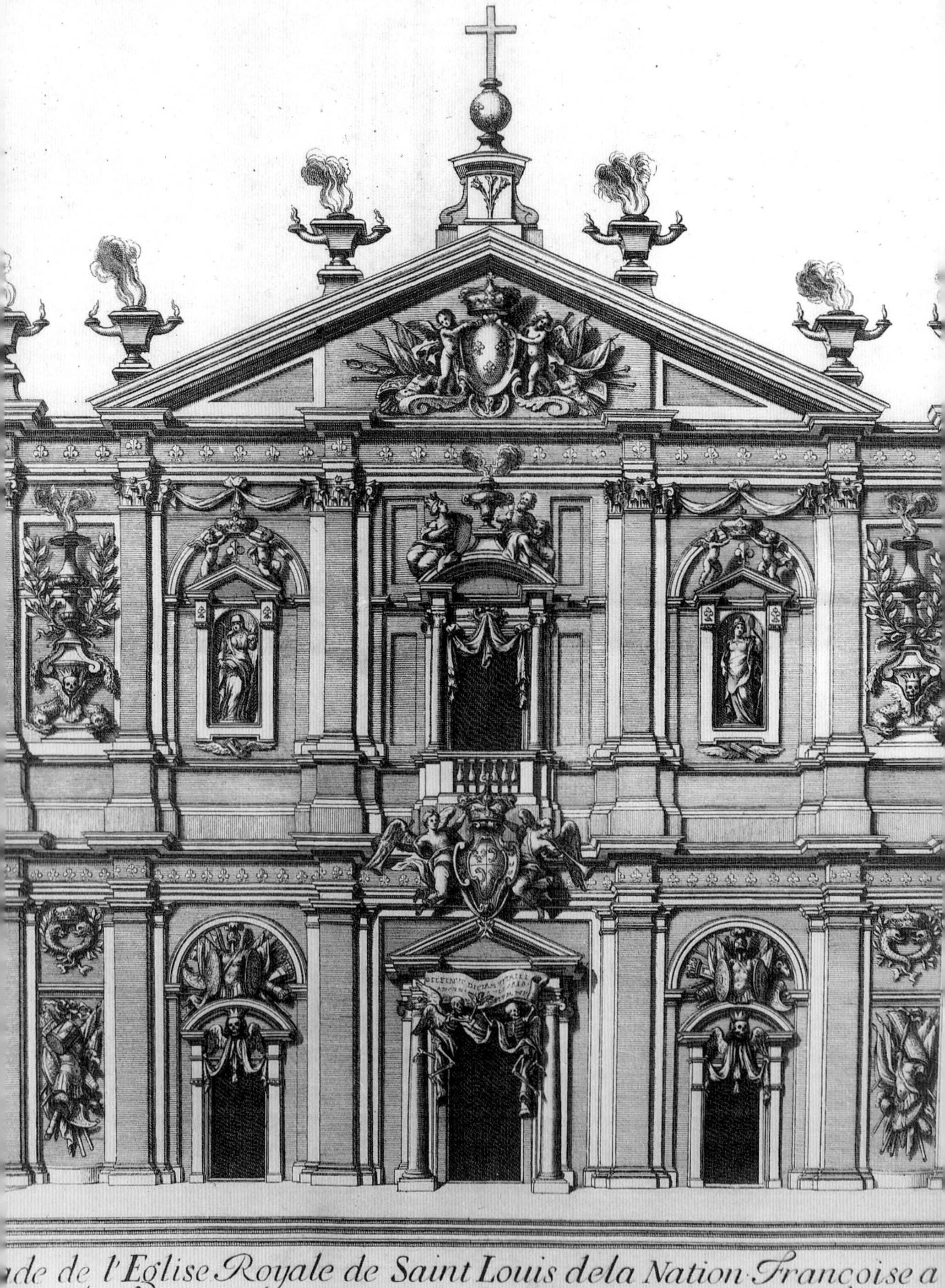

ade de l'Eglise Royale de Saint Louis dela Nation Françoise a
Ornée pour le Seruice de feu Monseigneur le Dauphin
Celebré le 18. Septembre 1711.

Hieronymus Frezza Inc

heiligen Religion durch die heiligen Denkmäler der Christen zu bezeugen.“ Damit kündigte sich jenes erzieherisches Motiv an, das für die Aufklärung typisch werden sollte. Benedikt XIV. ergriff ferner wichtige Bestimmungen für den Denkmalschutz und schränkte die Ausfuhr von Kunstwerken ein. Unter Clemens XIV. (1769 – 74) und Pius VI. (1774 – 99) entstand dann, angeregt durch den aus der Altmark stammenden Johann Joachim Winckelmann (1717 – 68), den Begründer der wissenschaftlichen Altertumskunde und seit 1763 Generaldirektor der Altertümer Roms, das 1793 eröffnete Museo Pio-Clementino als reichstes Antikenmuseum der Welt. Wenig später brachte das Zeitalter der Französischen Revolution dann freilich schwere Verluste an Kunstwerken.

Die großen Zeiten der Denkmalpflege und Denkmalaufnahme sind selten von eigentlich schöpferischer Kraft. So war es auch in Rom. Während die Baukunst im späten 18. Jh. ihre Kraft verlor, erlebte die Kunst der Darstellung der Stadt durch Kupferstecher – an der Spitze durch Piranesi – und durch Maler noch einmal eine beachtliche Blüte. Auch viele zugewanderte Künstler aus dem Norden, an der Spitze die Gruppe der später sog. Nazarener, die sich durch den Rückgriff auf historische Vorbilder um die Erneuerung einer religiösen Kunst bemühten, wurden von der Stadt und ihrem Kunsterbe inspiriert. Unter den Italienern der Zeit ragte der klassizistische Bildhauer Antonio Canova (1757 – 1822) hervor, dem 1815 die Rückführung der nach Frankreich verbrachten Kunstschätze wesentlich zu verdanken war.

Die festlich geschmückte Fassade von S. Luigi dei Francesi als Beispiel für die üppigen, nur für ein bestimmtes Ereignis geschaffenen Dekorationen des barocken Rom. Stich 18. Jh.

19. und 20. Jahrhundert

Erst nach dem Abschluß der italienischen Einigung mit dem Untergang des Kirchenstaates und der Übersiedlung der italienischen Regierung in die neue Hauptstadt 1871 kam es zu einem

Wachstums- und, diesmal laizistisch geprägten, Gestaltungsschub für Rom. Die Stadt zählte 1870 220 000 Einwohner und nahm nur ein Viertel des antiken, von der Aurelianischen Mauer umfaßten Gebietes ein. Die außerhalb gelegene Campagna, auch Agro Romano genannt, war malariaverseucht, nahezu unbesiedelt und bot mit ihren Ruinen jenes romantische Aussehen, das zahlreiche Maler und Kupferstecher festgehalten haben. Die Erhebung zur Hauptstadt des geeinten Italien ließ die Einwohnerzahl dann aber bis 1911 auf 540 000 anwachsen, wobei es nicht zu einer namhaften Industrialisierung kam. Auch heute noch dominiert stattdessen im Wirtschaftsleben der Dienstleistungssektor. Der neuen Aufgabe der Stadt dienten die Anlage großer Straßen und der Ausbau der 17 m hohen Tibereinfriedung, die Rom vor den verheerenden Überschwemmungen schützte, aber auch die romantischen Viertel am Ufer zerstörte und die Schiffahrt zum Erliegen brachte. Die Neugestaltung ging mit dem Verlust von ca. 40 Prozent des historischen Baubestandes einher. Roms Gesicht wurde ferner dadurch verändert, daß ein Großteil der Klöster und kirchlichen Bauten enteignet und für staatliche Behörden oder Kasernen bereitgestellt wurde. Der Quirinalpalast wurde z. B. zur Residenz des Königs. Außerdem schuf sich das neue Italien repräsentative Großbauten für Ministerien und andere staatliche Behörden. Der Wohnbau entglitt dagegen weitgehend der öffentlichen Kontrolle und trat an die Stelle der einst weitläufigen Villen und Parks im Nordosten und Osten der Stadt.

Neben die staatlichen Verwaltungsbauten traten Denkmäler für Exponenten der Einheitsbewegung, so für Camillo Cavour (1810 – 61) und Giuseppe Garibaldi (1807 – 82), aber auch solche von antiklerikaler Tendenz, wie für den 1600 auf dem Campo dei Fiori als Ketzer verbrannten Dominikaner Giordano Bruno (1889). Papst Leo XIII. (1878 – 1903) fühlte sich durch die Errichtung dieses Denkmals so verletzt, daß er damit drohte, Rom zu verlassen. Alle anderen Repräsentationsbauten

Ausschnitt von Berninis Vier-Ströme-Brunnen auf der Piazza Navona (17. Jh.). Bis in das 19. Jh. hinein Gemüsemarkt, wurde durch die Verlagerung des Marktes auf den Campo dei Fiori die Piazza Navona wieder zu einer beliebten Platzanlage mit eleganten Cafés und Restaurants.

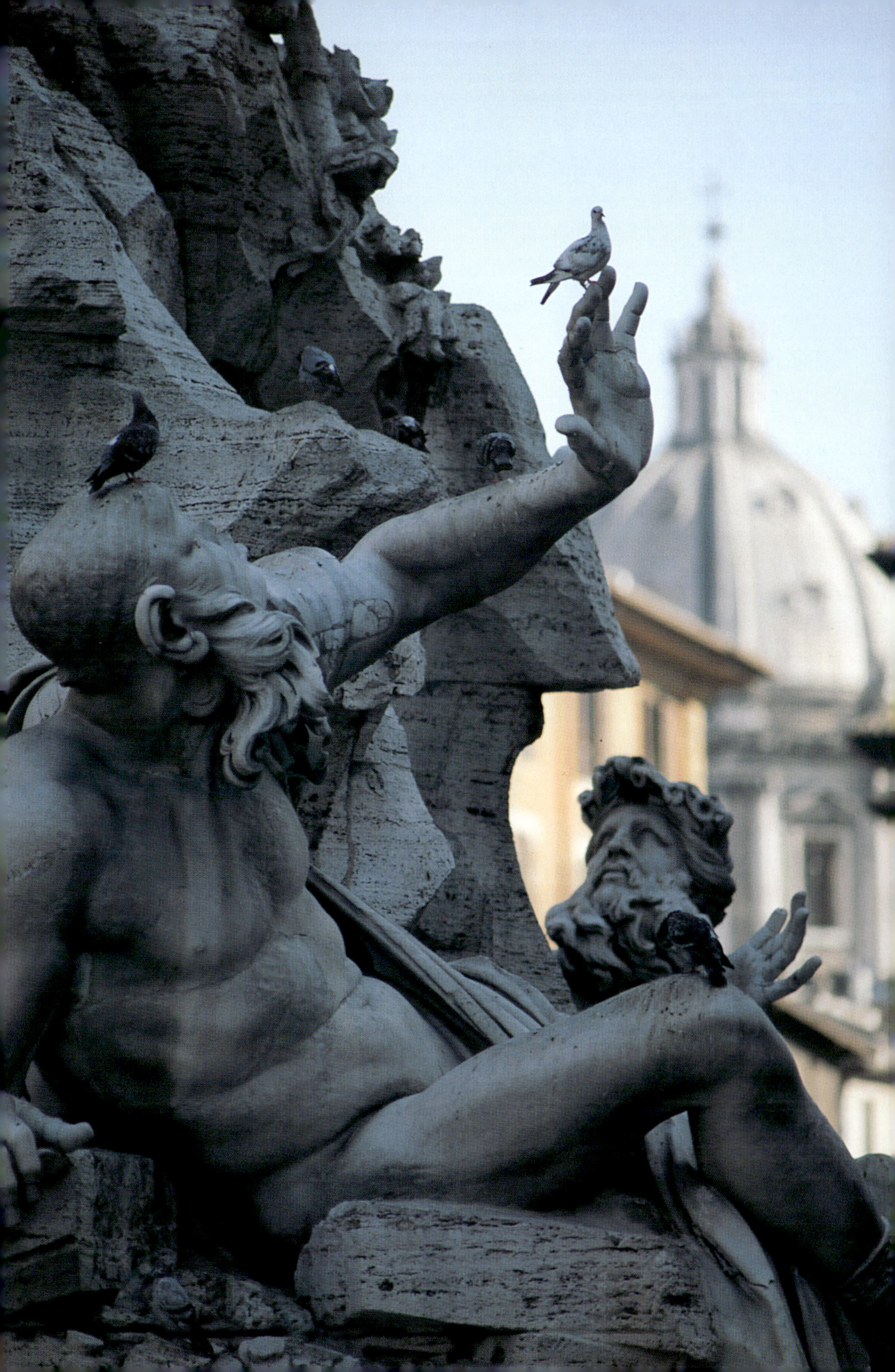

des neuen Rom setzte das 1885 – 1911 an der Piazza Venezia errichtete Monumento Vittorio Emanuele II. in den Schatten. Der gewaltige Bau von 200 m Breite, 81 m Höhe, aber leerer Großartigkeit wurde aus blendend weißem Kalkstein erbaut. Ihm wurden das Franziskanerkloster auf dem Kapitolinischen Hügel und andere historische Bauten geopfert und der Palazetto Venezia versetzt. Als Denkmal der nationalen Einheit konzipiert, wurde es nach dem Ersten Weltkrieg zugleich Siegesdenkmal (Vittoriano) mit dem Grab eines unbekannten Soldaten und dem Altar des Vaterlandes. Von seiner Höhe genießt man einen prächtigen Blick auf Rom, doch verstellt der monströse Bau einem Teil der Stadt den Blick auf seinen historischen Ausgangspunkt.

Ein weiterer planvoller Ausbau Roms erfolgte in **faschistischer Zeit.** Ziel war die Gestaltung einer imperialen Hauptstadt. Auch diesmal wurden die Arbeiten ohne große Rücksicht auf den historischen Bestand durchgeführt, so beim Bau der Via dei Fori Imperiali (seit 1924), die eine direkte Verbindung zwischen dem Palazzo Venezia und dem Kolosseum schuf, ferner der Via della Conciliazione (seit 1936). Sie wurde zum Denkmal der Versöhnung zwischen Königreich Italien und Papsttum und griff den alten Plan auf, die Pilger auf repräsentativem Weg zum Vatikan zu führen. Die Anlage wurde zum Heiligen Jahr 1950 fertiggestellt und berücksichtigte erstmals wieder kirchliche Aspekte bei der Stadtgestaltung. Weitere Großplanungen der faschistischen Zeit waren das Foro Italico – zuvor Foro Mussolini, vor dem noch ein Obelisk die Inschrift „Mussolini Dux“ trägt – sowie die Anlagen der für 1942 geplanten Weltausstellung, aus der nach dem Krieg die Trabantenstadt EUR mit Verwaltungs- und Wohnbauten entstand. Nach dem Zweiten Weltkrieg erfolgte eine unkontrollierte Ausdehnung der Stadt (1945: 1,5; 1997: 3 Millionen). Nachdem Rom vom 16. bis zum 18. Jh. überreich mit Kirchen ausgestattet worden war, erfolgten im Laufe des 19. Jh.s Neubauten nur zögerlich, meist in historisierendem Stil. Eine stärkere Kirchenbautätigkeit setzte seit dem rapiden Wachstum der Bevölkerung ein. Zu wegweisenden Leistungen kam es dabei jedoch kaum, obwohl es sich oft um bemerkenswert vitale Gemeinden handelt. Auf hohem Niveau steht dagegen die Denkmalpflege. Die heutigen christlich orientierten Rombesucher konzentrieren ihr Interesse daher, von moderner pastoraler Arbeit abgesehen, nach wie vor auf das historische Rom der Päpste.

Nachdem 1872 – 76 eine anglikanische als erste nichtkatholische Kirche Roms erbaut worden war, zeigt das 1992 fertiggestellte architektonisch beachtenswerte Islamische Zentrum mit Moschee und Nebenräumen, daß Rom längst nicht mehr die geschlossen katholische Stadt der Päpste, sondern eine weltanschaulich pluralistische Weltstadt ist. Daher verzichtete die Neufassung des italienischen Konkordates von 1983 darauf, der Stadt einen besonderen religiösen Charakter zuzuschreiben.

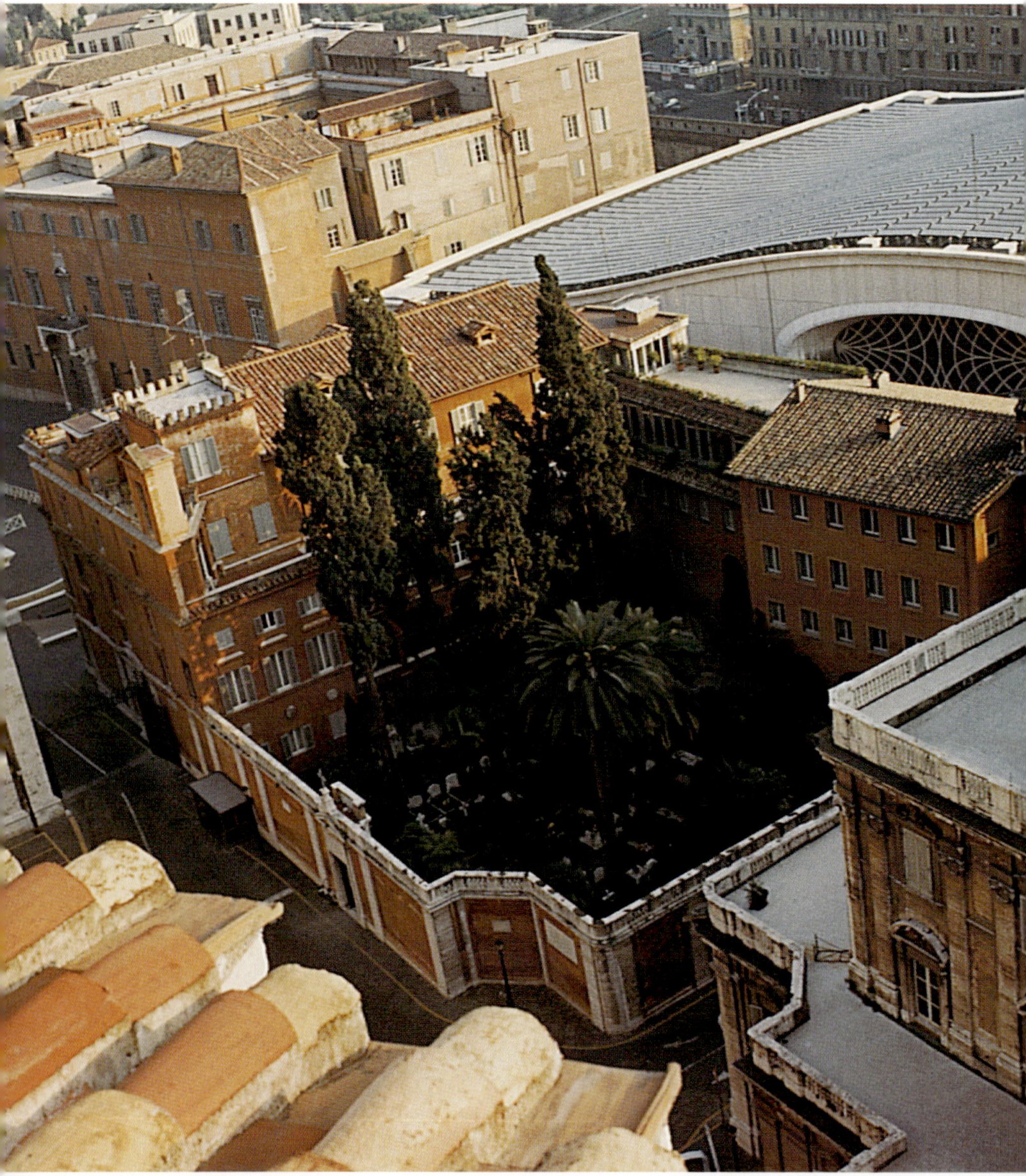

5 Die Deutschen und deutschsprachige Einrichtungen in Rom

Rom besaß schon als Hauptstadt des Imperium Romanum zahlreiche ethnische Minderheiten. Dies hat sich über den Untergang des Römischen Reiches hinweg – wenn auch mit sehr schwankender Dichte – bis in unsere Zeit nicht geändert. Die Internationalität und die selbstverständliche Gastfreundschaft resultieren aus der Bedeutung Roms als Weltstadt, als Zentrum der westlichen Christenheit und als Kunstmetropole. Wirtschaftliches Zentrum Italiens ist dagegen Mailand.

Auch Deutsche und deutschsprachige Institutionen sind seit jeher in Rom präsent. Die Romfahrt aus dem Gebiet des späteren Reiches begann als Wallfahrt zu den Gräbern der Apostel Petrus und Paulus. Sie wurzelte in jener Verehrung, die Petrus infolge der von Rom ausgehenden Mission seit dem 7. Jh. bei den Angelsachsen genoß und die seit dem 8. Jh. von dort durch Missionare, besonders durch Bonifatius († 754), auf das Festland übertragen wurde. Auf diese Zeit ging die älteste germanische Einrichtung in Rom, die Landsmannschaft der Angelsachsen, zurück. Sie ist längst untergegangen und lebt nur noch im Namen „Lungotevere in Sassia" fort. Nicht untergegangen ist dagegen die seit 797 bezeugte Gründung der Franken (Schola Francorum), die im Campo Santo Teutonico bei St. Peter fortbesteht. Der Campo Santo ist somit die älteste deutsche Stiftung in Rom.

Von deutscher Präsenz im engeren Wortsinn kann man freilich erst seit der Entstehung des deutschen Volkes, also seit dem 10. Jh., sprechen. Seitdem zog der Aufstieg des Papsttums zu europäischer Bedeutung Menschen aus allen christlichen Völkern nach Rom. Sie schufen sich dort zahlreiche landsmannschaftliche Einrichtungen. So gründete 1390 das niederdeutsche Ehepaar Jan und Katharina Peters aus Dordrecht nahe der Piazza Navona das Pilgerhospiz der Anima, mit dem um 1500 die noch heute bestehende Kirche der Anima verbunden wurde. Ihre Größe und reiche Ausstattung spiegeln die einst bedeutende Stellung Deutschsprachiger in der Ewigen Stadt. Die

Der Campo Santo Teutonico von der Kuppel von St. Peter aus.

große Zahl Deutscher führte ferner um 1450 zur Gründung der ebenfalls noch bestehenden Bruderschaft am Campo Santo Teutonico (seit 1579 Erzbruderschaft: Arciconfraternità di S. Maria della Pietà) bei St. Peter, die sich eine dem deutschsprachigen Gottesdienst dienende Kirche schuf. Dieses wahrscheinlich von Giovanni di Pietro de' Dolci, dem Erbauer der Sixtinischen Kapelle, geschaffene Gotteshaus ist immer noch eine intime Gebetsstätte und mit ihren zahlreichen Kunstwerken, darunter dem bedeutenden Altarretabel mit der Beweinung bzw. Grablege Christi von einem unbekannten Künstler (1502), ein Bezugspunkt der Deutschen in Rom. Das bronzene Portal der Kirche, dessen Knauf das Monogramm Karls d. Gr. als „Gründer" des Campo Santo zeigt, ist eine Stiftung des ersten Präsidenten der Bundesrepublik Deutschland Theodor Heuß aus dem Jahre 1957. Es stammt von dem deutschen Künstler Elmar Hillebrand (1959). Der Friedhof, auf dem heute noch die Mitglieder der Erzbruderschaft sowie Mitglieder deutschstämmiger Ordensgemeinschaften beigesetzt werden, hält die Erinnerung an die jahrhundertelange Präsenz Deutscher in Rom fest. Hier befinden sich u.a. die Grabstätten von Schwester Pascalina Lehnert († 1983), der langjährigen Leiterin der Hauswirtschaft von Pius XII., des Landschaftsmalers Joseph Anton Koch († 1839), Charlotte Friederikes von Mecklenburg-Schwerin († 1840), Mutter des dänischen Königs Friedrich VII., Frédéric François Xavier de Merodes († 1874), des letzten päpstlichen Kriegsministers, Johann Martins von Wagner († 1858), des Kunstagenten König Ludwigs I., des Dichters Stefan Andres († 1970), des Gründers des Priesterkollegs und Christlichen Archäologen Anton de Waal († 1917), des Kardinals Gustav von Hohenlohe († 1896), eines Bruders des deutschen Reichskanzlers Chlodwig von Hohenlohe, des Präfekten des Vatikanischen Archivs Augustin Theiner († 1874), des bedeutenden Volkswirtschaftlers Götz Briefs († 1974) und des Jesuiten Engelbert Kirschbaum († 1970), des Mitarbeiters der Grabungen unter St. Peter, die

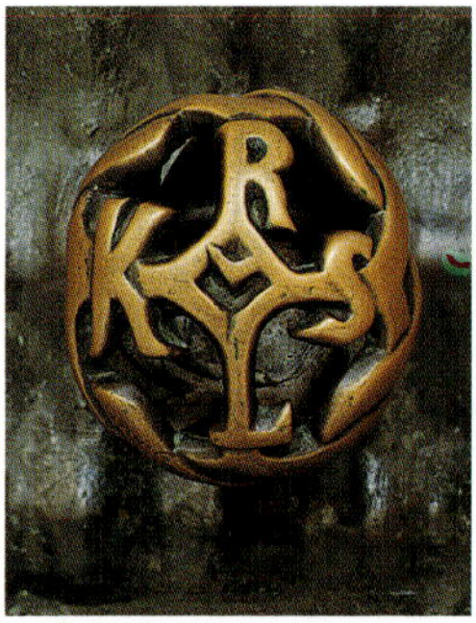

Der Knauf des Kirchenportals vom Campo Santo Teutonico erinnert mit dem Monogramm Karls d. Gr. an die Gründung der ältesten deutschen Nationalstiftung Roms (Portal um 1960).

Detail vom Eingangsportal zum Friedhof des Campo Santo Teutonico aus dem Jahr 1874 mit der Inschrift „Teutones in Pace""

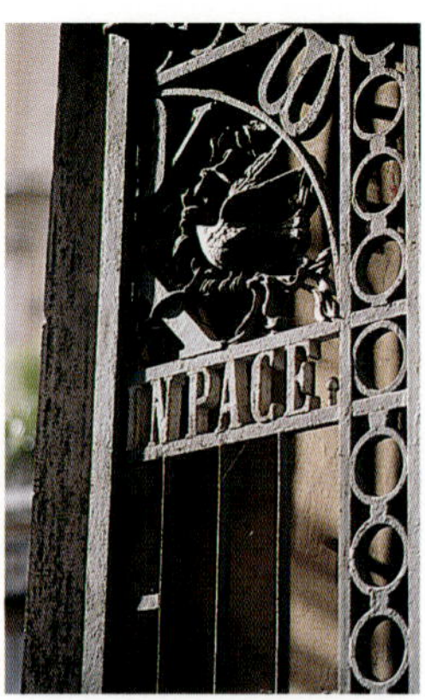

während des Zweiten Weltkrieges zur Auffindung des Petrusgrabmals führten.

Einen schweren Einbruch deutscher Präsenz in Rom lösten die Krise des Papsttums und die Reformation zu Beginn des 16. Jh.s aus. Die Deutschrömer unterlagen und unterliegen nämlich wie alle sprachlichen Minderheiten einer ständigen Assimilation und sind daher, wenn sie sich als eigenständige Gruppe behaupten wollen, auf Nachzug oder zumindest auf ständigen Austausch mit der Heimat angewiesen. Dieser erlosch vorübergehend mit der Reformation. Andererseits entstand 1505 die Päpstliche Schweizer Garde als Palastwache. Sie bestand ihre Feuerprobe 1527 beim Sacco di Roma, als 147 Gardisten unter ihrem Hauptmann bei der Verteidigung Papst Clemens' VII. fielen. Sie wurden in der Kirche des Campo Santo beigesetzt. Die Mitglieder der Garde (heute ca. 100) kamen früher aus-

Vereidigung neuer Schweizergardisten. Die Feier findet alljährlich am 6. Mai in Erinnerung an den Sacco di Roma (1527) statt, bei dem fast die gesamte damalige Garde in der Verteidigung des Papstes ihr Leben ließ.

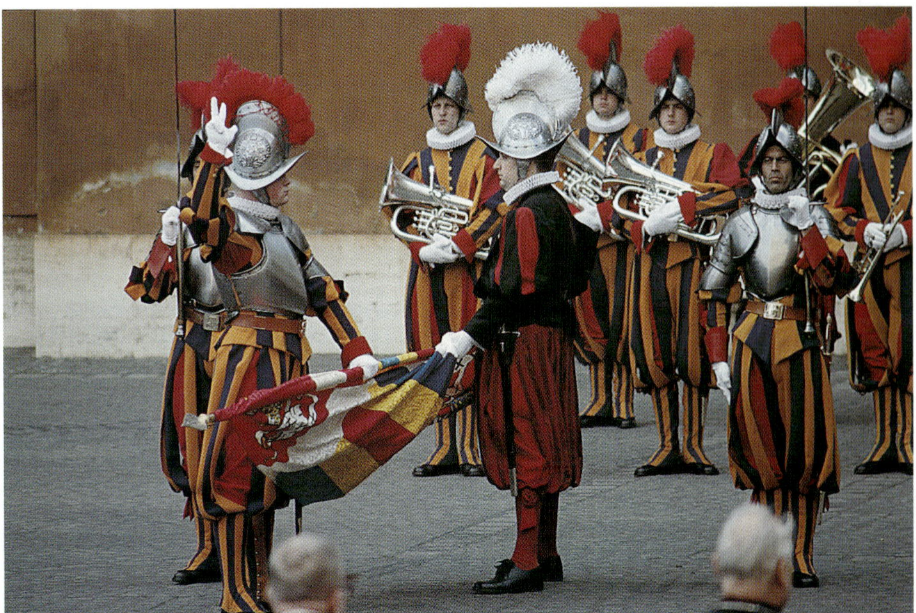

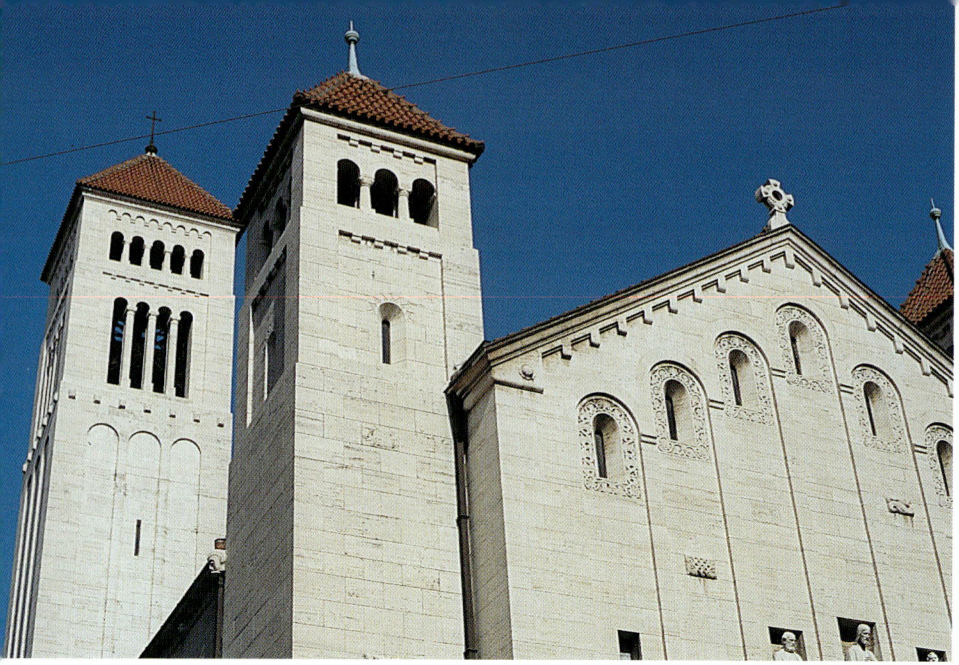

Fassade und Türme der Christuskirche in der Via Sicilia. Die Anfang des 20. Jh.s im byzantinischen Stil errichtete Kirche ist Zentrum der deutschsprachigen evangelischen Gemeinde in Rom.

schließlich aus den deutschsprachigen Urkantonen, heute dagegen aus der ganzen Schweiz. Sie bewachen die Eingänge zur Vatikanstadt und den Apostolischen Palast und tragen historische Uniformen mit den heraldischen Farben der Mediceer. Alljährlich werden am 6. Mai, dem Jahrestag des Sacco di Roma, die neuen Gardisten vereidigt.

Neuen Aufschwung erhielt die deutsche Kommunität Roms seit der Wiedererstarkung des Papsttums nach dem Konzil von Trient (1545 – 63). 1552 gründete der hl. Ignatius das Collegium Germanicum (seit 1580: Collegium Germanicum et Hungaricum) zur Ausbildung von Seelsorgern für die Kirche im Reich. Das Kolleg erfüllt diese Aufgabe auch heute noch. Es nimmt Priesteramtskandidaten aus den Gebieten des ehemaligen Reiches und aus Ungarn auf (1997: 96 Studenten, davon 50 Deutschsprachige). Es wird durch Jesuiten geleitet.

Seit dem 18. Jh. wuchs die Zahl der Deutschen, die nur vorübergehend nach Rom kamen. Sie hatten ein gemeinsames Bildungsideal, verfügten über internationale Kontakte und besaßen eine starke Rückbindung an ihre Heimat. Die Konvertiten Anton Raphael Mengs († 1779) und Johann Joachim Winckelmann († 1768), der Pionier der wissenschaftlichen Archäologie, gelten als die Gründer dieser neuen kunstschaffenden und kunstvermittelnden deutschen Gemeinschaft in Rom.

Neue Bedeutung gewann die deutsche Kolonie am Tiber im Zeitalter der Romantik, als sich Künstler und kirchlich gebundene Maler („Nazarener") um die Erneuerung der Kunst aus religiöser Wurzel bemühten. Das nach der Niederwerfung Napoleons mächtig erwachende Nationalgefühl führte 1819 zur Gründung einer evangelischen Gemeinde und später auch zur stärkeren Rückbindung der Anima und des Campo Santo an die Heimat. Dazu trugen die Gründung von Kollegien für studierende Priester bei der Anima (1859, Schwerpunkt Kirchenrecht) und beim Campo Santo (1876, Schwerpunkt Christliche Archäologie und Kirchengeschichte) bei. Andere wissenschaftliche Institute folgten vor allem seit der Öffnung des Vatikanischen Archivs für die wissenschaftliche Forschung. Zugleich führten die neuen Verkehrsmittel und die besseren wirtschaftlichen Verhältnisse mehr Reisende und Pilger als je zuvor in die Ewige Stadt. Dieser Zustrom wurde nur durch die beiden Weltkriege unterbrochen.

Zugang zum Römischen Institut der Görres-Gesellschaft über den Campo Santo Teutonico links neben der Friedhofskapelle.

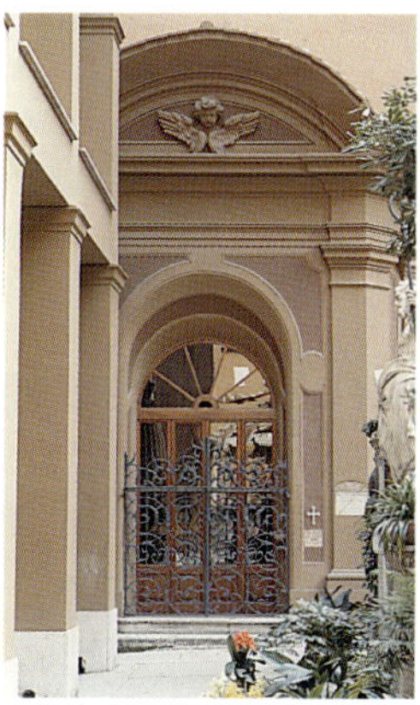

Heute gibt es neben den Kirchen der Anima (Via della Pace, 20), des Campo Santo (Città del Vaticano) und der evangelischen Christuskirche (Via Sicilia, 70) sowie dem Collegium Germanicum (Via Nicola da Tolentino, 13) mit deutschsprachigem Gottesdienst zahlreiche weitere deutsche Einrichtungen, so eine Schule (1997 1000 Schüler) und zahlreiche wissenschaftliche Institute: Das Deutsche Archäologische Institut, das älteste Auslandsinstitut in Rom, das Österreichische Historische Institut, das Deutsche Historische Institut, das Römische Institut der Görres-Gesellschaft, die Biblioteca Hertziana (Kunstgeschichte), das Goethe-Institut und das Istituto Svizzero di Roma. Deutsche Ordensleute sind in den Ordensgeneralaten und den päpstlichen Hochschulen vertreten, wenngleich nicht mehr so zahlreich wie früher. In Rom und Umgebung gibt es allein 19 Generalate deutschstämmiger Frauengenossenschaften. Da der Ordensnachwuchs aus den deutschsprachigen Ländern zurückgegangen ist, läßt sich dort eine immer stärkere Internationalisierung feststellen. Deutschland und Österreich sind beim Heiligen Stuhl durch Botschafter, die Schweiz durch einen Sonderbotschafter vertreten. 1997 zählte man in Rom knapp 20 000 Deutschsprachige.

Neben den für die heutigen Deutschrömer wichtigen Einrichtungen gibt es aber auch noch weitere mit der Geschichte des Reiches verbundene Monumente. Es sind dies u.a. zwei Gedächtniskirchen. Dies ist zunächst die vermutlich 1610 – 12 nach Plänen von Carlo Maderna erbaute, seit 1622 „S. Maria della Vittoria" genannte Kirche, die an den Sieg der kaiserlichen Truppen und der katholischen Liga am Weißen Berg bei Prag (1620) erinnert (Via XX Settembre, 17). Diese folgenreiche Schlacht beendete am Anfang des Dreißigjährigen Krieges die Herrschaft des protestantischen „Winterkönigs" Friedrich V. von der Pfalz. Ein vom Generalobern der Karmeliter, der die Truppen angefeuert hatte, mitgeführtes Marienbild wurde seit 1622 in dieser Kirche verehrt, die nun prächtig ausgestattet wurde. 1644 – 51 gestaltete G. L. Bernini das linke Querschiff zur Kapelle der venezianischen Familie Cornaro. Dort verfolgen von den Seitenwänden acht Familienangehörige im Gespräch, darunter ein Doge, die über dem Altar dargestellte Verzückung der hl. Theresia. Damit wird ein für das geistliche Leben des 17. Jh.s zentrales Thema zur Sprache gebracht. Die Cornaro-Kapelle gilt als Höhepunkt barocken Kunstschaffens.

In der Kirche Ss. Nome di Maria (Piazza del Foro Traiano, 89) wird die Erinnerung an die Befreiung des von den Türken unter Großvesir Kara Mustafa (1683) belagerten Wien durch das Ersatzheer unter dem polnischen König Jan Sobieski wachgehalten. Eigentümerin ist eine Erzbruderschaft, die den eleganten Kuppelbau 1736 – 38 anstelle einer Vorgängerkirche durch den französischen Architekten Antonio Dérizet über einem elliptischen Grundriß errichten ließ. Sie bildet zusammen mit der benachbarten Kirche S. Maria di Loreto und der Trajanssäule ein reizvolles und oft fotografiertes Ensemble. Ss. Nome di Maria ist besonders für Hochzeiten beliebt.

Berninis Verzückung der hl. Theresia von Avilà in der Cornaro-Kapelle von S. Maria della Vittoria (17. Jh.). Die Cornaro-Kapelle gilt als Höhepunkt des barocken Kunstschaffens.

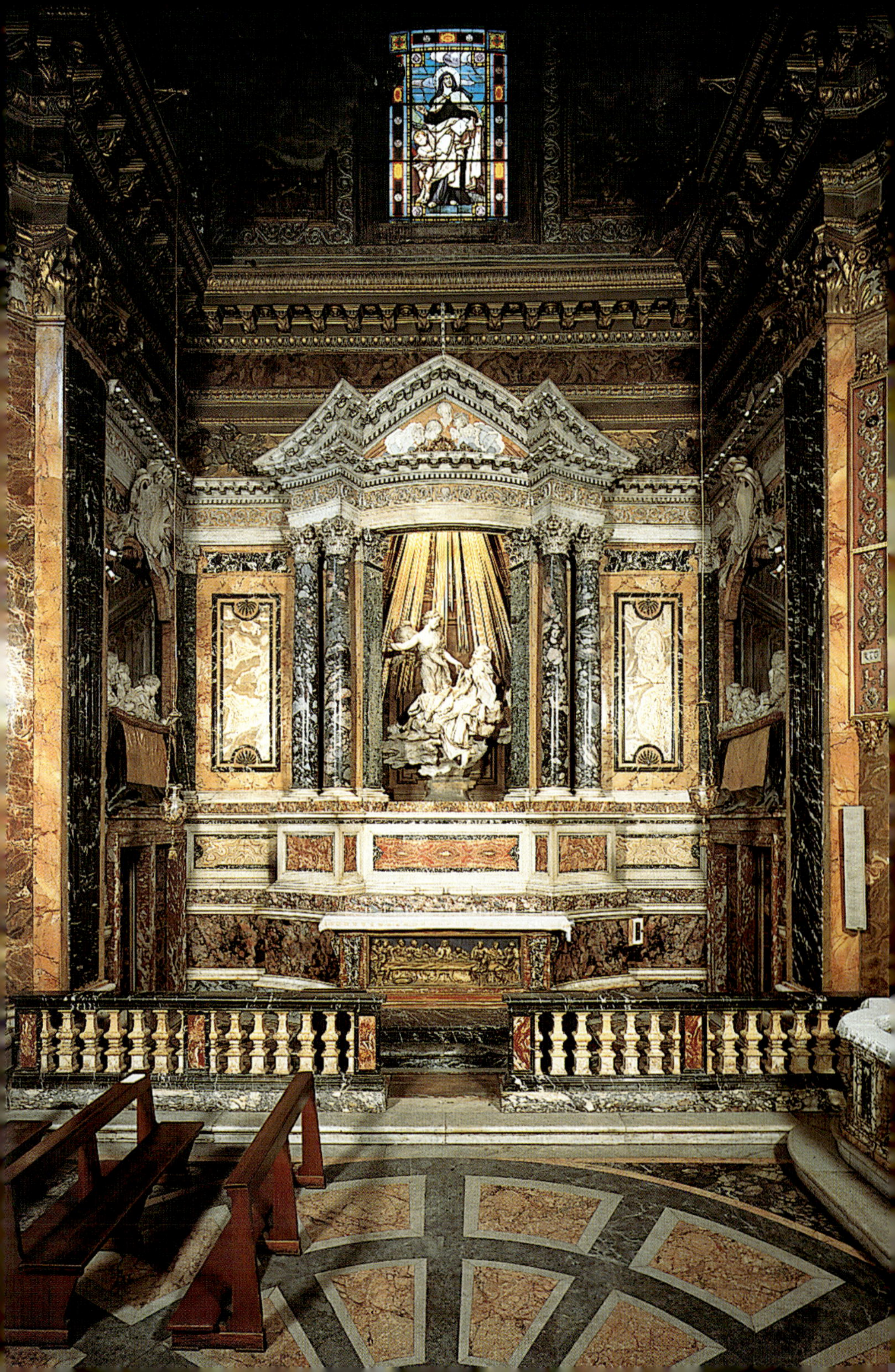

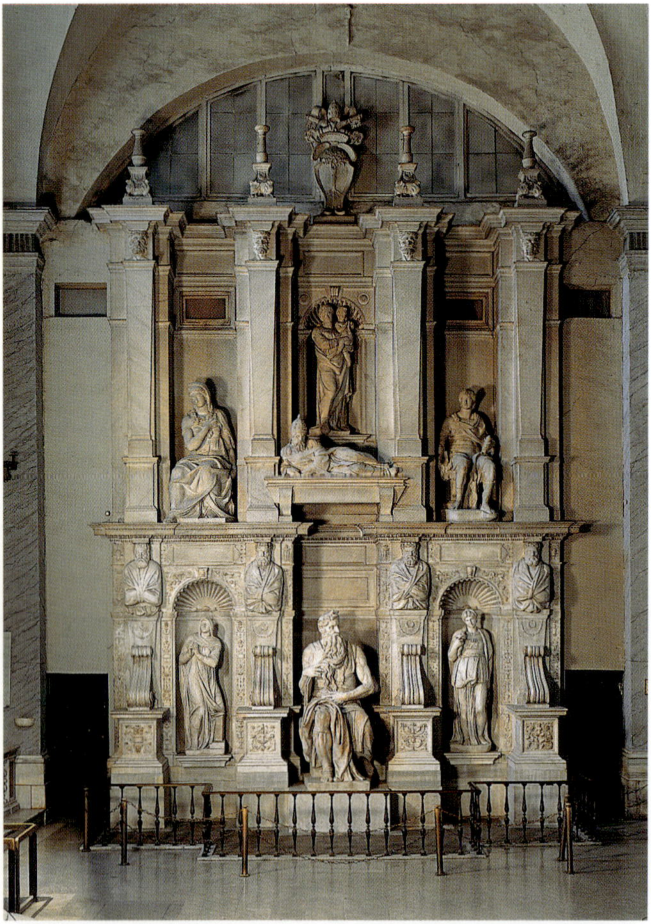

Grabmal Julius II. († 1513) in S. Pietro in Vincoli mit Figuren Michelangelos.

Für die Deutschen von besonderer Bedeutung ist auch S. Pietro in Vincoli (Piazza S. Pietro in Vincoli, 4a). Dieses ins 4. Jh. zurückreichende, mehrfach umgebaute Gotteshaus trägt seinen Namen nach den seit dem 5. Jh. hier verehrten Ketten des hl. Petrus. Das Innere der Kirche bewahrt 20 wiederverwendete Säulen mit jonischen Kapitellen. Ihr berühmtestes Kunstwerk ist das im rechten Seitenschiff aufgestellte, unvollendete Grabmal Julius II. (1503 – 13). Dieser Papst, der zuvor Titelkardinal von S. Pietro in Vincoli war, hatte das Monument bald nach seiner Wahl Michelangelo in Auftrag gegeben. Auf 40 Marmorstatuen berechnet, sollte es den toten Papst gleichsam für alle Zeit in Neu-St. Peter aufgebahrt in Erinnerung halten. Da der Künstler aber immer wieder für andere Arbeiten herangezogen wurde, konnte er dieses gewaltigste aller päpstlichen Grabmonumente nicht fertigstellen. Es ist freilich auch als Fragment überaus eindrucksvoll. Seine zentrale Gestalt stellt Mose dar, der vom Berg Sinai herabgestiegen ist und den Abfall seines Volkes erkennt (1512 – 16). Unter seinem Arm trägt er die Gesetzestafeln. Das Gehörn beruht auf einem Mißverständnis der Hl. Schrift, nach der sein Antlitz nach der Gottesbegegnung strahlte (s. Abb. S. 64). Die Mose flankierenden Gestalten der Rahel und Lea als Repräsentantinnen des gottschauenden und des praktischen Lebens sind Spätwerke des Künstlers (seit 1542).

Im linken Seitenschiff befindet sich das Grab des Kardinals Nikolaus von Kues († 1465), der ebenfalls Titelkardinal dieser Kirche war. Die farbig gestaltete Reliefplatte mit dem vor dem hl. Petrus knienden Kardinal schuf Andrea Bregno († 1506). Nikolaus stieg als Gelehrter in der Zeit des Konzils von Basel (1431 – 37/49) auf und wirkte später im Auftrag Eugens IV. (1431 – 47) für die Kirchenreform im Reich. Zuletzt Bischof von Brixen, bedachte er seinen Geburtsort Kues an der Mosel mit der Stiftung des noch heute bestehenden St. Nikolaus-Hospitals. In ihrer Kapelle ließ er sein Herz beisetzen.

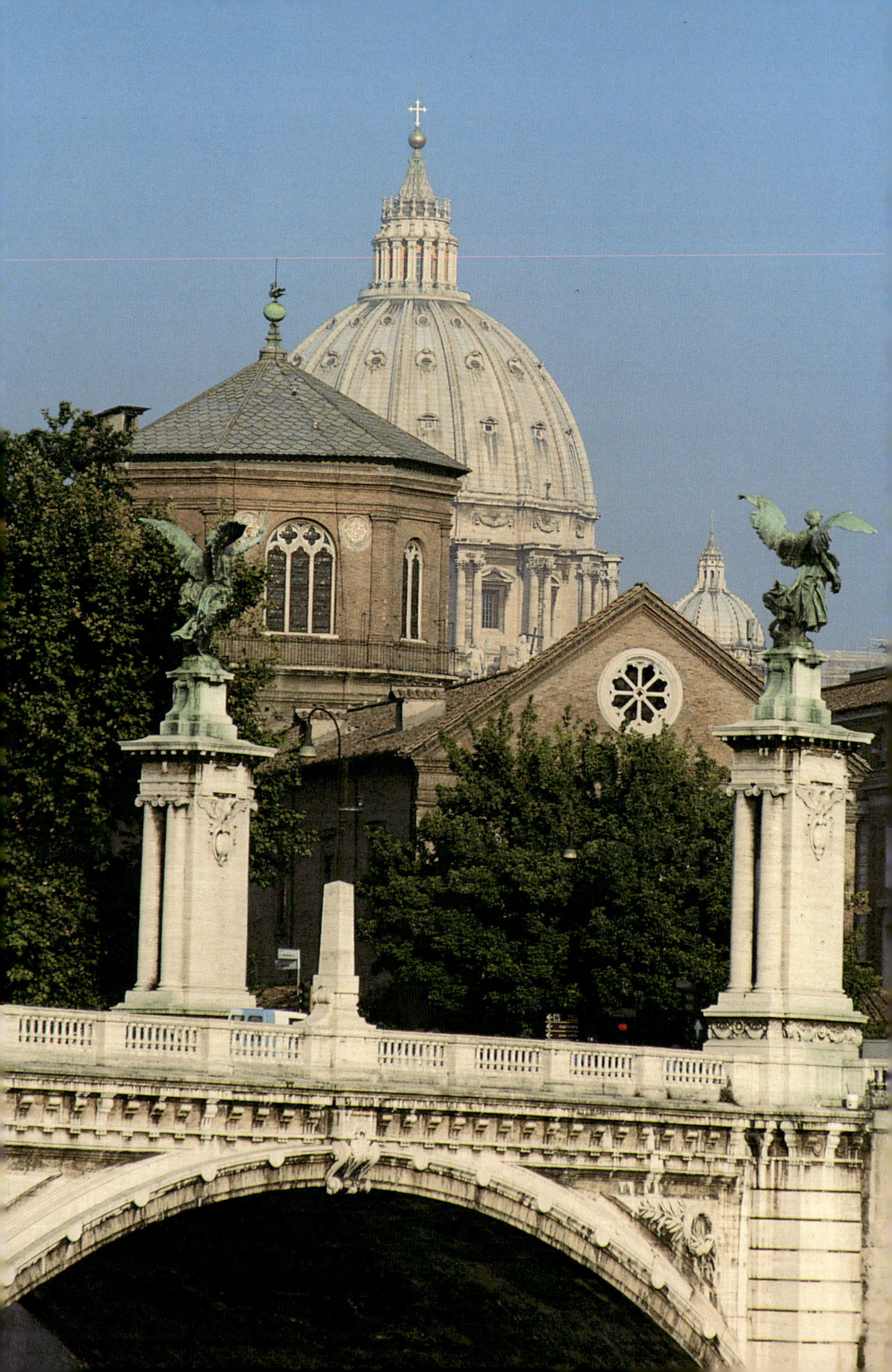

6 Der Vatikan

Blick von der Engelsbrücke nach St. Peter. Vor der Kuppel das unter Sixtus IV. 1473 – 78 erbaute Hospital vom Heiligen Geist.

Im alltäglichen Sprachgebrauch bezeichnet der Vatikan die Residenz und den Regierungssitz des Papstes und der obersten kirchlichen Behörden, die römische Kurie, den „Heiligen Stuhl“, der im Namen des Papstes und der Kirche handelt, sowie den 1929 gegründeten Staat der Vatikanstadt. Der Name Vatikan stammt von dem auf dem rechten Tiberufer gelegenen Höhenzug gleichen Namens. Ausgangspunkt seiner kirchlichen Bedeutung ist die Tatsache, daß hier seit der Mitte des 2. Jh.s das Grab des hl. Petrus verehrt wird. Über ihm ließ Konstantin d. Gr. (306 – 337) im 4. Jh. die Basilika Alt-St. Peter errichten, die seit dem 16. Jh. durch (1) Neu-St. Peter ersetzt wurde. Bei St. Peter entstand seit dem 15. Jh. die (2) ständige Residenz der Päpste, die zuvor bei der Laterankirche residiert hatten. Stadtgeschichtlich gehört der Vatikan zum Borgo. Dieser wird im Süden vom Tiber und vom Gianicolo, im Westen vom Vatikanischen Hügel, im Norden von den „Prati di Castello“, einer lange Zeit hochwassergefährdeten Niederung, und im Osten

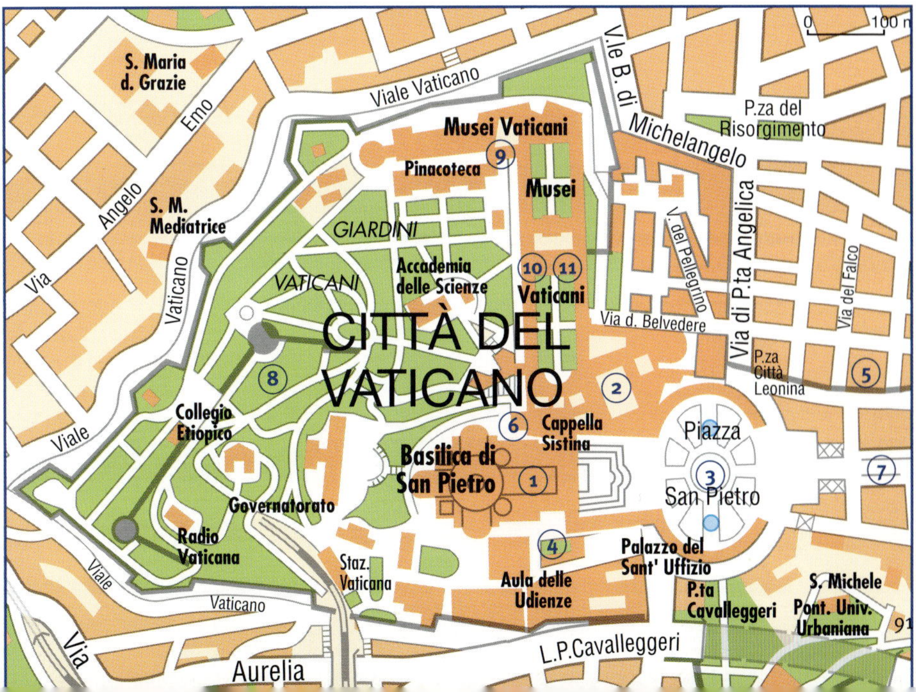

durch die Engelsburg begrenzt. Das antike Rom, die Stadt der sieben Hügel, lag dagegen auf dem linken Tiberufer und griff nur im Bereich der Tiberinsel mit dem Stadtteil Trastevere auf das rechte Tiberufer über. Der Borgo und das Gebiet des heutigen Vatikan lagen also in der Antike außerhalb der Stadt Rom. Durch dieses Gebiet führten einige Straßen, die z. T. von Gräbern gesäumt waren, da das römische Gesetz (so schon das Zwölftafelgesetz 450 v. Chr.) die Bestattung der Toten innerhalb des Pomeriums, d. h. der sakralrechtlich festgelegten Stadtgrenzen, untersagte. Kaiser Caligula (37 – 41) baute südlich des vatikanischen Hügels einen Zirkus, der später von Nero (54 – 68) übernommen wurde. In ihm starben 64 n. Chr. Christen als Märtyrer. Zeuge dieses Vorganges war ein Obelisk, der die Spina des Zirkus schmückte. Papst Sixtus V. (1585 – 90) ließ ihn 1586 in die Mitte des (3) Petersplatzes übertragen und zum christlichen Denkmal umgestalten. Im vatikanischen Bereich ließ Kaiser Hadrian (117 – 138) ferner ab 130 n. Chr. eine Grabanlage für sich und sein Haus errichten. Das Mausoleum Hadrians, heute die → Engelsburg, wurde durch die später so genannte Engelsbrücke mit dem gegenüber liegenden Marsfeld verbunden.

In der vatikanischen Nekropole verehrte die christliche Gemeinde seit dem 2. Jh. das Grab des hl. Petrus, das zwischen 160 und 180 durch ein Grabmal (Tropaeum) hervorgehoben wurde. Konstantin d. Gr. ließ nach seiner Hinwendung zum Christentum zwischen 319 und 322 darüber die Basilika Alt-St. Peter errichten. Damit begann für dieses bis dahin unbesiedelte Gebiet die Entwicklung zum Pilgerzentrum und zu einem eigenen Stadtteil, dem Borgo (von Burg, so seit dem 6. Jh. genannt). Die Päpste behielten dagegen ihren Sitz innerhalb der Stadtmauern bei der Laterankirche. Neuen Aufschwung erhielt der Borgo nach der Eroberung des Hl. Landes durch die Araber (639), als die bis dahin vorrangige Pilgerfahrt nach Jerusalem erschwert wurde und statt dessen die Wallfahrt nach Rom an-

Rekonstruktion des Tropaeum aus der zweiten Hälfte des 2. Jh.s über dem Grab des hl. Petrus (nach Klauser).

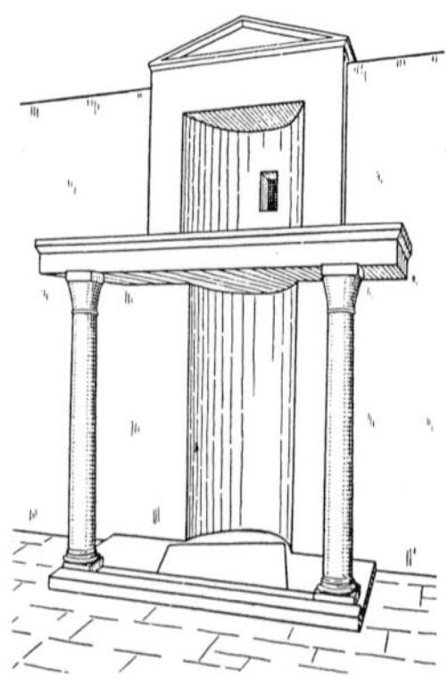

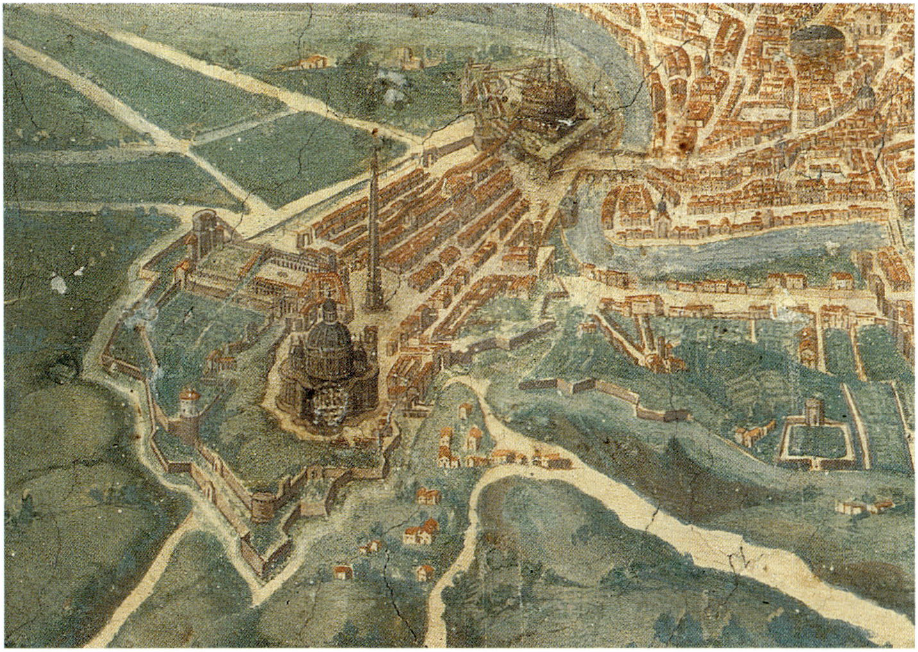

Vedute mit Vatikan und Borgo aus der Galerie der geographischen Karten in den Vatikanischen Museen. Fresko (Ende 16. Jh.)

wuchs. Seit der Hinwendung der germanischen Völker zum katholischen Bekenntnis entstand im Borgo eine Reihe von Pilgerhospizen, so für die Franken, Angelsachsen, Friesen und Langobarden. Von ihnen hat einzig die Schola Francorum (797 erstmals erwähnt) als (4) Campo Santo Teutonico bis heute alle Umbrüche der Zeiten überlebt. 847 – 853 ließ Leo IV. (847 – 855) den Borgo angesichts der Sarazenengefahr mit einer Mauer umgeben, die in Teilen noch erhalten ist. Der Borgo hieß seitdem auch Leoninische Stadt (Città Leonina). Er besaß einen eigenen Status, blieb aber Teil der Stadt Rom, mit der er durch die von der Engelsburg bewachte Engelsbrücke verbunden war. Die Päpste residierten seitdem z. T. beim Lateran, z. T. in ihren Familienpalästen oder bei St. Peter, wo sie vor Aufständen der oft unruhigen römischen Bevölkerung sicher waren.

Eine neue Entwicklung setzte nach der Beilegung des großen Abendländischen Schismas durch das Konzil von Konstanz (1414 – 18) und der Rückkehr der Päpste nach Rom ein. Um die Mitte des 15. Jh.s verlegten die Päpste endgültig ihre

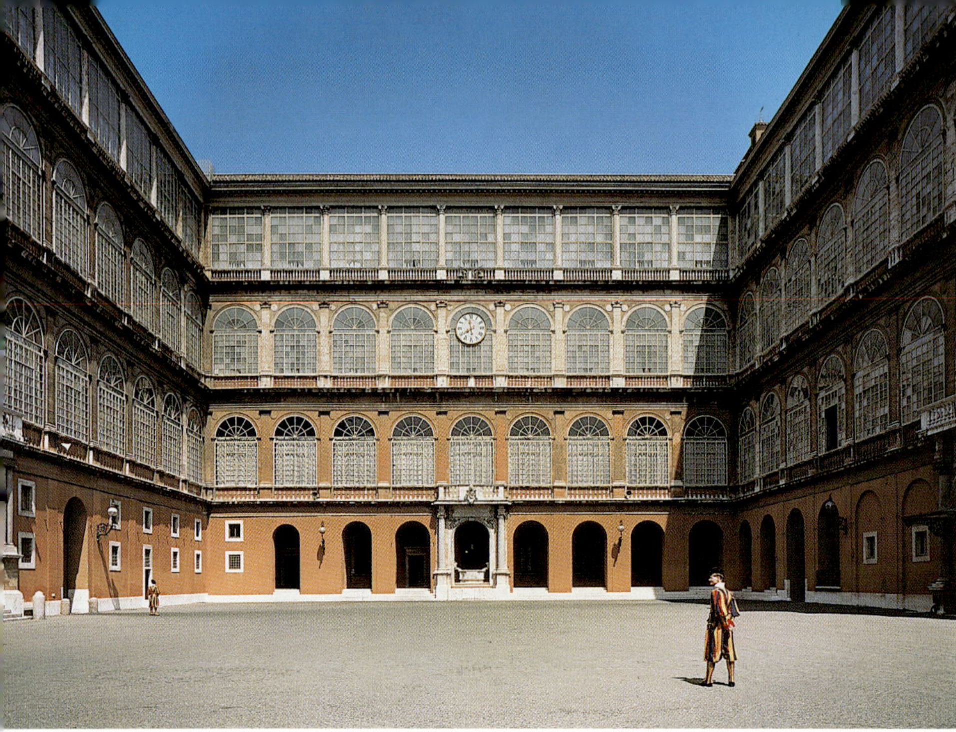

Der Damasushof. Innerer Zugang zum Apostolischen Palast. Hier werden hohe Besucher empfangen und zu den Papstgemächern geleitet (16. Jh.).

Residenz vom Lateran nach St. Peter. Mit ihnen kamen ihr Hof und die Kurie an den Vatikan, der dadurch ein neues Gepräge erhielt, zumal nun der Ausbau der bis dahin kleinen päpstlichen Residenz einsetzte. Bis zum 17. Jh. entstand daraus die größte Palastanlage der Welt. Den Auftakt dazu machte Nikolaus V. (1447 – 55) mit seinem Architekten und Baumeister Leon Battista Alberti (1404 – 72), dessen Traktat über die ideale Stadt den Papst zu einer grundlegenden Neuplanung des Borgo anregte. Dieser sollte dem Sitz der Päpste angemessen sein und schon durch sein Erscheinungsbild die Bedeutung des Papsttums unterstreichen. Es gelang Nikolaus jedoch nicht, in seinem kurzen Pontifikat über einige Anfänge hinauszukommen. Seine Nachfolger setzten diesen Kurs fort. Dazu gehörten der Ausbau der Engelsburg, die durch einen (5) Fluchtgang (Passetto del Borgo) mit dem Apostolischen Palast verbunden war, zu einer Festung, ferner der Bau des für seine Zeit vorbildlichen Hospitals vom Hl. Geist. Es reichte in seinen Dimensionen an Alt-St.-Peter heran und brachte schon dadurch zum Ausdruck, welchen Stellenwert die Sorge um die Schwachen für die Kirche und für die Päpste besaß. Wenig später folgte die (6) Sixtinische Kapelle und ab 1506 der Neubau von St. Peter.

Nachdem die Päpste die Erneuerung Roms im Zeitalter der Renaissance durch eine kleine Lösung im Borgo versucht, das antike Rom mit seinen Ruinen sich dagegen selbst überlassen hatten, kam es im Zeitalter des Barock zu einer „großen Lösung“ für die ganze Stadt. Diese betraf auch den vatikanischen Bereich mit St. Peter, dem Petersplatz und dem Apostolischen Palast, die damals ihre heutige Gestalt erhielten.

Der Borgo blieb bis zum Untergang des Kirchenstaates der Stadtteil der Päpste. Dennoch votierte seine Bevölkerung 1871 nach der Besetzung Roms durch italienische Truppen trotz des päpstlichen Protestes mehrheitlich für den Anschluß an das Königreich Italien. Als dann der Umzug der Regierung und der Staatsverwaltung ein Heer von Beamten nach Rom brachte, verursachte das auch für den vatikanischen Bereich einschneidende Änderungen, indem das nördlich liegende, noch landwirtschaftlich genutzte Gebiet, die Prati di Castello und später auch die westlich an den Vatikan anschließenden Gebiete dicht besiedelt wurden. Der Borgo selbst wurde dagegen erst nach dem Abschluß der Lateranverträge von 1929 mit der Gründung des souveränen Vatikanstaates verändert, als Benito Mussolini die Via della Conciliazione (7) als Monument der Versöhnung anlegen ließ und ihr bedeutende Teile des alten Baubestandes opferte. Dadurch erhielt St. Peter zwar jene prächtige Auffahrt, wie sie schon seit Jahrhunderten erwogen worden war, doch wurde damit zugleich die Geschlossenheit des Borgo zerstört.

Die römische Kurie, die großenteils im vatikanischen Bereich untergebracht ist, ist die Gesamtheit der dem Papst bei der Wahrnehmung seiner kirchlichen Leitungsaufgabe zur Seite stehenden Behörden. Die neuzeitliche Kurie wurde seit 1588 durch Papst Sixtus V. geschaffen. Die ältesten kurialen Behörden sind die Kongregationen, d. h. Gremien von Kardinälen, in denen wichtige Fragen unter dem Vorsitz des jeweiligen Präfekten debattiert, durch Abstimmung entschieden und danach in wichtigen oder zweifelhaften Fällen dem Papst zur letzten

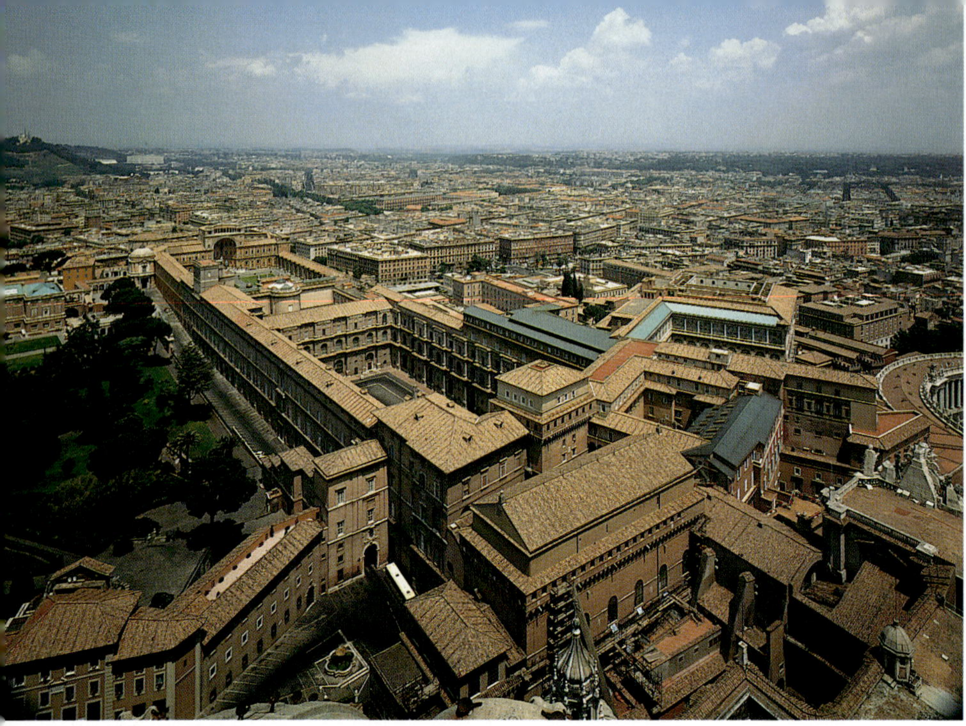

Entscheidung vorgetragen werden. Seit dem Anfang des 19. Jh.s hat das Staatssekretariat die Kongregationen an Bedeutung überholt. Bei den Kurienreformen zu Beginn des 20. Jh.s und nach dem Zweiten Vatikanischen Konzil blieb das Konzept der Kongregationen unangetastet. Ihre Mitglieder wurden jedoch durch auswärtige Diözesanbischöfe ergänzt. Zugleich erfolgte eine stärkere Internationalisierung. Neben den Kongregationen entstanden seit dem Zweiten Vatikanischen Konzil ähnlich strukturierte Räte. Zur Kurie zählen heute das Staatssekretariat, neun Kongregationen, drei Gerichtshöfe, 13 Räte und weitere Behörden. Das Staatssekretariat ist im Apostolischen Palast, die anderen Behörden sind in anderen römischen Palästen, z. T. auch in größerer Entfernung vom Vatikan, untergebracht. Mitarbeiter sind fest angestellte Beamte wie auch die nur zu den jeweiligen Generalversammlungen anwesenden Diözesanbischöfe, ferner Konsultoren (Gutachter).

Die Vatikanischen Paläste, gesehen von der Kuppel von St. Peter. Vorne in der Mitte die Sixtinische Kapelle.

Der Staat der Vatikanstadt (Stato della Città del Vaticano) ist der kleinste Staat der Welt (0,44 km^2). Er liegt innerhalb des italienischen Staatsgebietes am Vatikanischen Hügel und umfaßt im wesentlichen den Petersdom mit dem Petersplatz, den Apostolischen Palast, die Vatikanischen Paläste und (8)

Gärten. Außerdem genießen die in der Stadt Rom oder in ihrer Umgebung liegenden Patriarchalbasiliken, die Amtsgebäude der römischen Kurie und die päpstliche Sommerresidenz Castel Gandolfo einen rechtlichen Sonderstatus (Exterritorialität). Der Vatikanstaat setzt nicht den 1870 untergegangenen Kirchenstaat fort, sondern ist 1929 neu gegründet worden. Er hat die Staatsform der Wahlmonarchie. Er dient den Aufgaben des Heiligen Stuhles in völkerrechtlicher Hinsicht, untermauert die Souveränität des Papstes und soll dessen internationale Aufgabe erleichtern. Im Vatikanstaat steht dem Papst die gesetzgebende, ausführende und rechtsprechende Gewalt zu. Die Verwaltung nimmt eine Päpstliche Kommission wahr. Der Austausch diplomatischer Vertreter mit 1997 166 Staaten erfolgt durch den Heiligen Stuhl im Namen der Kirche und zugleich des Vatikanstaates.

Bei der Finanzierung des Vatikans ist streng zu unterscheiden zwischen dem Papst und der römischen Kurie, dem sog. Heiligen Stuhl, mit all ihren Zweigeinrichtungen für gesamtkirchliche Aufgaben, und dem Vatikanstaat. Der Heilige Stuhl verfügt über keine Steuereinnahmen. Seit dem Mittelalter finanzierte sich das Papsttum wesentlich durch Gebühren, wie sie z. B. bei der Verleihung kirchlicher Ämter zu zahlen waren, später auch durch Steuern aus dem Kirchenstaat. Während die Einnahmen aus Gebühren seit den innerkirchlichen Reformbestrebungen des 15. Jh.s und der Reformation zurückgingen, erloschen die Einnahmen aus dem Kirchenstaat erst 1870 mit dessen Untergang. Daher war der Heilige Stuhl zunehmend auf Spenden angewiesen. Erst durch das 1929 im Rahmen der Lateranverträge zwischen dem italienischen Staat und dem Heiligen Stuhl abgeschlossene Finanzabkommen erhielt die vatikanische Finanzwirtschaft wieder eine gesicherte Basis. Der italienische Staat zahlte nämlich als Abfindung für die verlorenen Einnahmen aus dem Kirchenstaat und für die Enteignung kirchlichen Besitzes (Säkularisationen) dem Heiligen Stuhl eine

Detail einer überlebensgroßen Petrusstatue aus Marmor. Sie wurde im 19. Jh. mit der des hl. Paulus auf dem Petersplatz aufgestellt.

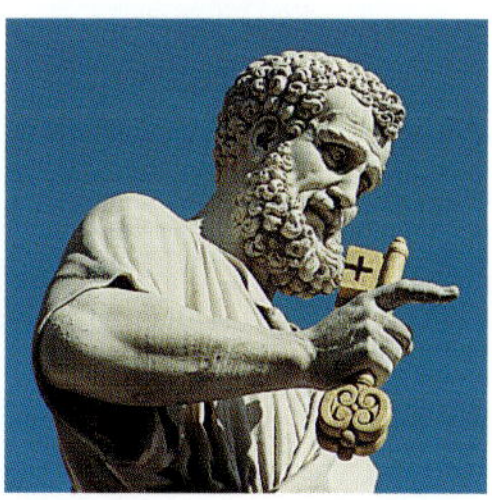

einmalige Abfindung von 750 Millionen Lire und Staatsanleihen von 1 Milliarde Lire. Diese Gelder wurden im wesentlichen fest angelegt. Seitdem wurde der Heilige Stuhl aus deren Ertrag finanziert. Dieses System bewies sich bis in die 60er Jahre als tragfähig. Seitdem trat durch den Ausbau der Verwaltung und der Aktivitäten seit dem Zweiten Vatikanischen Konzil (1929 diplomatische Beziehungen mit 36, 1997 mit 166 Ländern; Ausbau zahlreicher neuer Behörden, vor allem päpstlicher Räte; Durchführung von Synoden) ein zusätzlicher Finanzbedarf ein. Der Heilige Stuhl ist seitdem wieder vermehrt auf Spenden angewiesen. Gegenwärtig beläuft sich sein Haushalt auf jährlich ca. 300 Milliarden Lire (300 Millionen DM). Davon kommen die Hälfte aus Kapitaleinkünften, ein Drittel aus Spenden (Peterspfennig) und ein Sechstel aus Beiträgen von Diözesen und Ordensgemeinschaften. Im Vatikanstaat selbst werden keine direkten, sondern nur indirekte Steuern erhoben. Sein Haushalt von ca. 160 Millionen Lire jährlich ist ausgeglichen, obwohl z. B. die Bibliothek und das Archiv im Gegensatz zu den Museen über keine namhaften Einkünfte verfügen. Die Vatikan-Bank (Istituto per le Opere di Religione) ist eine Art Sparkasse für kirchliche Bedienstete und Einrichtungen.

Im Vatikanstaat sind der Petersplatz, der Petersdom, die (9) Vatikanischen Museen sowie die Vatikanischen Gärten, für Gelehrte außerdem das (10) Vatikanische Archiv und die (11) Vatikanische Bibliothek, zugänglich.

Das Wappen Alexanders VII. an den Kolonnaden. Unter ihm wurde die Neugestaltung des Platzes von G. L. Bernini geschaffen (17. Jh.).

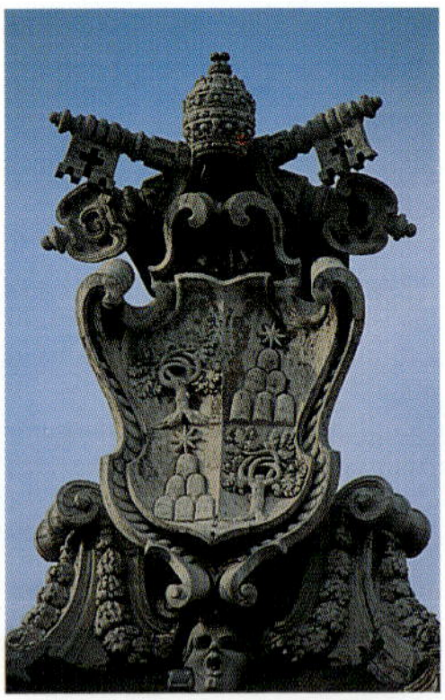

Der Petersplatz

Der Besucher erreicht den Vatikanstaat in der Regel beim Petersplatz. Dieses seit 1656 geschaffene Meisterwerk Berninis wirkt am faszinierendsten bei einsetzender Dämmerung, wenn sich dort nur noch wenige Besucher aufhalten. Wie die meisten großen Kunstwerke, so hat auch dieser Platz zwei Initiatoren,

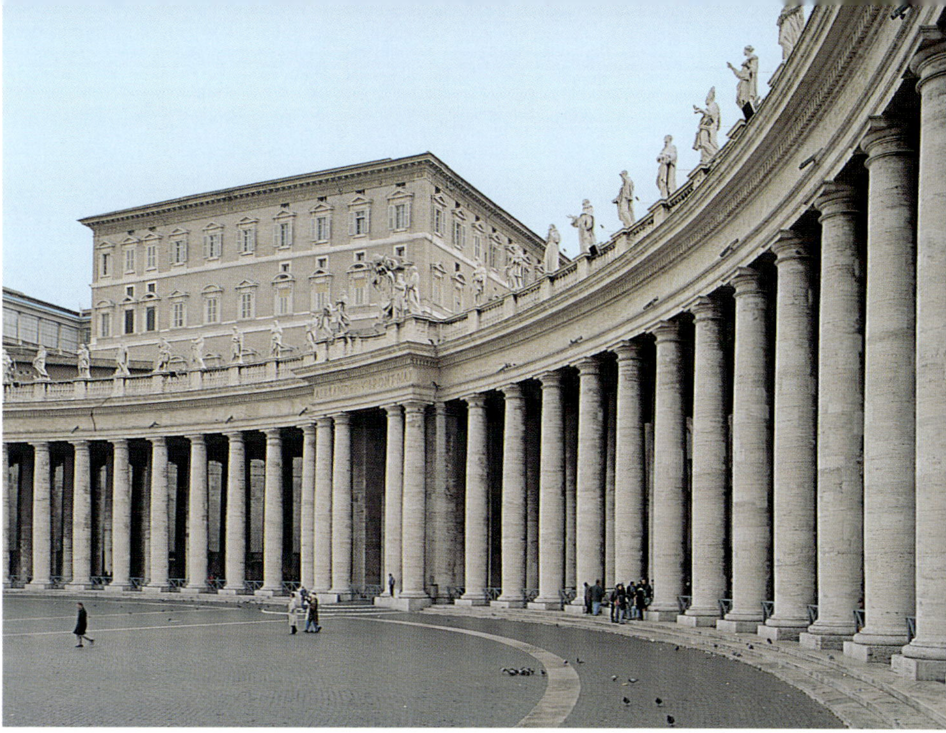

Rechte Kolonnadenreihe des Petersplatzes. Dahinter der unter Sixtus V. († 1590) errichtete heutige Papstpalast.

nämlich den auftraggebenden Papst Alexander VII. (1655 – 67) und den Architekten und Baumeister Gian Lorenzo Bernini (1598 – 1680), der unter insgesamt fünf Päpsten für die künstlerische Verherrlichung des Papsttums tätig war. 1656 wurde ihm die Neugestaltung des Platzes übertragen. Dabei hatte er die Fassade von Neu-St.-Peter (1612), den 1586 aufgestellten Obelisken, den nördlichen Brunnen (1616) und nicht zuletzt den Apostolischen Palast zu respektieren. 1657 erfolgte die Grundsteinlegung. 1662 wurde die nördliche und 1671, bereits nach dem Tod Alexanders, die südliche Kolonnade eingeweiht.

Der Petersplatz besteht aus zwei miteinander verbundenen Plätzen, und zwar aus einem Oval (Piazza obliqua) aus zwei ineinander geschobenen Kreisen, die an ihren Schmalseiten von 17 m breiten Kolonnaden aus je vier Reihen 15 m hoher dorischer Pfeiler und Säulen (insgesamt 88 Pfeiler und 284 Säulen) begrenzt sind. Auf ihnen liegt ein ionisches Gebälk, über dem sich die Vertikale mit der Balustrade und mit 96 Heiligenfiguren fortsetzt. Die Übergänge von den Kolonnaden zu den sich anschließenden Korridorbauten sowie die Mitte beider Halbkreise (Exedren) sind durch Risalite hervorgehoben, welche die strenge Abfolge der Säulen auflockern. Sie werden durch das Wappen Alexanders VII., und zwar in seiner einfachen bzw. in seiner erweiterten Form, bekrönt. Zudem erscheint dort sein Name. Die Enden der Kolonnaden zum Osten hin sind von Tympana bekrönt.

Hinter dem Queroval befindet sich der zweite Platz, die Piazza retta, die zwar rechtwinkelig scheint, tatsächlich aber einen trapezförmigen Grundriß hat: Die Öffnung zu den Kolonnaden ist nämlich schmäler als die massige Fassade von St. Peter, die dadurch optisch leichter erscheint. Die ebenfalls trapezförmige Freitreppe, die zur Fassade aufsteigt, unterstreicht diese Wirkung. Die Piazza retta wird von zwei Korridorbauten flankiert, auf denen sich die Galerie mit 44 Heiligen fortsetzt. Am Anfang des rechten Korridorbaues liegt der Portone di Bronzo, der offizielle Zugang zum Apostolischen Palast, der später in die Scala Regia Berninis, eine festliche Repräsentationstreppe, übergeht. Der linke Korridorbau (wegen des Reiterstandbildes Karls d. Gr. in der Vorhalle von St. Peter auch Braccio di Carlomagno genannt) dient Ausstellungszwecken.

Die Mitte der Piazza obliqua schmückt der auf einem Sockel stehende 24 m hohe vatikanische Obelisk. Caligula (37 – 41) hatte ihn aus Ägypten herbeischaffen und 37 n. Chr. in seinem Circus aufstellen lassen. Dort, südlich von St. Peter, verblieb er bis 1586, als Sixtus V. (1585 – 90) ihn mit einem für seine Zeit aufsehenerregenden technischen Apparat in die Mitte des Petersplatzes bringen, neu aufstellen und zum Denkmal des christlichen Sieges über die römische Staatsmacht umgestalten ließ. Er ist vom Kreuz bekrönt und trägt auf seinem Sockel zur Via della Conciliazione hin die Inschrift: „Ecce crux Domini, fugite partes adversae, vicit leo de tribu Juda“, d. h.: „Sehet das Kreuz Christi, fliehet ihr feindlichen Mächte. Es siegte der Löwe aus dem Stamme Juda.“ Auf der Seite zum Petersdom hin heißt es: „Christus vincit, Christus regnat, Christus imperat. Christus ab omni malo plebem suam defendat“, d. h.: „Christus ist Sieger, Christus ist König, Christus ist Weltenherr. Christus

Schweizer Gardisten am Portone di Bronzo, dem Hauptzugang zum Apostolischen Palast.

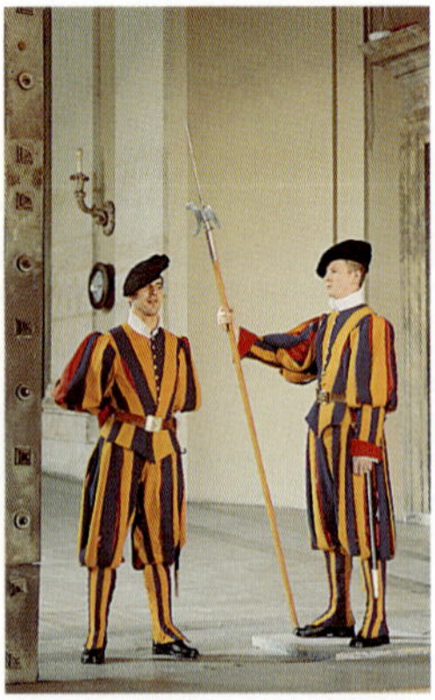

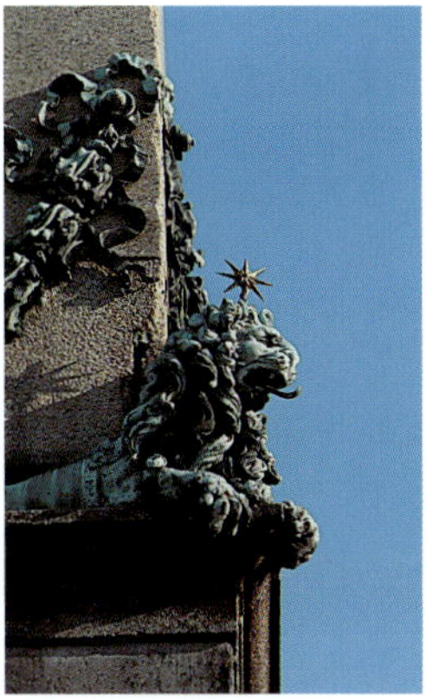

Detail von der Basis des Obelisken. Der Bronzelöwe mit einer Birne in den Fängen ist eine Anspielung auf das Familienwappen Sixtus' V. (Peretti), der den Obelisken 1586 hier aufstellen ließ.

befreie sein Volk von allem Bösen.“ Es fehlt dem Denkmal auch nicht an Anspielungen an den Auftraggeber. Sixtus V. ist nämlich mit spielerisch über das Monument verteilten Löwen, Hügeln, dem Stern und Birnen, den Emblemen seines Wappens, vertreten.

Rechts und links des Obelisken sind zwei Brunnen in der klassischen Form der Fontäne errichtet, auf deren Spitze das Wasser lilienförmig emporsteigt, um dann über die Brunnenschalen abzufließen. In Anspielung darauf schrieb Conrad Ferdinand Meyer:

Aufsteigt der Strahl, und fallend gießt
Er voll der Marmorschale Rund,
Die, sich verschleiernd, überfließt
In einer zweiten Schale Grund;
Die zweite gibt, sie wird zu reich,
Der dritten wallend ihre Flut,
und jede nimmt und gibt zugleich
Und strömt und ruht.

Die Gründe zur Anlage des Petersplatzes waren vielfältig. Zunächst ging es darum, die Fassade Madernas leichter erscheinen und die Kuppel Michelangelos besser zur Geltung kommen zu lassen. Dies ist nur zum Teil gelungen, denn die Kuppel zeigt sich erst aus einiger Entfernung, z. B. vom Anfang der Via della Conciliazione oder von den höher gelegenen Vatikanischen Gärten her, in ihrer vollen Eleganz. Einen weiteren Aspekt bildete die Anknüpfung an die Idee des Atriums, wie es die Besucher schon vor Alt-St.-Peter empfing und für den Besuch der Basilika einstimmte. Diese Aufgabe erfüllt der Petersplatz noch heute: Er ist noch nicht Teil des Gotteshauses, aber auch nicht mehr der vom Verkehr drangsalierten Stadt. An hohen Festtagen, wenn der Dom die Zahl der Gläubigen nicht faßt, feiert der Papst hier Gottesdienst mit z. T. über 100 000 Teilnehmern. Außerdem finden hier in den Hauptreisezeiten die Generalaudienzen statt. Vom mittleren Fenster der in die

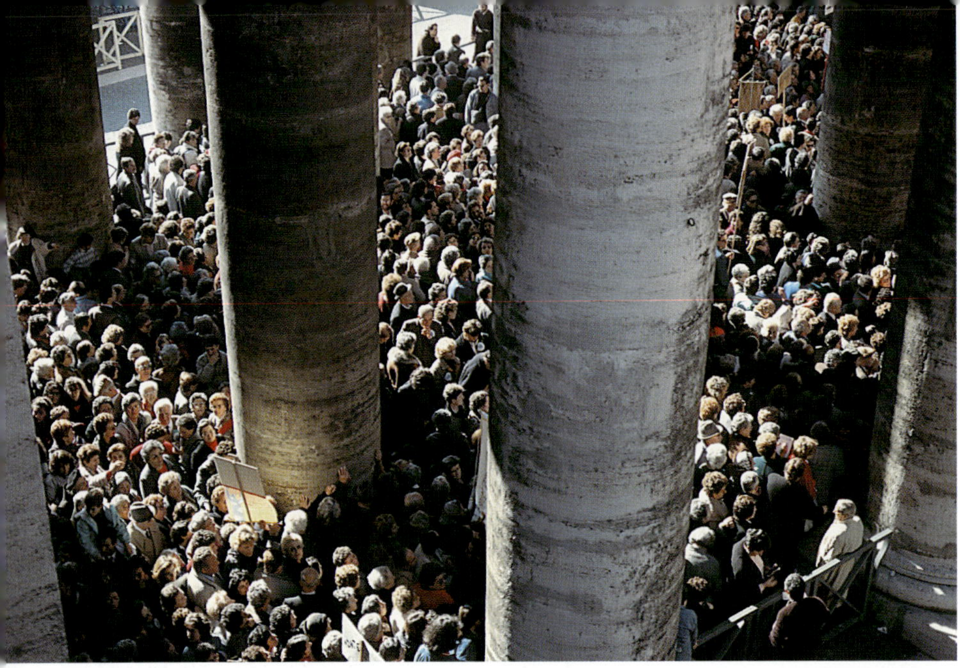

Fassade integrierten Benediktionsloggia aus spendet der Papst an Ostern und Weihnachten den feierlichen Segen Urbi et Orbi, und von dort aus verkündet auch der ranghöchste Kardinaldiakon nach einer Papstwahl den Namen des Gewählten.

Menschenmenge unter den Kolonnaden des Petersplatzes bei einer Gottesdienstfeier des Papstes.

Der Petersdom

Geschichte

Der Petersdom ist nicht nur die größte, sondern auch die wichtigste und meistbesuchte Kirche der Christenheit. Er gehört zu den fünf Patriarchalbasiliken Roms. Der heutige Bau, Neu-St.-Peter, wurde 1506 begonnen, 1626 durch Urban VIII. (1623 – 44) eingeweiht und seitdem immer wieder mit neuen Kunstwerken bereichert. Er trat an die Stelle des 319 – 322 unter Konstantin d. Gr. erbauten Alt-St.-Peter. Grabungen in den Jahren 1940 – 49 haben nachgewiesen, daß die römische Gemeinde in der Mitte des 2. Jh.s an jener Stelle, über der sich heute der Papstaltar erhebt, das Grab des Apostels Petrus verehrte. Inmitten eines einfachen Grabbezirks an der Via Cornelia hatte sie ein Monument errichtet, das die Erinnerung an den Apostel wachhalten sollte. Daran knüpfte Konstantin an, als er die Basilika erbauen ließ. Sie war entgegen dem sonst

Grundriß von Alt- und Neu-St. Peter über dem Zirkus des Nero. Links der Campo Santo Teutonico, darüber die Sakristei von St. Peter.

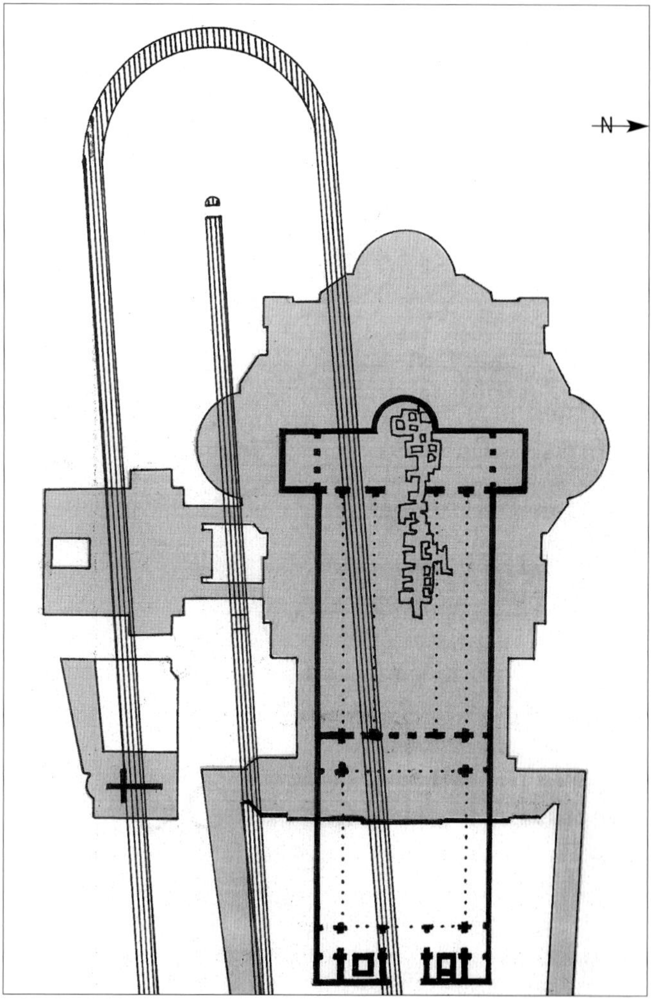

üblichen Brauch mit Rücksicht auf die topographische Lage des Apostelgrabes nicht geostet, sondern gewestet. Im Gegensatz zu den anderen Memorialbauten Roms lag das verehrte Grab in St. Peter nicht unter der Kirche in einer Katakombe, sondern es war als oberirdisches Grabmal in die Kirche einbezogen. Daher mußten zuvor die vatikanische Nekropole aufgelassen und zugeschüttet (40.000 m3 Erdbewegungen) und angesichts der Hanglage im Süden bis zu 10 m hohe Stützmauern errichtet

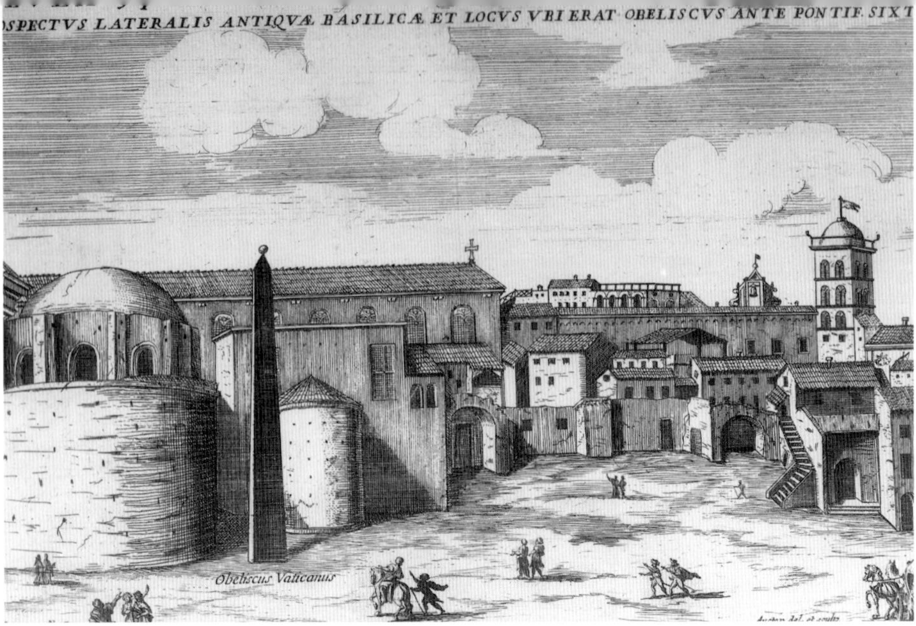

Alt-St. Peter von Süden aus gesehen. Der Obelisk steht noch an seiner ursprünglichen Stelle. (Stich nach Ph. Bonanni, 1715).

werden, um eine Plattform für die Basilika zu schaffen. Der Bedeutung des Petrusgedächtnisses entsprachen schon die Dimensionen von Alt-St.-Peter. Die Basilika war 119 m lang und einschließlich der Seitenschiffe 64 m breit, das der Apsis vorgelagerte, weit ausladende Querhaus 90 m breit. Über dem Grab befand sich ein Baldachin, getragen von zwölf gedrehten Marmorsäulen mit Weinrankenornamenten. Dieses Motiv ist in den Bronzesäulen von Berninis Baldachin über dem heutigen Papstaltar bewußt aufgegriffen.

Wie andere Märtyrerkirchen war auch St. Peter ein begehrter Begräbnisplatz. Von dem 359 verstorbenen und hier bestatteten Stadtpräfekten Junius Bassus hat sich z. B. ein prächtiger Sarkophag erhalten, der in der Schatzkammer des Domes aufbewahrt wird. (vgl. S. 36 und 132)

St. Peter wurde bald eines der bedeutendsten Märtyrer- und Pilgerheiligtümer der Christenheit. Um die Scharen der Pilger aufzunehmen und einen würdigen Zugang zur Basilika zu schaffen, hatte die Kirche im Osten ein Atrium, wie es für frühchristliche Basiliken typisch wurde. In dessen Mitte stand unter einem Baldachin als Brunnen jener Pinienzapfen, der heute im Cortile della Pigna der Vatikanischen Museen aufgestellt ist. Die Pilger wurden auf einem von Säulenkolonnaden gesäumten Prozessionsweg von der Hadriansbrücke zum Petrusgrab geführt.

Neu-St.-Peter

Alt-St.-Peter überstand das Mittelalter im wesentlichen unversehrt. Erst während der langen Abwesenheit der Päpste in Avignon im 14. Jh. setzte der Verfall ein. Um 1450 hingen die Längsmauern der Kirche um 1,5 m aus dem Lot nach Süden. In der seitdem beginnenden Auseinandersetzung über die Zukunft des Baues versuchte man diesen zunächst zu stabilisieren, doch setzte sich um 1500 der Gedanke an eine Kuppelanlage durch. Er führte unter Julius II. (1503 – 13) zu dem Plan, die Basilika durch einen Zentralbau zu ersetzen. 1506 wohnte der Papst persönlich der Grundsteinlegung zu Neu-St.-Peter bei. Dabei ging es zunächst um die Entwicklung eines Zentralbaus über Apsis und Querhaus von Alt-St.-Peter. Architekt war Donato Bramante (1444 – 1514). Dieser hatte wenige Jahre zuvor auf dem Gianicolo, wo Petrus nach einer anderen Überlieferung den Martyrertod erlitten haben soll, seinen berühmten Tempietto, einen zentralen Memorialbau, errichtet. Bramante sah als Grundriß für Neu-St.-Peter ein griechisches Kreuz mit einer großen Kuppel vor, doch wechselten die Pläne zwischen Zentral- und Langbau bis zur endgültigen Fertigstellung im 17. Jh. ständig. Nach Bramantes Tod ging die Bauleitung an Raffael (1483 – 1520), dann an Antonio da Sangallo (1483 – 1546) über. Der Bau, zu dessen Errichtung die ganze Christenheit durch Geldspenden beitragen sollte und an dem 1507 bereits 2500 Arbeiter beschäftigt waren, ging nur noch schleppend voran, seitdem die Ablaßgelder infolge des Ausbruchs der Reformation rückläufig waren. Auch der Sacco di Roma (1527) wirkte sich lähmend aus. Erst seit Paul III. (1534 – 49) gingen die Arbeiten wieder besser voran. Träger des Baues war die heute noch bestehende Congregazione della Reverenda Fabbrica di San Pietro.

Rekonstruktion von Alt-St. Peter von H.W. Brewer 1891.

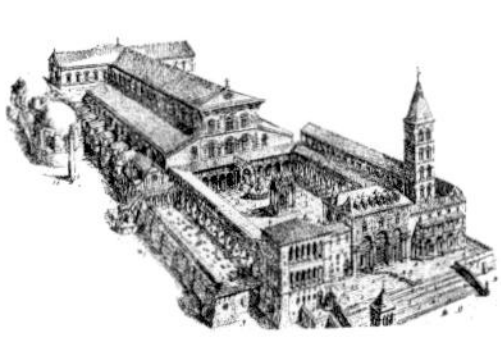

Obwohl Michelangelo Buonarroti (1475 – 1564) seit 1536 „erster Bildhauer, Maler und Architekt des Vatikan“ war, wurde ihm die Bauleitung erst 1546 übertragen. Der damals 72jährige

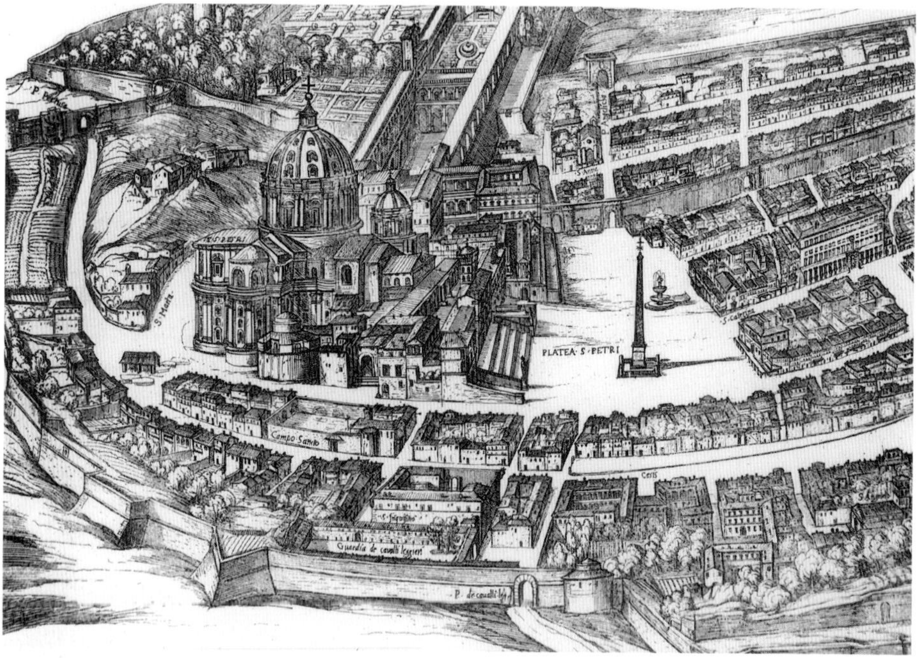

St. Peter während der Neubauphase. Chor und Kuppel sind bereits vollendet, Teile des konstantinischen Langhauses stehen noch. Ausschnitt aus dem Stadtplan von A. Tempesta 1593.

übernahm sie widerstrebend auf Drängen Pauls III., dann aber „ohne Gehalt unter Zurückweisung einer Entlohnung, nur aus Liebe zu Gott und aus Verehrung zum hl. Petrus". Michelangelo beschäftigte sich in Fortführung des Planes von Bramante vor allem mit dem Entwurf der Kuppel. Während die Kuppeln antiker und byzantinischer Zentralbauten vom Innenraum her entworfen waren, war erstmals die Florentiner Domkuppel (15. Jh.) auf Außenwirkung bedacht. Sie hat das Konzept von Neu-St.-Peter stark beeinflußt. Auf Drängen seiner Freunde fertigte der bereits alte Künstler ein Modell der Kuppel an, deren Vollendung er nicht mehr erleben sollte. Sein Entwurf sah eine wesentlich flachere Ausführung vor. Die dann tatsächlich unter der Leitung von Vignola (1507 – 73) und Domenico Fontana (1543 – 1607) erfolgte Ausführung trägt aber auch deren Handschrift. Sie ist im Ausgleich von Last und Stütze von vollendeter Harmonie und zählt zu den Wunderwerken der abendländischen Baukunst. 1590 wurde unter Giacomo della Porta (1540 – 1602) ihr Schlußstein gelegt.

Blick vom Petersplatz über den Vatikanischen Obelisken zur Fassade und Kuppel von St. Peter.

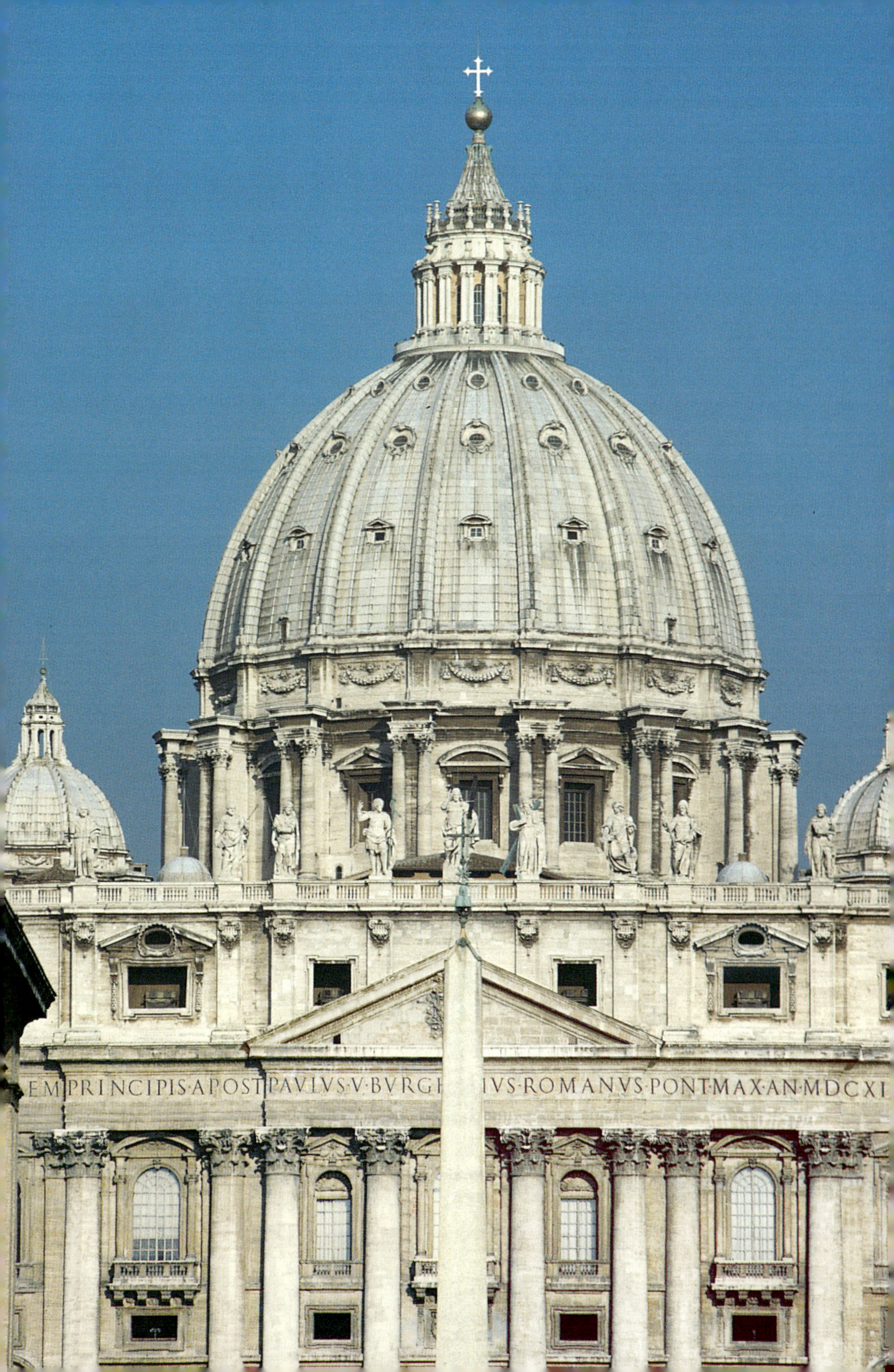
EM·PRINCIPIS·APOST·PAVLVS·V·BVRGH
IVS·ROMANVS·PONT·MAX·AN·MDCXI

Der abschließende Ausbau von Neu-St.-Peter erfolgte unter Paul V. (1605 – 21), nachdem im noch stehenden Langhaus der konstantinischen Basilika ein Mauerteil eingestürzt war. Daraufhin beschlossen die Kardinäle 1605 unter dem Vorsitz des Papstes den Abbruch der Reste der alten Basilika. Deren bedeutendste Kunstwerke wurden in die Vatikanischen Grotten verbracht, die durch Anhebung des Fußbodenniveaus des Neubaues entstanden waren. Das neue Langhaus und die vom Pantheon inspirierte Fassade wurden nach Plänen von Carlo Maderna (1556 – 1629) realisiert. Die Fassade wurde 1626 eingeweiht (114,50 m breit, 45,50 m hoch).

Damit war der Neubau zwar fertig, doch befriedigte die Fassade wegen ihrer übergroßen Breite nicht, zumal sie die Kuppel nicht mehr voll zur Geltung kommen ließ. Carlo Maderna milderte die Breite zwar durch stark betonte Vertikalen und durch eine schattenbildende Gliederung, aber erst Gian Lorenzo Bernini (1598 – 1680) gelang es, Fassade und Kuppel durch die Neugestaltung des Platzes zur Einheit zu verschmelzen.

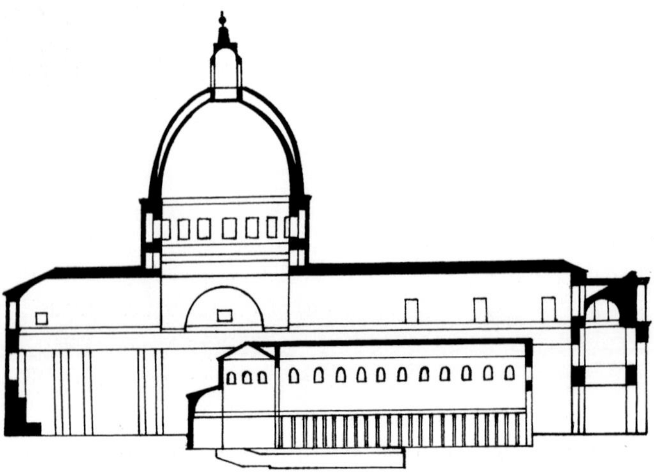

Aufriß von Alt- und Neu-St. Peter mit der darunter befindlichen Nekropole.

Grundriß der heutigen Peterskirche.

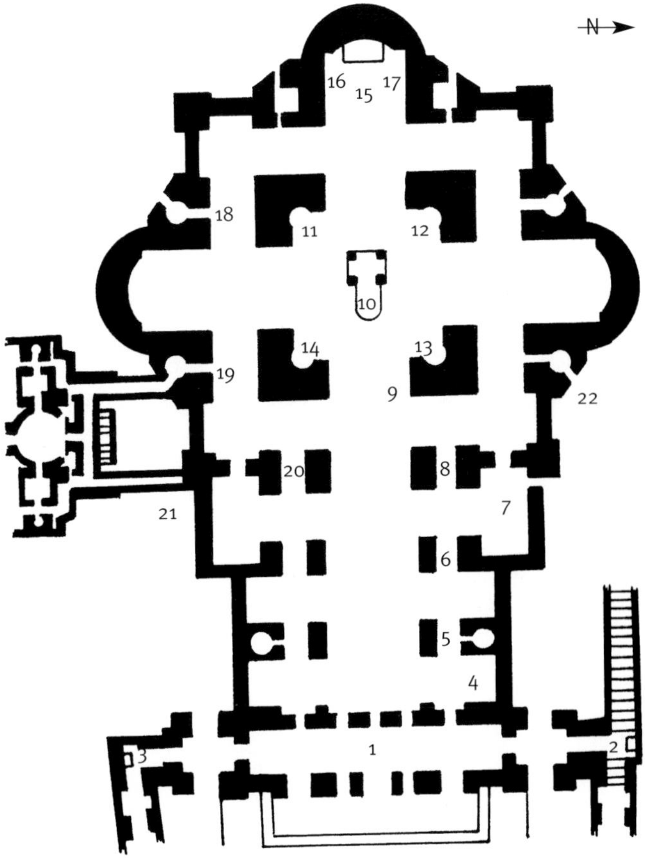

Vorhalle

Durch Gittertore gelangt man in die Vorhalle (71 m breit, 13,50 m tief, 20 m hoch), von der aus wiederum fünf bronzene Portale in das Kircheninnere führen. Bronzeportale haben in der Kirche eine lange Tradition, allerdings nur für herausragende Bauten, denn der Bronzeguß ist aufwendig und daher teuer. Kirchen, die sich kein Bronzeportal leisten konnten, ließen oft in Anspielung an den Bronzeton ihre Holzportale grün fassen. Die Herstellung des (1) mittleren Portals von St. Peter dauerte

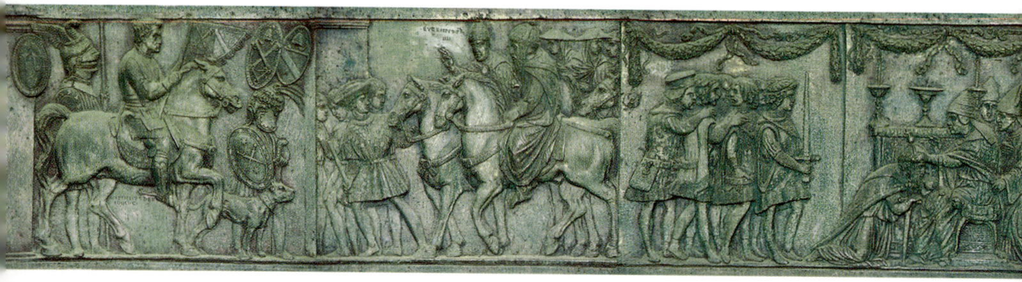

Bronzerelief aus der Haupttür von St. Peter von Antonio Filarete (Mitte 15. Jh.). Es zeigt die Krönung Kaiser Sigismunds III. im Jahre 1433 durch Eugen IV. und den anschließenden gemeinsamen Ritt durch die Stadt.

zwölf Jahre (1433 – 45). Während die Kunst des Bronzegusses im antiken Rom bekannt war, war das im Mittelalter nicht mehr der Fall. Damals bezogen italienische Kirchen bronzene Portale vielfach aus Konstantinopel mit seinem hochstehenden Kunsthandwerk. Auch für die Herstellung des von Eugen IV. (1431 – 47) in Auftrag gegebenen Portals von St. Peter fand sich in Rom kein Künstler. Papst Eugen IV. berief daher Antonio Averlino, gen. Filarete (1400 – 69), aus Florenz. Bronzeportale konnten aus einem Stück gegossen sein. Falls sie größer waren, wurden sie dagegen, wie in St. Peter, aus verschiedenen Teilen auf einem Holzrahmen montiert. Als das Portal im 17. Jh. von Alt- nach Neu-St.-Peter übernommen wurde, mußten ihm wegen der größeren Türöffnung des Neubaus oben und unten neue Teile hinzugefügt werden.

Das Portal ist von hoher Aussagekraft, denn Eugen IV. ließ auf ihm den päpstlichen Sieg über den Konziliarismus darstellen. Die Auseinandersetzung um diese auf den Konzilien von Konstanz (1414 – 18) und Basel (1431 – 39) vertretene Lehre von der Oberhoheit der Allgemeinen Konzilien über den Papst konnte er u. a. deshalb zu Gunsten des Papsttums entscheiden, weil er im Gegensatz zum Basler Konzil die Unionsverhandlungen mit den seit 1054 von der Kirche des Westens getrennten Griechen erfolgreich beendete. Die 1439 in Florenz abgeschlossene Union wurde von den Griechen nach der Eroberung Konstantinopels durch die Türken (1453) auf deren Druck hin widerrufen.

Die Schauseite des Portals ist in sechs Hauptfelder eingeteilt. Zwischen diesen befinden sich vier Reliefbänder mit historischen Szenen. Die Darstellungen sind von Akanthusranken umgeben. Das erste Hauptfeld oben links zeigt Christus als Salvator mundi auf einem Thron ohne Lehnen, das zweite Maria auf der Kathedra, einem Lehrstuhl. Sie ist zugleich als Sinnbild der lehrenden Kirche zu deuten. Das rechte Mittelfeld zeigt Petrus, der dem vor ihm knienden Papst Eugen IV. – und nicht dem Konzil! – die Schlüssel des Himmelreiches übergibt. Das linke Mittelfeld zeigt Paulus mit Buch und Schwert. Dieses ist nicht nur als sein Martyrerwerkzeug, sondern als „Schwert des Geistes" auch Zeichen für die Schärfe seiner theologischen Verkündigung. Die beiden großen Bildfelder im unteren Teil der Tür zeigen links das Martyrium des Paulus, rechts das des Petrus mit zahlreichen Anspielungen auf die römische Antike.

Die Reliefbänder sind in chronologischer Hinsicht von unten links beginnend zu lesen. Dort sind die Ankunft des deutschen Königs Sigismund (1410 – 37) in Rom 1433, seine Kaiserkrönung durch den Papst und der gemeinsame Ritt durch die Stadt dargestellt, wobei die Unterordnung des Kaisers unter die päpstliche Gewalt betont wird. Das Reliefband oben links zeigt die Ankunft der Griechen auf dem durch Eugen von Basel nach Ferrara verlegten Unionskonzil, wobei sich Kaiser Johannes Palaiologos (1425 – 48) wie Sigismund kniend dem Papst unterwirft. Das Reliefband oben rechts zeigt das Unionskonzil von Ferrara-Florenz, auf dem Eugen erhöht über den Konzilsteilnehmern – und damit über dem Konzil – und über dem griechischen Kaiser thront. Von einer Kanzel verlesen zwei Personen das Unionsdekret in lateinischer und griechischer Sprache. Das Reliefband unten rechts zeigt die Annahme des Unionsdekretes durch die koptischen Jakobiten.

Die übrigen Bronzeportale stammen aus dem 20. Jh. Es sind dies ganz links die Porta della Morte von Giacomo Manzù (1908 – 91), weiter rechts die Porta del Bene e del Male von Luciano

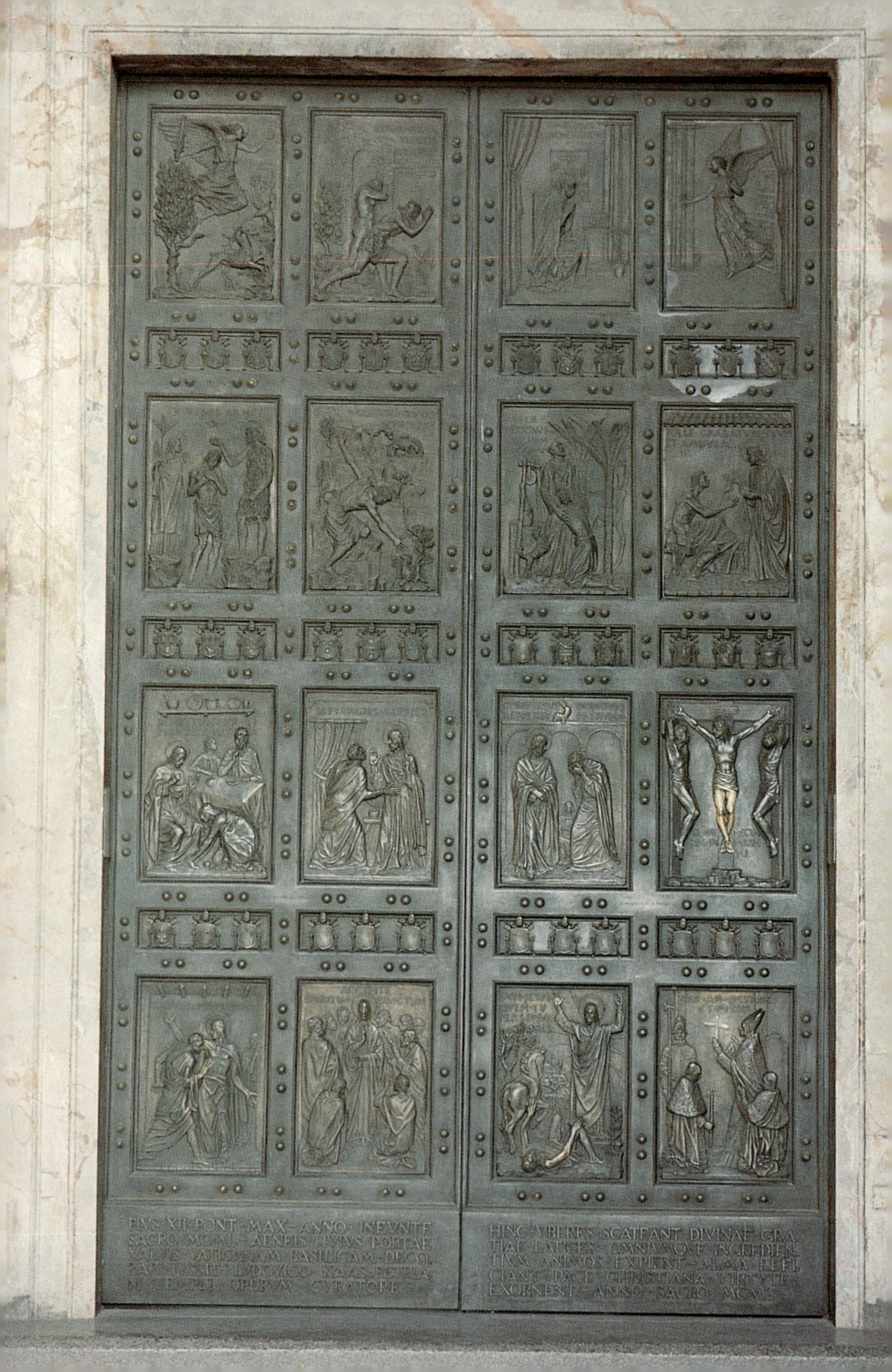
PIVS XII PONT MAX ANNO INEVNTE
SACRO MCML AENEIS HVIVS PORTAE
VALVIS VATICANAM BASILICAM DECO
RAVIT LVDOVICO KAAS PETRIA
NI TEMPLI OPERVM CVRATORE
HINC VBERES SCATEANT DIVINAE GRA
TIAE LATICES OMNIVMQVE INGREDIEN
TIVM ANIMOS EXPIENT ALMA REFI
CIANT PACE CHRISTIANA VIRTVTE
EXORNENT ANNO SACRO MCML

Reiterstandbild Konstantins d. Gr. von Bernini im Augenblick der Kreuzesvision an der rechten Schmalseite der Vorhalle (17. Jh.).

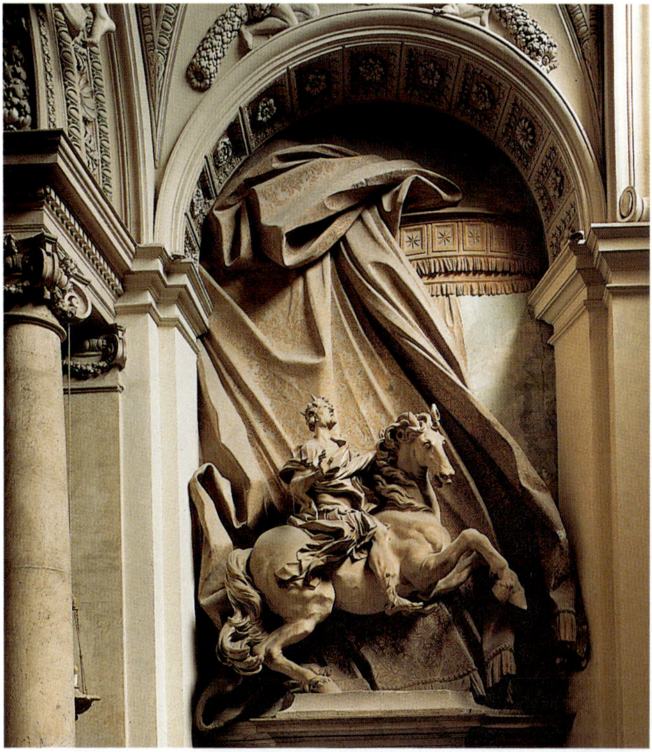

Minguzzi (* 1911), rechts vom Hauptportal die Porta dei Sacramenti von Venanzio Crocetti (* 1913) und ganz rechts die von innen vermauerte Porta Santa, die nur in den Heiligen Jahren geöffnet wird. Sie wurde zum Heiligen Jahr 1950 von Katholiken des Bistums Basel als Dank für die Verschonung vom Krieg gestiftet. Die Portale von Manzù und Crocetti wurden durch eine Stiftung des 1943 als Kanoniker von St. Peter in Rom verstorbenen Prinzen Georg von Bayern ermöglicht.

Die Porta Santa (Heilige Tür) von St. Peter. Die Bronzeflügel wurden 1950 gestiftet.

Von der Vorhalle aus ist der Blick auf beiden Schmalseiten zu zwei von vielen Besuchern achtlos übergangenen Reiterstandbildern von hoher symbolischer Bedeutung geöffnet. Es sind dies rechts, am Fuß der Scala Regia, das von Gian Lorenzo

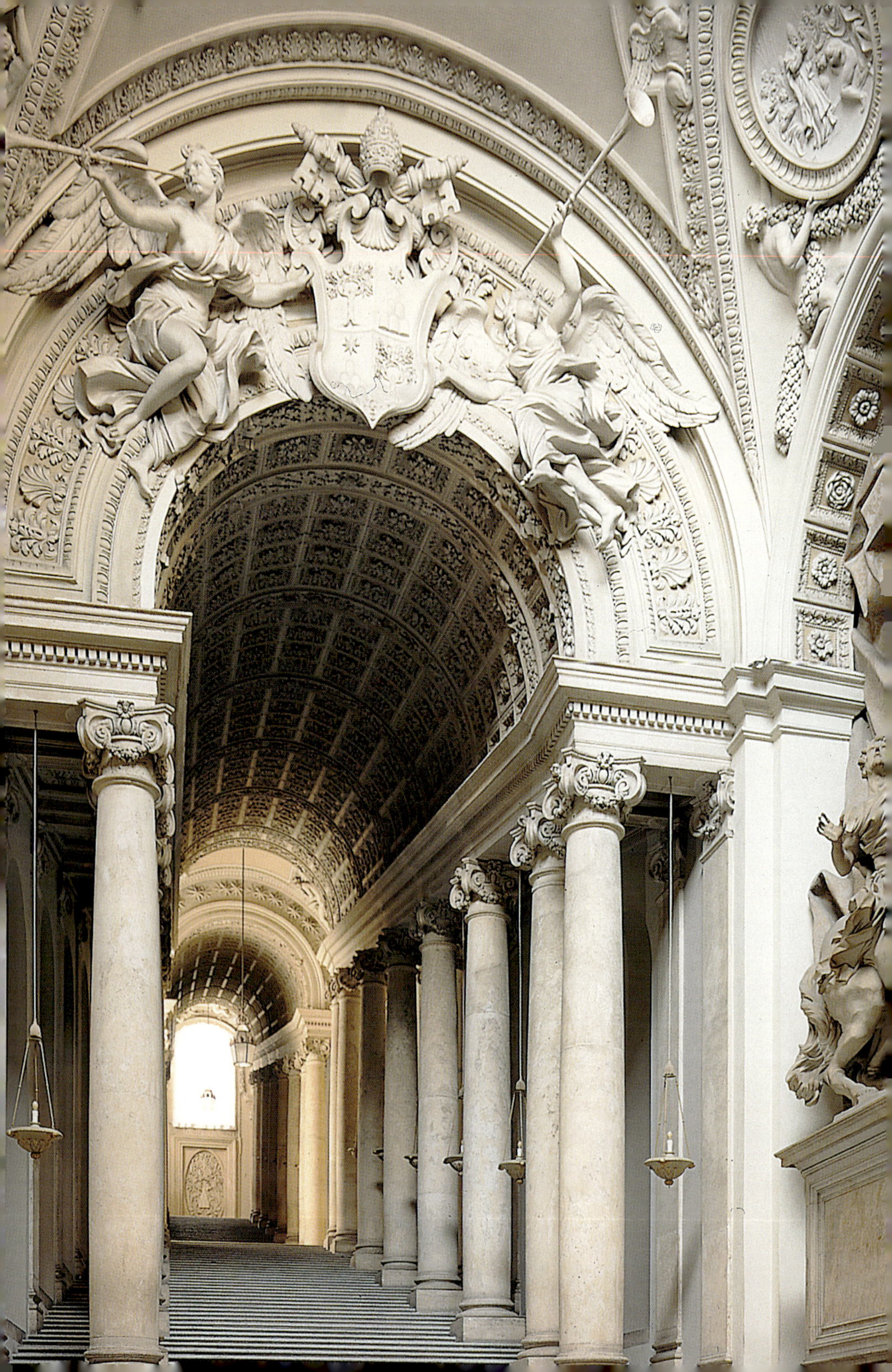

Bernini geschaffene (2) Denkmal Konstantins d. Gr. (1670), links das von Agostino Cornacchini (1685 – 1740) geschaffene (3) Denkmal Karls d. Gr. (1725). Persönlichkeit und weltgeschichtliche Leistung Konstantins waren, vor allem infolge der verklärenden Darstellung des Eusebios von Cäsarea († 339), fester Bestand der byzantinischen Reichstheologie. Konstantin gab nicht nur der Kirche nach langer Unterdrückung die ersehnte Freiheit, sondern er wurde selbst Christ, förderte das Christentum und wurde mit seiner Mutter Helena († 329) im Osten als heilig verehrt, zumal er mit ihr an der Auffindung des hl. Kreuzes beteiligt gewesen sein soll. Im Westen wurde ihm seit dem 8. Jh. die Übertragung weitgehender Rechte an den Papst in der sog. Konstantinischen Schenkung zugeschrieben. Bernini zeigt ihn auf dem sich aufbäumenden Pferd im Augenblick der Kreuzesvision vor der Schlacht an der Milvischen Brücke. Karl d. Gr. (800 – 814) rettete dagegen Papst Leo III. (795 – 816) aus der Bedrohung durch römische Adelskreise und wurde seinerseits im Jahre 800 in St. Peter zum ersten abendländischen Kaiser gekrönt. In enger Bindung an die römische Kirche förderte er die Christianisierung in seinem Reich. Cornacchinis Werk ist künstlerisch nicht so bedeutend wie das Berninis, doch beeinträchtigt dies nicht die Aussageabsicht. Beide Standbilder halten die Erinnerung an jene Kaiser wach, die der Kirche und dem Christentum den Weg bereiteten und ihrerseits von der Kirche die höchste Ehrung erhielten, denn auch Karl wird im Westen, wenn auch nur auf wenige Orte beschränkt, als Heiliger verehrt.

Die Scala Regia von Bernini. Sie ist die Verlängerung des am Portone di Bronzo beginnenden Hauptzuganges zum Apostolischen Palast und ein Meisterwerk perspektivischer Architektur (17. Jh.).

Inneres

Das Innere des Petersdomes bietet einen überwältigenden Eindruck. Das ist vor allem am frühen Morgen der Fall, wenn die Kirche den Betern reserviert ist, aber auch bei feierlichen Gottesdiensten. St. Peter ist eine dreischiffige Basilika über lateinischem Kreuz, über dessen Vierung sich die Kuppel erhebt. Ein Blick auf den Grundriß zeigt freilich, daß der Bau trotz des später hinzugefügten Langhauses das ursprüngliche Konzept als Zentralbau nicht verleugnet. Die Gesamtlänge beträgt 186,50 m, die Höhe der Schiffe 45 bzw. 46 m, bis zum Scheitel der Kuppel 119 m. Als Vergleich sind im Fußboden des Mittelschiffes die von der Apsis her gemessenen Längen anderer großer Welt-Kirchen markiert. Der Dom kann bis zu 42.000 Menschen aufnehmen.

Das 27,50 m breite Mittelschiff ist von den Seitenschiffen durch je vier Arkaden getrennt. Der Tambour und die Kuppel werden von vier mächtigen Vierungspfeilern mit einem Umfang von 74 m getragen. Die Kuppel selbst besteht aus einer Innen- und der von Giacomo della Porta, der beide 1590 vollendete, erhöhten äußeren Schale. Darüber sitzt die Laterne.

Das Kircheninnere ist reich mit Architekturgliedern, Ornamenten, Skulpturen und Grabdenkmälern aus vielfarbigen Marmorsorten und Bronze geschmückt. Im folgenden sind nur die wichtigsten Kunstwerke behandelt. Schon vor der Fertigstellung des Baues setzten Überlegungen zu seiner Ausgestaltung ein. Diesbezüglich war die Wahl Urbans VIII. von größter Bedeutung. Dieser literarisch und künstlerisch höchst interessierte Papst setzte mit den von ihm veranlaßten Ausstattungstücken einen hohen Maßstab. Später führte Alexander VII. (1655 – 76) diesen Kurs fort.

Ausstattung

St. Peter ist seit dem frühen Mittelalter die bevorzugte Grablege der Päpste. Etwa 160 haben hier ihre letzte Ruhestätte gefunden. Ihre Grabmäler waren lange Zeit einfach, wurden dann seit dem 14. Jh. häufig mit den allegorischen Figuren der Tugenden geschmückt und seit dem Zeitalter der Renaissance immer anspruchsvoller gestaltet. Die Gestalt des jeweiligen Papstes ist dabei besonders hervorgehoben, entweder in der Darstellung als Lebender thronend, segnend, betend, oder als Toter auf

Das Innere des Petersdomes von der Benediktionsloggia aus. Unter der Kuppel der bronzene Baldachinaltar Berninis.

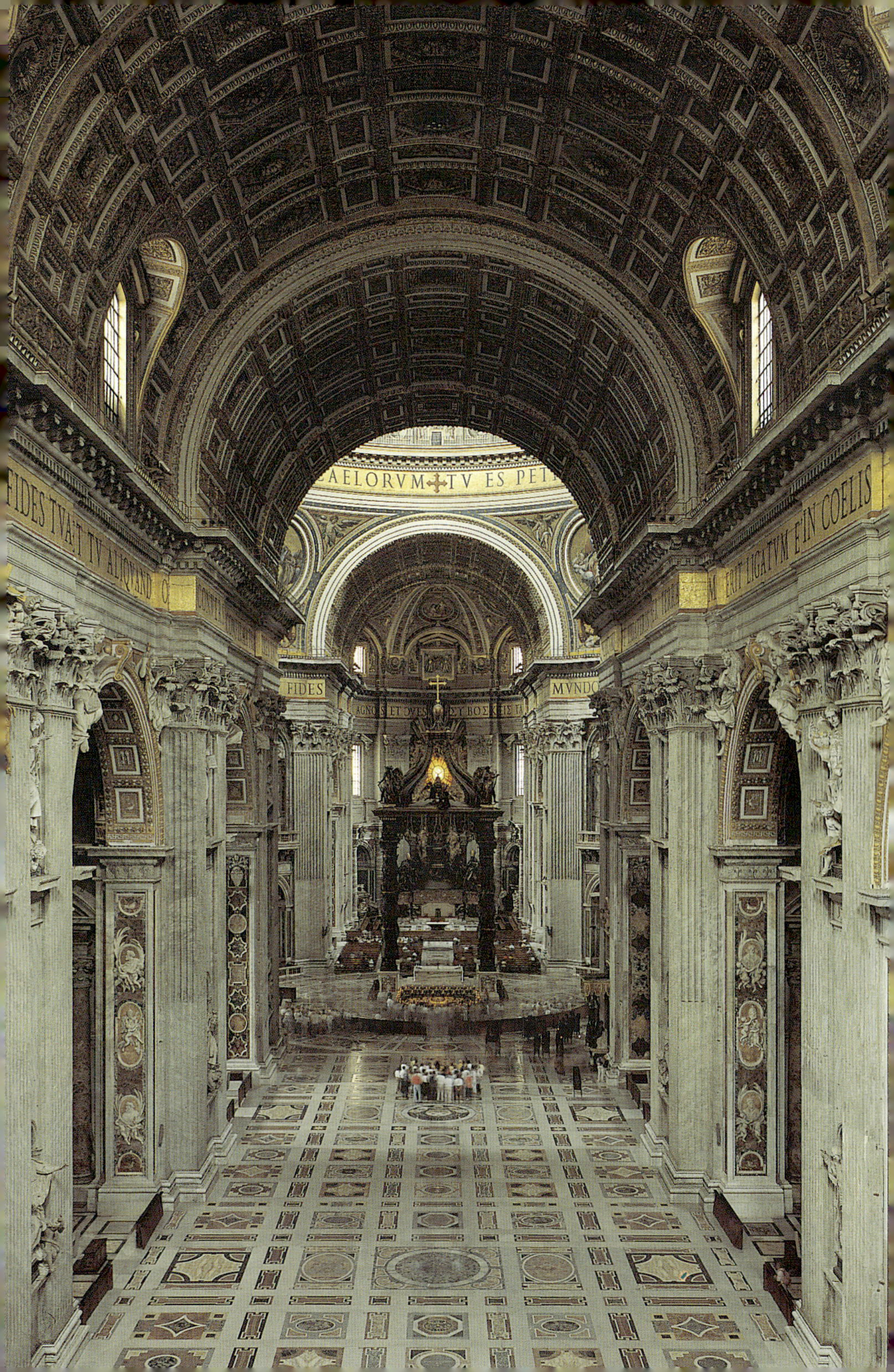
AELORVM ✠ TV ES PET
FIDES TVA· TV ALIQVANDO
ERIT LIGATVM E IN COELIS
FIDES
MVNDO

einem Paradebett. Einige ältere Grabmonumente wurden beim Neubau von St. Peter im 16. Jh. in den Grotten, teilweise auch in anderen römischen Kirchen neu aufgestellt. Im Petersdom finden sich heute 23 Papstgrabmäler. Die meisten Päpste der Neuzeit sind hier beigesetzt. Lediglich Pius IX. (1846 – 78) wurde auf seinen Wunsch in S. Lorenzo und Leo XIII. (1878 – 1903) in der Laterankirche beigesetzt.

Rechts befindet sich in der ersten Seitenkapelle die (4) Pietà des Michelangelo. Seit einem Anschlag, bei dem das Kunstwerk 1972 schwer beschädigt wurde, ist es durch eine Glasscheibe gesichert, damit aber auch den Betern und Betrachtern entrückt. Die Beweinung Christi durch seine Mutter war ein seit dem späten 13. Jh. in der Kunst des Nordens für die persönliche Betrachtung häufig dargestelltes Motiv (Marienklage, später auch Vesperbild genannt). In der italienischen Kunst hatte dieses Thema dagegen noch wenig Eingang gefunden. Michelangelos Pietà wurde von dem nordfranzösischen Kardinal Jean de Bihères de Lagraules in Auftrag gegeben. Der Künstler, der zu diesem Zeitpunkt erst 23 Jahre zählte, meißelte das Kunstwerk innerhalb eines Jahres aus einem Marmorblock, den er selbst in Carrara ausgewählt hatte, und begründete durch die Vollkommenheit und Feinfühligkeit der Darstellung wie auch der Materialbehandlung seinen Ruhm. Maria hat in diesem Kunstwerk ihren Sohn wieder an sich genommen wie in den Tagen der Kindheit. Während aber die deutschen Künstler in dieser Szene die Grausamkeit und Schicksalshärte der Passion schildern, zeigt Michelangelo die Ergebenheit der Mutter in den Ratschluß Gottes. Er stellte das Göttliche in Schönheit dar. So ist denn auch sein Heiland nicht geschunden, sondern edel und schön, und seine Mutter nicht alt, sondern jung und fast mädchenhaft. Sie versenkt ihren Blick in ihren toten Sohn, in dem sie ihren eigenen Sinn findet. Da die Autorschaft des noch jugendlichen Künstlers in Frage gestellt wurde, signierte Michelangelo (1475 – 1564) die Pietà als das einzige seiner Werke,

Michelangelos Pietà im Petersdom, die der Künstler im Alter von 24 Jahren 1499 geschaffen hat. Sie ist das einzig signierte Kunstwerk des Meisters.

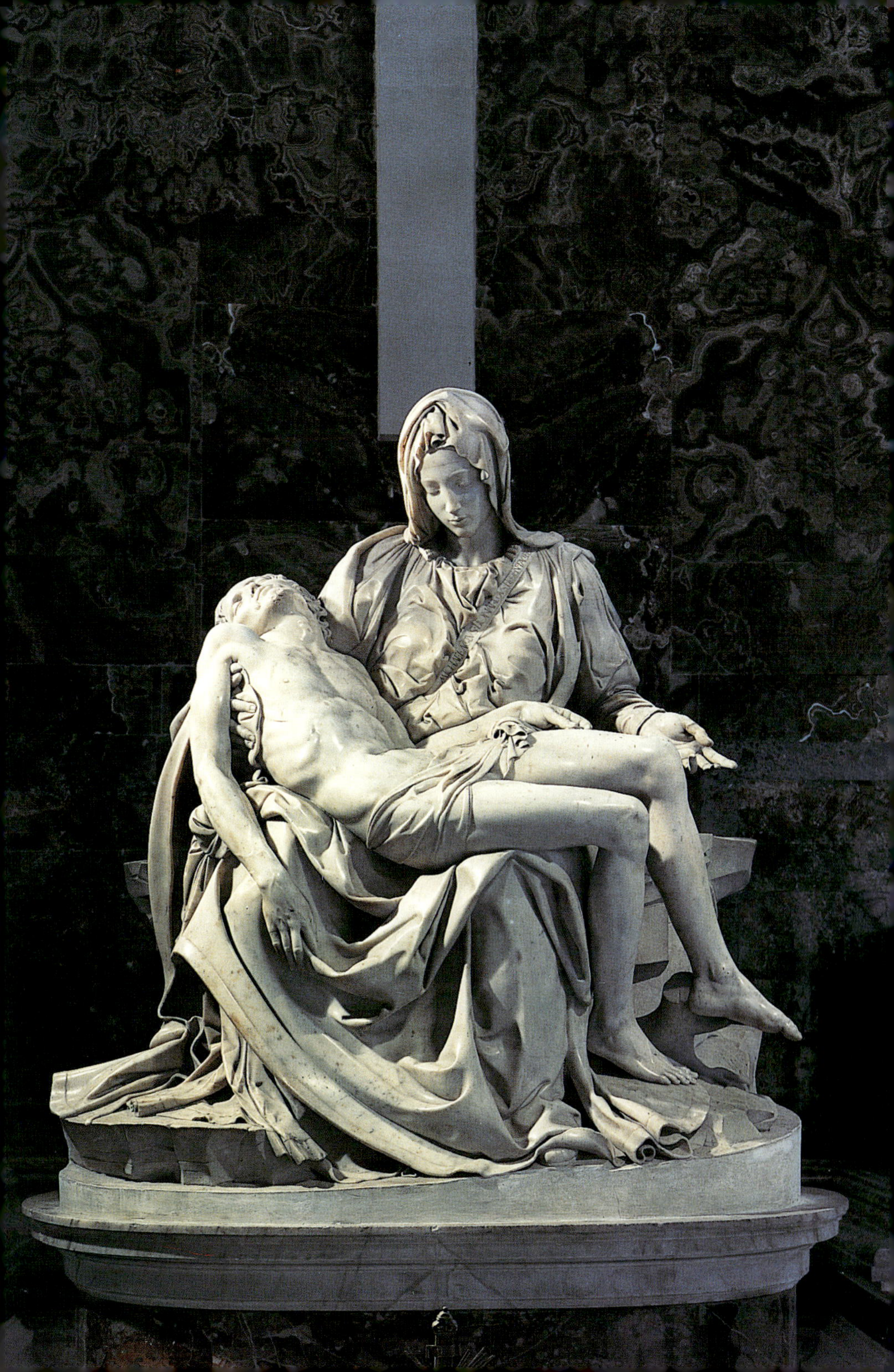

und zwar auf jenem Band, das diagonal über die Brust Mariens läuft.

Der Petersdom ist zwar als Grabeskirche seit langem den Päpsten vorbehalten. Dennoch finden sich in ihm auch einzelne Grabdenkmäler anderer Persönlichkeiten, darunter von drei Frauen, die in der Geschichte der Kirche von Bedeutung waren. Nur wenige Meter von der Pietà entfernt hat im rechten Seitenschiff (5) Christine von Schweden (1626 – 89), die Tochter König Gustav Adolfs von Schweden, der im Dreißigjährigen Krieg durch sein Eingreifen (1630) die drohende Niederlage der lutherischen Partei abgewandt hatte, dann aber 1632 bei Lützen fiel, ihr Grab erhalten. Mit dem Tod ihres Vaters wurde die sechsjährige Christine Königin von Schweden. Die Vormundschaft führte Reichskanzler Oxenstierna. 1644 übernahm die streng lutherisch erzogene Königin die Regierung, doch seit 1648 befaßte sie sich mit Rücktrittsplänen und wandte ihr Interesse immer mehr der katholisch geprägten Barockkultur zu. Nach ihrer 1654 erfolgten Abdankung trat sie in Brüssel zur katholischen Kirche über und begab sich 1655 nach der Wahl Alexanders VII. nach Rom, wo sie triumphal empfangen wurde – die Porta del Popolo wurde eigens dafür umgestaltet – und sogar einige Zeit im Vatikan wohnen durfte. Diese außergewöhnliche Ehrung verdankte sie dem Papst, der als Nuntius bei den Verhandlungen zum Westfälischen Frieden den politischen Bedeutungsverlust des Heiligen Stuhls erfahren hatte und es zu schätzen wußte, daß Christine die Konversion zur katholischen Kirche der Königskrone vorzog. So zeigt denn das von Carlo Fontana (1634 – 1714) entworfene und 1701 fertiggestellte Grabdenkmal unter einem Medaillon mit dem Profil der Königin die niedergelegte Krone und darunter jene Szene, in der sie vor dem Beauftragten des Papstes, Nicolaus Holstenius, das Glaubensbekenntnis ablegt.

Am nächsten Pfeiler des Langschiffes befindet sich, ebenfalls im Seitenschiff, das (6) Grabdenkmal der Markgräfin Mat-

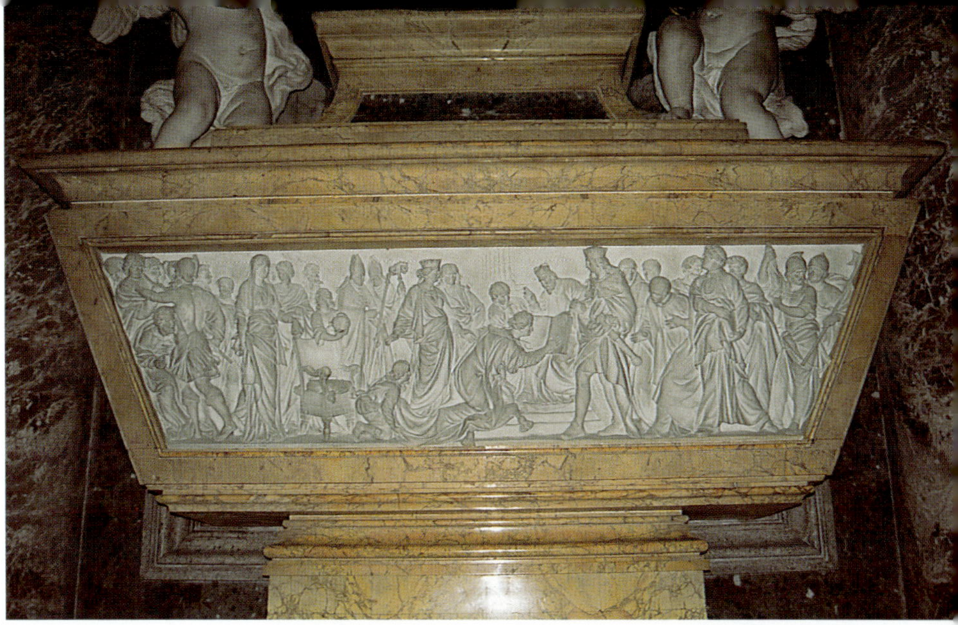

Detail des Kenotaphes der Christine von Schweden. Auf dem Relief wird ihre Konversion zur Katholischen Kirche 1654 dargestellt.

hilde von Tuszien († 1115), die im 11. Jh. die Reformpläne Gregors VII. (1073 – 85) unterstützt, diesen während des Investiturstreites im Konflikt mit Kaiser Heinrich IV. (1056 – 1106) in ihre Burg Canossa aufgenommen und schließlich ihre ausgedehnten Besitzungen der römischen Kirche vermacht hatte. 1634 ließ der von der Erinnerung an die mittelalterliche Größe des Kirchenstaates erfüllte Urban VIII. ihre Gebeine in den Petersdom überführen und ihr dort 1635 ein von Bernini entworfenes Denkmal setzen. Es zeigt die jugendlich schöne Gestalt der Markgräfin, die in der Rechten das Zepter, in der Linken die Tiara und die Schlüssel Petri hält. Das Marmorrelief auf ihrem Sarkophag stellt dar, wie Kaiser Heinrich IV. im Januar 1077 auf der Burg Canossa von Gregor VII. die Lösung vom Kirchenbann erbat.

Wenig weiter erreicht man die (7) Sakramentskapelle, die durch ein von Francesco Borromini (1599 – 1667) entworfenes Bronzegitter vom Seitenschiff getrennt ist. Sie ist nur für Beter zugänglich und in der sonst unruhigen Kirche ein Ort der Besinnlichkeit. Das Tabernakel ist von Bernini als Rundtempel in Anspielung auf den Tempietto Bramantes gestaltet. Das Altarblatt mit der Dreifaltigkeit stammt von Pietro da Cortona (1638 – 41).

Im nächsten Durchgang befindet sich rechts das (8) Grabmal Gregors XIII. (1572 – 85), eines Exponenten der nachtridentinischen Erneuerung. Das Sarkophagrelief ruft die 1582 von Gregor nach langen Mühen angeordnete Kalenderreform mit der Einführung des gregorianischen anstelle des julianischen Kalenders in Erinnerung. Dadurch folgte auf den 4. sofort der 15. Oktober 1582. Gegenüber liegt das Grabmal des nur kurz regierenden Gregors XIV. (1590 – 91), das schmucklos blieb, weil nach seinem Tod keine Mittel vorhanden waren.

Am Beginn des Langhauses, am nordöstlichen Vierungspfeiler zum Mittelschiff hin, befindet sich die (9) Bronzestatue

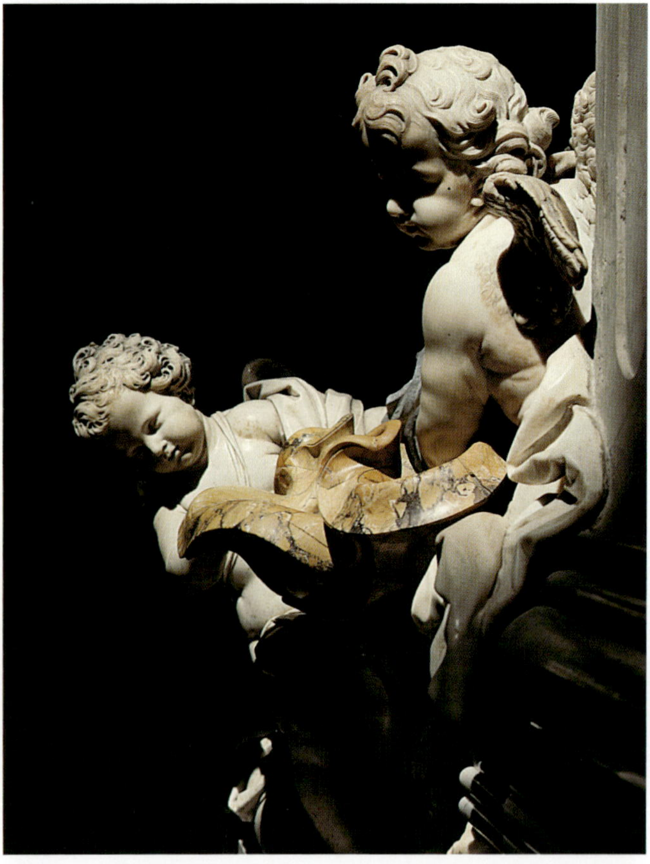

Weihwasserbecken im Petersdom. Die monumentalen Skulpturen sind den Proportionen des Raumes angepaßt.

des hl. Petrus. Sie ist unter allen Kunstwerken des Domes heute das am meisten verehrte Andachtsbild, und die Berührung der Gläubigen hat im Laufe der Zeit den rechten Fuß des Apostelfürsten ganz abgegriffen. Nachdem die Entstehungszeit des Bildwerkes lange umstritten war, haben neuere Forschungen ergeben, daß es sich mit hoher Wahrscheinlichkeit um ein Werk Arnolfo di Cambios († 1302) oder zumindest seiner Werkstatt handelt. Es dürfte um die gleiche Zeit wie das ebenfalls von Arnolfo geschaffene Grabmal Papst Bonifaz' VIII. (1294 – 1303) aufgestellt worden sein, zunächst allerdings nicht in St. Peter, sondern in dem unmittelbar hinter dessen Apsis gelegenen Kloster S. Martino. Hier aber, nahe beim Petrusgrab, hat die Figur des Hausherrn der Kirche ihren angemessenen Platz gefunden. Petrus erscheint in Strenge, aber durch die Materie nicht belastet. Mit der Rechten den Segen spendend, hält seine Linke die Schlüssel als Symbol seiner Binde- und Lösegewalt. An hohen Festtagen wird die Statue mit Chormantel und Tiara bekleidet, wodurch sie freilich an Würde verliert (s. Abb. S. 20).

Der den Innenraum beherrschende (10) Baldachinaltar über dem Petrusgrab ist das erste große Kunstwerk, das für Neu-St.-Peter nach dessen Vollendung geschaffen wurde. Auftraggeber war Papst Urban VIII. (1623 – 44), ausführender Künstler Gian Lorenzo Bernini. Dem heutigen Altar war eine Reihe von Provisorien vorausgegangen, die aber alle nicht befriedigten. Bernini wollte in Anspielung an die seit dem 4. Jh. über dem Petrusgrab stehenden Marmorsäulen, die heute ihren Platz in den Balkons der Kuppelpfeiler haben (eine Säule befindet sich im Domschatz und kann dort besichtigt werden), gewundene Säulen in Bronze schaffen, und zwar in großen, dem Kuppelraum angemessenen Dimensionen. Urban stimmte dem begeistert zu und erklärte sich sogar damit einverstanden, daß der Bronzebeschlag der Decke aus der Vorhalle des Pantheons ausgebaut und für den Baldachin eingeschmolzen wurde, da es

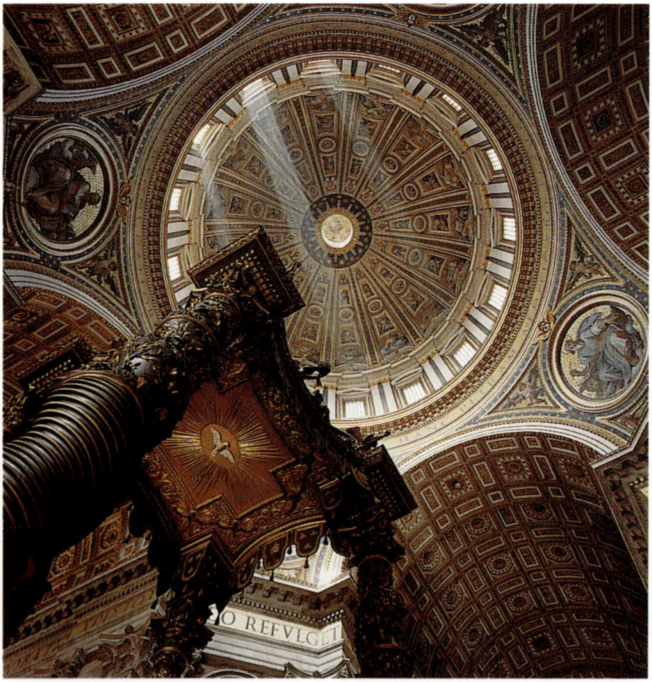

Blick in die Kuppel von St. Peter. Im Vordergrund die Baldachindecke mit dem Symbol des Heiligen Geistes.

nicht möglich war, genügend Bronze von außerhalb zu beschaffen. Diese Plünderung des am besten erhaltenen antiken Bauwerkes Roms trug dem Papst aus der Familie der Barberini den spöttischen Kommentar ein: „Quod non fecerunt barbari, fecerunt Barberini“ „Was die Barbaren nicht fertig brachten, das leisteten die Barberini“. Auch gegen die für die Fundamentierung erforderlichen Grabungen in unmittelbarer Nähe der Confessio erhob sich Widerspruch. Dennoch trieb Urban die Arbeiten voran. 1633 wurde das gewaltige Werk eingeweiht. Die mit vergoldeten Lorbeerblättern und sich tummelnden Genien und Bienen geschmückten Säulen tragen einen Baldachin aus Holz, der reich drappiert und mit dem Wappen des Papstes, drei Bienen, geschmückt ist. An seinen Ecken stehen Engel, während geschwungene Bronzerippen die Weltkugel tragen, die von einem Kreuz mit einer Kreuzreliquie bekrönt ist. In den freien Räumen zwischen den Rippen erscheinen Putti mit den päpstlichen Emblemen. Das 29 m hohe, zu seiner Zeit sehr umstrittene Altarziborium wird heute allgemein als Meisterwerk des Hochbarock anerkannt. Vor dem Papstaltar führt die von Maderna reich mit Marmorinkrustationen geschmückte und mit 95 auf der Balustrade brennenden Lampen hervorgehobene Confessio zum Petrusgrab hinunter.

In engem Bezug zum Hochaltar steht die Ausstattung der Vierungspfeiler, deren Konzept ebenfalls auf Bernini zurückgeht, der selbst allerdings nur die Figur des Longinus schuf. Nach dem Abbruch des konstantinischen Langhauses war die Entscheidung gefallen, daß die Kuppelpfeiler die großen Reliquien von St. Peter aufnehmen sollten. Dabei handelte es sich um das Schweißtuch der Veronika, die Spitze der hl. Lanze und das Haupt des hl. Andreas. Später kamen dazu aus S. Croce und S. Anastasia Reliquien des Kreuzes Christi. Das wichtigste Stück war das seit dem 8. Jh. in St. Peter verehrte Schweißtuch der Veronika, die zu dem in der Bibel nicht erwähnten Kreis von Frauen um Jesus zählte. Auch bei diesen Reliquien erübrigt sich die Frage nach der Echtheit. Ihre Verehrung ist vielmehr bedingt durch den Wunsch, Christus nicht nur im Wort zu hören, sondern auch Zeichen seines Lebens und Leidens anschauen zu können. Das Schweißtuch der Veronika wird heute noch in der Fastenzeit von der Höhe der Reliquienempore herab den Gläubigen gezeigt. Das Haupt des hl. Andreas war dagegen erst nach dem Fall Konstantinopels 1462 nach Rom gelangt. Papst Paul VI. (1963 – 78) gab es 1964 während des Zweiten Vatikanischen Konzils den Griechen als Zeichen der Versöhnungsbereitschaft nach Patras zurück. Die hl. Lanze kam erst unter Papst Innozenz VIII. (1484 – 92) nach Rom, während die Kreuzreliquien ein Geschenk Urbans VIII. an den Dom waren. Die bildhauerische Darstellung dieser vier großen Figuren, nämlich der hll. (11) Veronika, (12) Helena, des (13) Longinus und des hl.

Wappen Urbans VIII. Barberini († 1644) an den vier Marmorsockeln des Bronzebaldachin, der dieses berninische Meisterwerk in Auftrag gegeben hat.

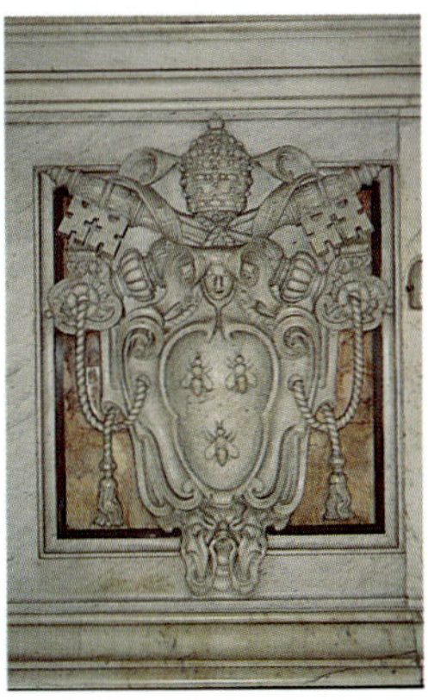

(14) Andreas, bilden mit den ihnen zugehörigen Reliquien eine Einheit. Alle vier sind auf die Passion Christi hin orientiert, deren Gedenken am Papstaltar gefeiert wird.

Während der Papstaltar stilistisch einem traditionellen Konzept folgt, liegt dem ebenfalls von Bernini geschaffenen (15) Kathedra-Altar in der Apsis ein ganz anderes Konzept zugrunde. Der Papstaltar betont die geistige Mitte des Domes, der Kathedra-Altar dagegen die Bedeutung des Petrusamtes für die Kirche. Alexander VII. hatte 1639 – 51 als Nuntius in Köln und bei den Friedensverhandlungen in Münster den Niedergang des päpstlichen Führungsanspruchs erfahren. Von der hohen Bedeutung des päpstlichen Amtes durchdrungen, wünschte er dieses in einem Bildwerk darstellen zu lassen. Den Anknüpfungspunkt dafür lieferte ihm die seit dem 13. Jh. in St. Peter als Reliquie verehrte sog. Kathedra, der Lehrstuhl des hl. Petrus. Unter Papst Paul VI. durchgeführte Untersuchungen haben ergeben, daß es sich dabei um den Thron Karls d. Kahlen handelt, der 875 in St. Peter zum König geweiht wurde. Alexander nahm jedoch an, daß er tatsächlich die Kathedra des hl. Petrus und damit das Symbol von dessen Lehrautorität sei. Denn die Bischöfe der alten Christenheit predigten sitzend von ihrem Thron, der Kathedra, aus. Alexander ließ nun diese Reliquie durch Bernini in der Apsis des Domes, am klassischen Ort der bischöflichen Kathedren, aufstellen, durch einen Altar ehren und interpretieren. Die Arbeiten dauerten von 1656 bis 1666, und das vom Papst ganz wesentlich mitgetragene Konzept entstand erst allmählich. Im Zentrum des Bildwerkes schwebt der monumentale Papstthron, den zwei Engel flankieren, über dem Altartisch, während zwei Putten über der Rücklehne Schlüssel und Tiara als päpstliche Embleme halten. Hinter dem Thron befindet sich, den Blicken entzogen, die Reliquie. Eine Kopie davon kann man im Domschatz von St. Peter aus der Nähe studieren. Der Thron des Kathedra-Altares und damit das päpstliche Lehramt wird als ein Geschenk des

Kathedraaltar von Bernini (17. Jh.). Vier überlebensgroße Bronzefiguren von Kirchenvätern halten bzw. weisen auf eine Kathedra, Sinnbild der bischöflichen (päpstlichen) Lehrgewalt.

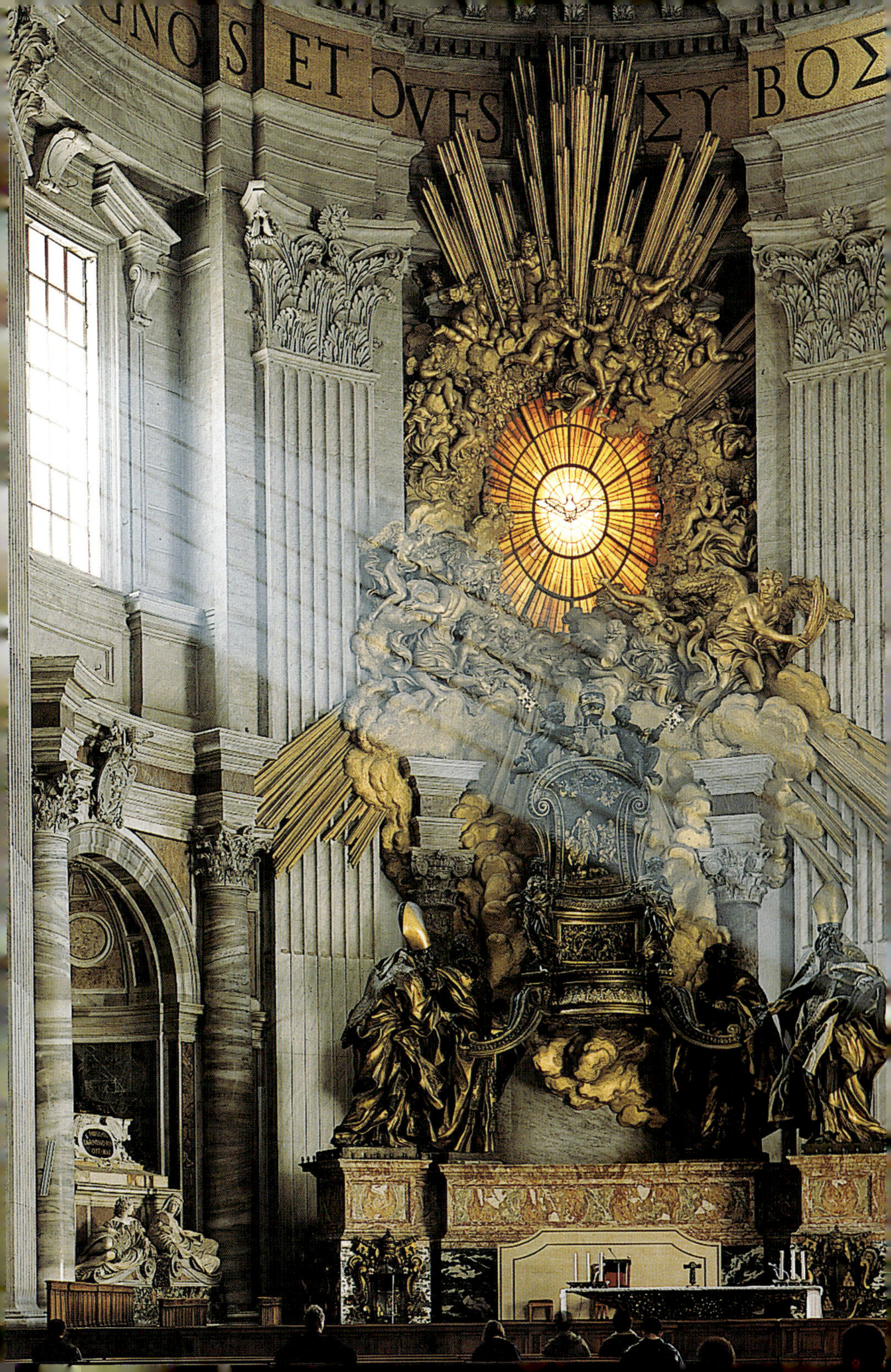

Himmels dargestellt. Von oben her schwebt die Engelwelt, welche die in farbigem Glas aus der Zeit nach dem Zweiten Weltkrieg dargestellte Taube des Hl. Geistes umgibt, in den Kirchenraum herab, während sich darunter der wie die Engel von Wolken umgebene Thron herabsenkt und von den sieben Meter hohen bronzenen Gestalten der je zwei lateinischen und griechischen Kirchenväter Ambrosius, Augustinus, Athanasius und Johannes Chrysostomus berührt wird. Sie stützen ihn einerseits, nehmen aber zugleich an den von ihm ausgehenden Kraftströmen teil. Darin kommt die Wechselbeziehung zwischen Papstamt und Kirchenlehrern zum Ausdruck. Am Kathedra-Altar feiert das Domkapitel von St. Peter jeden Sonntag seine Gottesdienste, während der Papstaltar dem Papst vorbehalten ist.

In den Nischen neben dem Kathedra-Altar befanden sich schon vor dessen Entstehen zwei bedeutende Papstgrabmäler, und zwar (16) links das 1562 von Guglielmo della Porta für Papst Paul III. († 1549) und (17) rechts das 1647 von Bernini für Urban VIII. († 1644) fertiggestellte. Beide sind aus Bronze gegossen. Während Paul III. (1534 – 49) hoch über seinem Sarkophag thront und gütig segnet, hat Bernini seinen Papst und großen Mäzen Urban VIII. als selbstbewußten Herrscher in Pracht und Macht dargestellt, der, ebenfalls thronend und mit der Tiara geschmückt, die Hand segnend und zugleich gebietend vorstreckt. Beide Päpste hatten ihre Grabmäler schon zu Lebzeiten in Auftrag gegeben, deren Abschluß aber nicht mehr erlebt.

Ganz anders hat Bernini das (18) Grabmal Alexanders VII. († 1667) aus wertvollen Steinen gestaltet. Es wurde ebenfalls erst nach dem Tod des Papstes 1678 fertiggestellt, obwohl dieser es bereits zu Beginn seines Pontifikates in Auftrag gegeben hatte. Es zeigt Alexander kniend ins Gebet versunken. Die Tiara hat er abgelegt. Das mag eine Anspielung darauf sein, daß er sich nach dem Scheitern der großen päpstlichen Politik auf das innerkirchliche Leben konzentrierte. Ein Skelett als

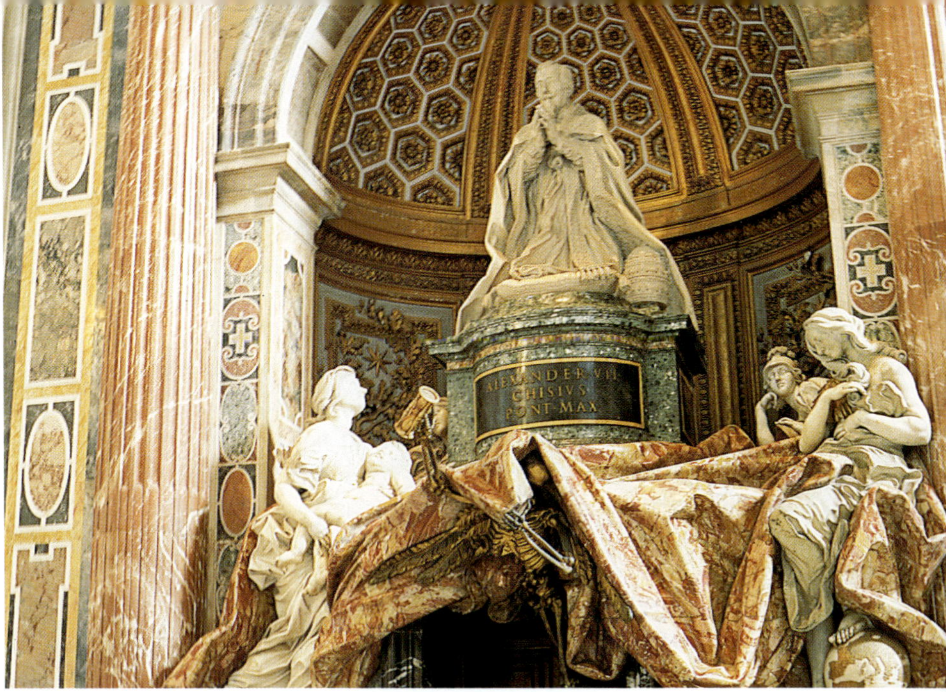

Grabmal Alexanders VII. († 1667) von Bernini. Es gehört zu den prächtigsten Barockgrabmälern der Peterskirche.

Sinnbild des Todes hält ihm und zugleich dem Betrachter aus einer schwungvollen Draperie heraus ein Stundenglas als Hinweis auf die unerbittlich verrinnende Zeit und damit auf die Vergänglichkeit entgegen. Skelett und Stundenglas waren der barocken Kunst ebenso geläufig wie die allegorischen Tugendgestalten in voller körperlicher Blüte.

Vom linken Seitenschiff des Querhauses aus führt der Weg in die (19) Sakristei und zugleich in die Schatzkammer (Tesoro di S. Pietro), die einige besonders wertvolle Stücke zeigt. Es sind dies im Eingangsraum eine jener zwölf marmornen Säulen, die in Alt-St.-Peter die Confessio umstanden, und im zweiten Saal eine Kopie der Kathedra aus dem Kathedra-Altar sowie das edelstein- und gemmengeschmückte „Vatikanische Kreuz“, das der byzantinische Kaiser Justinos II. (565 – 578) der Peterskirche im 6. Jh. schenkte. Der vierte Saal ist dem 1489 – 93 von Antonio Pollaiuolo (1431/32 – 98) im Auftrag von Giuliano della Rovere, dem späteren Papst Julius II., für seinen Onkel Sixtus IV. (1471 – 84) aus Bronze gegossenen monumentalsten Grabdenkmal des 15. Jh.s reserviert (s. Abb. S. 61 und 130). Ursprünglich in einer Kapelle aufgestellt, versammelten sich die Domherren täglich zum Gebet um den gleichsam für immer aufgebahrten Toten. Die Gestalt des Papstes ist von größter Ausdruckskraft. „Der harte Greis ... läßt seinen Körper gleichsam versinken in die Grabstätte hinein, unter dem Zittern und Flüstern unzähliger Gewandfalten“ (Bruhns 330). Sein von Brokatkissen gestütztes Haupt mit den zusammengepreßten Lippen verrät noch etwas von jener Macht, die er im Leben besaß. Am Fußende der Grabplatte hält eine Inschrift die wichtigsten Lebensdaten des Verstorbenen und seine großen Leistungen fest. Der Tote ist von Reliefs mit den Personifikationen der sieben Tugenden umgeben. Stärker als die Tugenden hat der Künstler auf zehn Feldern der konkaven Wände der Tumba Personifikationen der Freien Künste hervorgehoben, deren Siebenzahl er um Perspektive, Philosophie und Theologie vermehrte. Dies entsprach durchaus der Persönlichkeit des Papstes, dessen Pontifikat in geistlicher Hinsicht sehr zu wünschen ließ, zumal Sixtus dem Nepotismus Tür und Tor öffnete. Unbestreitbar dagegen waren seine Verdienste als Kunstmäzen und als Politiker.

Unmittelbar vor dem Ausgang aus der Schatzkammer ist schließlich der aus einem einzigen Marmorblock geschaffene

Das Grabmal Sixtus' IV. († 1484) von Antonio Pollaiuolo im Domschatz von St. Peter. Seitlicher Anblick.

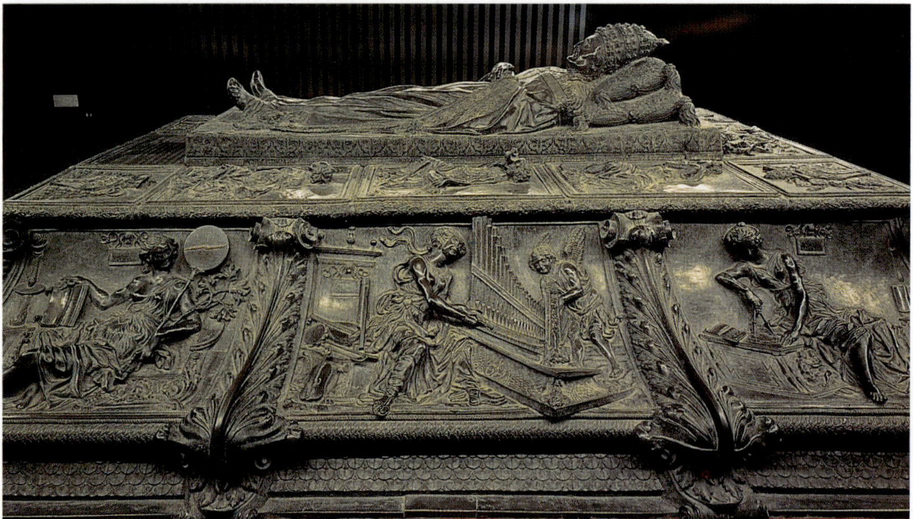

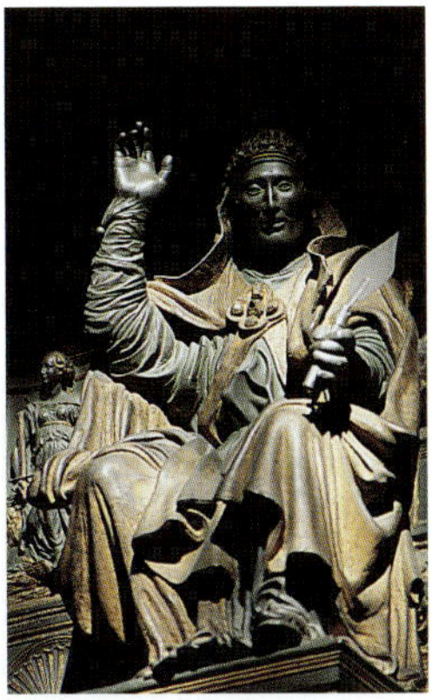

Detail des Grabmals Innozenz' VIII. († 1492) von Antonio Pollaiuolo im linken Seitenschiff von St. Peter. Der Papst hält die Spitze der Heiligen Lanze in Händen, die ihm der türkische Sultan übergeben hat.

Sarkophag des Stadtpräfekten von Rom, Junius Bassus († 359), aufgestellt, der 1596 nahe beim Petersgrab aufgefunden wurde. Dieser vielleicht berühmteste und kostbarste unter den christlichen Sarkophagen aus dem Zeitalter Konstantins d. Gr. zeigt in zwei durch Säulchen gegliederten Zonen oben in der Mitte den von Petrus und Paulus flankierten thronenden Christus, ferner neun biblische Szenen. Die Schmalseiten sind mit Putten bei der Weinlese geschmückt, wie sie sich auch auf heidnischen Sarkophagen finden (s. auch Abb. S. 36 und 132).

Nach dem Verlassen der Domschatzkammer trifft man im linken Seitenschiff des Domes an wenig vorteilhaft belichteter und daher auch wenig beachteter Stelle das 1498 ebenfalls von Pollaiuolo geschaffene (20) Grabmal für Papst Innozenz VIII. (1484 – 92), das als einziges Papstgrabmal aus Alt-St.-Peter in die Oberkirche von Neu-St.-Peter übernommen wurde. Es ist ein Wandnischengrabmal, das heute in drei Zonen gegliedert ist, die von unten gesehen zunächst den auf der Tumba liegenden Toten, darüber den lebenden Papst auf dem Thron, von Reliefs der Kardinaltugenden umgeben, und in einer darüber befindlichen halbkreisförmigen Lünette die drei theologischen Tugenden zeigt. Die ursprüngliche Anordnung zeigte in der unteren Zone den thronenden und erst darüber den toten Papst. Dieses Grabmal ist insofern bedeutsam, als es erstmals den Verstorbenen als noch Lebenden auf einem Thron zeigt. Vielleicht knüpfte der Künstler damit an jene Repräsentationsstatuen an, die italienische Kommunen seit dem 14. Jh. Päpsten errichteten, vielleicht aber auch an die Sitzfigur des hl. Petrus im Dom. Die berühmteste dieser Statuen, die die weltliche Macht des mit Pontifikalgewändern und Tiara bekleideten Papstes und zugleich dessen Nachfolger auf der Kathedra Petri darstellten, zeigt Bonifaz VIII. (1294 – 1303). Sie befindet sich im Dommuseum zu Florenz. Innozenz VIII. fügt sich in diese Tradition ein, erhebt auch die Rechte zum Segen, hält aber in seiner Linken nicht wie Bonifaz die Schlüssel des Petrus, son-

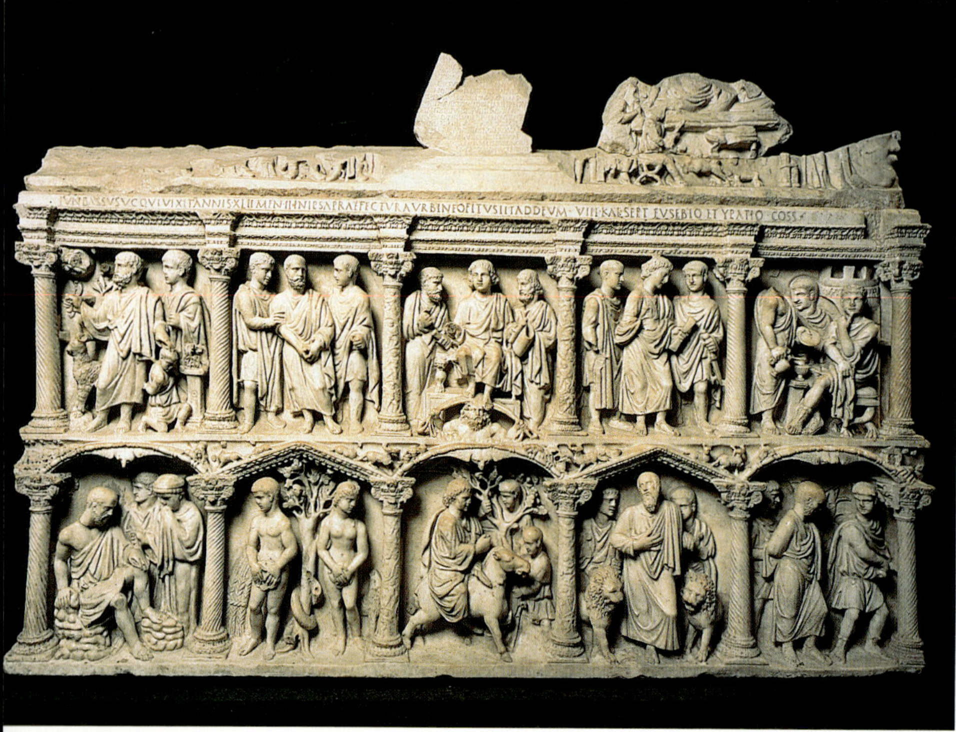

Sarkophag des Stadtpräfekten Junius Bassus, der 42jährig im Jahr 359 starb und in St. Peter bestattet wurde. Er gehört zu den qualitätvollsten frühchristlichen Sarkophagen.

dern die Lanzenspitze des Longinus, denn es war ihm während seines Pontifikates gelungen, diese wertvolle Reliquie von Sultan Bajasîd (1481 – 1512) zu erhalten.

Grotten, Nekropole, Kuppelbesteigung

Über eine Treppe in den Kuppelpfeilern kann man zu den Vatikanischen Grotten hinabsteigen, die beim Neubau von St. Peter angelegt wurden und verschiedene ältere Papstgrabmäler sowie die Grabstätten der letzten Päpste enthalten. Es empfiehlt sich der Zugang vom (13) Pfeiler des Longinus aus. Von dort wird man durch eine Ringkrypta an verschiedenen Kapellen vorbeigeführt, ehe man im Zentrum die Petruskapelle (früher auch „Capella Clementina") erreicht, deren Altar sich unmittelbar am Petrusgrab befindet. Dort kann man nach Voranmeldung in der Sakristei mit kleinen Gruppen Gottesdienst feiern. Der Peterskapelle gegenüber liegt die Kapelle mit dem schlichten Grab Pius' XII. (1939 – 58), dessen einfachen Stil seine Nachfolger fortführten. Am Ende der Ringkrypta gelangt man in die Alten Grotten, eine dreischiffige Halle mit den z. T. erheblich reduzierten Grabdenkmälern von Päpsten, Kaisern und Königen aus Alt-St.-Peter. Vom Altar aus sieht man auf die Pallien-Nische der Confessio vor dem Papstaltar. Sie trägt ihren Namen nach den Pallien, den Ehrenzeichen der Metropoliten, die am Petrusgrab einige Zeit aufbewahrt und dadurch zu „Berührungsreliquien“ werden, ehe der Papst sie den späteren Inhabern überreicht. In den Neuen Grotten befinden sich u. a. die Gräber von Johannes XXIII. (1958 – 63), Paul VI. (1963 – 78) und Johannes Paul I. (1978), ferner die aus Alt-St.-Peter stammenden Grabmäler von Bonifaz VIII. und Paul II. (1464 – 71). Den Ausgang erreicht man an einer Sammlung heidnischer, frühchristlicher und mittelalterlicher Inschriften sowie an einer Marmorstatue des hl. Petrus vorbei, die ursprünglich einen Philosophen oder Rhetor zeigte, ehe sie im Mittelalter umgestaltet wurde.

Nach rechtzeitiger Anmeldung beim (21) Ufficio Scavi der Fabbrica di S. Pietro (hinter dem Arco delle Campane) ist es möglich, die bis ins 4. Jh. genutzte, dann zugeschüttete Nekropole unter St. Peter zu besichtigen. Unter Papst Pius XII. wurden während der vom deutschen Domherrn Prälat Ludwig Kaas († 1952) organisierten und vom ebenfalls deutschen Jesuitenpater Engelbert Kirschbaum († 1970) geleiteten Grabungen unter dem Mittelschiff von St. Peter von dieser Nekropole 22 Mausoleen und ein besonders verehrtes Grab freigelegt, über dem um 160 jene Gedächtnisstelle angelegt worden war, auf die sich wohl der Presbyter Gaius bezog, der um 200 davon berichtet, daß man am Vatikanischen Hügel das Grab des hl. Petrus zeigte.

Der Aufstieg zum Dach (Fahrstuhl) und weiter auf die Kuppel (zu Fuß zwischen den beiden Kuppelschalen) beginnt an der (22) nördlichen Außenseite des Domes. Vom Dach, vor allem aber von der Kuppel – wegen des Sonnenstandes empfiehlt sich der Besuch am Nachmittag – bietet sich ein großartiger Blick auf die Konstruktion des Petersdomes, auf den Petersplatz, vor allem aber über den Vatikan, den Borgo und bei schönem Wetter weit über die Stadt hinaus bis zu den Albaner Bergen und den Apennin.

Die Vatikanischen Museen

Die Vatikanischen Museen setzen sich aus mehreren Sammlungen zusammen, die im Laufe der Zeit zusammenwuchsen und in den weitläufigen vatikanischen Palästen untergebracht sind. Sie besitzen eine der reichsten Kunstsammlungen der Welt. Ihre Eigenart beruht aber nicht nur auf der Vielzahl, Vielfalt und Qualität der ausgestellten Objekte – vieles befindet sich aus Raummangel in den Depots – sondern auch darauf, daß sie nicht aus einem Guß geplant wurden, vielmehr den Hauch der Geschichte atmen und bis heute Zeuge wichtiger Ereignisse sind. So werden z. B. in der Sixtinischen Kapelle nach wie vor Gottesdienste gefeiert und hier findet auch das Konklave für die Wahl des Papstes statt. Die Vatikanischen Sammlungen sind nicht die Kunstsammlung irgendeines Fürstenhofes. Sie wollen vielmehr die Möglichkeiten des künstlerisch schaffenden Menschen präsentieren.

Als Gründer gilt Julius II. (1503 – 13). Mit seiner Sammlung von Antiken knüpfte dieser Papst an seinen Onkel, Papst Sixtus IV. (1471 – 84), an, der 1471 dem römischen Volk eine Sammlung antiker Skulpturen übereignet hatte, die heute im Konservatorenpalast aufbewahrt wird. Daraus entstand das erste kommunale Antikenmuseum der Welt, während die an europäischen Fürstenhöfen seit dem 14. Jh. aufgekommenen Sammlungen und Statuengärten privat waren. Sixtus gründete ferner 1475 die → Vatikanische Bibliothek. Diese war nach der Bibliothek von S. Marco in Florenz die zweite öffentliche Bibliothek Europas.

Julius II. folgte dem Beispiel seines Onkels als Kunstförderer, und während seine innerkirchlichen Leistungen bescheiden blieben, wurde er als Mäzen von überragender Bedeutung, zumal es ihm gelang, mit Donato Bramante (1444 – 1514), Michelangelo Buonarroti (1475 – 1565) und Raffaello Santi (1483 – 1520) die bedeutendsten Künstler seiner Zeit an seinen Hof zu ziehen. Dabei lag ihm weniger an der Erhöhung der eigenen

Familie, wie sie seine unmittelbaren Vorgänger betrieben hatten, als an der des Papsttums.

Julius sammelte bereits als Kardinal Antiken. Damit folgte er dem zeitgenössischen Geschmack, denn im Zeitalter der Renaissance begannen viele damit, in ihren Höfen und Gärten Altertümer aufzustellen und Inschriften oder Skulpturen in Wände und Treppenhäuser einzumauern. Von einer wissenschaftlichen Beschäftigung war dieses Sammeln freilich noch weit entfernt. Julius ließ seine Sammlung in einem Statuengarten beim Belvedere aufstellen. Dieses auf dem höchsten Punkt des Vatikanischen Hügels errichtete Gartenhaus, von dem aus man ein glänzendes Panorama über die Stadt genießt, hatte Nikolaus V. (1447 – 55) um die Mitte des 15. Jh.s begonnen. Ein anderer Onkel Julius' II., Papst Innozenz VIII. (1484 – 92), hatte es vollendet und um einen Cortile vergrößert. Julius ließ u. a. den Bau mit der großen Nische errichten. Der von ihm angelegte und

Der Cortile Ottagono, die Keimzelle der Vatikanischen Museen. Links in der Nische der Apoll vom Belvedere, rechts die Laokoongruppe.

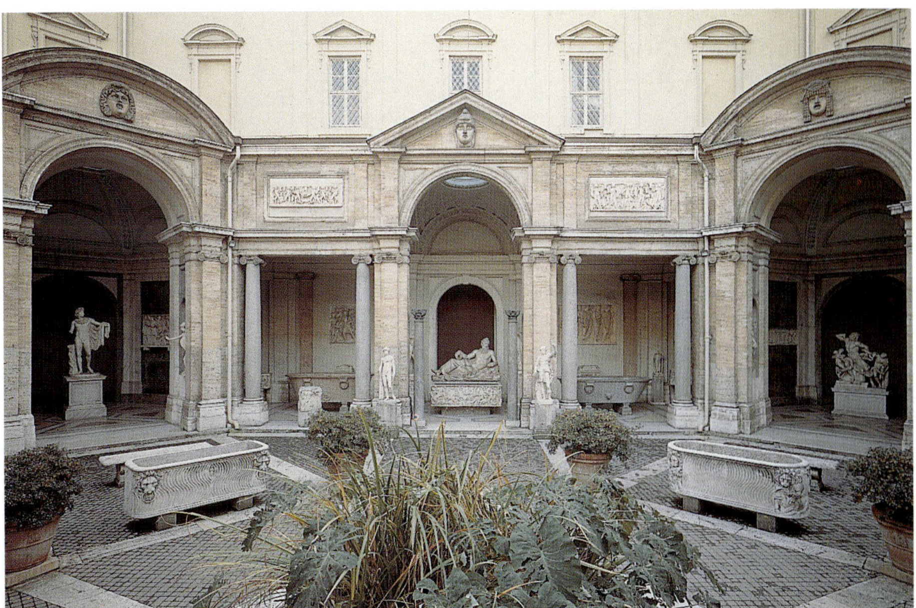

mit Orangen bepflanzte Statuengarten (heute: Cortile Ottagono) diente ihm zur persönlichen Erholung und zum Empfang hochgestellter Besucher. Er war im übrigen nur für Kunstkenner zugänglich, bildete also kein Museum im heutigen Sinn. Künstler konnten sich hier fortbilden und Kopien der antiken Meisterwerke anfertigen. Dadurch wurden die Hauptstücke des Statuenhofes richtungsweisend für die zeitgenössische Kunst, denn wenn man schon nicht die Originale besitzen konnte, so erbat man wenigstens Kopien. Der Papst war an dieser Entwicklung nicht unbeteiligt, sondern wirkte durch die Berufung der Künstler mit. Dabei bezog sich der Vorbildcharakter der Antike nicht nur auf die Kunstwerke. Diese verkörperten vielmehr nach der damaligen Auffassung auch deren geistige Überlegenheit. Die Kunstpolitik des Papstes stand im Dienst der Darstellung Roms und des Papsttums und er selbst sah sich in der Tradition der Gründerväter der Stadt als Nachfolger Cäsars – daher wählte er den Papstnamen „Giulio“. Er glaubte eine Mission zu erfüllen, indem er das Ansehen Roms neu begründete und der Welt eine dauerhafte Ordnung und eine geistige Erneuerung geben wollte. Dabei ließ er sich offenbar durch die Äneis des römischen Dichters Vergil inspirieren. Das Belvedere diente seit dem Anfang des 16. Jh.s als Wohnung für Künstler im Dienst der Päpste.

Julius II. schenkte dem Vatikan aber nicht nur die erste Antikensammlung, sondern er begann auch mit dem Bau der zwei über 300 m langen Korridore, die das Belvedere mit dem Apostolischen Palast verbinden und heute neben den Museen dem Archiv und der Bibliothek dienen.

In dem von Julius II. begründeten Zustand blieb die Sammlung bis zum 18. Jh., als sich auch in anderen Ländern das öffentliche Museum als Institution entwickelte und zahlreiche Antikensammlungen entstanden. So gründete Benedikt XIV. (1740 – 56) 1756 das aus verschiedenen Beständen zusammengetragene Museo Sacro der Bibliothek, „um den Glanz der

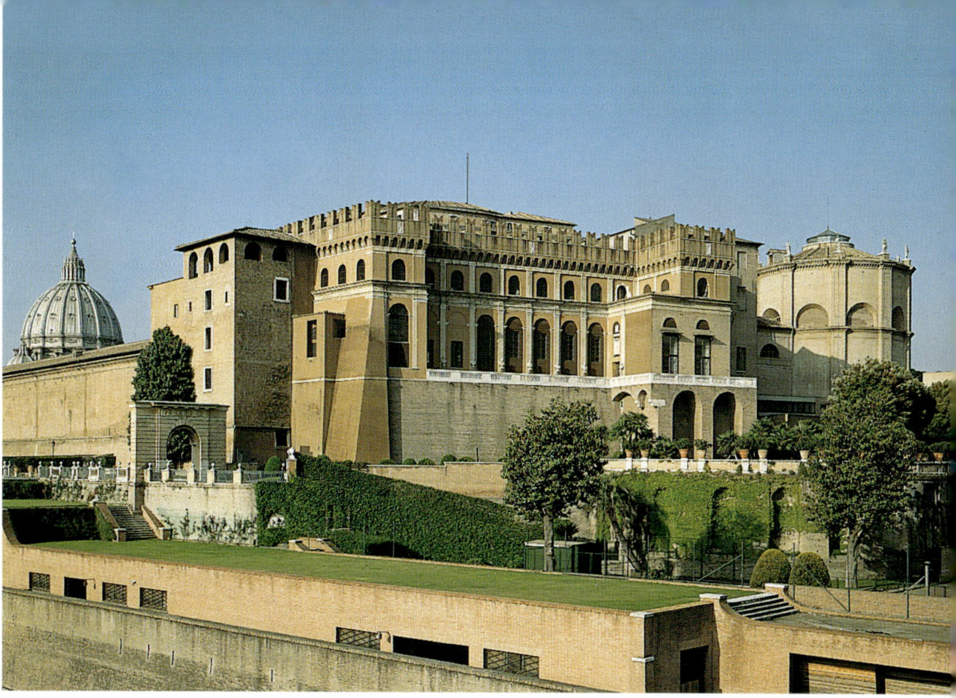

Das Belvedere Innozenz' VIII. (Ende 15. Jh.) mit späteren Anbauten. Es enthält im wesentlichen die Antikensammlung der Vatikanischen Museen. Über den jüngeren Belvederehof ist es mit dem Vatikanischen Palast verbunden.

Stadt zu mehren und die Wahrheit der heiligen Religion durch die heiligen Denkmäler der Christen zu bezeugen". Damit kündigte sich ein erzieherisches Motiv an, wie es für die Aufklärung typisch werden sollte. Da Benedikt XIV. auch die Ausfuhr von Kunstwerken einschränkte und immer mehr Stücke in den Besitz des Heiligen Stuhls gelangten, erwies sich die Bereitstellung neuer Museumsbauten als unerläßlich. Aber erst unter Clemens XIV. (1769 – 74) und Pius VI. (1774 – 99) entstand, angeregt durch den aus der Altmark stammenden Johann Joachim Winckelmann (1717 – 68), den Begründer der wissenschaftlichen Altertumskunde und seit 1763 Generaldirektor der Altertümer Roms, das 1793 eröffnete Museo Pio-Clementino als reichstes Antikenmuseum der Welt. Schwere Verluste für das vatikanische Kunstgut brachte das Zeitalter der Französischen Revolution. Im Frieden von Tolentino mußte der Heilige Stuhl 1797 der Abgabe von 100 Meisterwerken der Kunst, nämlich Skulpturen und Gemälde, ferner wertvoller Bücher und seiner historischen Archive an die Republik Frankreich zustimmen. So wurden 1798 u. a. die Laokoongruppe und weitere 61 Skulpturen nach Paris gebracht. Als nach der Niederlage Napoleons das nach Paris verbrachte Kulturgut größtenteils nach Rom zurückkam, ließ Pius VII. (1800 – 23) 1816 den Braccio Nuovo erbauen. Seine Sammlung bildet zusammen mit der Galleria Lapidaria das Museo Chiaramonti – so genannt nach seinem Familiennamen. Die Einrichtung weiterer Abteilungen folgte. Nach dem Abschluß der Lateranverträge (1929) ließ Pius XI. (1922 – 39) einen neuen Zugang zu den Museen und 1932 einen Neubau für die Gemäldesammlung (Pinacoteca) schaffen. Er gründete ferner eine Restaurationswerkstatt. Die zuletzt eingerichteten Abteilungen der Museen sind ein parallel zur Pinakothek errichteter Bau (1971) für die bis dahin im Lateranpalast untergebrachten Sammlungen des Christlichen und des Profanen Museums der Altertümer sowie des Völkerkundlichen Missionsmuseums. Papst Paul VI. (1963 – 78) eröffnete ferner 1973 ein Museum für zeitgenössische Kunst, das großenteils im Appartamento Borgia untergebracht ist.

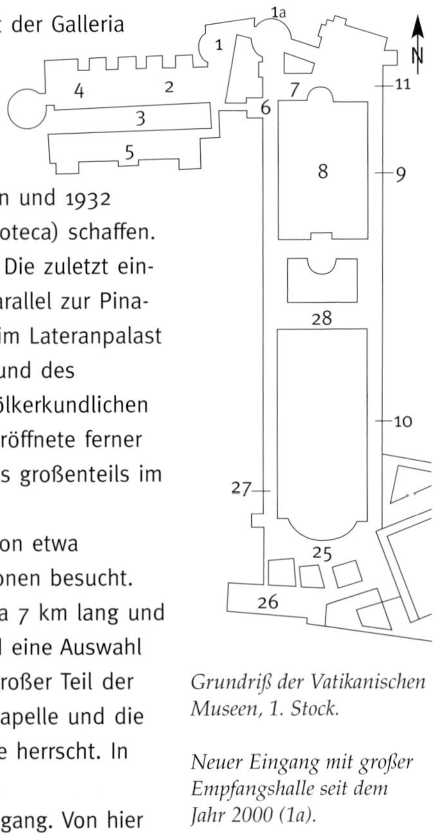

Grundriß der Vatikanischen Museen, 1. Stock.

Neuer Eingang mit großer Empfangshalle seit dem Jahr 2000 (1a).

Die Vatikanischen Museen werden jährlich von etwa 3 Millionen und täglich von bis zu 20 000 Personen besucht. Der vollständige Weg durch die Museen ist etwa 7 km lang und führt an ca. 50 000 Objekten vorbei. Daher sind eine Auswahl oder ein wiederholter Besuch unerläßlich. Ein großer Teil der Besucher konzentriert sich auf die Sixtinische Kapelle und die Stanzen, in denen fast ständig großes Gedränge herrscht. In anderen Abteilungen findet man dagegen Stille.

(1) Eingang der Museen seit 1932, heute Ausgang. Von hier führen Aufzüge und eine Rampe in Form einer Doppelspirale auf den Vatikanhügel. Rechts ist der Zugang zum Neubau von 1971 mit dem im Jahre 1844 von Gregor XVI. (1831 – 46) für jene römischen Antiken, die im 19. Jh. gefunden, aus Raummangel aber nicht im Museo Pio-Clementino gezeigt werden konnten, errichteten (2) Museo Gregoriano Profano, dem von Pius XI. nach der Missionsausstellung des Hl. Jahres 1925 mit Kunstwerken und Kulturzeugnissen außereuropäischer Völker errichteten (3) Museo Missionario Etnologico und dem (4) Museo Pio Cristiano. Dieses Museum verdankt seine Entstehung der Wiederent-

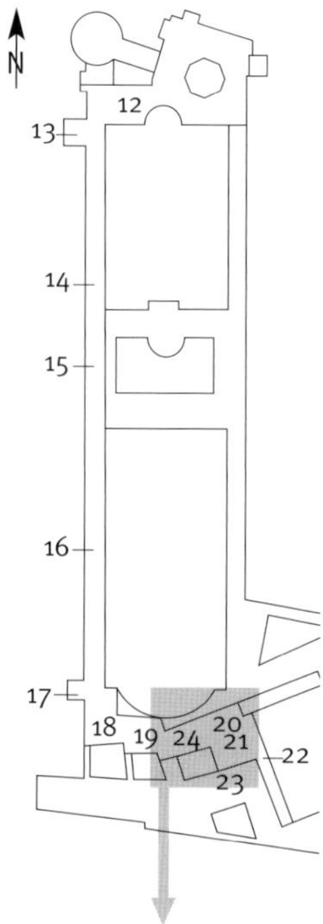

Siehe Seite 154

Grundriß der Vatikanischen Museen, 2. Stock.

deckung der Katakomben und der Entwicklung der Christlichen Archäologie zur wissenschaftlichen Disziplin seit der Mitte des 19. Jh.s. Ihr Pionier war Giovanni Battista de Rossi († 1894). Aber auch andere Gelehrte wie der Deutsche Josef Wilpert († 1944) leisteten dazu bedeutende Beiträge. Seit 1849 entdeckte der damals erst 29jährige de Rossi nach vorbereitenden Studien in der Vatikanischen Bibliothek in rascher Folge u. a. die Grabstätten des Papstes Cornelius (251 – 253), der hl. Cäcilia und der Päpste des 3. Jh.s. Angesichts dieser aufsehenerregenden Funde gründete Pius IX. (1846 – 78) 1852 die Kommission für Christliche Archäologie. Sie sollte die Katakomben erforschen und für ihre Erhaltung sorgen. Das Museum selbst ließ Pius IX. 1854 im Lateranpalast einrichten. Es war für jene Denkmäler bestimmt, die nicht an den Fundorten bleiben konnten. Wilpert trat später als Entdecker und Erforscher der Katakombenmalerei hervor. Beide Gelehrte veröffentlichten monumentale Werke, die zwar in vielem überholt, als ganzes aber nicht übertroffen sind. Eine Schwäche beider Forscher bestand allerdings in einer häufigen Frühdatierung und in der oft zu eilfertigen christlichen Interpretation ihrer Funde und der damit verbundenen Inanspruchnahme für apologetische Zwecke. Heute sind auch die Fachleute diesbezüglich zurückhaltender geworden, weil die fließenden Übergänge von Antike zum Christentum besser erkannt sind. Das läßt sich etwa an der Figur des Schafträgers erkennen. Der Hirt war nämlich auch außerhalb der biblischen Welt ein beliebtes Symbol der Fürsorge und zugleich der Herrschaft. Nicht jede Darstellung eines Schafträgers darf also als „Guter Hirt" nach dem Gleichnis Jesu gelesen werden. Dies ist aber immer dann geboten, wenn der Kontext, so z. B. eindeutig biblische Motive, dies nahelegen. Das Museo Pio Cristiano präsentiert eine große Zahl, oft besterhaltener altchristlicher Monumente, so die um 200 entstandene Aberkius-Inschrift, eines der ältesten christlichen Monumente überhaupt, ferner eine oft abgebildete Figur des Guten Hirten aus dem

3./4. Jh. Der weitaus größte Teil der Sammlung besteht aus Sarkophagen oder Sarkophagfragmenten, an denen sich die gesamte Breite altchristlicher Ikonographie studieren läßt.

Im Neubau von 1932 befindet sich die (5) Pinakothek. Die Anfänge der vatikanischen Gemäldesammlung gehen auf Pius VII. zurück. Als nämlich im Jahre 1816 aufgrund der Bestimmungen des Wiener Kongresses die 1798 nach Paris verbrachten Gemälde großenteils zurückkamen, wurden sie nicht den früheren Besitzern übergeben, sondern in den restaurierten Borgia-Gemächern ausgestellt. Die Sammlung wurde später in anderen Räumen untergebracht und durch mancherlei Zuwachs erweitert.

Doppelspiralige Rampentreppe mit Bronzereliefs, 1932 als neuer Zugang zu den Vatikanischen Museen geschaffen.

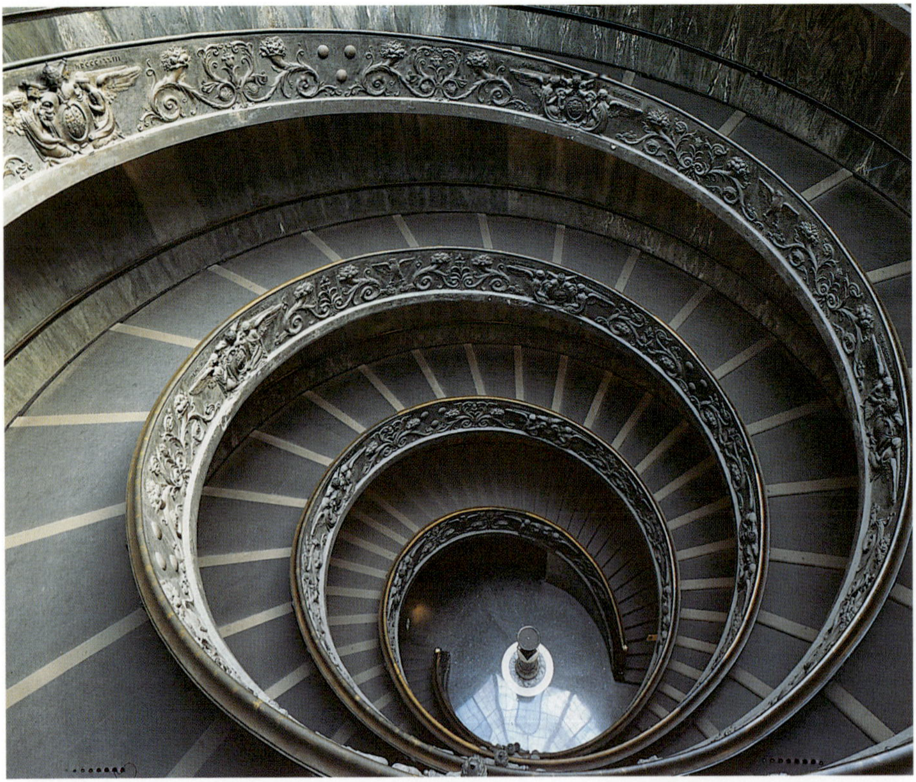

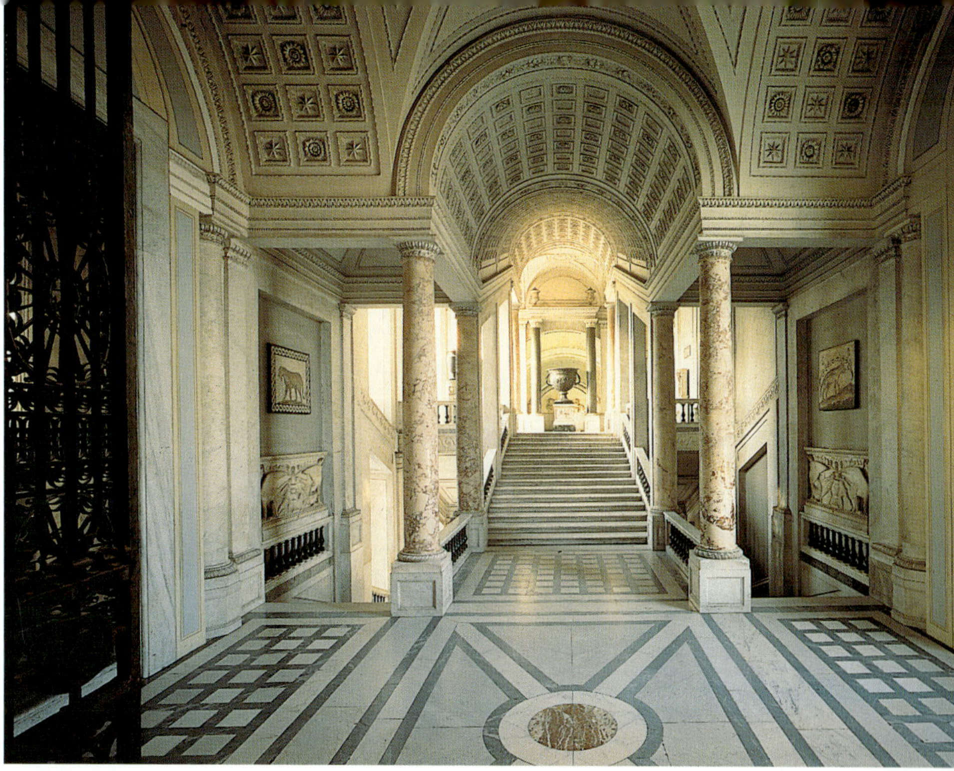

Scala Simonetti (18. Jh.). Gang und Treppen verbinden die Säle des Belvedere mit dem langen Verbindungsbau der Museen zum Vatikanischen Palast.

Erst unter Pius XI. erhielt sie ihre heutige Gestalt. Der Papst ließ den Bau, der neben den Ausstellungsräumen noch eine Bibliothek, Verwaltungsräume und ein Labor enthält, nach Abschluß der Lateranverträge (1929) erbauen. 1932 wurde er eingeweiht. Die Pinakothek enthält Gemälde und Bildteppiche religiösen Inhalts vornehmlich italienischer Künstler vom 11. bis 19. Jh. Aus der überwältigenden Fülle erstrangiger Werke sind Giottos Triptychon Stefaneschi für den Hauptaltar von Alt-St.-Peter (um 1315), Melozzo da Forlìs Fresko Platinas vor Sixtus IV., das die Gründung der Vatikanischen Bibliothek (1475) festhält (1477), Bildteppiche und Gemälde Raffaels, darunter die Madonna von Foligno (1512) und die Verklärung Christi, sowie Caravaggios Grablegung (1604) und Poussins Erasmusmarter hervorzuheben.

Von der Pinakothek aus erreicht man über das (6) Atrio dei Quattro Cancelli den älteren Museumsbereich mit dem (7) Museo Gregoriano Egizio. Es entstand 1839 auf dem Hintergrund des seit dem ägyptischen Feldzug Napoleons gewachsenen Interesses an der ägyptischen Kultur (1799 Auffindung des Steines von Rosette, aufgrund dessen Jean François Champollion 1821 die Entzifferung des hieroglyphischen Schriftsystems gelang). Die Sammlung vereint in Rom und Umgebung (Villa Adriana, Tivoli) seit dem 18. Jh. aufgefundene Stücke, die in der römischen Antike aus Ägypten importiert worden waren. Das ägyptische Museum schaut auf den (8) Cortile della Pigna, so genannt nach dem in der großen Nische stehenden gewaltigen Pinienzapfen, der bis zum 16. Jh. im Atrium von Alt-St.-Peter stand und als Brunnen diente. Im Cortile befinden sich große Schautafeln der Fresken der Sixtinischen Kapelle, an denen man deren Aufbau eingehend studieren kann, bevor man die Kapelle betritt. Unter dem Cortile befinden sich die in den 80er Jahren neu geschaffenen gewaltigen Magazine des Vatikanischen Archivs mit 43 km laufenden Regalmetern (zusammen mit den alten Magazinen 75 km). Über den Cortile gelangt man zum (9) Museo Chiaramonti. Es entstand 1807 – 10 unter Pius VII. als Ersatz für die 1799 an Frankreich abgegebenen Stücke durch Ankäufe von Antiken auf dem Kunstmarkt. Diese Sammlung von ca. 1000 Stücken besitzt nicht nur große Glanzlichter, sondern sie ist auch von erstaunlichem Reichtum. Der Besuch der (10) Galleria Lapidaria mit über 3000 christlichen und profanen Inschriften ist nur mit Sondererlaubnis möglich.

Nach links folgt das (11) Museo Pio-Clementino. Es zeigt in seinen zwölf noblen Räumen vornehmlich antike griechische und römische Skulpturen und birgt mit der Sammlung Julius' II. die Urzelle der Museen. Seine wichtigsten Räume sind der Cortile Ottagono, die Galleria delle Statue, die Sala delle Muse, die Sala Rotonda und die Sala a Croce Greca. Im Cortile Ottagono lebt der von Julius geschaffene Cortile del Belvedere fort. In ihm befinden sich die berühmtesten Statuen. Es ist dies zunächst der nach seinem Aufstellungsort so genannte Apoll vom Belvedere. Er gilt als vollendetster Ausdruck göttlicher Schönheit. Seine Bedeutung für die ästhetischen Idealvorstellungen war beträchtlich. Nach Winckelmann bildet er „das höchste Ideal der Kunst unter allen Werken des Altertums". Er wurde von zahllosen Künstlern imitiert, gezeichnet und graviert.

Das Museo Chiaramonti mit der Galleria delle Statue, meist römische Kopien griechischer Originale.

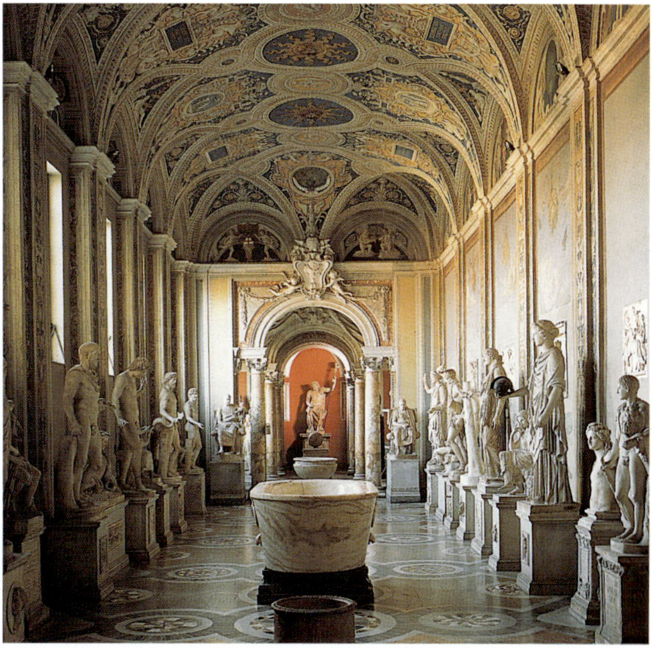

Wahrscheinlich handelt es sich bei der Statue um eine Kopie aus der Zeit Hadrians (117 – 138) nach einem Bronzeoriginal des attischen Bildhauers Leochares (4. Jh. v. Chr.).

Während Julius den Apoll bereits als Kardinal erworben hatte, wurde die Laokoongruppe erst während seines Pontifikates 1506 auf dem Esquilin gefunden. Das Aufsehen war ungeheuer und ganz Rom strömte herbei, um die bereits in der Antike berühmte Skulpturengruppe der rhodischen Bildhauer Hagesandros, Athanadoros und Polydoros zu bewundern. Julius erwarb sie und ließ sie in seinem Skulpturengarten aufstellen. Die Kunst der Bildhauer, die verschiedenen Phasen menschlichen Leidens an den von den Schlangen überfallenen Menschen in Angst, Schmerz und Tod darzustellen, wurde bewundert. Es ist ungeklärt, ob die Gruppe ein hellenistisches Original oder eine Kopie aus der Zeit des Tiberius ist.

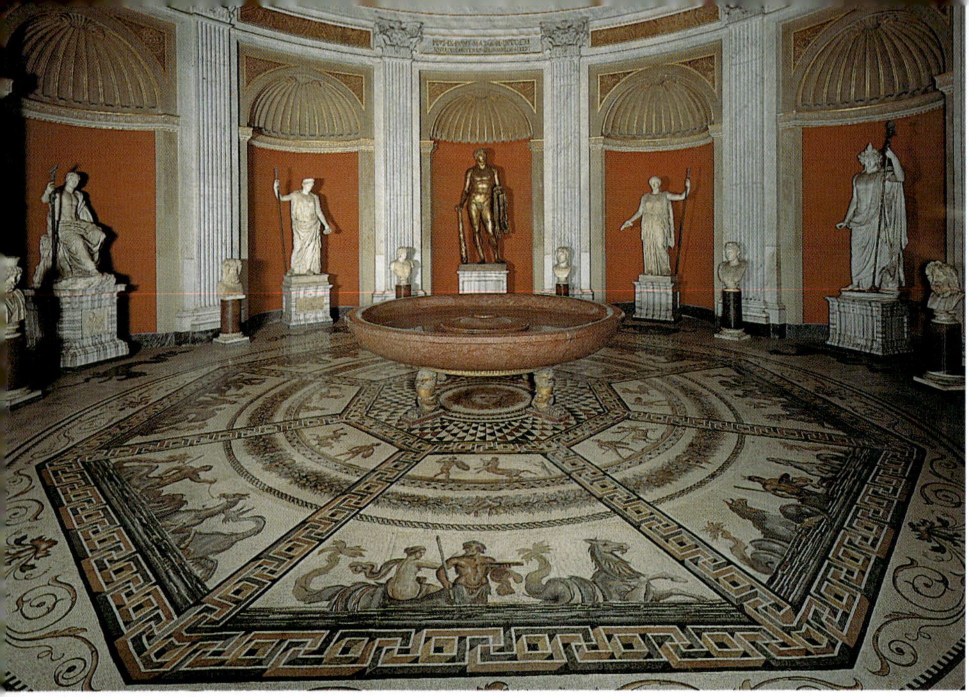

Die Sala Rotonda des Museo Pio-Clementino mit weltberühmten Skulpturen. In der mittleren Nische eine vergoldete Bronzefigur des Herkules (2. Jh.).

In der in der Form eines griechischen Kreuzes mit vier gleichen Seitenarmen errichteten Sala a Croce Greca befinden sich zwei großartige Porphyr-Sarkophage. Porphyr galt in der Antike wegen seiner Purpurfarbe als königliches Gestein. Daher durften nur Herrscher in Porphyr-Sarkophagen beigesetzt werden. Der linke Sarkophag stammt aus dem Mausoleum der Costantina († 336/60), das später zur Kirche S. Costanza umgewandelt wurde, und barg den Leib der Tochter Konstantins d. Gr. Der rechte Sarkophag stammt aus dem Mausoleum der hl. Helena († 336). Beide Sarkophage gelangten nach zwischenzeitlich anderer Verwendung am Ende des 18. Jh.s in das Museo Pio-Clementino. Obwohl beide Verstorbene Christinnen waren und an hervorragender Stelle bei den Gräbern hll. Märtyrer beigesetzt wurden, bilden ihre Sarkophage keine christlichen Denkmäler. Sie sind vielmehr mit Eroten bei der Weinlese bzw. mit Schlachtszenen geschmückt. Der letztgenannte war wohl kaum für die Mutter des Kaisers, sondern eher für einen Kaiser oder Feldherrn bestimmt.

Einen Stock höher liegt das 1837 von Gregor XVI. für etruskische Funde aus dem Gebiet des damaligen Kirchenstaates eingerichtete (12) Museo Etrusco. Es wurde kürzlich neu gestaltet.

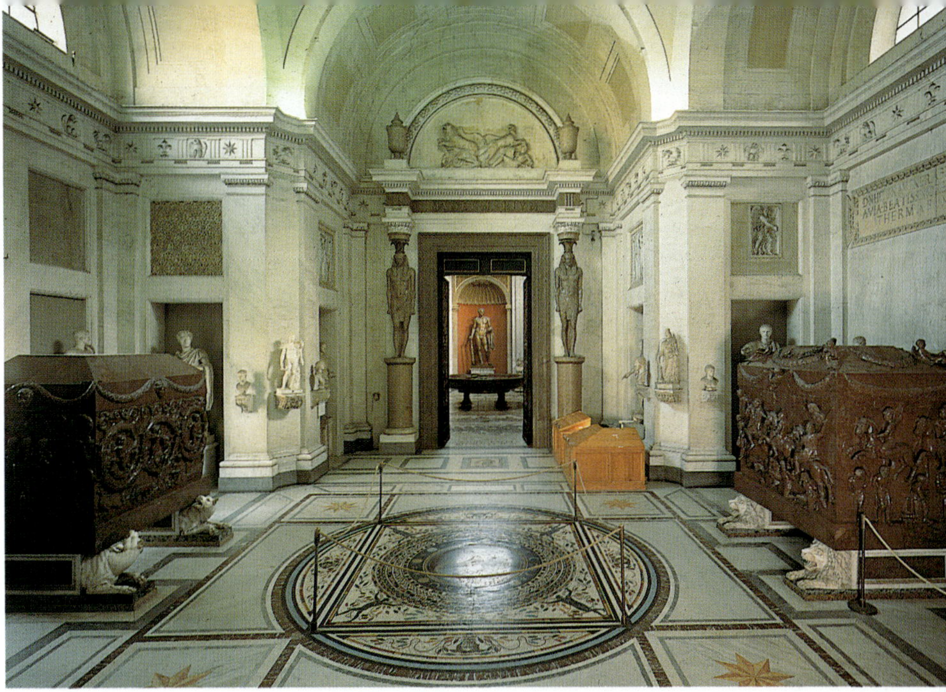

Die Sala a Croce Greca des Museo Pio-Clementino. Im Vordergrund links und rechts die monumentalen Porphyrsarkophage für Costantina und Helena.

Im weiteren Verlauf des Rundweges erreicht man über die (13) Sala della Biga und die (14) Galleria dei Candelabri die (15) Galleria degli Arazzi. Arazzi werden in der it. Sprache jene Wandteppiche genannt, die im 15. und 16. Jh. nach den Entwürfen italienischer Künstler in Arras, Brüssel und anderen Städten der damaligen Niederlande hergestellt wurden. Während die von Schülern Raffaels entworfenen Wandteppiche Szenen aus dem Leben Christi darstellen und für den Schmuck von Kirchen bestimmt waren, hatte es mit der dem Leben Papst Urbans VIII. (1623 – 44) gewidmeten, in Rom angefertigten Serie, eine besondere Bewandtnis. Urban hatte sich durch maßlose Zuwendungen an seine Familienangehörigen am Ende seines Pontifikates so verhaßt gemacht, daß das Haupt der Familie, Kardinal Francesco Barberini, nach seinem Tod Rom verlassen mußte. Erst nachdem er sich 1653 mit Innozenz X. (1644 – 55) versöhnt hatte, konnte er zurückkehren. 1663 gab er den Teppichzyklus über das Leben und Wirken Urbans in Auftrag. Darin wurde dessen Leben rühmend dargestellt und um seine Rehabilitation geworben. Der Teppichzyklus diente bei feierlichen Gelegenheiten als Fassadenschmuck des Palazzo Barberini. Daran schließt sich die unter dem naturwissenschaftlich besonders interessierten Gregor XIII. (1572 – 85) angelegte (16) → **Galleria delle Carte Geografiche** (s. S. 177) an.

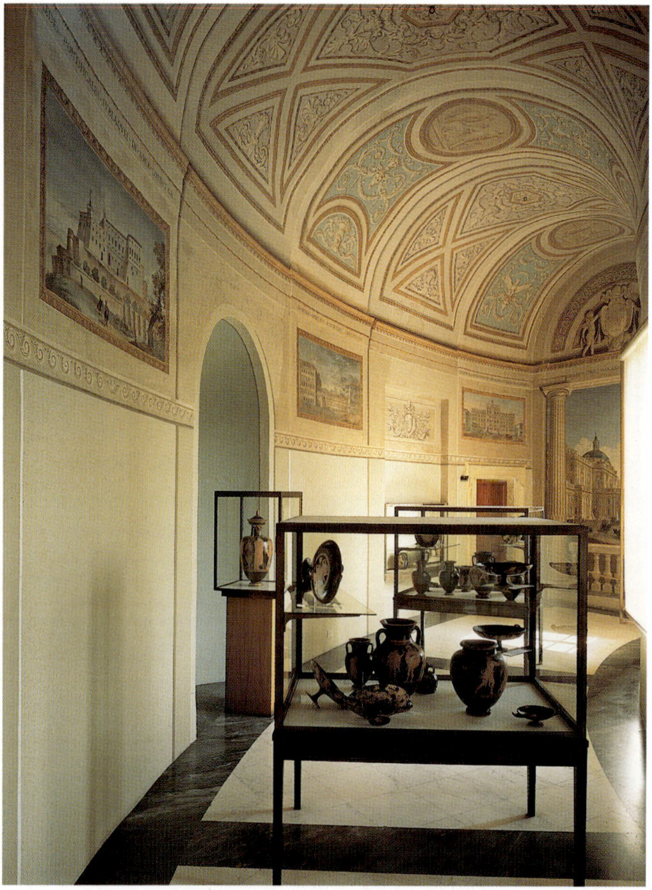

Ein Saal des neugestalteten etruskischen Museums.

Durch das (17) Appartamento Pius V. (1566 – 71) erreicht man die in einem älteren Teil des Apostolischen Palastes gelegene (18) Sala Sobieski mit einem kolossalen Ölgemälde des Polen Jan Matejko über das Eingreifen Sobieskis in die Befreiungsschlacht auf dem Kahlenberg bei Wien (1683) und die (19) Sala dell'Immacolata mit Gemälden und Erinnerungsstücken an die Verkündigung des Dogmas der Unbefleckten Empfängnis Mariens (1854).

Über einen außen am Palast vorbeigeführten Steg und durch die (20) → **Sala di Costantino** erreicht man die (21) Sala dei Chiaroscuri. Die Decke und die Figuren der Apostel und Heiligen wurden in Anlehnung an Entwürfe Raffaels unter starker Abstufung der Farben (daher der Name des Raumes) geschaffen. In der Mitte eine von Paul VI. (1963 – 78) angekaufte Skulpturengruppe der Passionsdarstellung aus dem 14./15. Jh. aus Umbrien. Die sich anschließende (22) Loggia Raffaels gehört zu der unter Julius II. (1503 – 13) geschaffenen, zur Stadt hin ausgerichteten Fassade. Die zweite Loggia wurde von Raffael gestaltet, ist aber seit dem Attentat auf Johannes Paul II. (1981) aus Sicherheitsgründen nicht mehr zugänglich. Besichtigt werden kann dagegen die unter Nikolaus V. (1447 – 55) als privater Gebetsraum entstandene (23) → **Cappella Nicolina** (s. S. 151), einer der ehrwürdigsten Räume der Vatikanischen Paläste. Von hier aus gelangt man in die → Sala di Costantino und danach in die (24) → **Stanzen Raffaels** (s. S. 154).

Nach den Stanzen kann man vor der Sixtinischen Kapelle zum (25) Appartamento Borgia, den Privatgemächern Papst Alexanders VI. (1492 – 1503), abzweigen. Sie liegen im ersten Obergeschoß des Palastes unterhalb der Stanzen Raffaels. Der Papst vertraute ihre Ausmalung Pinturicchio († 1513) an, der zu den Meistern der italienischen Frührenaissance gehörte. Er hatte in Rom u. a. in der Sixtinischen Kapelle, in S. Maria in Aracoeli und in S. Maria del Popolo gearbeitet. Seine Erzähl- und Einfallsfreude sagten dem auf Glanz, Schönheit und Selbstdarstellung bedachten Auftraggeber ebenso zu wie seine Detailtreue. Die 1492 – 95 vom Künstler und seinen Mitarbeitern geschaffenen, goldstrotzenden Fresken erscheinen heute allerdings überladen und z. T. sogar bizarr. Auf Wunsch des Auftraggebers sollten sie den christlichen Glauben und den Auftraggeber selbst verherrlichen sowie Legenden, Symbole und christliche Sujets darstellen, die der Stellung des Papstes angemessen waren und ihn inspirieren sollten. Für den Alexander

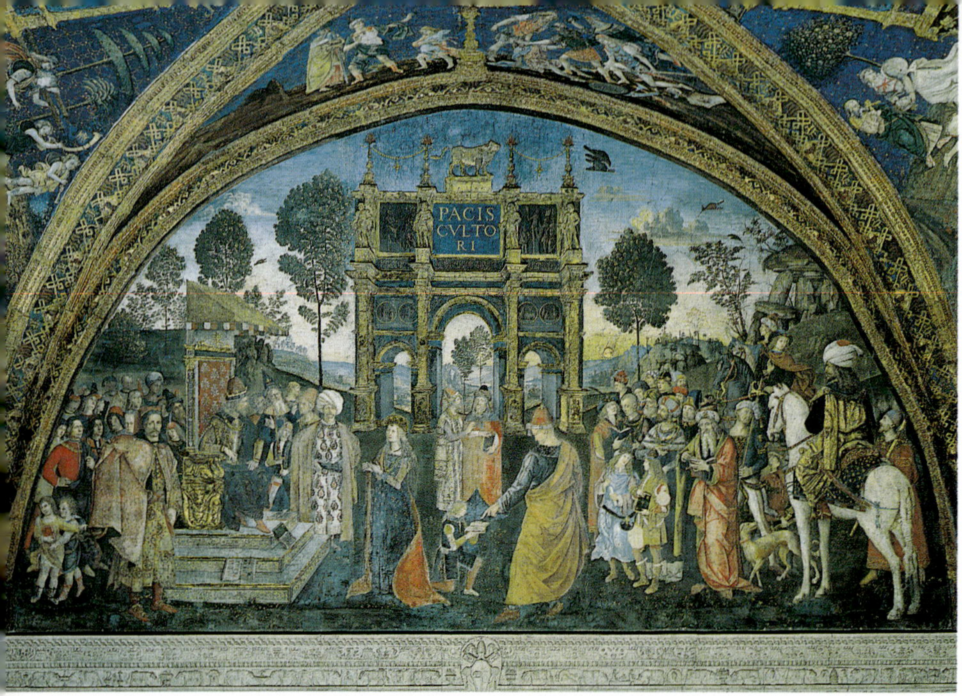

Appartamento Borgia: Disputà der hl. Katharina vor Kaiser Maxentius, Fresko von Pinturicchio (Ende 15. Jh.).

vorgeworfenen unmoralischen Lebenswandel finden sich keine Anhaltspunkte. Besonders reich geschmückt sind die Säle der Freien Künste (Arti liberali), der Heiligen (Santi) mit der Disputation der hl. Katharina vor Kaiser Maxentius und der Saal der Glaubensgeheimnisse (Misteri). Hier hat Alexander sich selbst kniend vor dem Auferstandenen darstellen lassen. Im Appartamento Borgia ist ein Teil jener Sammlung moderner religiöser Kunst aufgestellt, die Papst Paul VI. aus Geschenken anlegen ließ und 1973 eröffnete.

Der Weg führt weiter zur (26) → **Sixtinischen Kapelle** (s. S. 162). Danach kann man die Besichtigung abschließen und über eine Abkürzung zum Petersplatz gehen. Wer aber den Rundgang fortsetzen will, gelangt in jenen Teil der Museen, der die (27) Kunstsammlung der Vatikanischen Bibliothek birgt. Diese enthält antike Bildwerke wie z. B. die Fresken der Aldobrandinischen Hochzeit und der Szenen aus der Odyssee, ferner Objekte der Kleinkunst, nämlich Gläser und geschnittene Steine, Lampen und Silbergefäße, antike Stoffe und Elfenbeine, Ikonen und Kreuze sowie gotische Elfenbeinschnitzereien. Unter den christlichen Kunstwerken verdienen der Schatz der Cappella Sancta Sanctorum und die Goldgläser besondere Aufmerksamkeit. Sancta Sanctorum heißt jener Aufbewahrungsraum von

Reliquien, zu dem die Heilige Stiege bei der → Laterankirche hinaufführt. Diese seit dem 8./9. Jh. bezeugte Kapelle des einstigen Papstpalastes birgt noch heute eine große Christusikone. In einem Schrein aus Zedernholz unter dem Altartisch mit der Ikone werden seit dem Mittelalter hochverehrte Reliquien aufbewahrt. Darunter waren einst die Häupter der Apostel Petrus und Paulus, die im 14. Jh. in die Laterankirche übertragen wurden. 1903 wurde der Altarschrein mit Erlaubnis Leos XIII. (1878 – 1903) geöffnet und sein Inhalt wissenschaftlich untersucht. Während die Reliquien in neuen Behältnissen im Schrein blieben, wurden die meist aus der Spätantike stammenden Reliquiare der Vatikanischen Bibliothek übergeben und 1934 im neugeordneten Museo Sacro zugänglich gemacht. Darunter befinden sich hinreißend schöne, oft geradezu archaische Stücke.

Wenig weiter ist die Sammlung antiker Goldgläser ausgestellt. Dabei handelt es sich um kreisrunde Scheiben, deren Ränder, wenn sie als Boden eines Gefäßes dienten, rundum Bruchkanten aufweisen. Es gibt aber auch Medaillons mit glattem Rand. Die Goldgläser bestehen aus zwei Glasschichten, zwischen denen sich eine Goldfolie befindet, in die Ornamente, Inschriften oder Figuren mit dem Stichel graviert sind. Die Goldgläser stammen durchweg aus den Katakomben, wo sie in den frischen Kalkputz eingedrückt wurden. Manche von ihnen zeigen noch Kalkspuren. Die Darstellungen auf den Gläsern sind von großer Vielfalt und, auch wenn sie in christlichen Katakomben gefunden wurden, oft profan. Manche zeigen Einzelporträts oder Ehepaare. Die christlichen Szenen sind meist dem Alten oder Neuen Testament entnommen, so Mose, der Wasser aus dem Felsen schlägt, Jona in der Kürbislaube, die Auferweckung des Lazarus und das Weinwunder in Kana, ferner Petrus mit Paulus und Anspielungen auf deren Einvernehmen.
In der Mitte des zur Bibliothek gehörenden Bereiches schließt sich der von Sixtus V. (1585 – 90) geschaffene (28) Bibliothekssaal, der → **Salone Sistino** (s. S. 173) an.

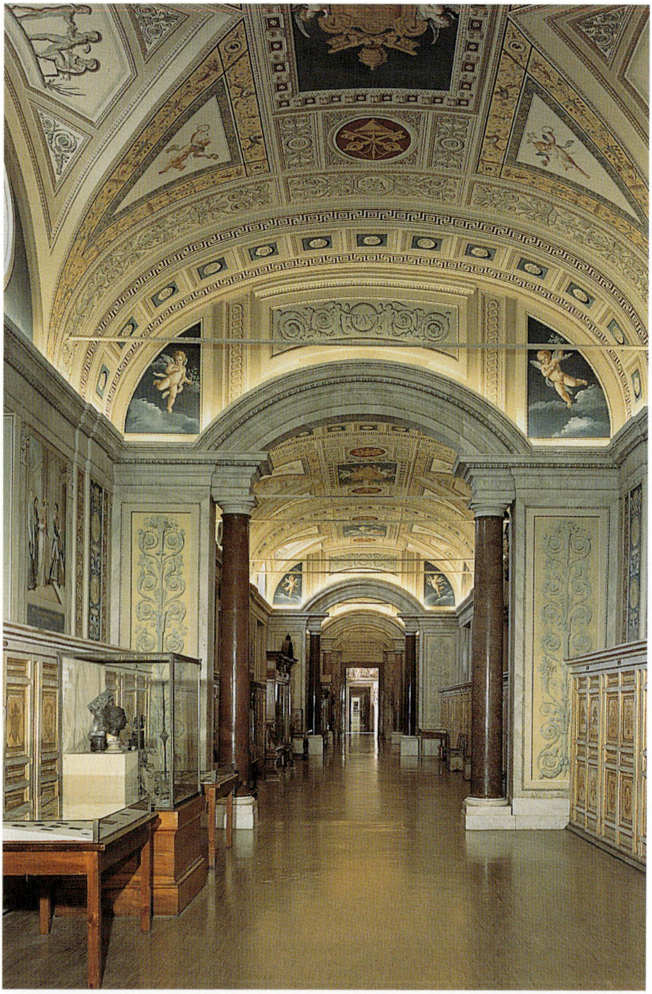

Museumsgang mit Geschenken an die Päpste. In den langen Schrankreihen werden z.T. lichtempfindliche Kostbarkeiten wie Textilien aufbewahrt.

Auf dem Weg zum Atrio dei Quattro Cancelli und damit zum Ausgang sind zahlreiche Geschenke an die Päpste aufgestellt. Neben Kunstwerken gehören dazu auch vier kleine Fragmente von Mondgestein.

Die Cappella Nicolina

In der Nähe des Konstantinssaals liegt die (23) Cappella Nicolina (Nikolauskapelle), so genannt nach Papst Nikolaus V. (1447 – 55), der sich im ältesten Teil des Palastes einen Arbeitsraum (Studio) und eine Privatkapelle schaffen ließ. Während das Studio später anderen Bauten weichen mußte, hat sich die Kapelle mit ihren Fresken unversehrt erhalten. Obwohl dieser in einem mittelalterlichen Festungsturm untergebrachte Raum sehr klein ist (6,6 mal 4 m) und diesbezüglich keinen Vergleich mit der Sixtinischen Kapelle aushält, ist sein Besuch sehr zu empfehlen.

Autoren waren der Papst als Auftraggeber und der ausführende Künstler, der Dominikaner Fra (Beato) Angelico († 1455, Grab in S. Maria sopra Minerva). Tommaso Parentucelli war nach entbehrungsreichen Studien im Dienst der Kirche aufgestiegen und 1447 als Mann des Ausgleichs zum Papst gewählt worden. Er galt als gelehrt, als Freund und Förderer des Humanismus und war Besitzer einer ansehnlichen Privatbibliothek, die später zum Grundstock der Vatikanischen Bibliothek wurde. Nikolaus sammelte an seinem Hof Hunderte von Gelehrten, darunter griechische Flüchtlinge aus dem von den Türken bedrohten Konstantinopel, die griechische Schriften ins Lateinische übersetzten. Die Beschäftigung mit den Büchern in seinem Studio und das Gebet in seiner Privatkapelle waren für Nikolaus eng miteinander verbunden. Daher ließ er in seiner Kapelle Heilige darstellen, die einen Bezug zu Büchern im allgemeinen und zu seinem persönlichen Buchbesitz hatten. Dies sind an erster Stelle zwei Diakone, und zwar in der oberen Zone der Erzmärtyrer Stephanus nach der Apostelgeschichte, in der unteren Zone der römische Märtyrer Laurentius nach den Berichten der Kirchenväter. Der Diakon widmete sich nach altchristlichem Brauch neben der Armenpflege dem Dienst am Buch und im feierlichen Gottesdienst der Verkündigung des Wortes. Diese Aspekte stehen auch im Zentrum dieser Fresken,

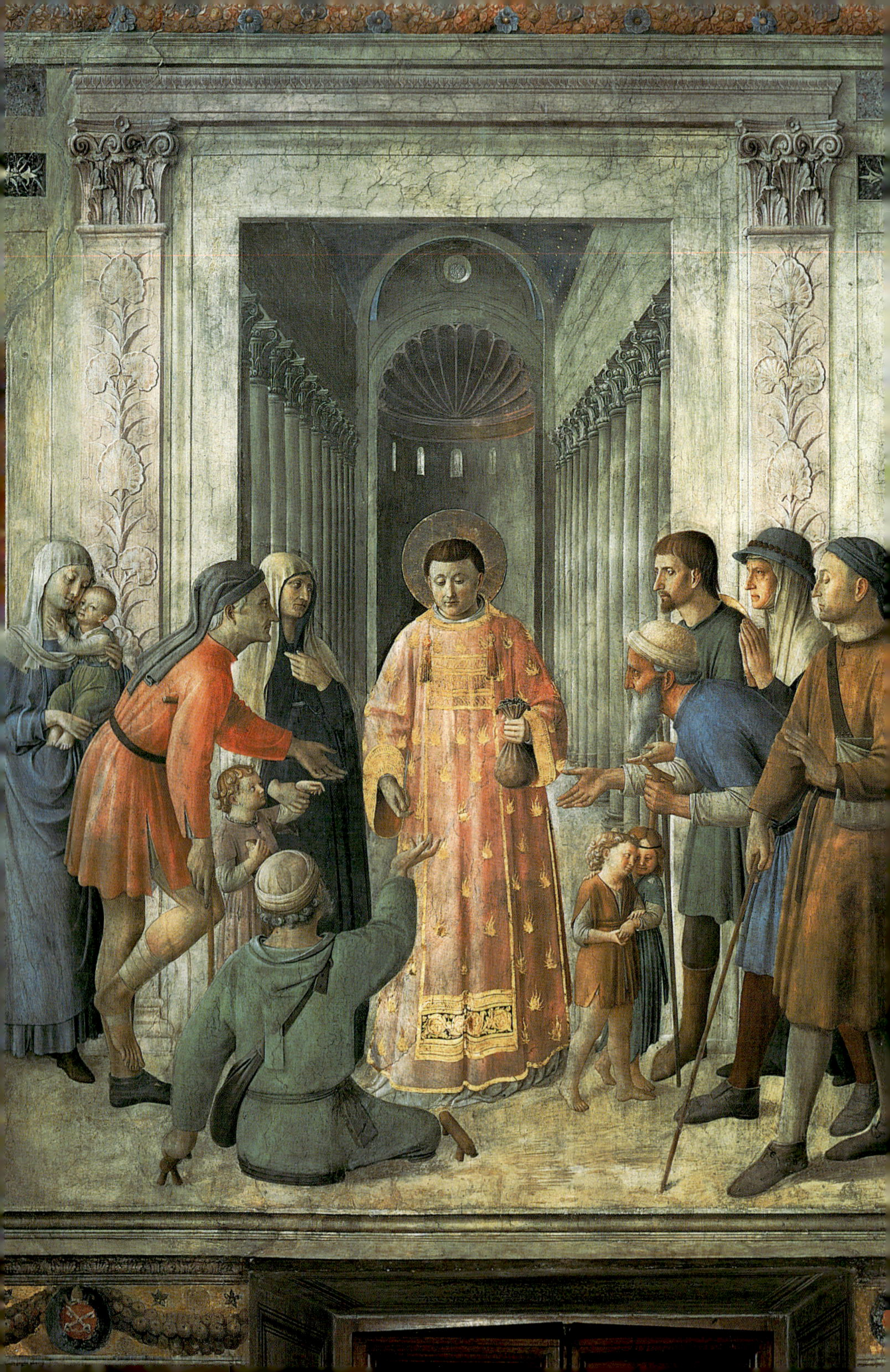

die nach der Zeit der großen kirchlichen Konflikte und dem Konzilsschisma für eine Besinnung auf die ursprünglichen Werte der kirchlichen Botschaft werben sollten.

Obere Zone:

1. Stephanus wird von Petrus zum Diakon geweiht und verteilt Almosen.
2. Stephanus predigt und verantwortet sich vor dem jüdischen Gericht, dem Synedrium.
3. Stephanus wird aus Jerusalem vertrieben und gesteinigt.

Untere Zone:

1. Papst Sixtus II. (257 – 258) weiht Laurentius zum Diakon.
2. Der Papst übergibt Laurentius den Kirchenbesitz.
3. Laurentius verteilt Almosen an die Armen.
4. Laurentius wird vor Kaiser Decius angeklagt und zum Tode verurteilt. Er erleidet das Martyrium durch Verbrennung auf einem eisernen Rost.

Neben den Diakonen sind noch weitere mit dem Buch befaßte Personen dargestellt. Es sind dies am Deckengewölbe die vier Evangelisten mit ihren Attributen und an den Eckpilastern unter gotischen Baldachinen die Kirchenväter Athanasius, Leo d. Gr., Thomas v. Aquin, Ambrosius, Hieronymus, Augustinus, Johannes Chrysostomus und Gregor d. Gr., und zwar je mit einem der von ihnen verfaßten Bücher.

Fra Angelico malte die Kapelle 1447 – 50 im wesentlichen selber aus. Dabei nutzte er die vorgegebenen Architekturelemente und erreichte durch die perspektivische Gestaltung eine große Tiefenwirkung. Er legte großen Wert auf die individuelle Darstellung der Personen und auf das Detail sowie auf den architektonischen Hintergrund. Papst Sixtus II. trägt im Fresko von der Übergabe des Kirchenvermögens an Laurentius die Gesichtszüge Nikolaus' V.

Fresko in der Cappella Nicolina von Fra Angelico (Mitte 15. Jh.). Der Heilige Laurentius teilt Gaben an die Armen aus.

Die Sala di Costantino und die Stanzen Raffaels

Die vier als (20 und 24) Stanzen (it. „stanza": Zimmer) bezeichneten Räume liegen im zweiten Obergeschoß des Apostolischen Palastes über dem Appartamento Borgia und wurden wie dieses um die Mitte des 15. Jh.s erbaut. Sie dienten den Päpsten seit dem 16. Jh. als Wohnung. 1508 berief Julius II. (1503 – 13) den damals 25jährigen Raffael zur Ausmalung seiner Wohnung nach Rom. Für das Verständnis des Bildprogramms ist es wichtig zu wissen, daß die Stärkung des Kirchenstaates und die Vertreibung der „fremden" Mächte aus Italien zentrale Anliegen dieses Papstes bildeten. Den Anfang machte Raffael mit der Stanza della Segnatura (1508 – 11). Ihr folgten die Stanza d'Eliodoro (1512 – 14), die Stanza dell'Incendio del Borgo (1514 – 17) sowie der Konstantinssaal (1519 – 24). Das Programm, das er dort auszuführen hatte, wurde ihm jeweils vorgegeben.

Der Besucher erreicht zunächst die (20) Sala di Costantino (Konstantinssaal). Von Raffael stammen das Konzept der Wandgliederung sowie der Konstantinsschlacht. Die übrigen Teile wurden von seinen Schülern ausgeführt. In diesem Raum ist die Geschichte Konstantins d. Gr. (306 – 337) dargestellt, des ersten christlichen Kaisers, der dem Mittelalter als Gründer des Kirchenstaates galt. Die Darstellung orientiert sich an der sog. Silvesterlegende aus dem 5. Jh. Links vom Eingang ist die Kreuzesvision Konstantins dargestellt. Dieser hält vor der Schlacht gegen Maxentius eine Ansprache an seine Soldaten. Im Bewußtsein, daß zur Erringung des Sieges die göttliche Hilfe wichtiger als militärische Stärke ist, hat er sich dem Christengott zugewandt und diesen um ein Zeichen gebeten. So erscheint am Himmel ein Kreuz und in dessen Strahlen die Inschrift „Durch dieses siege." Im Hintergrund erkennt man das alte Rom.

Das nächste Fresko zeigt die Schlacht an der Milvischen Brücke im Norden Roms am 28. Oktober 312. Hier holt Kon-

Cappella Nicolina und die Stanzen Raffaels. Ausschnitt aus dem Plan auf S. 139.

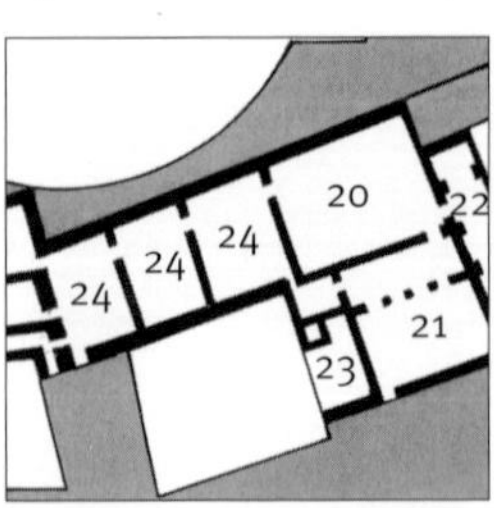

stantin, der in kaiserlichem Gewand auf einem kostbar geschmückten Schimmel gezeigt wird und dessen Feldzeichen das Christussymbol zeigen, zum tödlichen Stoß gegen Maxentius aus. Dieser versinkt mit seinem Pferd in den Fluten des Tiber. Der Untergang des Maxentius bei der Flucht auf einer Schiffsbrücke hat früh zum Vergleich mit dem Untergang Pharaos und seines Heeres im Roten Meer geführt. Das nächste Fresko schildert die Taufe Konstantins durch Papst Silvester (314 – 335). Die geschichtlichen Fakten sind freilich anders, denn die Hinwendung Konstantins zum Christentum war keine Konversion im heutigen Sinn, und die Taufe empfing er erst kurz vor seinem Tod 337 in Achyrona bei Nikomedien. Konstantin gab nicht nur dem Christentum nach jahrhundertelanger Benachteilung und zeitweiser Verfolgung die Gleichberechtigung mit den anderen Religionen, sondern er förderte es durch die gesetzliche Einführung der Sonntagsheiligung, den Bau von Basiliken und die Übertragung der Gerichtsbarkeit an die Bischöfe. Er griff ferner im Interesse der kirchlichen Einheit, die auch für den Staat von Bedeutung war, in dogmatische Streitigkeiten ein und berief 325 das erste ökumenische Konzil nach Nizäa ein. Konstantin leitete die weltgeschichtlich bedeutsame Versöhnung von Christentum und Imperium Romanum ein, band dadurch die Kirche an das Imperium und sicherte damit zugleich auch dessen Bestand. Obwohl dieses Fresko keine historische Szene schildert, deutet es das Verhalten Konstantins in seinen ganzen Folgen.

Das gleiche gilt für die auf dem letzten Fresko dargestellte Schenkung des Kaisers an Papst Silvester I. Sie basiert auf der im 8. Jh. als Fälschung entstandenen Konstantinischen Schenkung, nach der der Kaiser nach seiner Taufe dem Papst die kaiserlichen Insignien, den Lateranpalast sowie die Herrschaft über Rom, Italien und die westliche Reichshälfte verliehen und den Vorrang der römischen vor allen Kirchen anerkannt habe. Sie spielte in der von den Päpsten geförderten

Kunst eine große Rolle. Tatsächlich wurde der Kirchenstaat jedoch nicht gegründet, sondern er entstand allmählich aus dem Grundbesitz der römischen Kirche.

Nach dem Konstantinssaal erreicht man die Sala d'Eliodoro. Sie ist biblischen Begebenheiten gewidmet, die als Vorbilder für Ereignisse aus dem Pontifikat Julius' II. gedeutet werden und das Eingreifen Gottes zugunsten seiner Kirche und des Papstes feiern, dessen Porträt auf keinem der großen Fresken fehlt. Das Bildprogramm hat wahrscheinlich der gelehrte Augustinermönch Aegidius von Viterbo entworfen.

Seinen Namen erhielt der Raum von der rechts vom Eingang dargestellten Vertreibung Heliodors aus dem Tempel zu Jerusalem. Nach Makk 3, 23 – 29 versuchte Heliodor um 180 v. Chr. im Auftrag des Syrerkönigs Seleukos den Tempelschatz zu rauben, wurde aber von himmlischen Mächten daran gehindert. Von links her wird Julius II. auf der Sedia gestatoria als Betrachter des Ganzen in die Szene hereingetragen. Dadurch wird der Bezug zur Gegenwart hergestellt, in der ebenfalls Feinde der Kirche scheitern.

Rechts schließt sich die Darstellung der Messe von Bolsena an, farblich das beste Bild dieser Stanze. Es erinnert an jenes Blutwunder, das 1263 einem böhmischen Priester widerfuhr, der auf der Pilgerfahrt nach Rom in Bolsena, 140 km nördlich Rom, bei der Meßfeier an der wahren Gegenwart Christi unter den eucharistischen Gestalten zweifelte. In diesem Zusammenhang führte Papst Urban IV. (1261 – 64) im Jahre 1264 das Fronleichnamsfest als Bekenntnis zur wahren Gegenwart Christi ein. Die liturgischen Texte dafür verfaßte Thomas von Aquin (u. a. „Pangue lingua"). Das Korporale von Bolsena mit den Blutflecken wird noch heute im Dom von Orvieto als Reliquie aufbewahrt. Als Julius II. 1506 in den Feldzug gegen Bologna zog, verehrte er die Reliquie. Diese Szene ist hier dargestellt. Bemerkenswert ist die Gruppe von Schweizern, deren Garde der Papst 1505 gegründet hatte.

Es folgt eine Darstellung der Begegnung von Papst Leo d. Gr. (440 – 461) und Attila, die 452 bei Mantua stattfand, von Raffael aber vor die Tore Roms verlegt wird. Leo hält die Hunnen vom weiteren Vordringen in Italien ab und erweist sich neben dem versagenden Kaisertum als die eigentliche Schutzmacht des Landes. Auch diese Begebenheit deutet Raffael für seine Zeit, indem der Papst als Schutzherr Italiens und als Verteidiger des Kirchenstaates gegen auswärtige Mächte erscheint. Vom Himmel her aber erscheinen als die eigentlichen Schutzherren Roms Petrus und Paulus, um den Feind zu verwirren. Als Julius II. (1503 – 13) während der Arbeiten an dem Fresko starb, wurde das Gesicht des reitenden Papstes, der seine Züge trug, mit den Zügen des neuen Papstes Leo X. (1513 – 21) erneuert. Dadurch erscheint dieser auf dem Fresko gleich zweimal, und zwar einmal als Papst und einmal noch als Kardinal in dessen Begleitung.

Das letzte Wandfresko dieser Stanze schildert die Befreiung des Petrus nach Apg 12, 5 – 7. Die Wahl dieses Themas ist darin begründet, daß Julius II. vor seiner Wahl zum Papst als Kardinal die Titelkirche S. Pietro in Vincoli innehatte, in der jene Ketten aufbewahrt werden, mit denen der Apostel nach der Überlieferung im Gefängnis des Herodes gefesselt war. Der zeitgenössische Bezug liegt darin, daß Julius II. darum bemüht war, dem Stuhl Petri die Freiheit zu wahren. Das Fresko ist in formaler Hinsicht berühmt, weil in den drei verschiedenen Szenen das Licht von fünf verschiedenen Quellen her erscheint, nämlich vom Mond, von der Morgenröte, von den Fackeln und am eindrucksvollsten von dem dargestellten Engel, der Petrus von seinen Ketten befreit und an den schlafenden Wächtern vorbei aus dem Kerker führt.

Den nun folgenden Raum, die Stanza della Segnatura (it. „segnatura“: Unterzeichnung) malte Raffael als ersten Raum aus. Er diente wahrscheinlich den Sitzungen eines Gerichtshofes, der unter päpstlichem Vorsitz tagte, vielleicht auch als

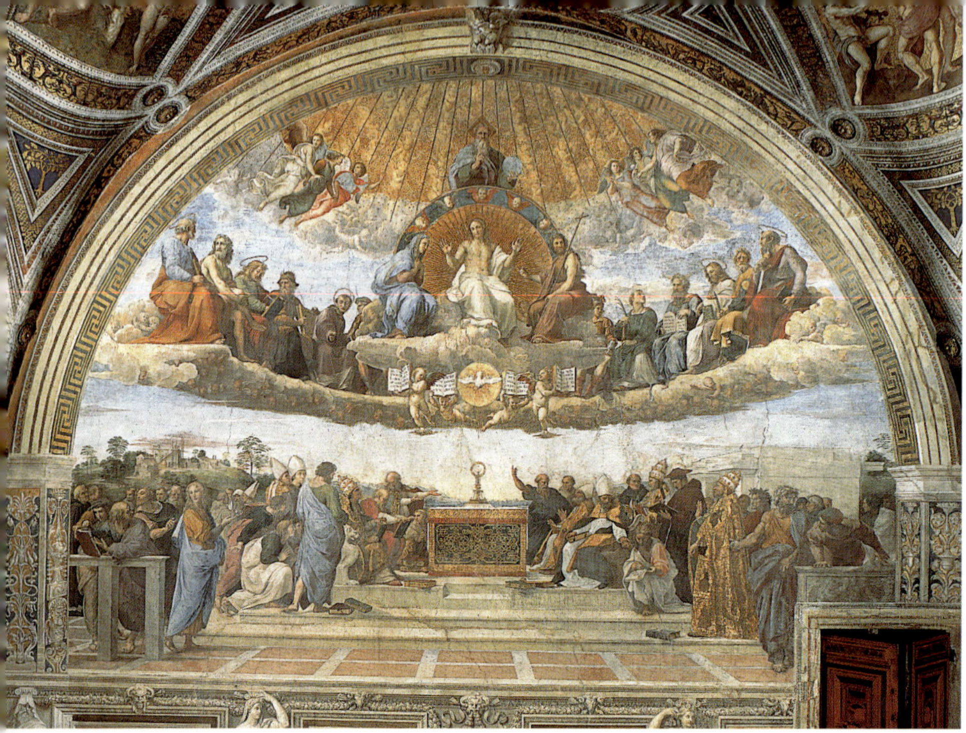

päpstliche Privatbibliothek. Auf dem Fußboden markiert das Wappen Nikolaus' V. (1447 – 55) jene Stelle, an der der Papst bei den Sitzungen seinen Platz gehabt haben soll. Die Bildausstattung dieses Raumes spiegelt den Geist des christlichen Humanismus in vollendeter Form. Sie bildet nicht nur die Krönung von Raffaels Werk, sondern sie ist auch das bekannteste Kunstwerk der Hochrenaissance. Das außerordentlich dichte Bildprogramm wurde von einem unbekannten Theologen, vielleicht von Aegidius von Viterbo († 1532), entworfen. Die Fresken feiern die Ideen des Wahren, Guten und Schönen.

Stanza della Segnatura: Die Disputà.

Die dem Eingang gegenüber liegende Wand schmückt das Fresko mit der irreführenden, aber fest eingebürgerten Bezeichnung „Disputà del Sacramento", d. h. Streitgespräch über das Altarsakrament. Die Bezeichnung Disputà trifft aber eher für die gegenüber dargestellte Schule von Athen mit ihren disputierenden Philosophen zu. Die Disputà del Sacramento zeigt in der Mitte die Monstranz auf dem Altar. Die in ihr aufbewahrte Eucharistie ist nicht umstritten, sondern sie wird von Päpsten, Bischöfen, Theologen und anderen Personen verehrt. Eine rein eucharistische Deutung wird dem Fresko jedoch nicht gerecht,

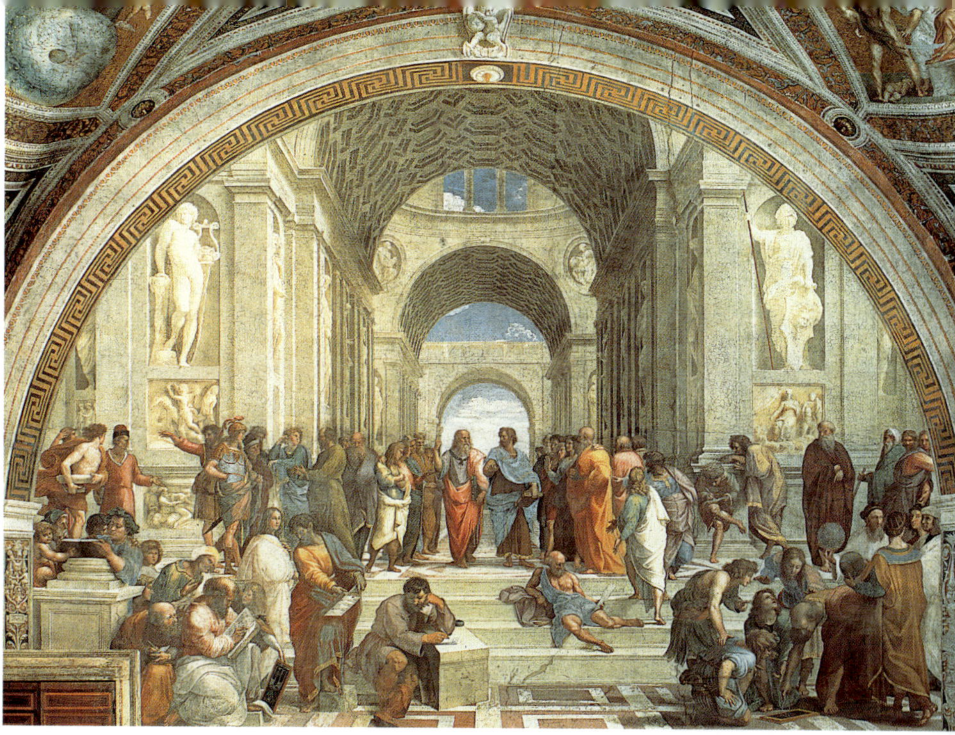

Stanza della Segnatura: Die Schule von Athen.

denn es ist in zwei Zonen aufgebaut, und die eucharistische Gestalt bildet lediglich den Bezugspunkt der unteren Bildhälfte. Die obere Bildhälfte zeigt den thronenden Christus inmitten von Heiligen: irdische und himmlische Anbetung Gottes.

Die gegenüber dargestellte Schule von Athen malte Raffael im Anschluß an die Disputà in bedeutend verbesserter Maltechnik. Das Fresko vereint die bedeutendsten Philosophen der Antike, die ja für die denkerische Durchdringung der christlichen Glaubenslehre von großer Bedeutung waren, unter dem Vorsitz von Plato und Aristoteles. Auch hier tragen mehrere der dargestellten Persönlichkeiten die Gesichtszüge von Zeitgenossen des Künstlers. Wohl durchdacht sind der perspektivisch gestaltete Hintergrund der Schule von Athen und der Hintergrund der Disputà. Während nämlich die Versammlung der Kirche unter der Vision der himmlischen Herrlichkeit stattfindet, trifft sich die Schule von Athen im Rahmen einer prächtigen Architektur, und zwar dem noch unvollendeten Neu-St.-Peter; aber ihr Himmel ist leer, denn das philosophische Denkvermögen vermag das Überirdische im Gegensatz zu der von der Offenbarung getragenen Theologie nicht zu schauen.

Eine der beiden Fensterwände ist der Gerechtigkeit gewidmet, der die Rechtssprechung zu dienen hat. Links übergibt Tribonian († 542) den im Auftrag Justinians (527 – 565) zusammengestellten Corpus iuris an den Kaiser, rechts erhält Gregor IX. (1227 – 41, mit den Gesichtszügen Julius' II.) die Dekretalen, d. i. eine Sammlung wichtiger päpstlicher Urkunden, aus der Hand des Raimund von Penaforte. Die Seite zum Cortile del Belvedere zeigt schließlich Apoll, der auf dem Parnaß die Lyra spielt, während die neun Musen und mehrere Dichter ihm lauschen. Einige davon lassen sich identifizieren, so Vergil († 19 v. Chr.), Dante († 1321) und neben dem Baum Petrarca († 1374). Julius II. konnte von diesem Raum aus die beim Belvedere aufgestellte Skulptur des Apoll sehen.

Als letzten Raum erreicht man die unter Leo X. ausgemalte Stanza dell'Incendio (it. „incendio“: Brand). Raffael hat hier nur wenig mit eigener Hand ausgeführt, denn er war zur Zeit der

Stanza dell'Incendio di Borgo: Der Borgobrand.

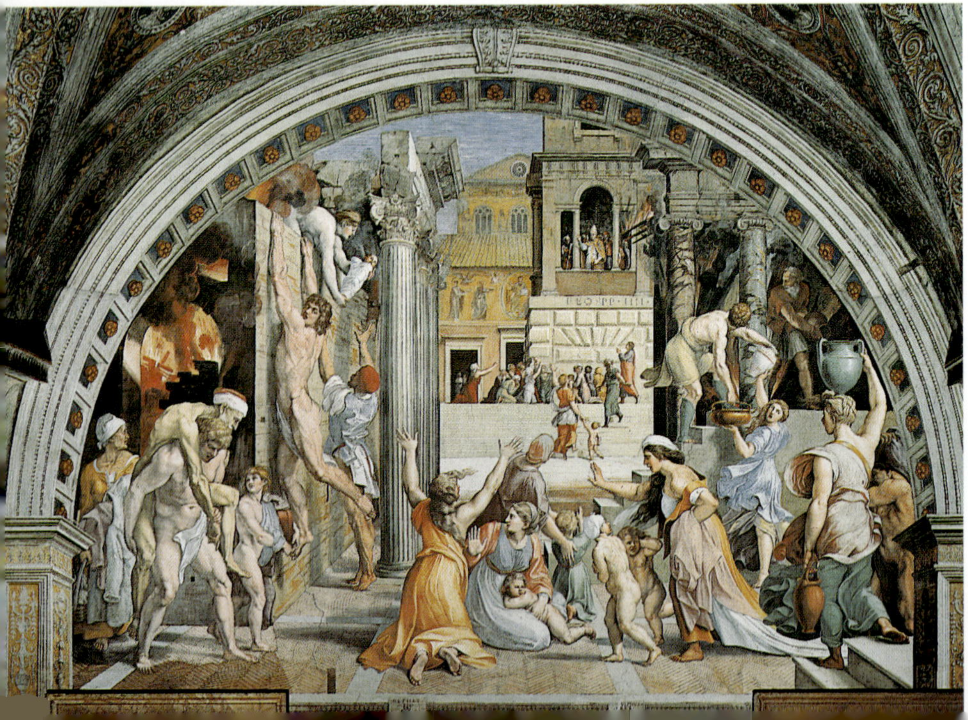

Ausgestaltung mit anderen Arbeiten überlastet. Der aus dem Hause Medici stammende hochgebildete Leo X. war wie sein Vorgänger ein großer Kunstmäzen. Die Geschichtsschreibung hat ihn wegen seines Nepotismus im allgemeinen negativ beurteilt, doch war er sehr um den Ausgleich zwischen den italienischen Staaten und damit um den Erhalt des Friedens bemüht. Im Gegensatz zu den beiden vorhergehenden Stanzen, in denen das Wirken Gottes im Mittelpunkt steht, ist in der Stanza dell'Incendio der Papst Träger der Handlung. Hier geht es um die Verherrlichung Leos, nicht der Kirche. Das Fresko vom Brand des Borgo, nach dem die Stanza benannt ist, schildert eine Begebenheit, die im Liber pontificalis, einer frühmittelalterlichen Papstchronik, erwähnt wird. Danach soll Leo IV. (847 – 855), der den Borgo mit einer Mauer schützen ließ, einen Brand mit dem Zeichen des Kreuzes gelöscht haben. Bei der Gestaltung habe Raffael sich von der Erinnerung an den Brand Trojas inspirieren lassen. Das Fresko symbolisiert die unter Leo X. beginnende Friedensepoche.

Auch der auf dem linken Fresko dargestellte Sieg Leos IV. über die Sarazenen bei Ostia wird im Liber Pontificalis geschildert. Der auf dem Thron sitzende Papst, der Hände und Gesicht zum Himmel erhebt, trägt wie auf allen Gemälden der Stanza die Züge Leos X., der ebenfalls die Küsten des Kirchenstaates gegen Überfälle schützen mußte.

Auch das gegenüber liegende Fresko mit der Krönung Karls d. Gr. am Weihnachtsfest 800 in St. Peter durch Leo III. (795 – 816) spielt auf einen Vorgang aus dem Pontifikat Leo's X. an, und zwar auf das 1515 mit dem französischen König Franz I. (1515 – 47) abgeschlossene Konkordat, in dem dieser das Recht zur Benennung der Bischöfe für alle französischen Bistümer erhielt. Ebenso ist das letzte der vier Fresken über dem Fenster einer Begebenheit aus dem Leben Leos III. gewidmet. Dieser rechtfertigte sich nämlich am 23. Dezember 800 in Gegenwart Karls d. Gr. in St. Peter durch einen Eid auf das Evangelium gegen schwere Vorwürfe seiner Gegner. Zwei Tage später krönte er an der gleichen Stelle den fränkischen König zum römischen Kaiser und begründete so das abendländische Kaisertum. Auch dieser Szene liegt ein zeitgenössischer Bezug zugrunde. Das Fünfte Laterankonzil hatte nämlich 1516 festgestellt, daß Bischöfe von keiner weltlichen Instanz gerichtet werden dürften (weiter im Rundgang S. 147).

Die Sixtinische Kapelle

Die (26) Sixtinische Kapelle (Cappella Sistina) trägt ihren Namen nach Papst Sixtus IV. (1471 – 84), der sie durch den Florentiner Baumeister Giovanni de' Dolci (1450 – 86) nach dem Entwurf des ebenfalls aus Florenz stammenden Architekten Baccio Pontelli (1450 – 92/95) erbauen ließ. Das Hauptinteresse der Besucher gilt hier den von Michelangelo (1475 – 1564) geschaffenen Fresken, doch verdienen auch der Bau als solcher und die Fresken aus dem 15. Jh. Interesse. Am besten kann man den gewaltigen Quader mit seinem festungsartigen Charakter von den Vatikanischen Gärten aus betrachten. Rom war nämlich unter Sixtus IV. keineswegs eine sichere Stadt und viele Häuser und Paläste der Zeit (z. B. der Palazzo Venezia) tragen burgartigen Charakter. Die Kapelle entspricht in ihren Maßen fast exakt dem Salomonischen Tempel. Möglicherweise sollte das eine Anspielung auf Sixtus IV. sein, der in einem der Fresken mit Salomon verglichen wird. Die relative Schlichtheit des Raumes mit ihren großen Flächen, die durch ein Gesims und durch Fensterrahmen aus Travertin untergliedert werden, dürfte im Hinblick auf die von Anfang an geplanten Fresken gewählt worden sein.

Die Sixtinische Kapelle, die mit ihrem Grundriß von 40,2 mal 13,4 m die Ausmaße einer respektablen Kirche hat, war nie persönliche Andachtsstätte der Päpste, sondern für feierliche Gottesdienste und andere festliche Akte reserviert, darunter

Die Sixtinische Kapelle nach der Restaurierung. Hier finden die Papstwahlen statt.

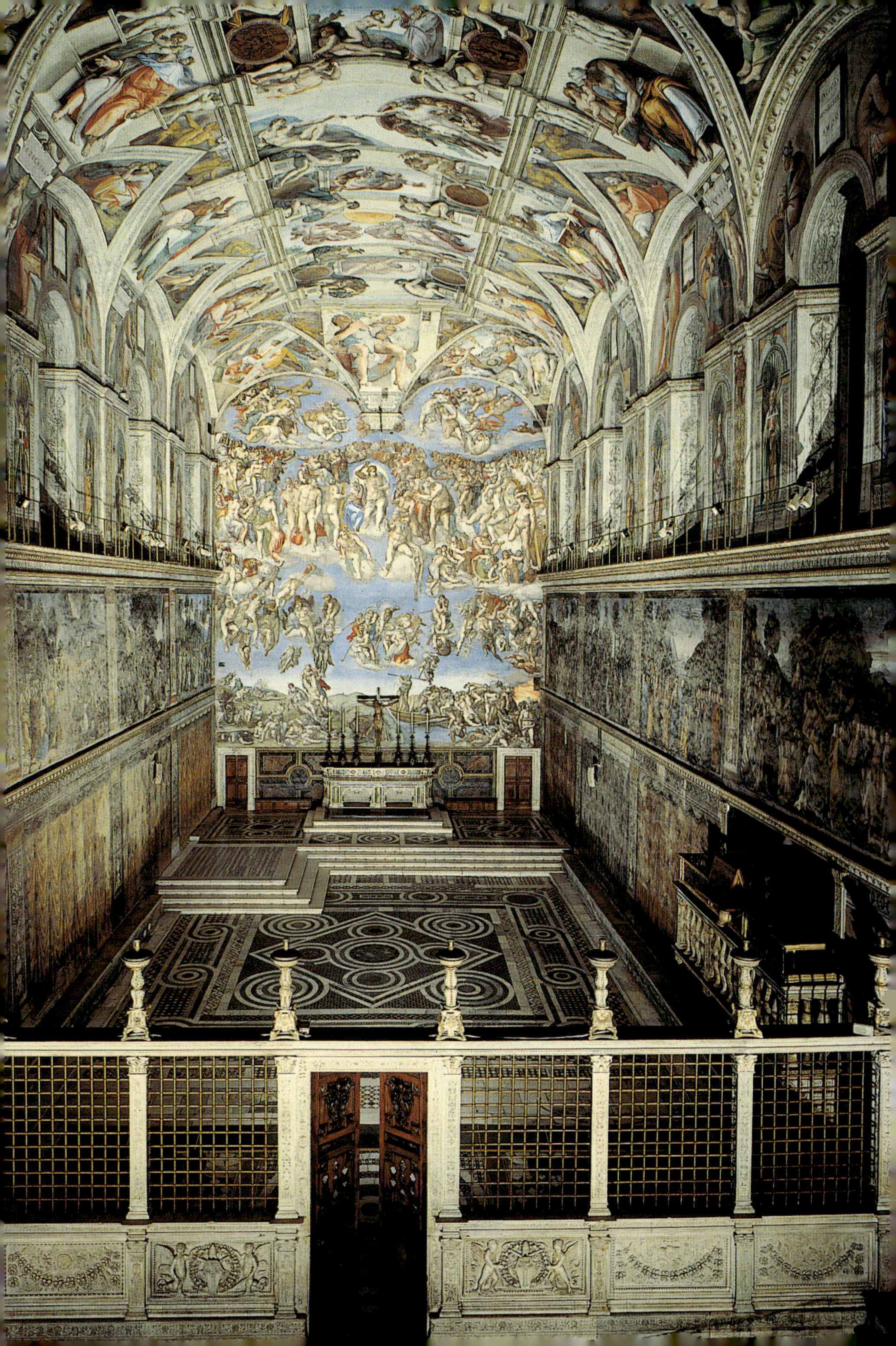

für die Papstwahl, die bis heute trotz der inzwischen größeren Zahl von Wählern und der dadurch bedingten Enge mit Rücksicht auf die Tradition hier stattfindet. Der Raum besitzt einen aus „opus alexandrinum“, d. h. aus vielfarbigem Marmor, geschmückten Fußboden. Er wird von einer Chorschranke geteilt, die das Presbyterium vom Raum der Gläubigen trennt. In 20,7 m Höhe wölbt sich darüber ein Tonnengewölbe mit Stichkappen, die den zwölf Bogenfenstern der Längswände entsprechen.

Mit dem Schmuck der Seitenwände beauftragte Sixtus IV. die besten umbrischen und toskanischen Maler seiner Zeit, nämlich Pietro Perugino, Sandro Botticelli, Domenico Ghirlandaio, Cosimo Rosselli und Luca Signorelli. Sie mußten sich streng an ein ikonographisches Programm und an bestimmte Kompositionsprinzipien halten, so daß die Fresken trotz der Vielzahl der Künstler als Einheit erscheinen. Über einem gemalten Vorhang finden sich ein Christus-Mose-Zyklus und im oberen Wandfeld zwischen den Fenstern die ersten 24 Päpste in illusionistischen Nischen. Diese Dreiteilung zeigt, daß der Papst mit damals modernen Formen an die Ikonographie der alten römischen Basiliken anknüpfen wollte, in deren Tradition seine Kapelle sich würdig einfügen sollte.

Bei der Gegenüberstellung des Christus- (nördliche Wand) mit dem Mose-Zyklus (südliche Wand) zeigt sich ein wohl durchdachter Bezug zueinander. Die ursprüngliche Ordnung ist freilich nur an den Längswänden erhalten, denn die Fresken der Altarwand wurden nach 1536 dem Jüngsten Gericht des Michelangelo geopfert und die der Eingangswand gingen später durch einen Unglücksfall verloren. Daher beginnen beide Zyklen heute jeweils mit ihrem zweiten Bild. Sie setzen die Einheit von Altem und Neuem Testament voraus, wobei das Neue die Erfüllung des Alten Testamentes darstellt. Diese Art von typologischer Schriftdeutung war seit den Kirchenvätern üblich. Augustinus schreibt in De civitate Dei 16,26: „Was ist schon das Alte

Testament anderes als das verhüllte Neue? Und was ist das Neue anderes als die Offenbarung des Alten?" Dementsprechend wird die Lebensgeschichte des Mose als Vorbild des Lebens Christi gedeutet. Mose ist als Gesetzesvermittler des Alten Bundes und Führer des auserwählten Volkes Vorläufer Christi. Dieses typologische Bildverständnis wird durch die 1965 wiederentdeckten Inschriften (tituli) über den einzelnen Fresken erleichtert. Dabei entsprechen die tituli dem Inhalt der einzelnen Fresken aber oft nur vage, zumal diese jeweils eine ganze Fülle von Szenen zeigen. Im Fresko über die Begebenheiten aus dem Leben des Mose ist dieser z. B. in sieben verschiedenen Szenen dargestellt.

Über die typologische Deutung hinaus ist der Bezug zu aktuellen Begebenheiten aus dem Pontifikat Sixtus' IV. von Bedeutung. So trägt beispielsweise der Aufrührer Korach die Gesichtszüge des Erzbischofs Andreas Zamometi, der den Papst wegen seines Nepotismus kritisierte und 1482 die Wiedereinberufung des Konzils von Basel verkündete. Ihm als Aufrührer wird in der gegenüberliegenden Szene die Beauftragung des Petrus (und damit seiner Nachfolger) durch Christus entgegengestellt. Dieser Freskenzyklus verbindet somit Altes und Neues Testament mit der Kirchen- und Papstgeschichte zu einer Gesamtschau.

Der Christus-Mose-Zyklus:

Wanderung des Mose nach Ägypten, Taufe Christi (Perugino) (Perugino)

Begebenheiten aus dem Leben des Mose, Versuchung Christi (Botticelli) (Botticelli)

Durchzug durch das Rote Meer, Berufung der ersten Apostel (Rosselli) (Ghirlandaio)

Übergabe der Gesetzestafeln, Bergpredigt (Rosselli) (Rosselli)

Bestrafung der Rotte Korachs, Schlüsselübergabe
(Botticelli) (Perugino)
Testament des Mose, Letztes Abendmahl
(Signorelli) (Rosselli)

Mehr als zwei Jahrzehnte nach der Einweihung durch Sixtus IV. beschloß dessen Neffe Julius II. (1503 – 13), die Ausstattung der Kapelle fortzuführen. Dafür gewann er Michelangelo, den er 1506 mit der Ausführung seines Grabmales beauftragt hatte und der erst 1508 nach langem Widerstreben, da er sich als Bildhauer, nicht als Maler verstand, mit der Ausmalung der Decke begann. Der Papst ließ dem Künstler – und das war in der Renaissance einmalig – bei der Gestaltung freie Hand. Das Deckenfresko ist somit Michelangelos ureigenes Werk – und zwar im Konzept wie auch in der Durchführung – und ein religiöses Bekenntnis. Im Gegensatz zu den unter Sixtus IV. entstandenen Fresken fehlt jede Anspielung auf den Auftraggeber. Im Verlauf der Arbeit, die von 1508 bis 1512 dauerte und im wesentlichen von Michelangelo selbst geleistet wurde, schlug die anfängliche Abneigung des Künstlers in einen Schaffensrausch um, und anstatt der für das Grabmal vorgesehenen 40 Marmorstatuen schmückte er nun die Decke mit einem ganzen Heer von Gestalten. Dafür installierte er ein hängendes Gerüst, damit die Kapelle für den Gottesdienst benutzbar blieb. So großzügig der Papst bezüglich der Gestaltung war, so zögerlich blieb die Bezahlung, denn der Künstler, dessen Familie auf seine Hilfe angewiesen war, mußte wiederholt um sein Honorar bitten. 1512 erfolgten die Enthüllung und die Einweihung. Im Gegensatz zu den Wandgemälden erfreute sich die Decke der Sixtina stets der höchsten Anerkennung aller Kunstexperten.

Während auf den Wänden der Kapelle Zyklen aus dem Alten („sub lege“, d. h. unter dem Gesetz des Alten Bundes) und dem Neuen Testament („sub gratia“, d. h. unter dem Gesetz der Gnade) dargestellt sind, entschied sich Michelangelo bei der Decke für die Darstellung dessen, was dem allen voranging („ante legem"), nämlich der Schöpfung, des Sündenfalls, der Sintflut und des Neuanfangs durch Noah. Die Fresken der Wände und der Decke verbinden sich somit zu einer heilsgeschichtlichen Gesamtschau.

Da die Urgeschichte als Deutung des menschlichen Zustandes im Gegensatz zu dem Geschehen des Alten und des Neuen Bundes nicht als Geschichte überliefert ist, sondern prophetisch geschaut wurde, hat der Künstler in die dreieckigen Felder zwischen den Stichkappen fünf thronende Sibyllen und sieben Propheten plaziert, die die Szenen des Mittelfeldes schauen. Die Propheten sind die Vertreter der Weisheitslehre Israels. Ihre Auswahl erfolgte im Bezug zu den Aussagen der Mittelfresken. Der über dem Altar dargestellte Jona ist z. B. in der christlichen Kunst wegen seiner Errettung aus dem Bauch des Fisches immer wieder als Sinnbild der Auferstehung gedeutet worden. Die Sibyllen waren in der vorchristlichen Antike von einer Gottheit begeisterte Seherinnen. Die Kirchenväter sahen in ihren Prophetien – parallel zu den Ankündigungen der Propheten – Hinweise auf die Ankunft Christi. Daher gelten sie in der christlichen Kunst als Zeuginnen der Menschwerdung Christi, gleichsam als Evangelistinnen vor dem Evangelium. Die Einbeziehung der Sibyllen ist eines der vielen Beispiele für die Einbeziehung der vor- und außerchristlichen Weisheitsgeschichte in eine heilsgeschichtliche Gesamtschau der Menschheitsgeschichte, die sich auf Christus hin entwickelt.

Die 520 m^2 große Decke ist streng architektonisch gegliedert. Im Zentrum stehen neun größere und kleinere rechteckige Felder mit 105 Figuren. Sie stellen von der Altarwand aus – Michelangelo malte sie allerdings in umgekehrter Richtung – folgende Szenen der Urgeschichte nach der Genesis dar:

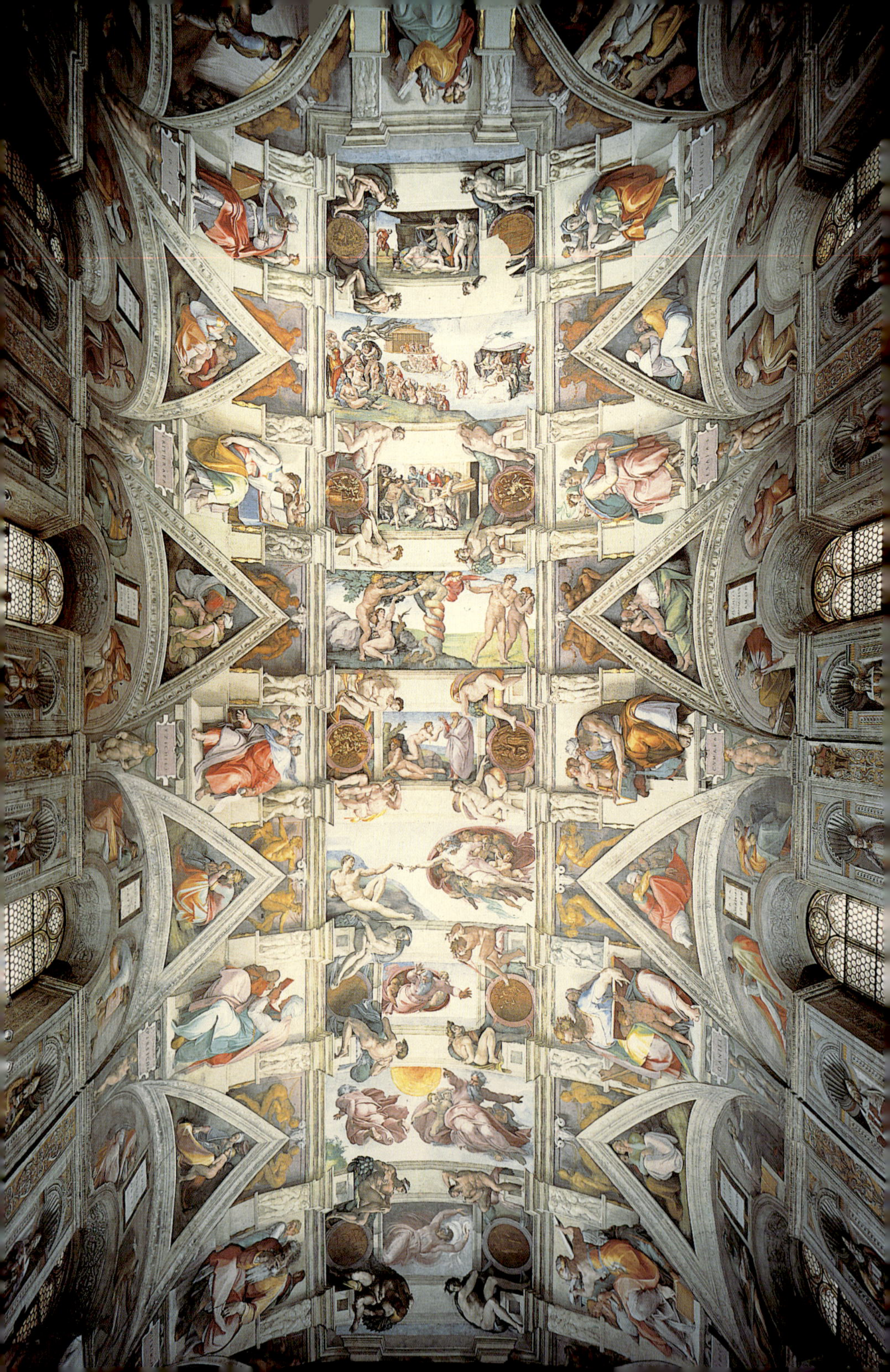

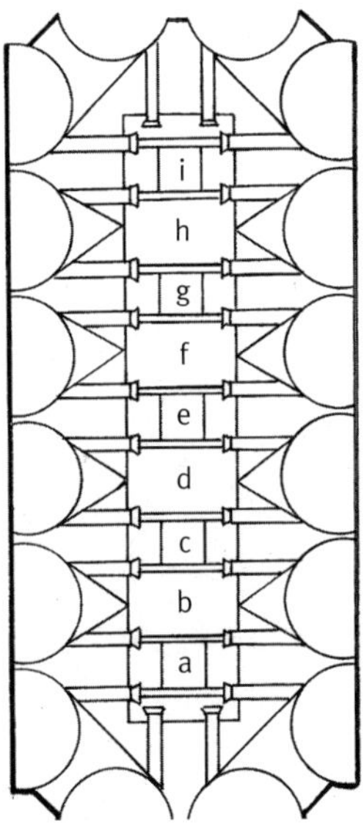

a Gott trennt das Licht von der Finsternis
b Erschaffung von Sonne, Mond und Vegetation
c Erschaffung der Tiere des Meeres
d Beseelung Adams
e Erschaffung Evas
f Sündenfall und Vertreibung aus dem Paradies
g Opfer Noahs
h Sintflut
i Verspottung Noahs

Decke der Sixtinischen Kapelle mit dem großartigen Fresko der Schöpfungsgeschichte von Michelangelo, 1508 – 12.

Die Eckbilder zeigen Szenen der Errettung Israels. An der Eingangswand sind das: der Sieg Davids über Goliath und die Ermordung des Holofernes durch Judith, an der Altarwand die Aufrichtung der ehernen Schlange und Hamans Bestrafung. In den Stichkappen und in den Lünetten über den Fenstern ist der Stammbaum Jesse dargestellt. Hier, wo die Schrift nur eine Aufzählung von Namen liefert, hat Michelangelo Eltern, Kinder und Enkel im familiären Beisammensein dargestellt. Mehr als dies haben freilich stets die auf den Pfeilern der Throne der Sibyllen und Propheten sitzenden nackten Jünglinge (Ignudi) mit ihrer herrlichen Gestalt Aufmerksamkeit gefunden. Michelangelo schreibt in Anspielung darauf:

„Mir zeigt sich Gottes Ebenbild
allein in edler menschlicher Gestalt.
Die liebe ich, weil sie ihn offenbart."

Zwei Jahrzehnte nach Vollendung der Decke erhielt Michelangelo 1533 von Papst Clemens VII. (1523 – 34) den Auftrag, die Altarwand der Sixtinischen Kapelle mit dem Jüngsten Gericht zu schmücken. Und wieder mußte er sich von der Arbeit am Juliusgrabmal losreißen. Als Clemens VII. wenige Tage nach seiner Rückkehr nach Rom unerwartet starb, erneuerte dessen Nachfolger Paul III. (1534 – 49) den Auftrag und ernannte den Künstler, um ihn zu binden, zum Obersten Baumeister, Bildhauer und Maler des Apostolischen Palastes. Er ehrte ihn ferner, indem er ihn zusammen mit mehreren Kardinälen in seinem Haus aufsuchte und sich die Musterzeichnung vorlegen ließ. 1535 begann die Vorbereitung mit der Vermauerung der Fenster, der Beseitigung der vorhandenen Malerei und der Errichtung einer Vormauer, die oben 28 cm vorstand, damit sich weder Staub noch Schmutz festsetzen konnten. Die Ausführung erfolgte von 1536 bis 1541. Und wiederum führte Michelangelo, obwohl er bei Beginn bereits 61 Jahre alt war, die Arbeiten in 450 Tagwerken allein aus. Die 200 m^2 große Fläche zählt 390 Figuren, von denen einige über 2,5 m hoch sind.

Das Jüngste oder das Weltgericht ist seit ca. 1300 ein Schlüsselthema der christlichen Kunst. Meist scheidet auf den frühen Darstellungen der Weltenrichter die Schafe von den Böcken. Auch die zum Gericht rufenden Engel sind ein festes Element. Ganz ungewöhnlich ist jedoch die Darstellung auf der Altar- statt wie sonst an der Eingangswand. Wie kam es aber dazu, daß die drei Urheber des Gemäldes, nämlich Clemens VII., Paul III. und Michelangelo, dieses Thema nach Beseitigung früherer Fresken so sehr in den Mittelpunkt rückten? Für jeden von ihnen hatte es seine eigene Bedeutung. Vieles spricht dafür, daß der Sacco di Roma, die Plünderung Roms durch die ausgehungerten und beutegierigen Söldner Kaiser Karls V. (1519 – 56) im Mai 1527, den Ausschlag für die Wahl dieses Themas gegeben hat. Damals hatte sich Clemens mit Hilfe der Schweizer Garde nur mit Mühe in die Engelsburg flüchten können und von dort einen Monat lang die Verwüstung Roms hilflos mitansehen müssen. Diese Vorkommnisse waren als ein Strafgericht Gottes über das verweltlichte Rom und Papsttum der Zeit angesehen worden, und sie leiteten tatsächlich das Ende der Renaissance in der Ewigen Stadt ein. Aber auch für Paul III. gab es einen persönlichen Bezug zu diesem Thema, und zwar das von ihm nach langer Verzögerung durch die Berufung reformwilliger Kandidaten in das Kardinalskolleg vorbereitete und 1545 eröffnete Konzil von Trient, das die Kirchen-

Sixtinische Kapelle: Jüngstes Gericht. Fresko von Michelangelo, 1536 – 41.

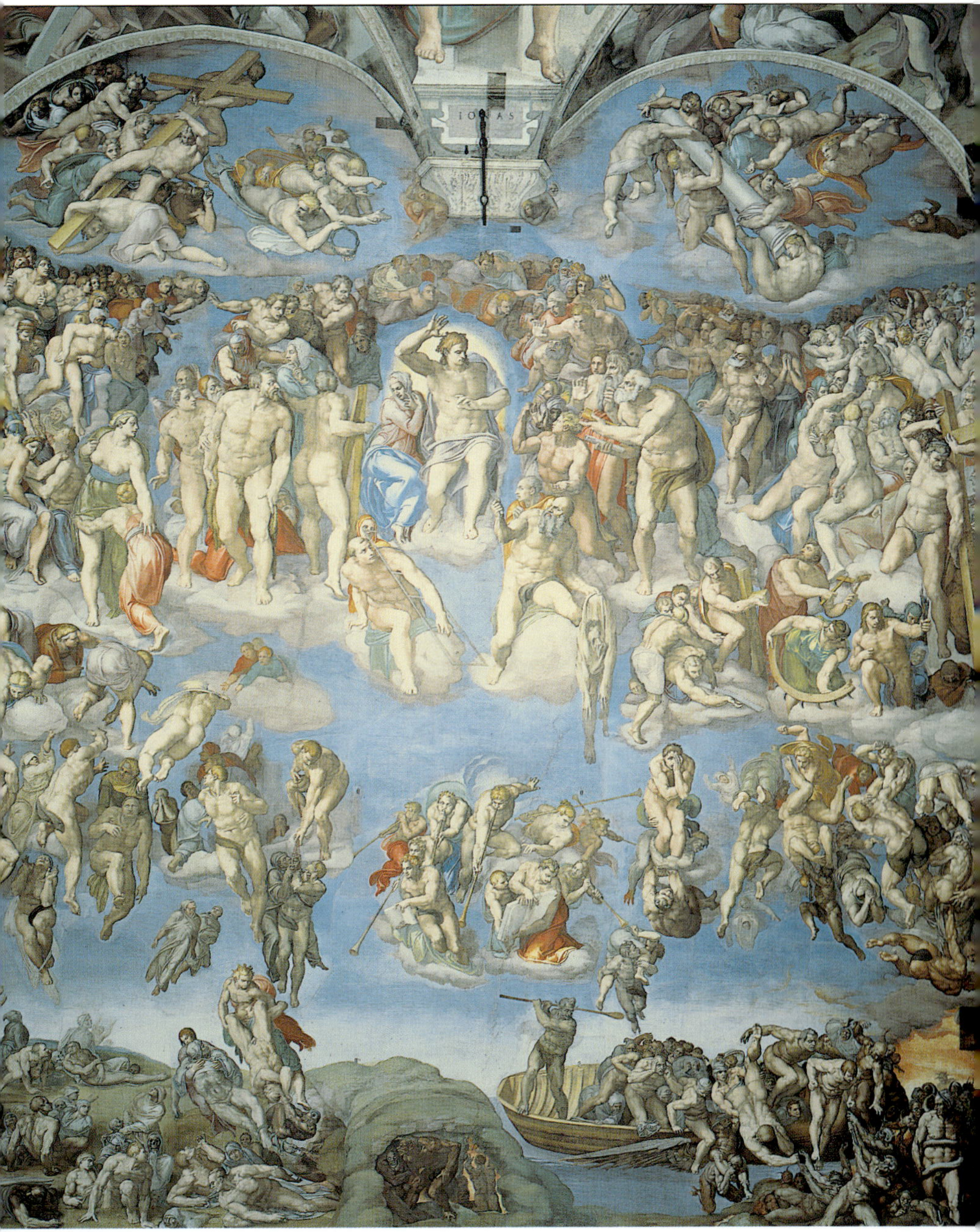
IONAS

reform und zugleich die Wiedervereinigung der abendländischen Christenheit betreiben sollte. Das Fresko, das in der Vorbereitungszeit auf diese Kirchenversammlung geschaffen wurde, enthält eine ganze Reihe von Hinweisen auf die in Trient diskutierten Themen, so etwa auf die leidenschaftlich erörterte Frage, ob Rechtfertigung nur aus Glauben (so Luther) oder aus Glauben und zugleich aus guten Werken (so die katholische Lehre) möglich sei. Michelangelo glaubte an die Verdienstlichkeit der guten Werke. Daher spielen in seinem Fresko die Leidenswerkzeuge der Märtyrer, die diese so demonstrativ vorweisen, eine wichtige Rolle. Auch andere vom Konzil gegen den Protestantismus betonte Glaubenslehren werden hier hervorgehoben, so der Vorrang Petri und die Verehrung Mariens, die im Fresko als in die Glorie ihres Sohnes einbezogen erscheint.

Michelangelo griff mit seinem Jüngsten Gericht ein traditionelles Thema auf, doch befreite er sich von den Vorgaben der Überlieferung, die den Weltenrichter auf dem Thron sitzend dargestellt hatte. Hier springt die herkulische Gestalt dagegen zum Gericht auf. Die gewaltige Gebärde seines rechten Armes trägt segnenden und zugleich richtenden Charakter. Von ihr aus scheint sich alles in Bewegung zu setzen, so daß das Ganze den Eindruck einer großen Kraftentladung macht. Um ihn drängen sich die Erwählten, und links streben die Auferstehenden nach oben, während auf der rechten Seite die ebenfalls nach oben strebenden Verdammten abstürzen.

Im Gegensatz zur Decke ist das Jüngste Gericht nicht in einen architektonischen Rahmen eingespannt. Dem Betrachter eröffnet sich so gleichsam der Blick über den engen Raum der Kapelle hinaus bis zum Letzten Tag. Damit schließt sich das Programm der Kapelle, das mit der Urgeschichte anhebt, über die Heilsgeschichte bis zur Wiederkunft Christi. Man kann es mit den Augen des Glaubenden und mit den Augen des Kunstfreundes sehen, was sich natürlich nicht ausschließt. Goethe schreibt darüber: „Ohne die Sixtinische Kapelle gesehen zu haben, kann man sich keinen anschauenden Begriff machen, was ein Mensch vermag.“ (weiter im Rundgang S. 148).

Die Vatikanische Bibliothek und der Salone Sistino

Zu den ältesten kulturellen Einrichtungen der Päpste gehört die Bibliothek. Soweit sie dem wissenschaftlichen Betrieb dient, sind ihre Räume nur Gelehrten zugänglich (keine Zulassung für Studierende ohne Studienabschluß). Der (28) Salone Sistino, der historische Bibliothekssaal aus der Zeit des Papstes Sixtus V. (1585 – 90), ist dagegen in den Museumsbereich einbezogen. Er verdient wegen seiner geschichtlichen Bedeutung und Schönheit sowie wegen seiner Aussagen zur Bedeutung des Buches einen Besuch.

Da die christliche Offenbarung schriftlich fixiert und das Christentum somit eine Buchreligion ist, spielten Bücher in der Kirche von Anfang an eine wichtige Rolle, an erster Stelle natürlich die Heilige Schrift als „das Buch aller Bücher“, aber auch die Schriften der Kirchenväter als der Interpreten der Hl. Schrift. Schon aus dem Altertum sind große kirchliche Bibliotheken bekannt.

Die Vatikanische Bibliothek hat ihren Ursprung dagegen im päpstlichen Archiv. Zu einem systematischen Ausbau kam es seit dem Zeitalter des Humanismus durch die Päpste Nikolaus V. (1447 – 55) und Sixtus IV. (1471 – 84). Dabei spielten das allgemeine Bildungsbedürfnis der Zeit, die Erfindung des Buchdruckes und der generelle Aufschwung der Bibliotheken eine Rolle. 1475 bestimmte Sixtus IV. vier Räume des Vatikanischen Palastes für seine Bücher, die er den Gelehrten zugänglich machte. Aus dem privaten Buchbesitz wurde dadurch eine öffenliche Gelehrtenbibliothek. Deren erster Leiter wurde der berühmte Humanist Bartolomeo Platina. Melozzo da Forlì hat dessen Beauftragung in einem berühmten Fresko dargestellt, das sich heute in der Vatikanischen Pinakothek befindet.

Als Sixtus V. sich ein Jahrhundert später dazu entschloß, einen Bibliotheksneubau zu errichten, hatte sich die kirchliche Situation aufgrund der Reformation und des Konzils von Trient (1545 – 63), aber auch des Buchdruckes von Grund auf geändert. Das Konzil hatte das Schriftprinzip der Reformatoren durch das Prinzip der auf Christus zurückgehenden und von den Aposteln weitergegebenen Tradition ergänzt und diese neben der Hl. Schrift zur authentischen Glaubensquelle erklärt. Daher bestimmte Sixtus V. 1587, daß die Vatikanische Bibliothek künftig Bücher und andere schriftliche Dokumente als Zeugnisse der lebendigen Tradition zum Studium bereit halten sollte. In den folgenden Jahren entstand daher zwischen den beiden Korridorbauten, die den Apostolischen Palast mit dem Belvedere verbinden, jener Querbau, der noch heute das Herzstück der Bibliothek bildet.

Der Salone Sistino. Unter Sixtus V. 1587 als prachtvoller Bibliothekssaal mit ambitioniertem Bildprogramm für die Vatikanische Bibliothek errichtet.

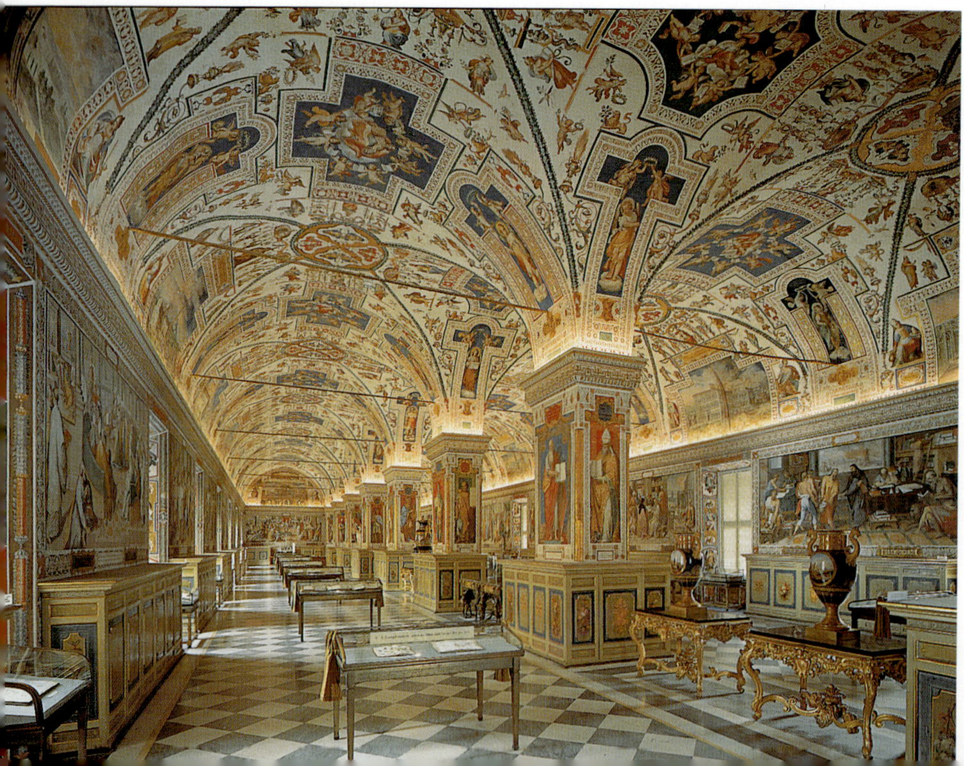

Vom Museum aus gelangt man heute in den nach seinem Gründer Salone Sistino benannten, 70 mal 15 m großen und 9 m hohen Bibliothekssaal. Er ist mit einem vom Bibliothekar des Papstes Federico Ranaldi konzipierten Bildprogramm geschmückt. Wenn diese Fresken auch nicht von hervorragender künstlerischer Bedeutung sind, so stellen sie doch ein eindrucksvolles lokal- und kulturgeschichtliches Denkmal dar. Die Seitengewölbe über Türen und Fenstern zeigen Fresken zur Stadtgeschichte aus der Amtszeit Sixtus' V. Dieser wollte ja ganz Rom zu einem Monument der katholischen Christenheit gestalten und auch die Bauten des heidnischen Altertums in dieses Konzept einbeziehen. So erkennt man z. B. die nun zu christlichen Denkmälern umgestalteten Obelisken und Gedenksäulen.

Die Seitenwände des Raumes sind der Verherrlichung des Buches bzw. der darin festgehaltenen Überlieferung gewidmet. Die Südseite zeigt die berühmtesten Bibliotheken der Geschichte, angefangen mit Mose, der mit den Gesetzesbüchern dargestellt wird, über die Athener und die römische bis hin zur päpstlichen Bibliothek. Die Bildreihe der Nordwand, die sich in den Nebenräumen fortsetzt, verherrlicht dagegen die ökumenischen Konzilien von Nizäa (325) bis Trient (1545 – 63). Bei ihnen steht jeweils die Hl. Schrift im Mittelpunkt, die durch die lebendige Tradition gedeutet und ergänzt werden soll.

Die sechs großen Pilaster in der Mitte des Saales zeigen die angeblichen Erfinder der Buchstaben und Sprachen von Adam bis zu Christus als dem fleischgewordenen Wort. Die Reihe beginnt an der Ostwand mit Adam als dem von Gott unterwiesenen Erfinder von Schrift und Wissenschaft. Sie endet an der Westwand mit der Darstellung des von Kaiser und Papst flankierten Christus. In ihm laufen die Zyklen der Konzilien, Bibliotheken und Schrifterfinder zusammen. Er hält ein offenes Buch in der Hand mit der Inschrift: „Ego sum A et Ω, Principium et finis" („Ich bin A und Ω, Anfang und Ende"). Er weist

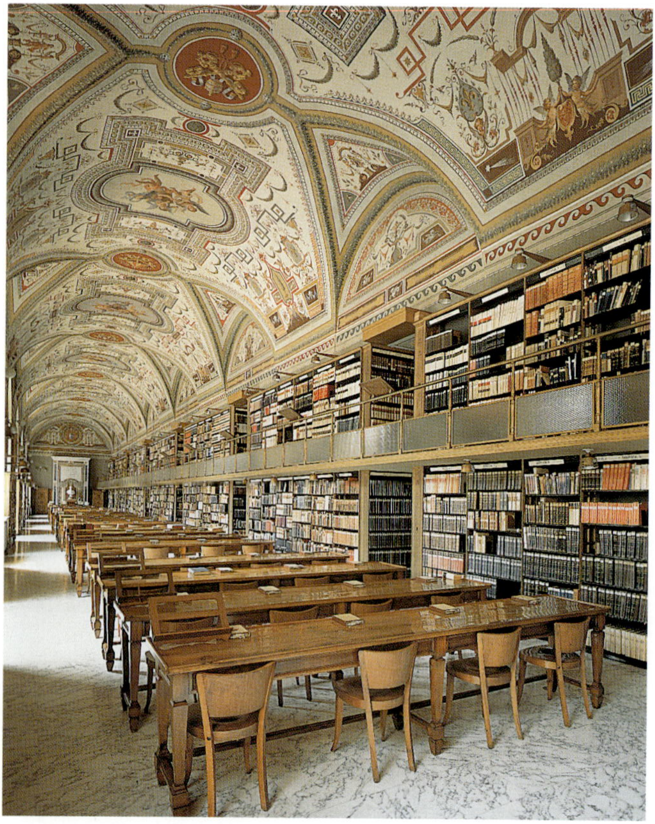

Lesesaal der Vatikanischen Bibliothek. Begegnungsstätte von Gelehrten aus aller Welt.

auf den Papst, den er den Bibliotheksbenutzern als seinen Beauftragten und als Hüter der wahren Lehre vorstellt.

Die außerordentliche Wertschätzung des Buches und der in ihm fixierten Überlieferung durch den Papst wird durch eine Inschrift im Vorraum des Salone noch unterstrichen, die jedem, der Bücher oder Teile davon stehle oder mutwillig zerstöre, die Exkommunikation androht, von der ihn nur der Papst persönlich lösen könne.

Der Salone Sistino ist den Anforderungen einer modernen Bibliothek längst nicht mehr gewachsen und dient heute als

Ausstellungsraum, während der wissenschaftliche Bibliotheksbetrieb sich in anderen, gesonderten Räumen abspielt. Die Vatikanische Bibliothek zählt u. a. 65 000 Manuskripte – davon 25 000 aus dem Mittelalter, 130 000 Packen Archivgut, 7000 Wiegendrucke und über 700 000 gedruckte Bücher. Dazu kommen jährlich 1000 Bände laufender Zeitschriften und 7000 Bücher hinzu. Ein großer Teil davon wird heute in gewaltigen unterirdischen Magazinräumen aufbewahrt (weiter im Rundgang S. 150).

Die Galerie der geographischen Karten

Die 120 m lange und 6 m breite Galerie der geographischen Karten ließ Papst Gregor XIII. (1572 – 85) anlegen. Nachdem die Päpste der Renaissance durch ihre Kunstpolitik die römische Kurie zur führenden Kunstmacht ihrer Zeit gemacht, darüber aber die fällige Kirchenreform versäumt hatten, verlagerte sich das Wirken der Päpste nach dem Konzil von Trient auf ihre geistig-geistliche Führungsaufgabe. Auch diese Epoche brachte eindrucksvolle künstlerische Leistungen hervor. Gregor XIII. war einer der bedeutendsten Päpste der katholischen Erneuerung. Er war aus der römischen Kurie hervorgegangen und baute diese zum Instrument der Kirchenreform um. Dazu gehörte auch die Förderung der Wissenschaften und der Priesterausbildung. Erst jetzt wurde Rom neben seiner Funktion als kirchliches Verwaltungszentrum auch ein Ausbildungszentrum.

Die Galerie der geographischen Karten im zweiten Obergeschoß des Belvederekorridors ist in diesem Zusammenhang zu sehen. Die Wandflächen zwischen den auf beiden Seiten je 17 Fenstern sind mit Landkarten ausgemalt, die dem Gang den Namen gaben. Diese Galerie wurde von den Zeitgenossen unter allen Schöpfungen Gregors am meisten bewundert. Seit den großen Entdeckungsfahrten hatte die Kartographie bei den seefahrenden Nationen eine Neubelebung erfahren. Öffentliche und private Gebäude wurden nun mit Karten geschmückt, die allerdings noch nicht den Anspruch auf korrekte Wiedergabe erheben

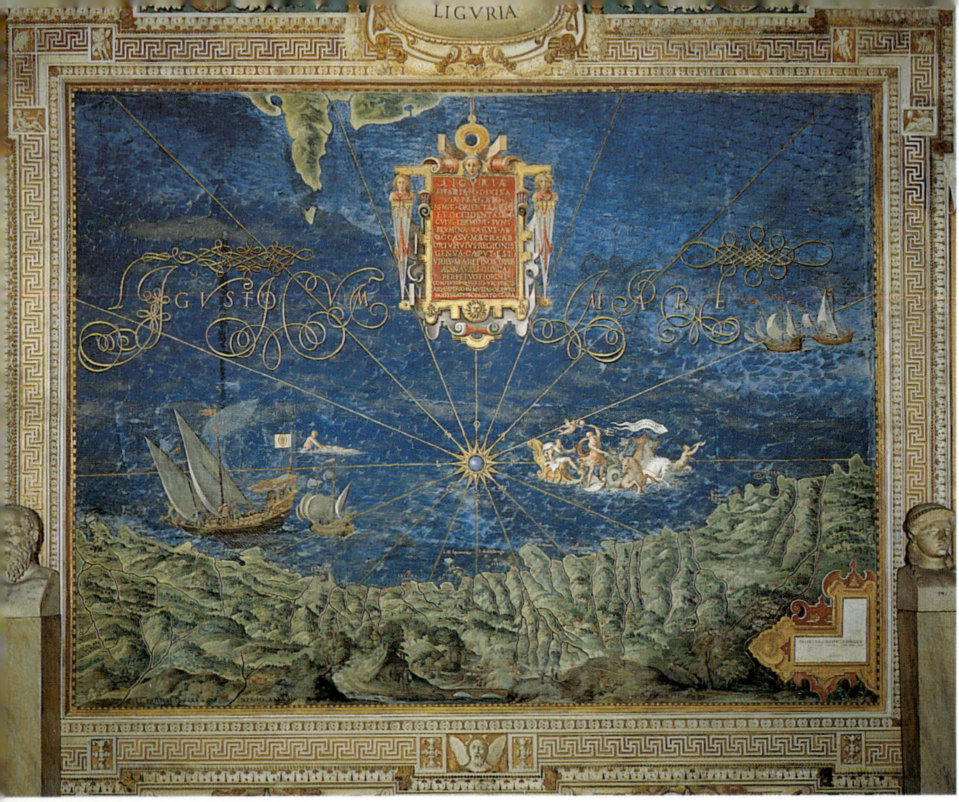

Galerie der geographischen Karten: Die Region Ligurien.

konnten. In vielen Punkten glichen sie eher Ansichten (Veduten). Das gilt auch von den 40 Karten der Regionen Italiens und des Kirchenstaates dieser Galerie, deren Entwürfe von dem Dominikaner und vielseitigen Gelehrten Ignazio Danti (1536 – 86) stammen, der den Kirchenstaat kartographisch erfaßt hatte. Die Ausstattung der Galerie zog sich noch bis ins 17. Jh. hin.

Leitendes Motiv war wohl die Überzeugung von der Notwendigkeit des Kirchenstaates. Wegen des verfügbaren Raumes wurden aber alle italienischen Landschaften einschließlich der Inseln Sardinien und Sizilien, ferner Malta und Korfu mit einer Darstellung des Seesieges über die Türken bei Lepanto (1571) einbezogen. Als Trennungslinie zwischen den Karten auf der östlichen und auf der westlichen Wand dient der Appenin. Die bewohnten Plätze sind rot, oft als Veduten, wiedergegeben. Am Rande der Karten finden sich Stadtansichten der betreffenden Region. Auf die verschiedenen Regionen Italiens beziehen sich auch die historischen und allegorischen Fresken im Rundgewölbe des Ganges, die von reich vergoldeten Stuckrahmen umgeben sind.

Über dem nördlichen Ende der Galerie ließ der Papst den sog. Turm der Winde (Torre de' Venti) mit der imponierenden Höhe von 73 m errichten. Man kann ihn vom Cortile della Pigna und von den Vatikanischen Gärten aus betrachten. Er diente den für die Kalenderreform notwendigen Beobachtungen. Man hatte schon lange erkannt, daß der nach Julius Cäsar benannte Julianische Kalender gegenüber dem astronomischen Jahr im Rückstand war und der Korrektur bedurfte, denn die Osterberechnung und der kirchliche Festkalender waren in Unordnung geraten. Nach dem Abschluß der Untersuchungen erfolgte 1582 die Einführung des Gregorianischen Kalenders mit neuen Schaltregeln. Die bis dahin eingetretene Abweichung vom astronomischen Kalender bereinigte man durch einen Sprung von zehn Tagen vom 4. auf den 15. Oktober 1582. Während der neue Kalender in den katholischen Staaten sogleich angenommen wurde, folgten die evangelischen Staaten aus konfessionellen Vorbehalten erst mit großer Verzögerung. Den größten Widerspruch gab es seitens der Orthodoxie. Auch die Sowjetunion übernahm den Gregorianischen Kalender erst 1923. Der Turm gehört heute zum Vatikanischen Archiv und ist nur mit einer Sondergenehmigung zu besichtigen (weiter im Rundgang S. 146).

Die Vatikanischen Gärten

Die Stadt Rom besitzt eine Fülle öffentlicher Parks und privater Gärten. Das erkennt man gut, wenn man die Stadt überfliegt. Gärten haben im Süden wegen der klimatischen Verhältnisse eine größere Bedeutung als im Norden, denn vom Juni bis in den Oktober hinein kann man viele Tage und vor allem Abende außerhalb der Wohnung im Garten und auf der Terrasse verbringen. Garten- und Terrassenfeste gehören daher zu den selbstverständlichen gesellschaftlichen Ereignissen. Die römische Gartenkultur reicht bis weit in die Antike zurück.

Damals wurden bereits große öffentliche Gärten angelegt, und zwar als Kunstgärten oder als Nachahmung natürlicher Landschaften. Voraussetzung war die ausreichende Wasserversorgung, an der es im antiken Rom nicht fehlte. Die Gärten waren mit Pavillons, Marmorbänken, Statuen, Brunnen und seltenen Pflanzen ausgestattet. Neben den öffentlichen gibt es seit jeher auch die von hohen Mauern umgebenen „geheimen", d. h. von Außenstehenden nicht einzusehenden Gärten, die faktisch den Wohnraum erweitern. Sie sind natürlich in der Regel kleiner als die öffentlichen Gärten. Nachdem die römischen Wasserleitungen im Mittelalter verfallen waren und erst seit dem späten 15. Jh. wiederhergestellt wurden, setzte mit dem allgemeinen Wiederaufstieg der Stadt Rom im Zeitalter der Renaissance auch ein Neubeginn der Gartenkultur ein. Dabei spielten die Aufstellung von antiken Statuen, aber auch die Anpflanzung neuer Gewächse eine Rolle. So erinnern die erst seit damals in Europa verbreiteten Apfelsinenbäume – in Rom sind die Früchte bitter und nicht genießbar, erst ab Neapel gedeihen süße Apfelsinen – mit ihren Früchten an die goldenen Äpfel im mythologischen Garten der Hesperiden. Auch die Kreuzgänge der Stadtklöster waren eine Art geheimer Gärten, in denen die Ordensleute ungestört ihrem Gebet nachgehen konnten.

Nach der endgültigen Verlegung der päpstlichen Residenz an den Vatikan in der zweiten Hälfte des 15. Jh.s begann auch die Anlage der Vatikanischen Gärten. Diese sind nicht öffentlich, können aber mit Führung besichtigt werden. Für ihre Entwicklung war insbesondere Papst Julius II. von Bedeutung, der antike Skulpturen erwarb, im Garten beim Belvedere aufstellen ließ und damit den Anfang jener Kunstsammlung machte, die später in die Vatikanischen Museen einging.

Man besucht die Gärten vom Arco delle Campane her, läßt links den Campo Santo Teutonico, die Sakristei von St. Peter, das Gästehaus des Heiligen Stuhls, andere Dienstgebäude und rechts die Kirche S. Stefano degli Abissini liegen, kommt dann

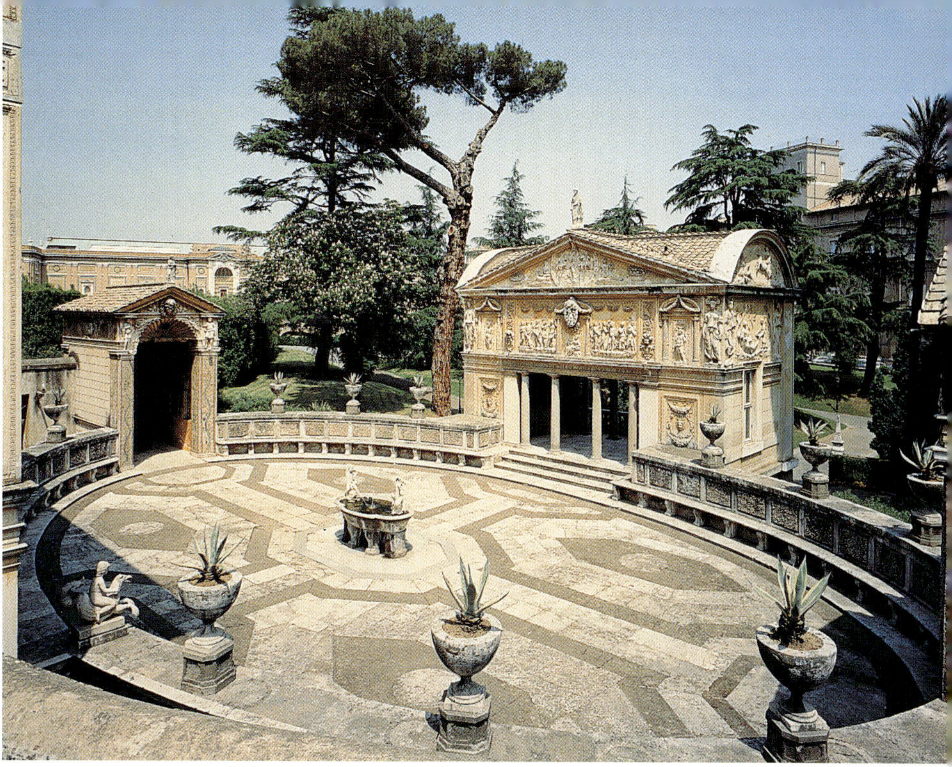

Die Casina Pius IV., ein Gartenhaus mit Mosaikgrotten und Wasserspielen (Mitte 16. Jh.). Sie gehört heute zur Päpstlichen Akademie der Wissenschaften.

am vatikanischen Bahnhof (nur Güterverkehr) und am Gouverneurspalast (Sitz der Zivilverwaltung) vorbei und besteigt den vatikanischen Hügel (76 m ü. M.), auf dem und an dessen Abhängen die Gärten angelegt sind. Sie enthalten z. T. Kunstgärten, deren Wappenanpflanzungen erst von der Kuppel des Domes aus voll zur Geltung kommt, z. T. Naturgärten und sind reich mit Denkmälern und Skulpturen (Geschenke an die Päpste) ausgestattet. Einbezogen sind Reste der leoninischen Stadtmauer (9. Jh.), an die sich eine Lourdesgrotte anlehnt. Im nordwestlichen Turm der Mauer befindet sich das nach der Gründung des Vatikanstaates geschaffene Radio Vatikan, dessen Studios und Verwaltung freilich aus Raumgründen schon lange an den Anfang der Via della Conciliazione verlegt sind. Weiter finden sich in den Gärten ein von Papst Pius IV. angelegtes Gartenhaus, die Casina di Pio, in der sich Kunst und Wasserspiel harmonisch verbinden. Die Casina gehört heute zur Päpstlichen Akademie der Wissenschaften. Auch das Abessinische Kolleg hat seinen Sitz in den Gärten. Von diesen aus bietet sich der beste Blick auf die Kuppel des Petersdoms und auf die gewaltigen Bauten der Vatikanischen Museen.

Die Engelsburg

Die Engelsburg (Castel S. Angelo) hängt wie wenige andere Monumente mit der Geschichte der Stadt Rom und noch mehr mit der des Borgo zusammen. Durch ihre exponierte Lage am rechten Flußufer oberhalb des großen Tiberbogens bewachte sie die Engelsbrücke (Ponte S. Angelo) als den jahrhundertelang wichtigsten Zugang zum Vatikan. Daher waren die Päpste daran interessiert, dieses Monument unter ihre Kontrolle zu bringen.

Kaiser Hadrian (117 – 138) begann 121 mit Sicherungsarbeiten am hochwassergefährdeten Tiberufer und danach mit der Anlage des Mausoleums, das zum Familiengrab der antoninischen Herrscher wurde. Es wurde ähnlich wie das Mausoleum des Augustus gestaltet, jedoch größer und prächtiger. Über einem quadratischen Podium (89 mal 89 m, 15 m hoch) erhob sich ein 20 m hoher Zylinder und darüber nach Art eines etruskischen Tumulus ein mit Zypressen bepflanzter Erdhügel. Über ihm stand auf einem Turm das Viergespann des Gottes Helios oder eine Bronzestatue des Kaisers (Modelle der verschiedenen Phasen des Monuments befinden sich in einem Ausstellungsraum). Die einst prächtige Marmorverkleidung des Zylinders mit den Namen der hier Beigesetzten und eine darüber befindliche Säulengalerie mit Marmorstatuen gingen im Mittelalter verloren. Heute ist nur noch der rohe, unverkleidete Stumpf des Baukörpers vorhanden.

Um diesen mit dem Marsfeld zu verbinden, wurde eine eigene Brücke gebaut (ursprünglich Pons Aelius). Deren drei Mittelbögen sind unversehrt erhalten, während die zwei ebenfalls bogengestützten Rampen, die die Verbindung zu den Ufern herstellten, 1892 beim Bau der großen Ufermauern abgerissen und durch zwei den mittleren ähnliche Bogen ersetzt wurden. Die Brücke wurde 134, das Mausoleum 139 eingeweiht. Als letzter Kaiser wurde hier 217 Caracalla beigesetzt, und als Aurelian († 275) Rom vor den drohenden Barbareneinfällen seit

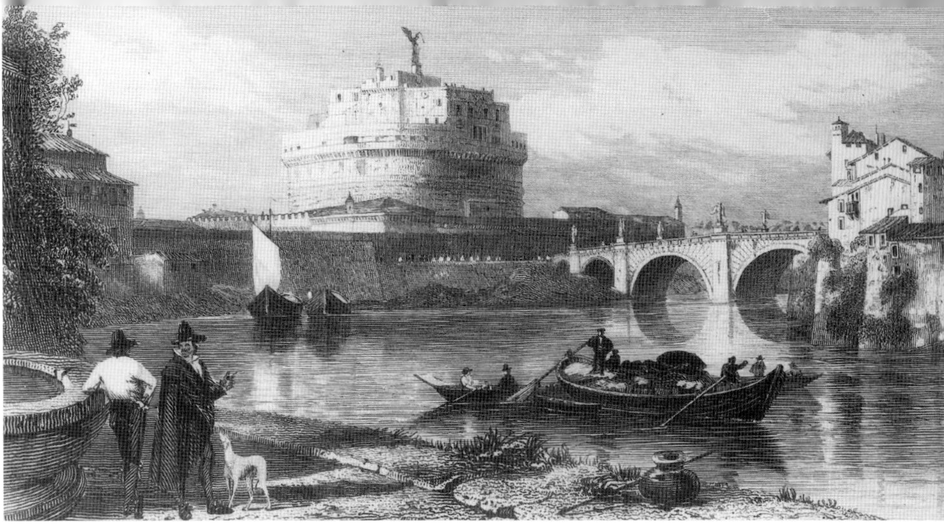

Die Engelsburg von Südwesten. Stich von F. Smith nach J. Parke, London 1845.

270 mit der noch über weite Strecken erhaltenen Mauer umgab, bezog er das Mausoleum wegen seiner strategisch wichtigen Lage als vorgelagerte Bastion in sein Verteidigungskonzept ein. Damit war der Schritt zur Umwandlung in eine Festung getan. Und sie hatte diese Funktion wiederholt zu erfüllen, so 546 bei der Eroberung Roms durch die Ostgoten unter Totila († 552). Seitdem bürgerte sich für das umliegende Gebiet der Name Borgo (von Burg) ein. Als Leo IV. (847 – 855) den Borgo mit einer Mauer umgab, bezog er in sein Verteidigungssystem auch das Mausoleum ein. 1084 fand Gregor VII. (1073 – 85) dort vor Kaiser Heinrich IV. (1056 – 1106) Zuflucht. Der Besitz des damals Torre dei Crescenzi genannten Baues wechselte in den folgenden Jahrhunderten zwischen römischen Adelsfamilien, ehe er über eine von ihnen, die Orsini, nach 1277 endgültig an die Päpste kam. Die neue Bedeutung kam in dem nunmehr geschaffenen Verbindungsgang (passetto) zwischen Burg und Vatikanpalast zum Ausdruck, der das schnelle Passieren zwischen beiden Gebäuden ermöglichte und die Sicherheit des Papstes garantierte. Er besteht noch heute und läßt sich von der Höhe der Burg aus gut betrachten. Zur damaligen Zeit hatte sich längst der Name Engelsburg eingebürgert. Er ging auf eine Vision zurück, die Gregor d. Gr. (590 – 604) während einer Bittprozession zur Zeit der Pest gehabt hatte. Danach hatte sich ihm auf der Höhe der Burg der Erzengel Michael gezeigt, das Schwert in die Scheide gesteckt und damit zum Ausdruck gebracht, daß die mörderische Seuche ende. Seit dem Anfang des 7. Jh.s gab es hier eine dem Erz-

engel geweihte Kapelle. Der Name Castel S. Angelo ist dagegen erst seit 825 bezeugt. 1379 verwüstete die römische Bevölkerung aus Sorge vor dem Ausbau der päpstlichen Herrschaft über die Stadt die Burg, doch seit der Mitte des 15. Jh.s wurde sie nach der Überwindung der Krise des Papsttums zur uneinnehmbaren Festung ausgebaut. Sie wurde nie mit militärischen Mitteln eingenommen. Ihre Ausstattung mit Gemächern erfolgte vor allem unter Nikolaus V. (1447 – 55), Alexander VI. (1492 – 1503) und Paul III. (1534 – 49).

Seine Bewährung erlebte dieser geschichtsträchtige Bau am 6. Mai 1527, als die führungslosen Landsknechte Kaiser Karls V. beutegierig in Rom einfielen. Die Stadt erlitt damals eine der verheerendsten Plünderungen ihrer Geschichte. Unschätzbare Kultur- und Kunstwerke wurden zerstört oder verschleppt und Papst Clemens VII. (1523 – 34) konnte sich nur mit Hilfe der Schweizer Garde vom Vatikanischen Palast über den Passetto in die Engelsburg retten. Dort blieb er einen Monat lang eingeschlossen, ehe er sich durch demütigende Zugeständnisse und hohe Geldsummen freikaufen konnte. Die Engelsburg blieb bis zum Anfang des 20. Jh.s Festung bzw. Gefängnis. Unter Urban VIII. (1623 – 44), der Rom stark befestigen ließ, wurden ihr die Bastionen hinzugefügt.

Man gelangt zum Monument von der nördlichen Seite her, und zwar zunächst in einen befestigten Umgang. Zum alten Eingang muß man seit dem Bau der Ufermauer hinuntersteigen. Man durchschreitet zunächst eine von Travertinblöcken gewölbte Galerie, die einst mit Giallo antico verkleidet war, und gelangt über eine aus Ziegeln gemauerte, sanft ansteigende Rampe, die 3 m hoch mit Marmor verkleidet war und einen vollen Kreis beschreibt, 12 m höher. Dort gelangt man an einen um 1500 angelegten Gang, der das Bauwerk durchsticht. In dessen Mitte befindet sich die 8 mal 8 m große, ursprünglich ebenfalls mit Marmor verkleidete Grabkammer, in deren Wandnischen die Aschenurnen beigesetzt wurden. Danach erreicht

Aufriß der Engelsburg.

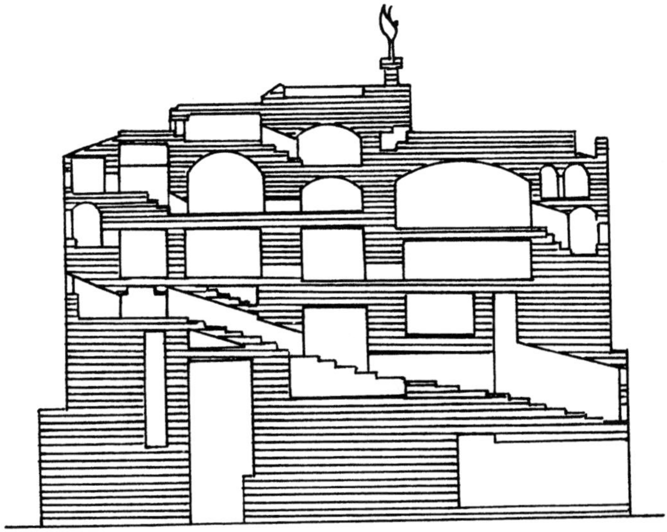

man die Plattform des antiken Zylinders. In dessen Mitte befinden sich die seit 1447 durch Ausweitung des antiken Mittelturmes geschaffenen päpstlichen Gemächer, die die Plattform in zwei Ehrenhöfe einteilen. Man betritt zunächst den Cortile dell'Angelo, so genannt nach der dort aufgestellten Marmorstatue des hl. Michael, die bis 1752 die Burg bekrönte, ehe sie durch die heutige bronzene Figur von Peter Anton Verschaffelt (1710 – 93) ersetzt wurde. Die Gemächer der Päpste haben einen Freskenschmuck aus dem 16. Jh. Von dort aus erreicht man den Cortile del Pozzo oder del Teatro und weiter oben einen überdachten Umgang, von dem aus man prächtige Ausblicke auf die Stadt hat. Das gilt besonders von der Loggia Julius' II. (1503 – 13), die Antonio da Sangallo (1483 – 1546) schuf.

Von dort her steigt man zur Sala Paolina, dem prächtigsten aller Räume der Burg, hinauf. Sie wurde zusammen mit den sich anschließenden Privatgemächern und dem Schlafgemach unter Paul III. geschaffen, doch bleibt ungewiß, ob dieser sie je bewohnt hat. Die nach ihrem Auftraggeber benannte Sala diente der Repräsentation. Ihr Boden war ursprünglich mit Ziegeln belegt – erst 1724 wurde er mit dem Wappen Innozenz XIII. (1721 – 24) geschmückt – denn nicht er, sondern die Fresken und die Decke stehen im Mittelpunkt des Ganzen. Paul III. – zuvor Alessandro Farnese – war ein typischer Vertreter der Hochrenaissance. Humanistisch hoch gebildet, hatte er früh eine steile Karriere im Dienst der römischen Kirche gemacht. Er war Vater mehrerer Kinder, ehe er, bereits in fortgeschrittenem Alter, die Priesterweihe empfing. Als 66jähriger zum Papst geweiht, setzte er den Kurs des Renaissancepapsttums nicht fort, sondern er erreichte, daß nach langen Verhandlungen endlich das ersehnte Reformkonzil einberufen werden konnte. Paul III. war aber insofern noch ganz seiner Zeit verhaftet, indem er seine Familie mit allen Mitteln förderte, ihr zu fürstlichem Rang verhalf und seine Nachkommen mit Ämtern, Einkünften und wichtigen Aufträgen überhäufte. Sein hohes Selbstbewußtsein spiegelt sich in der von Perin del Vaga und Pellegrino Tibaldi ausgemalten Sala Paolina. Diese erinnert mit ihren griechischen und lateinischen Inschriften an Pauls humanistische Neigungen, während verschleierte Symbole (Impresen) auf seine Weisheit und Tugend anspielen. Die Lilie – sie war das Wappenemblem der Farnese – galt als das Zeichen der Gerechtigkeit und damit der höchsten Herrschertugend, der Regenbogen als Zeichen der Versöhnlichkeit.

Zwei große Bildzyklen sind dem weltlichen und den päpstlichen Namenspatronen Alexander und Paul gewidmet. Alexander d. Gr. († 323 v. Chr.) war als Heerführer, Staatsmann und Wegbereiter einer vom Hellenismus geprägten Weltzivilisation von Bedeutung und dem Mittelalter durch den phantastisch ausgeschmückten Alexanderroman bekannt. Ihm sind Zyklen an der Decke und an den Wänden gewidmet. Die Bezüge zu Paul III. sind nicht in jedem Fall zu klären. Sie feiern Alexander und damit auch Paul III. als fromm, literarisch interessiert, aber

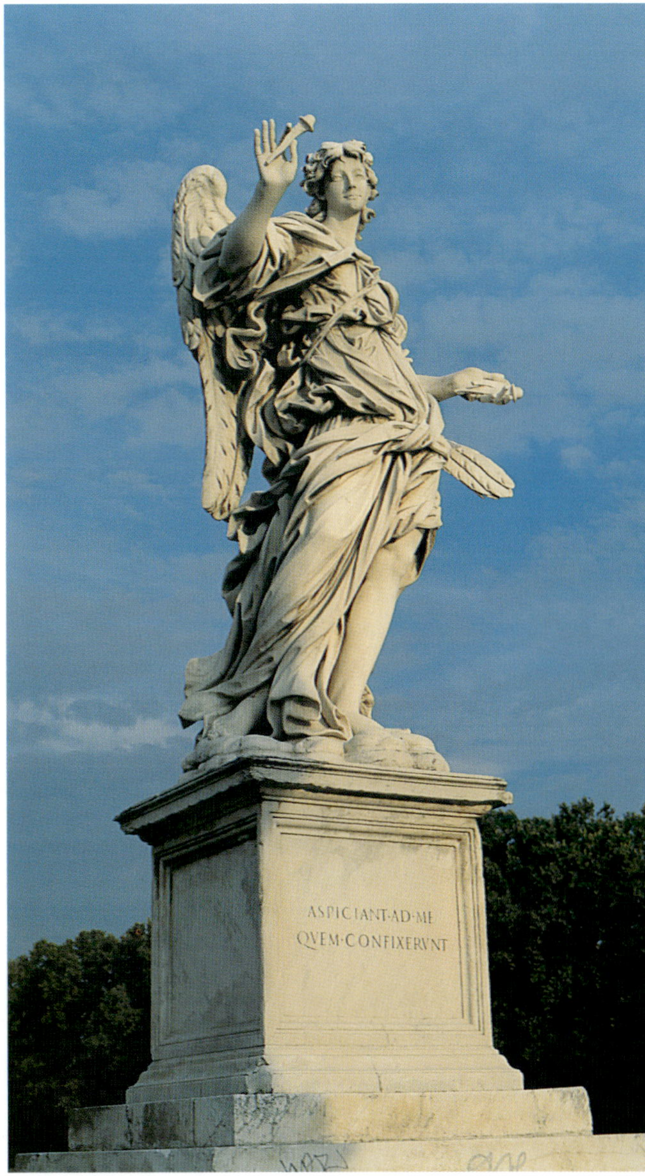

Engelsbrücke. Eine von zehn Engelstatuen mit Leidenswerkzeugen Christi, hier Kreuzesnagel. Von Bernini und seiner Werkstatt 1669 – 71 geschaffen.

auch entschieden, indem er sich z. B. in einer kritischen Situation von Ballast trennt und diesen verbrennt oder im Hauptbild den gordischen Knoten, der sich nicht mehr entwirren läßt, durchschlägt, schließlich aber auch als milde gegenüber dem besiegten Darius. Auch die Tondi mit Darstellungen zum Leben des hl. Paulus sind voller Anspielungen auf den Papst, so im Bericht über die Bekehrung. An den Stirnseiten des Saales sind Hadrian und der Erzengel Michael dargestellt. Während der Kaiser als Gründer des Monumentes mit seiner geöffneten linken Hand sein Reich gleichsam Paul III. als dem Künder der Versöhnung überläßt, stürmt der Erzengel als Garant der Gerechtigkeit in den Raum.

Von der Sala Paolina steigt man über eine Treppe zum Bibliothekssaal hinauf. Es schließen sich weitere Räume mit Ausstattungsstücken und Gemälden der Renaissance an. Besonderes Interesse verdient die Schatzkammer mit den gewaltigen Geldtruhen Sixtus' V. (1585 – 90), der in seiner kurzen Amtszeit im Kirchenstaat das Banditenwesen mit eiserner Hand beseitigte und mit den dadurch einkommenden Strafgeldern und infolge sparsamer Wirtschaftsführung die Staatsfinanzen sanierte. Der päpstliche Schatz umfaßte jedoch nicht nur Bargeld, sondern auch das Archiv, dessen Urkunden in den Wandschränken aufbewahrt wurden. Das Archivgut ist zusammen mit den Archivalien der meisten päpstlichen Behörden längst ins Vatikanische Geheimarchiv verbracht. Eine Treppe führt weiter hinauf zur Plattform des antiken Mittelturmes. Von ihm aus genießt man einen prächtigen Rundblick.

Untrennbar zur Engelsburg und damit zum Borgo bzw. zum vatikanischen Bereich gehört die Engelsbrücke. Sie wurde nicht als Verkehrsweg, sondern als festlicher Zugang zum Mausoleum geschaffen. Daß hier der Borgo beginnt, unterstreichen die Figuren der Apostel Petrus und Paulus, die am Brückenzugang stadteinwärts Wache halten. Unter ihnen steht unübersehrbar: Rione Borgo. Die Brücke teilte das Geschick des Mausoleums und wurde im Mittelalter Teil der Befestigung, gleichzeitig aber auch einziger Pilgerzugang zum Petrusgrab, ehe 1475 zum Heiligen Jahr der Ponte Sisto erbaut wurde. Ihren heutigen Schmuck erhielt sie im Auftrag Clemens IX. (1667 – 69) durch Bernini. Clemens war als Dichter und Verfasser geistlicher Dramen hervorgetreten und von Urban VIII. (1623 – 44), der ebenfalls Dichter war, gefördert worden. Schon bald nach seiner Wahl zum Papst beauftragte er Bernini mit dem Schmuck der Brücke. Der Künstler organisierte dies als Gemeinschaftsarbeit und schuf selbst die Figuren der Engel mit Dornenkrone und mit Kreuzestitel, die später in die Kirche S. Andrea delle Fratte verbracht und durch Kopien ersetzt wurden. Die zehn auf Wolkensockeln stehenden Engel tragen die Leidenswerkzeuge Christi in Händen und stimmen den Pilger auf den Besuch von St. Peter ein, in dessen Kuppelraum wesentliche Leidensreliquien aufbewahrt werden.

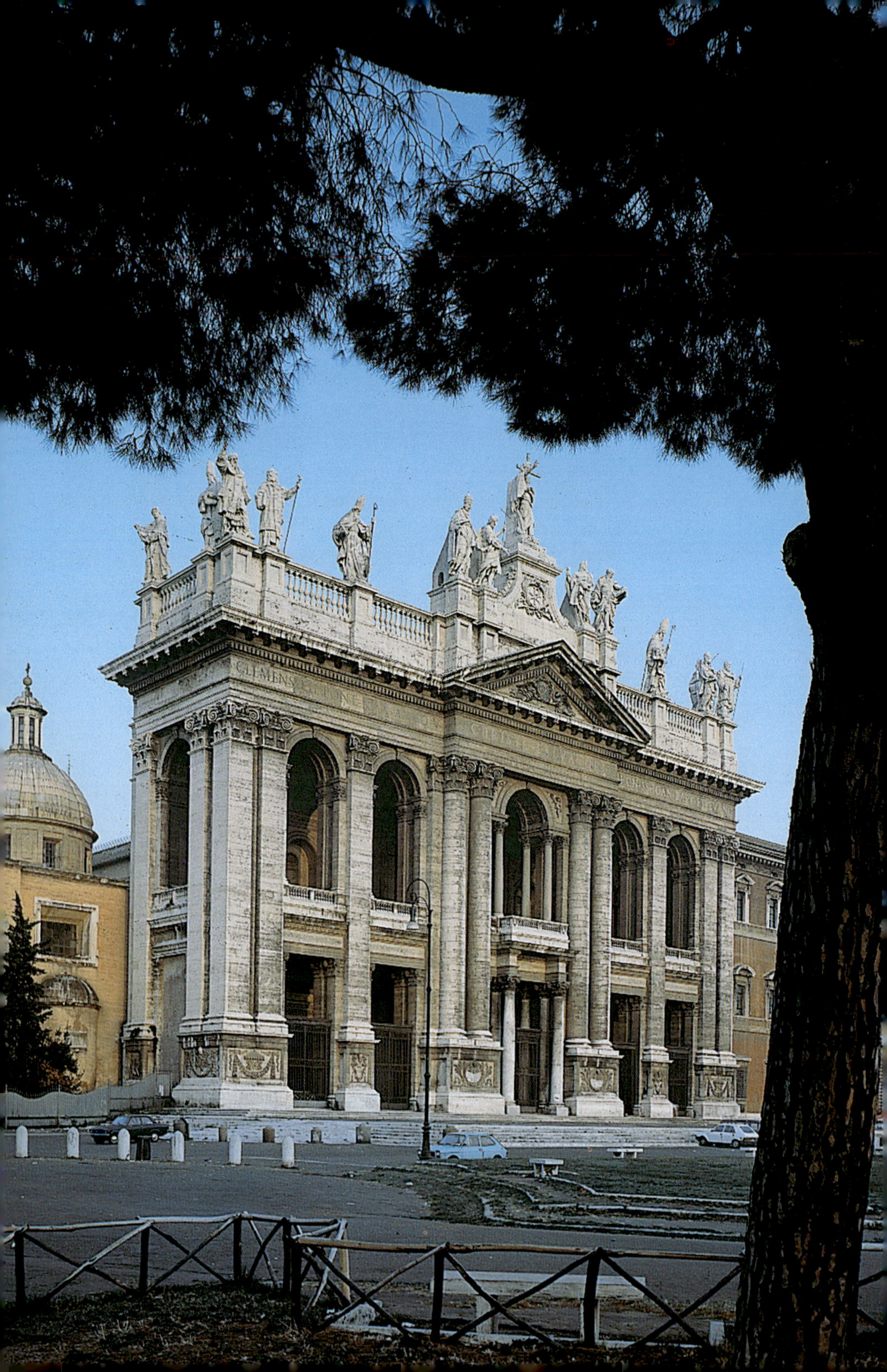
CLEMENS

7 Die Hauptkirchen Roms

S. Giovanni in Laterano (St. Johann im Lateran)

S. Giovanni in Laterano (Piazza di Porta S. Giovanni) ist nicht nur die älteste unter den vier Patriarchalbasiliken, sondern sie ist als Kirche des Bischofs von Rom auch die erste unter allen katholischen Kirchen überhaupt. So erklärt es jedenfalls die auf der Fassade mehrfach zu lesende Inschrift: „Omnium Urbis et Orbis ecclesiarum Mater et caput." Faktisch hat sich das kirchliche Zentrum Roms freilich seit dem 15. Jh. an den Vatikan und damit nach St. Peter verlagert. Zuvor aber war der Lateran tausend Jahre lang Sitz der Päpste und Zeuge bedeutender kirchlicher Ereignisse, vor allem von Synoden und Konzilien.

Konstantin d. Gr. stiftete die Laterankirche unmittelbar nach dem Edikt von Mailand (313). Dies war jedoch nicht im historischen Zentrum Roms möglich, wo der heidnische Senat den Ton angab. Freie Hand dagegen hatte der Kaiser auf seinem eigenen Grund und Boden. So fiel die Entscheidung für das am Rande der Stadt bei der Stadtmauer gelegene Grundstück einer Kaserne der kaiserlichen Leibwache sowie der bereits unter Nero enteigneten Familie der Laterani. Von dort leitet sich der Beiname der Basilika ab, die ursprünglich dem Erlöser (Salvator) gewidmet war. Konstantin ließ auf dem Gelände eine fünfschiffige Basilika mit Querhaus, ein Baptisterium sowie einen Bischofspalast erbauen. Dieser war Residenz des Bischofs von Rom. Er wurde im 16. Jh. unter Sixtus V. abgerissen und durch den heutigen, kleineren Lateranpalast ersetzt. Die mit kostbaren Steinsorten repräsentativ gestaltete Lateranbasilika erfuhr im Lauf der Jahrhunderte durch Brände und Plünderungen zahlreiche Beschädigungen und Umgestaltungen. Nachdem sie während der Abwesenheit der Päpste in Avignon und während des Großen Schismas sehr vernachlässigt worden war, unternahm Martin V. (1417 – 31) erstmals Anstrengungen zu ihrer Restaurierung. Einschneidende Veränderungen erfolgten um die Mitte des 17. Jh.s durch die von Borromini vorgenom-

Fassade von S. Giovanni in Laterano, 1732 – 35 von Alessandro Galilei errichtet. Sie bildet den Abschluß der barocken Umbaumaßnahmen der frühchristlichen Basilika.

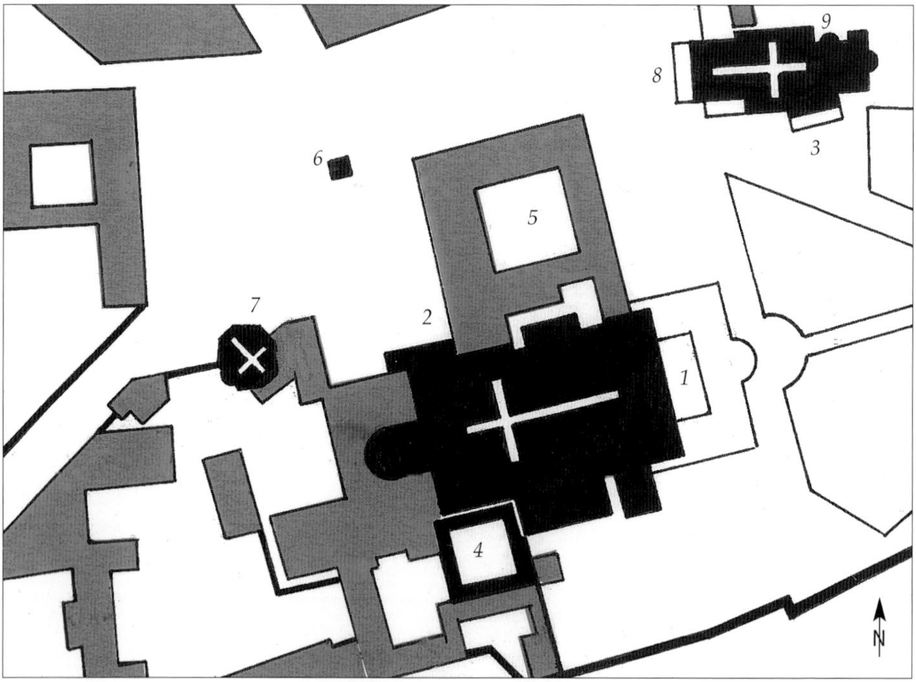

Lageplan der Lateranbasilika und der anschließenden Gebäude.

mene Barockisierung. Die konstantinische Bausubstanz blieb dabei zwar in wesentlichen Teilen erhalten, sie ist aber nicht mehr sichtbar, weil sie von den späteren Bauten gleichsam ummantelt wird. Im einzelnen zeigt die Basilika freilich immer noch manche alten Stücke.

Der heutige Bau ist nur auf der Seite der (1) Fassade und des (2) rechten Querhauses frei sichtbar. Der der Basilika vorgelagerte Platz, der heute für große kirchliche Feiern (Fronleichnam), vor allem aber für politische Kundgebungen benutzt wird, war einst Standort des Lateranpalastes. Von dessen Speisesaal (Triclinium) aus der Zeit Leos III. (795 – 816) hat sich als einziger Bauteil noch die an den Bau der Scala Santa angelehnte (3) Nische erhalten, die in ihrer Wölbung einen Rest jener Mosaiken bewahrt, die einst den Saal schmückten. Sie zeigen Christus auf dem Vierstromberg, der zugleich an die vier Paradiesesströme und an die vier Evangelien erinnert, indem er den Aposteln den Missionsauftrag gibt. Links auf der Stirnwand überreicht er Papst Silvester (314 – 335) die Schlüssel und an Konstantin d. Gr. (306 – 337) die Fahne, die ihn als Schützer der Kirche ausweist. Rechts übergibt Petrus Leo III. (795 – 816) das Pallium und Karl d. Gr. die Fahne der Stadt Rom. Das Mosaik stellt somit den Bund zwischen geistlicher und weltlicher Herrschaft dar, wie er sich seit der konstantinischen Wende und erneut seit der Krönung Karls zum Kaiser (800) entwickelt hatte. 1926 wurde in einiger Entfernung vor der Fassade der Laterankirche zu seinem 700. Todestag ein Denkmal für Franz von Assisi errichtet, das ihn, von der Größe der Laterankirche überwältigt, zeigt. Der Heilige hatte 1210 Papst Innozenz III. (1198 – 1216) über seine Bewegung informiert und dessen Zustimmung gefunden.

Hauptportal der Lateranbasilika. Die zweiflügelige Bronzetür stammt aus der Curia des Forum Romanum (um 300).

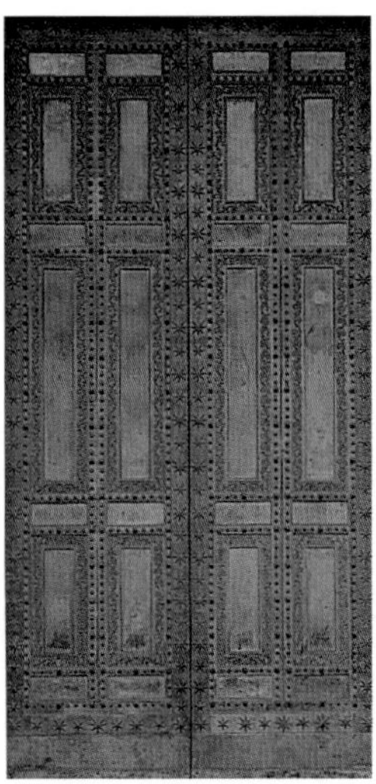

Die 1732 – 35 nach Entwürfen Alessandro Galileis (1691 – 1736) geschaffene zweigeschossige, von einer korinthischen Kolossalordnung übergriffene Fassade der Basilika, ein reifes Werk des römischen Spätbarock, wirkt wie ein gewaltiger Triumphbogen. Sie ist durch Pilaster und Säulen klar gegliedert. Auf der Balustrade der Attika stehen, weit über die Stadt hin sichtbar, um den auferstandenen und erhöhten Christus gruppiert, je sieben Heilige in lebhaft bewegter Darstellung, und zwar die beiden Johannes sowie spätantike und mittelalterliche Kirchenlehrer, nicht aber Petrus und Paulus. In der Vorhalle befindet sich links seit 1732 eine antike Panzerstatue, die wahrscheinlich Konstantin, den Stifter der ersten Laterankirche, darstellt. Das mittlere der fünf ins Kircheninnere führenden Portale schließt eine antike Bronzetür, die einst zur Curia des Forum Romanum gehörte. Papst Alexander VII. (1655 – 67) ließ sie 1661 anstelle eines Holzportals einbauen und durch Randleisten, die mit dem Stern aus seinem Wappen geschmückt sind, auf die erforderliche Größe bringen.

Das Innere der 130 m langen fünfschiffigen Kirche ist barock gestaltet. Auf beiden Seiten des Mittelschiffes sind jeweils zwei antike Säulen zu je sechs Doppelpfeilern zusammengefaßt, zwischen denen Apostelbaldachine eingefügt wurden, die wiederum von Säulen aus der alten Basilika flankiert werden. Die marmornen Apostelstatuen wurden zu Beginn des 18. Jh.s von unterschiedlichen Bildhauern geschaffen. Der schöne cosmateske Fußboden wurde 1422 – 31 auf Veranlassung von Papst Martin V. gelegt. Als dieser nach der auf dem Konzil von Konstanz überwundenen Spaltung der abendländischen Kirche (1417) nach Rom zurückkehrte, fand er die Stadt verwahrlost. Er konzentrierte sich bei den Restaurierungsarbeiten auf die Laterankirche, in deren Fußboden sein Wappen, die Säule der Colonna, dreimal eingelassen ist. Martin bestimmte die Kirche zu seiner Grablege. Sein Grab in der Confessio vor dem Hauptaltar – eine Bronzeplatte mit Liegefigur – wurde um 1443 von dem Sieneser Künstler Sebastiano Ghini aus dem Kreis um Donatello geschaffen. Die vergoldete Kassettendecke stammt aus den Jahren 1562 – 67 (s. auch Abb. S. 28).

Die Laterankirche ist außer der vielfältigen Wandgestaltung reich an Grabmälern und Kapellen. Hier haben 28 Päpste ihre Ruhestätte gefunden, zuletzt Leo XIII. (1878 – 1903), dessen Grabmal sich im linken Querhaus befindet. Nahe beim Eingang sieht man im rechten inneren Seitenschiff das berühmte Fragment jenes vielleicht von Giotto geschaffenen Freskos, das Papst Bonifaz VIII. (1294 – 1305) zwischen zwei Klerikern zeigt, von denen einer die Bulle mit der Ausrufung des Heiligen Jahres 1300 zeigt. Es war dies das erste Heilige Jahr überhaupt (s. Abb. S. 15).

In der Vierung steht der Papstaltar aus weißem Marmor. In seinem oberen Teil befindet sich jener hölzerne Altar, an dem einst Petrus im Hause des Pudens die Eucharistie gefeiert haben soll. Darüber erhebt sich das um 1367 – 70 unter dem französischen Papst Urban V. (1362 – 70) mit Geldern des

Blick in das von Borromini barockisierte Langhaus mit dem Hauptaltar und der Confessio.

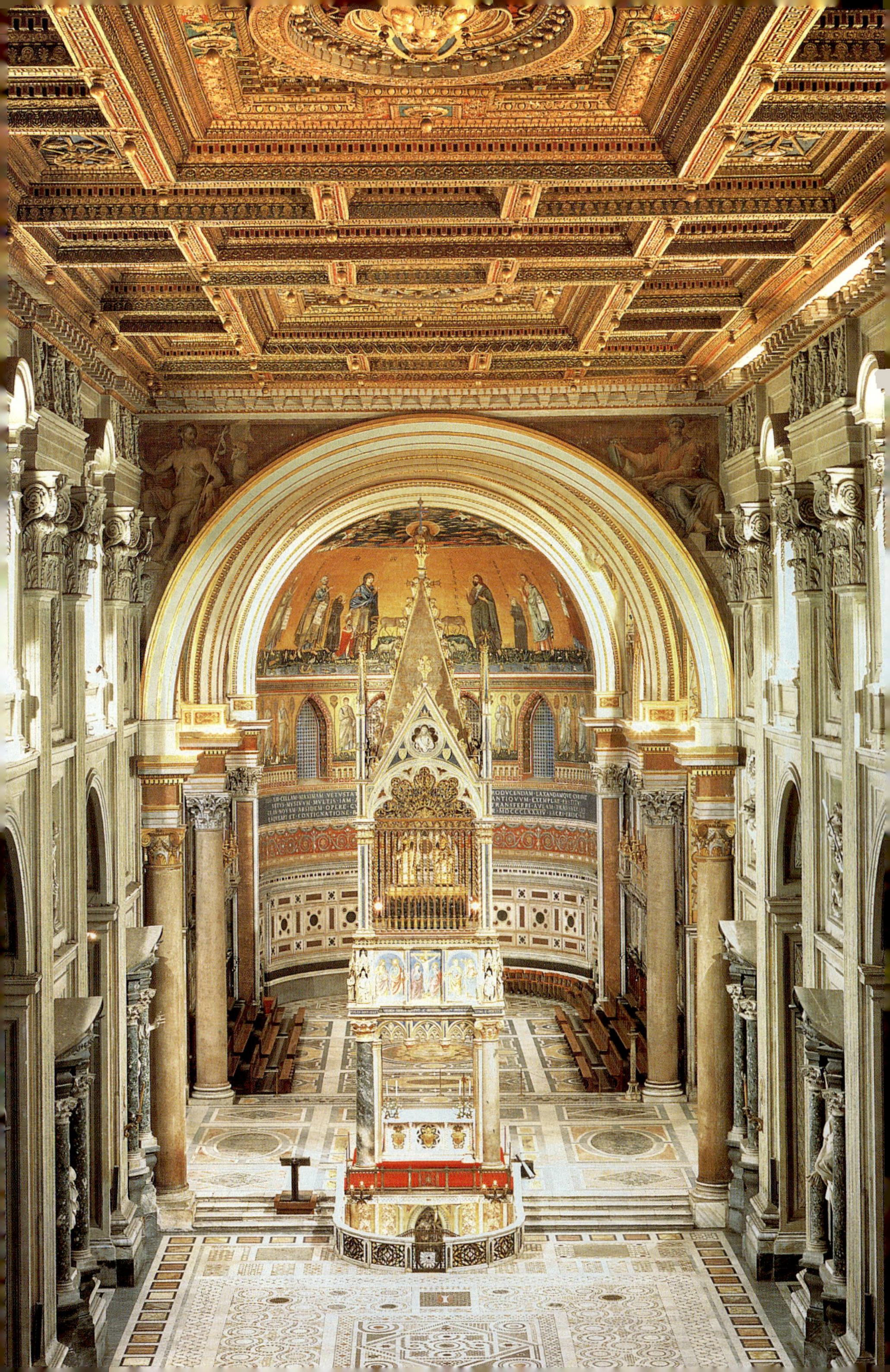

französischen Königs (daher das Lilienwappen) geschaffene Ziborium. Es soll als kostbare Reliquien die Häupter der beiden Apostelfürsten bergen. Der im linken Querhaus im Auftrag Clemens' VIII. (1592 – 1605) in Form einer Ädikula geschaffene Sakramentsaltar ist reich mit antiken Spolien ausgestattet. Seine Bronzesäulen sollen vom Tempel des Jupiter Capitolinus stammen.

Die Apsis ist ein Neubau von 1884 – 86, der an die Stelle der baufällig gewordenen Apsis der konstantinischen Basilika trat, die zugleich um ein Joch verlängert wurde. Bei der Neugestaltung des Apsismosaiks wurden Teile eines frühchristlichen, Ende des 13. Jh.s von Jacopo Torriti überarbeiteten Vorgängermosaiks eingearbeitet. Im Zentrum steht das edelsteingeschmückte Kreuz als Siegeszeichen auf dem Vierstromberg, aus dessen Wassern Hirsche und Schafe trinken. Um das Kreuz gruppieren sich Heilige, und zwar Johannes der Täufer und Maria, die ihre Hand als Fürbitterin schützend über die Tiara von Papst Nikolaus IV. (1288 – 92) hält. Dieser erste Papst aus dem Franziskanerorden hat nachträglich auch die hll. Franz von Assisi und Antonius von Padua in das Mosaik einbeziehen lassen. Erst hinter diesen folgen Petrus und Paulus und schließlich Johannes der Evangelist und Andreas. Die übrigen neun Apostel sind unter dem Apsismosaik zwischen den Fenstern dargestellt.

Vom linken Seitenschiff gelangt man in den 1215 – 1232 von Vassalletto geschaffenen, mit mosaizierten Säulchen reich geschmückten (4) Kreuzgang der Kanoniker. Er gehört mit dem von St. Paul vor den Mauern zu den schönsten Roms, befindet sich aber derzeit in einem vernachlässigten Zustand.

Man verläßt die Basilika durch das rechte Querschiff, dem unter Sixtus V. 1586 – 89 durch Domenico Fontana eine (2) Benediktionsloggia vorgelagert wurde. Sie wurde 1994 durch einen Sprengstoffanschlag der Mafia schwer beschädigt, inzwischen aber wieder restauriert. Rechts vom Ausgang liegt der ebenfalls unter Sixtus V. erbaute (5) neue Lateranpalast, in dem

Blick in den Chor mit dem mittelalterlichen Apsismosaik (13. Jh.).

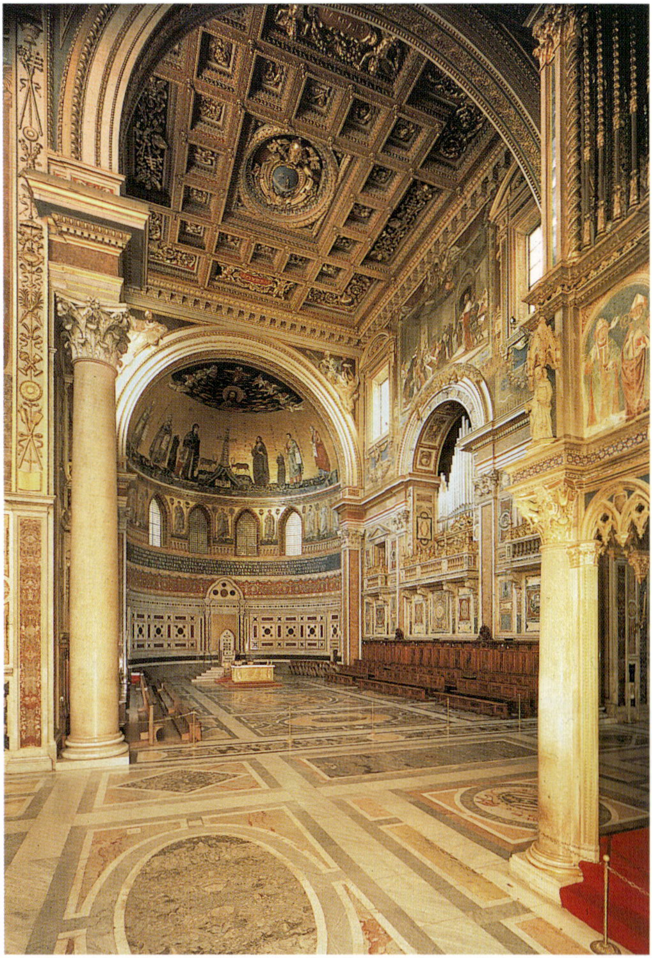

sich das Ordinariat der Erzdiözese Rom befindet. Auf dem davor liegenden Platz steht der aus dem 15. Jh. v. Chr. stammende und somit älteste und zugleich größte (6) Obelisk Roms (31 m, einschließlich des Postaments 47 m). Er wurde 35 v. Chr. vom Ammontempel in Theben nach Rom gebracht und im Circus Maximus aufgestellt. Sixtus V. ließ ihn 1587 an den

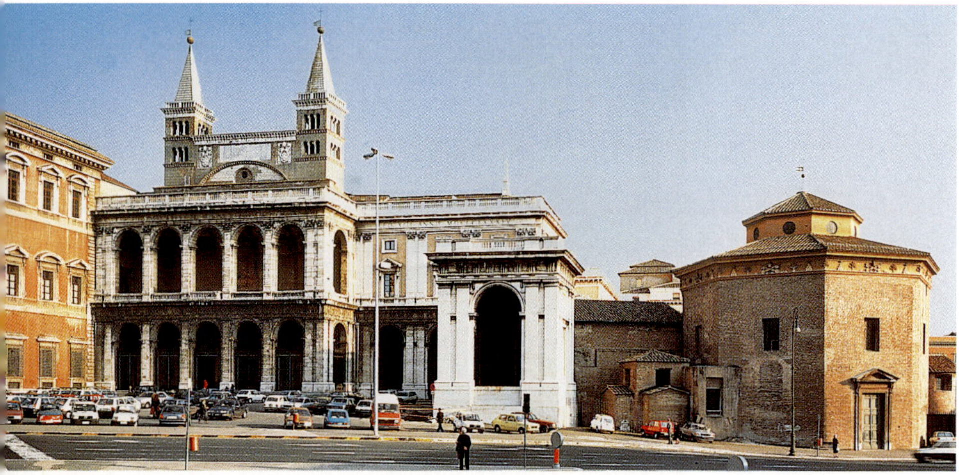

heutigen Platz bringen und – wie die Inschrift an der Basis sagt – zum Denkmal an die Taufe Konstantins durch Papst Silvester gestalten. Tatsächlich empfing der Kaiser die Taufe aber erst kurz vor seinem Tod 337 in Nikomedien.

Lateranpalast, Benediktionsloggia der Lateranbasilika und Baptisterium (von links).

S. Giovanni in Fonte (Baptisterium des Lateran)

Weiter im Süden erreicht man das unter Konstantin gleichzeitig mit der Basilika erbaute (7) Baptisterium S. Giovanni in Fonte. Die wohl älteste, noch heute benutzte Taufkirche der Christenheit wurde auf den Grundmauern einer antiken Therme erbaut. Sie hat ihre ursprüngliche Gestalt im wesentlichen bewahrt. Dies gilt auch für die Mosaikausstattung, vor allem in dem heute zur Rückseite gelegenen Atrium, die ins 5. Jh. zurückreicht. Das Baptisterium wurde seit dem 5. Jh. von mehreren Kapellen umgeben, die z. T. bedeutende Mosaiken aus dem frühen Mittelalter enthalten. Das Bronzeportal der rechts vom Eingang gelegenen Johanneskapelle stammt wahrscheinlich aus den Caracalla-Thermen.

Baptisterium der Laterankirche mit antiken Porphyrsäulen und Taufbrunnen.

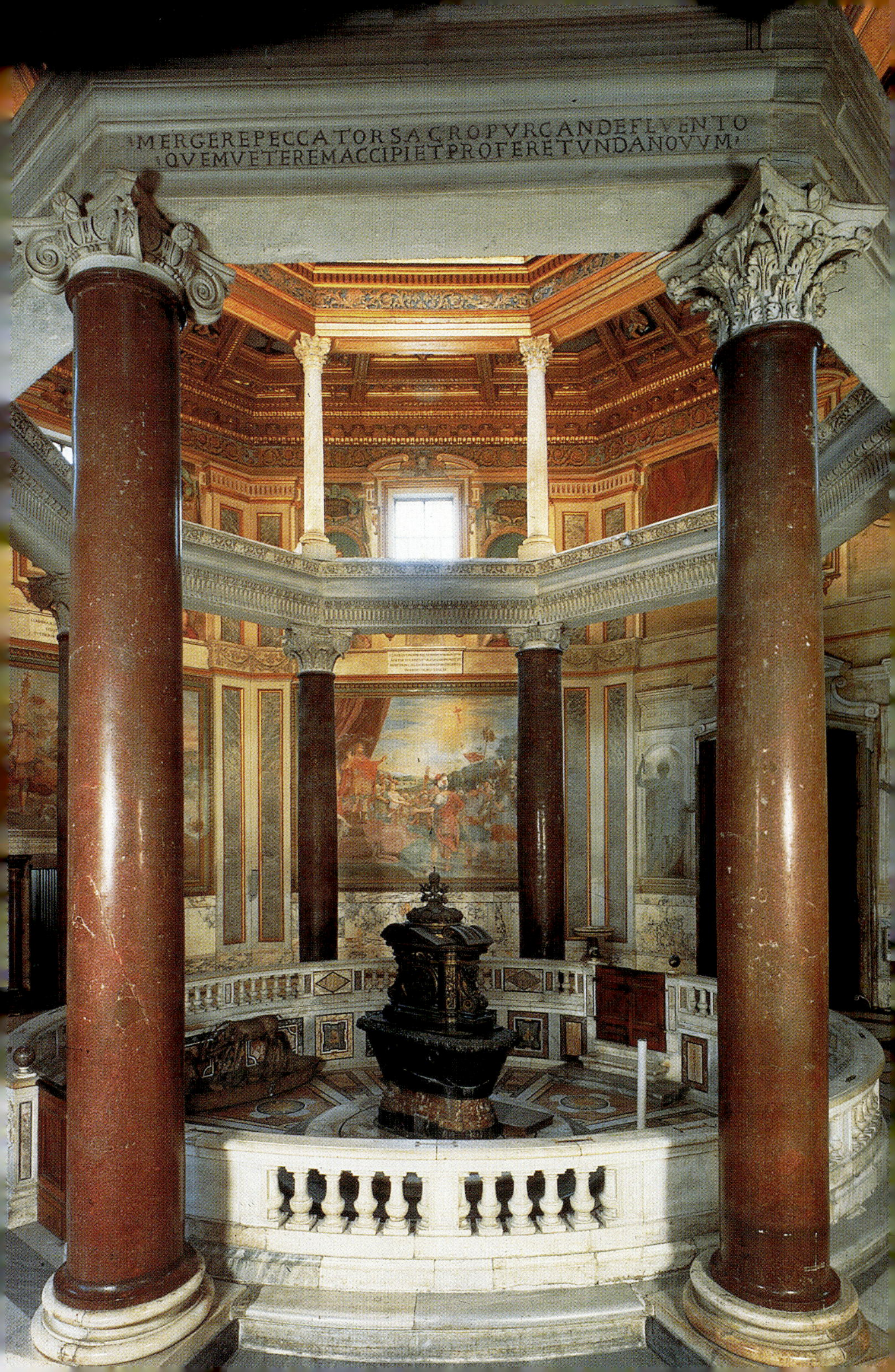
MERGEREPECCATORSACROPVRGANDEFLVENTO
QVEMVETEREMACCIPIETPROFERETVNDANOVVM

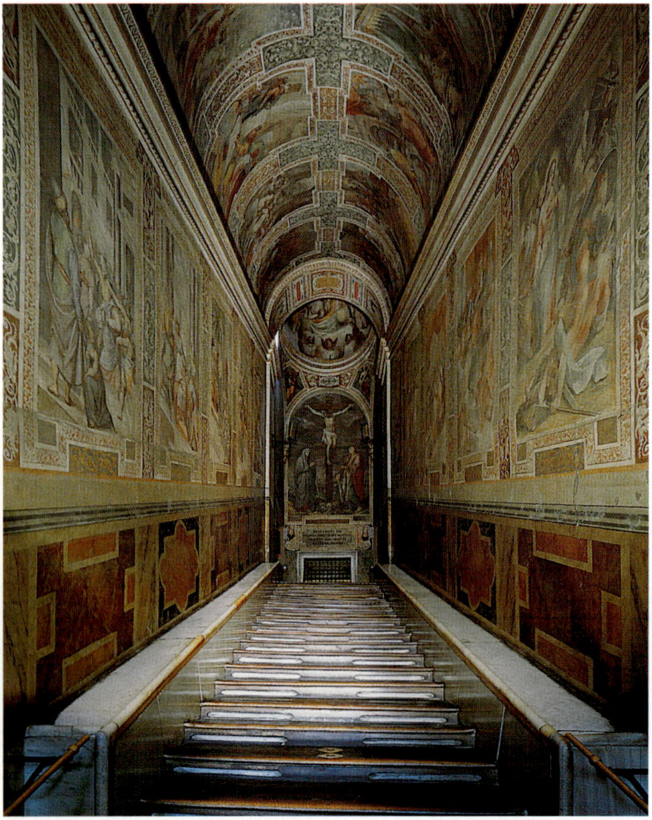

Die Scala Santa (Heilige Stiege).

Die Scala Santa (Heilige Stiege) und die Capella Sancta Sanctorum
Schräg gegenüber dem Lateranpalast befindet sich auf der anderen Straßenseite die (8) Heilige Stiege, die Scala Santa. Nach einer Tradition aus dem 8. Jh. soll es sich um jene Treppe aus dem Palast des Pontius Pilatus handeln, auf der Jesus zu seinem Richter hinaufstieg und die von Kaiserin Helena aus Jerusalem nach Rom gebracht wurde. Bis heute wird diese Treppe von Pilgern betend auf den Knien erstiegen, während für Fußgänger an beiden Seiten eigene Treppen bestehen. Die

Stiege führt zur ehemaligen päpstlichen (9) Privatkapelle, die wegen ihres außergewöhnlichen Reliquienschatzes Sancta Sanctorum heißt. Ihr wichtigstes Stück ist eine der Überlieferung nach nicht von Menschen-, sondern von Engelshand gemalte Ikone Christi, die sich seit dem 8. Jh. nachweisen läßt. Dieses Bild ist ähnlich wie das Schweißtuch der Veronika und andere „authentische“ Darstellungen Christi aus dem Verlangen entstanden, nicht nur sein Wort zu hören, sondern auch sein wahres Antlitz zu sehen. Die kürzlich restaurierte Kapelle besitzt hochbedeutsame Fresken vom Ende des 13. Jh.s.

S. Croce in Gerusalemme

S. Croce in Gerusalemme Grundriß

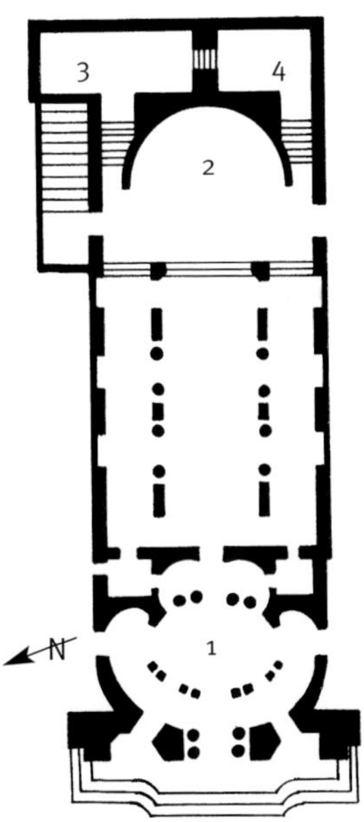

S. Croce (Piazza S. Croce in Gerusalemme, 55) gehört zu den sieben Haupt- bzw. Pilgerkirchen, die im Rahmen der Siebenkirchenwallfahrt an einem einzigen Tag aufgesucht werden. Trotz ihres hohen Ranges und ihrer historischen Bedeutung spielt sie jedoch im Bewußtsein der Rombesucher heute nur eine periphere Rolle. S. Croce entstand nicht als Neubau, sondern unter Benutzung bereits vorhandener antiker Gebäudeteile. Die Überlieferung will, daß Konstantin d. Gr. (306 – 337) im Palazzo Sessoriano, der vermutlich Wohnsitz der letzten Kaiser und somit auch seiner Mutter Helena war, deren Name hier inschriftlich bezeugt ist, eine Kirche zur Bergung jener Kreuzesreliquien errichtet habe, die Helena aus dem Heiligen Land nach Rom gebracht hatte. Das Kreuz wurde von der alten Christenheit als Unterpfand des Opfertodes Christi wie auch als Symbol dafür verehrt. Große Breitenwirkung hatte die Erzählung von der Kreuzauffindung durch Helena, die zum Vorbild für die Hl.-Land-Wallfahrer wurde. Die Auffindung des „wahren“ Kreuzes erzählte erstmals Bischof Ambrosius im Jahre 395. Der Ursprung der Helenalegende ist jedoch nach der Mitte des 4. Jh.s in Jerusalem zu suchen. Wahrscheinlich wurde schon um 350 in das

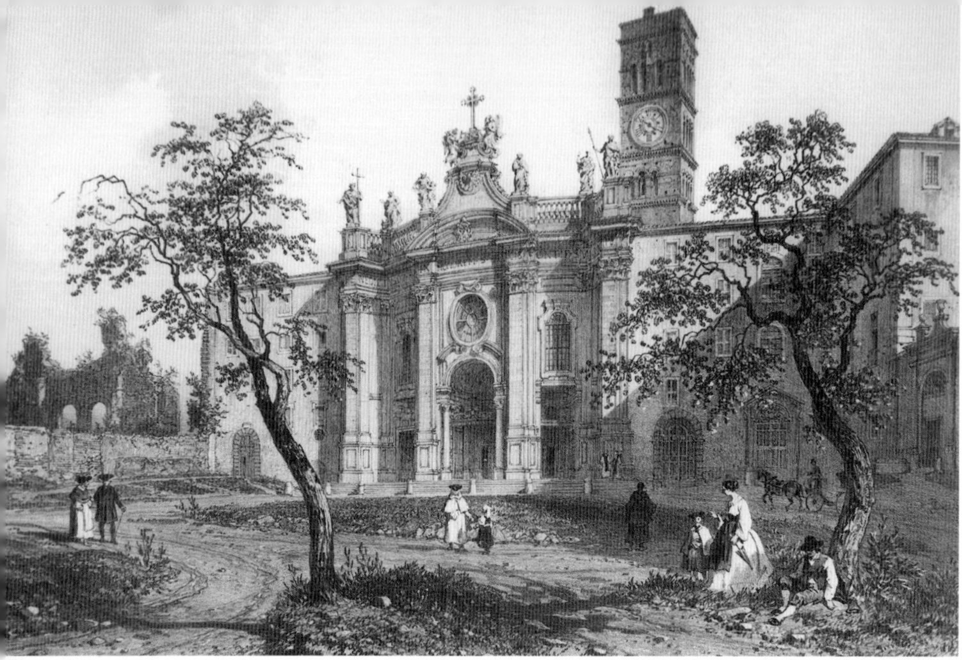

Die barocke Fassade von S. Croce in Gerusalemme mit dem mittelalterlichen Campanile. Stich um 1870.

Atrium des Palastes eine Kirche eingebaut. Sie wurde unter Lucius II. 1144 – 45 durch Schaffung einer dreischiffigen Basilika mit Vorhalle und Campanile durchgreifend erneuert. Ihr heutiges Aussehen erhielt sie 1743/44 unter Benedikt XIV. (1740 – 56), wobei dem spätantiken Bau die rokokohaft leichte und elegante Fassade vorgesetzt wurde, die in krassem Gegensatz zu jenem Geschehen steht, dessen Zeichen hier verehrt wird. Die von den zugehörigen Bauten, in denen sich u. a. seit 1561 ein Zisterzienserkloster befindet, umgebene Kirchenfassade bildet den großartigen Bezugspunkt für die Straße S. Croce in Gerusalemme, die Sixtus V. (1585 – 90) im Rahmen seiner urbanistischen Maßnahmen von S. Maria Maggiore hierher anlegen ließ. Die Seitenfronten zeigen noch spätantikes Ziegelmauerwerk.

Das Kircheninnere erreicht man durch den querovalen, kuppelgewölbten (1) Vorraum. Die Kirche besitzt u. a. acht sichtbare antike Granitsäulen, während weitere vier eingemauert sind, ferner einen cosmatesken Fußboden. Das Apsisfresko (2) mit der Darstellung der Auffindung des Kreuzes stammt vom Ende des 15. Jh.s. Am Ende des linken Seitenschiffes steigt man zu der nach 1930 angelegten (3) Reliquienkapelle hinauf. In ihr werden die Kreuzesreliquie, ein Kreuznagel, die Inschrifttafel des Kreuzes und Dornen der Krone Christi verehrt. Rechts von der Apsis führt eine Treppe zur (4) Helenakapelle auf das

Helena mit dem Kreuz. Fassadenbekrönung von S. Croce in Gerusalemme.

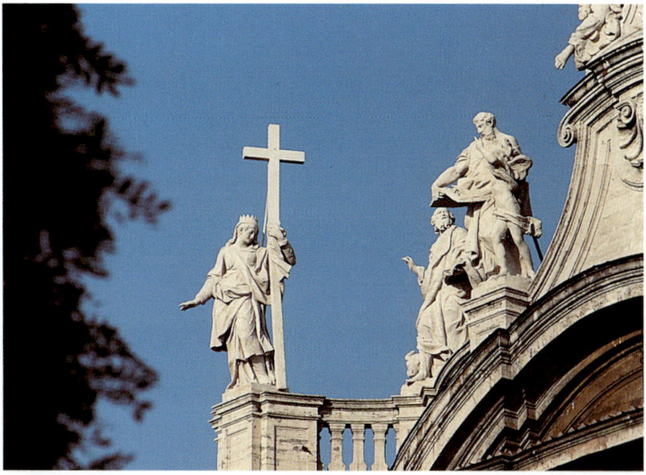

ursprüngliche Niveau der Basilika hinab. Eine Inschrift erzählt hier, Helena habe Erde vom Kalvarienberg in Jerusalem hierher bringen lassen. Daher rühre der Beiname der Kirche. Das mehrfach erneuerte bzw. restaurierte Gewölbemosaik zeigt Christus als Weltenrichter mit den vier Evangelisten und vier Szenen aus der Geschichte der Kreuzreliquie.

S. Lorenzo fuori le Mura (St. Laurentius vor den Mauern)

Um 330 ließ Konstantin d. Gr. beim Grab des hl. Laurentius und der teilweise noch erhaltenen Katakombe auf dem Friedhof der Ciriaca an der Via Tiburtina eine Basilika erbauen (Piazza S. Lorenzo). Nach der seit dem 4. Jh. überlieferten Legende war Laurentius Diakon unter Papst Sixtus II. (257 – 258). Als solchem oblag ihm u. a. die Armenpflege. Er soll während der Verfolgung unter Valerian (257) das Geld der Kirche an die Armen verteilt und, als man ihn gefangen nahm und nach der Kasse fragte, auf die Armen als die Schätze der Kirche hingewiesen haben. Nach der Legende erlitt er das Martyrium auf

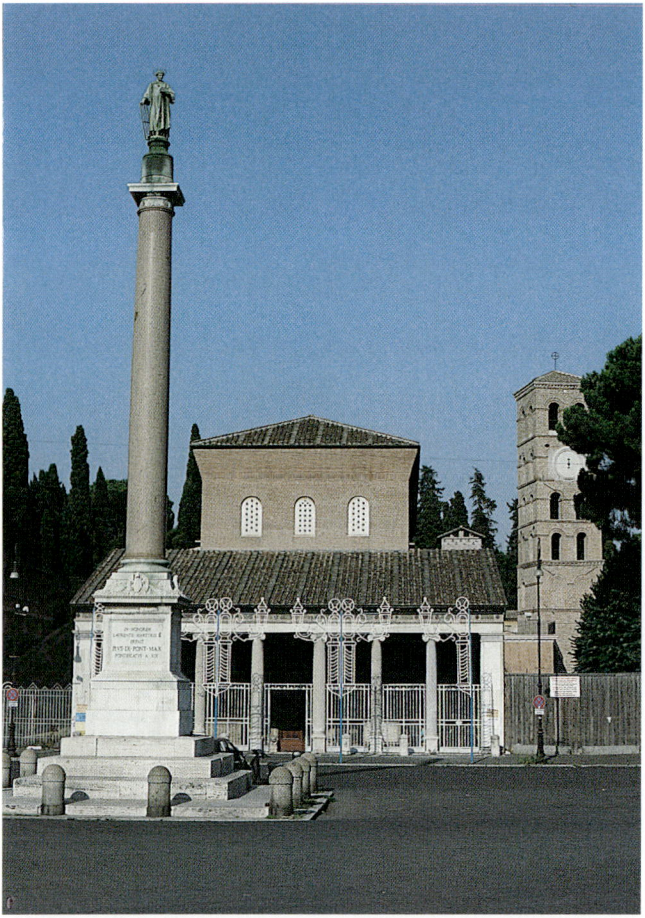

Fassade und Vorhalle von S. Lorenzo fuori le mura, im Vordergrund ein Säulenmonument des Hl. Laurentius, des Stadtpatrons von Rom.

dem Rost. Daher wird er in der Kunst mit dem Rost dargestellt. Er war in der frühen Christenheit besonders beliebt. Im deutschen Sprachraum fand seine Verehrung große Verbreitung, nachdem Bischof Ulrich von Augsburg am Laurentiustag (10. August) 955 auf dem Lechfeld die Ungarn besiegt hatte. Aber auch in Rom selbst war die Verehrung des Heiligen ausgeprägt – ihm sind hier noch fünf andere Kirchen geweiht; gelegentlich

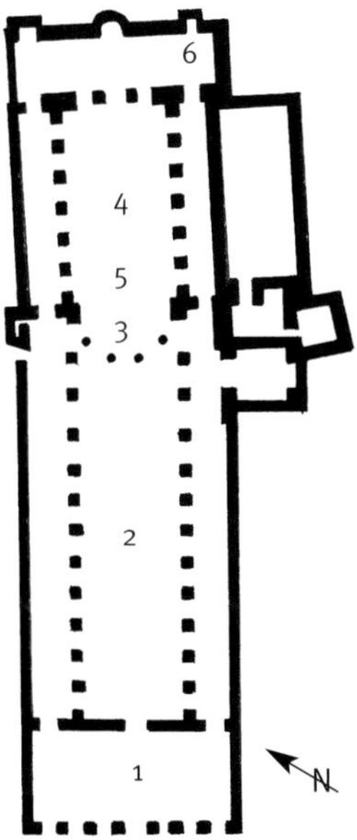

S. Lorenzo fuori le mura Grundriß

wurde er sogar als „Erzdiakon" dem hl. Stephanus an die Seite gestellt.

Papst Pelagius II. (579 – 590) legte die Gruft des Heiligen frei und ließ darüber eine neue Basilika bauen. Diese wurde unter Honorius III. (1216 – 27) erweitert. Unter Pius IX. (1846 – 78), der S. Lorenzo zu seiner Grablege bestimmte, erfolgte eine umfassende Erneuerung. Die Basilika wurde am 19. Juli 1943 bei einem Bombenangriff durch amerikanische Flugzeuge schwer beschädigt. Dieses Bombardement soll König Viktor Emanuel III. (1900 – 1946) den entscheidenden Anlaß gegeben haben, sich vom faschistischen Regime zu trennen.

Die Kirche S. Lorenzo besteht aus zwei unterschiedlichen, miteinander verbundenen Teilen. Es sind dies vom Vorplatz her zunächst die unter Honorius geschaffene (1) Vorhalle mit der dreischiffigen Basilika aus dem 12. Jh. Die Vorhalle mit ihren sechs antiken Säulen und dem reich verzierten Architrav soll ein Werk Pietro Vassallettos sein. In ihr erzählt der Rest eines Freskenzyklus aus dem 13. Jh. vom Leben der hll. Laurentius und Stephanus. In der Vorhalle befindet sich neben antiken Sarkophagen auch ein Denkmal für den christdemokratischen Staatsmann Alcide de Gasperi († 1954), der den Wiederaufbau und die italienische Politik der Nachkriegszeit wesentlich gestaltete. Zur Erinnerung an Pius XII., der nach dem Bombardement S. Lorenzo aufsuchte, wurde 1968 bei der Kirche ein Denkmal errichtet. Von der Vorhalle aus betritt man zunächst den (2) Neubau des Honorius mit 22 Granitsäulen aus dem 13. Jh. Er trat an die Stelle des Presbyteriums der Kirche aus dem 6. Jh., deren ehemalige (3) Apsis im Fußboden durch weißen Marmor markiert ist. An den Bau aus dem 13. Jh. schließt sich, und zwar leicht versetzt, die heute als Presbyterium dienende und deshalb erhöhte (4) Basilika aus dem 6. Jh. an. Sie war im Gegensatz zur heutigen Basilika gewestet und ist der interessanteste Teil des ganzen Komplexes. Ihre Säulen mit ionischen Kapitellen und dem

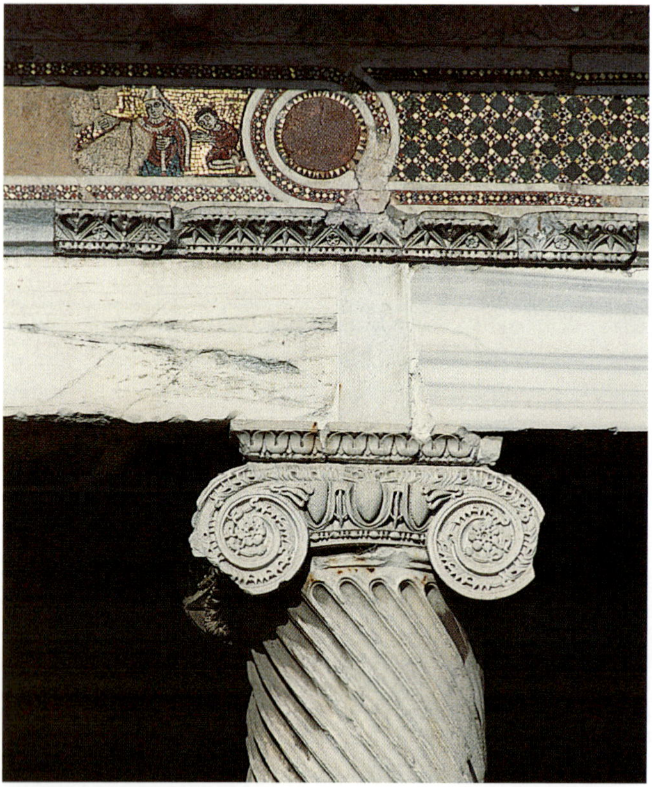

Detail der Vorhalle von S. Lorenzo. Sie wurde von Pietro Vassalletto (um 1220) aus Spolien, d.h. wiederverwendeten antiken Architekturstücken erbaut und mit Cosmatenarbeit geschmückt.

Architrav aus Spolien erscheinen infolge der Anhebung des Presbyteriums tief eingesunken. Darüber befindet sich ein in Rom sehr seltenes Obergeschoß, dessen Bestimmung umstritten ist. Vielleicht diente es Pilgern als Aufenthalt. Die mosaikengeschmückte (5) Triumphbogenwand des pelagianischen Baues weist zum Presbyterium. Nur von dort aus sieht man daher ihre Mosaikdarstellungen mit Christus, den Apostelfürsten, den Diakonen Laurentius und Stephanus sowie dem Erbauer Pelagius und dem hl. Hippolytus. Die Kirche ist reich an cosmatesken Arbeiten. Dazu gehören der Fußboden, zwei Ambonen, der Osterleuchter, das Altarziborium und der

Bischofsthron. Rechts vom Chor führt eine Treppe in die Krypta mit dem Grab des hl. Laurentius und weiter zum (6) Grab von Papst Pius IX.
(† 1878), das sich in der ehemaligen Vorhalle der pelagianischen Basilika befindet. Als der Leichnam des 1878 verstorbenen Papstes 1881 nach hier überführt wurde, kam es seitens antiklerikaler Gruppen zu Störungen des Leichenzuges, ein Vorfall, der heute undenkbar wäre.

Neben der Basilika befindet sich der im 19. Jh. angelegte römische Zentralfriedhof Verano, auch er ein interessantes Kulturdenkmal. Ein Besuch empfiehlt sich schon deshalb, weil die italienische von der mitteleuropäischen Sepulkralkultur abweicht. Es gibt zwar keine Beisetzungen in Katakomben mehr, aber wegen des Raummangels werden die Toten in oft mehrere Stockwerke hohen Grabbauten in Grabnischen beigesetzt, die dann zugemauert werden.

S. Maria Maggiore

S. Maria Maggiore Grundriß

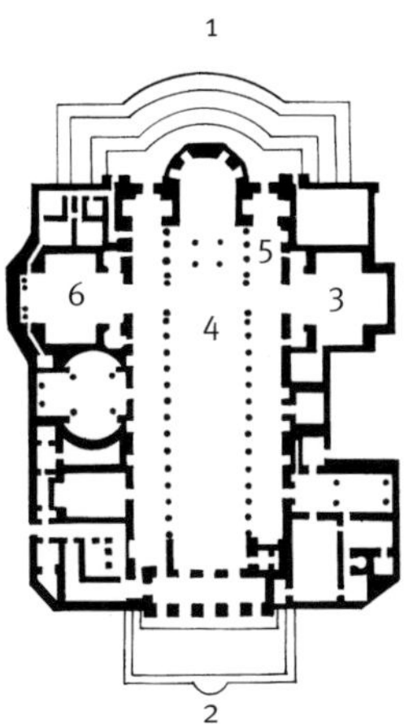

Auf der Höhe des Esquilin liegt zwischen zwei großen Plätzen die Kirche S. Maria Maggiore (Piazza S. Maria Maggiore). Den (1) unteren Platz, von dem eine um 1670 von Carlo Rainaldi (1611 – 91) angelegte majestätische Treppe zur Kirche hinaufführt, schmückt seit 1587 ein Obelisk vom Mausoleum des Augustus. Auf dem (2) oberen Platz bekrönt eine Marienstatue die einzige erhaltene Säule aus der antiken Maxentius-Basilika am Forum Romanum. Die Kirche selbst wird von barocken Bauten des 16. bis 18. Jh.s ummantelt, die die Architekturteile aus verschiedenen Epochen zu einer Einheit zusammenfassen. Sie werden von dem mit 75 m höchsten Campanile Roms überragt, der 1377 zum Gedenken an die Rückkehr des Papstes von Avignon nach Rom errichtet wurde. Der antiken Basilika ist eine spätbarocke Fassade vorgelagert, deren Mitte eine Bene-

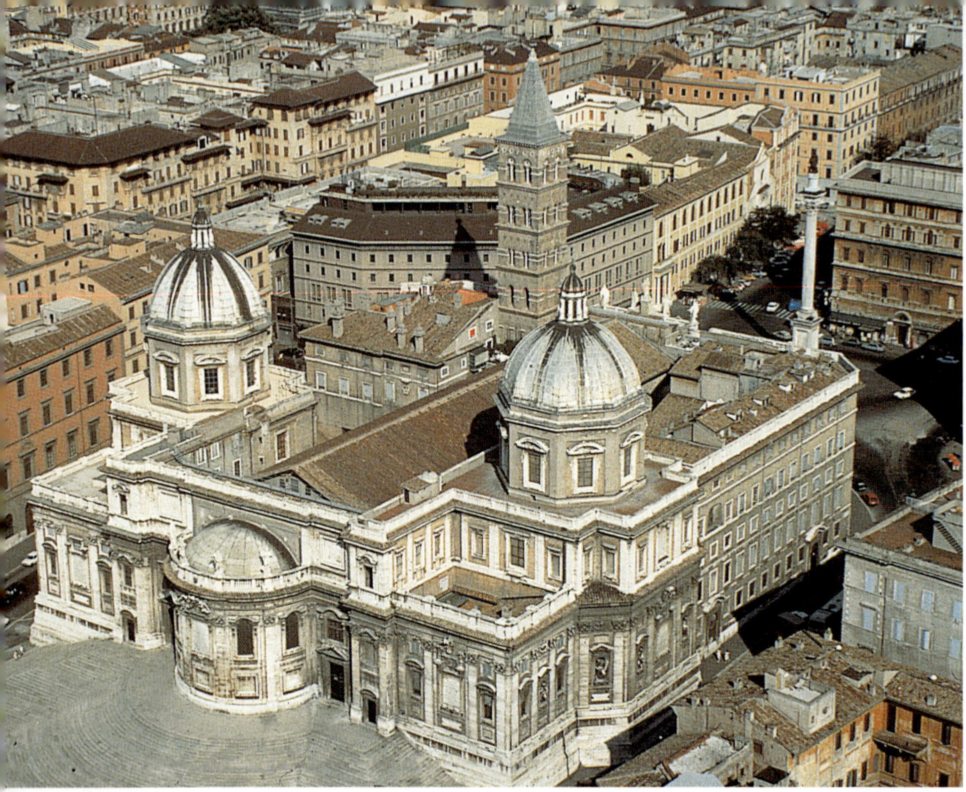

Luftbild von S. Maria Maggiore. Im Vordergrund die großartige barocke Treppenanlage. Die beiden Kuppeln überwölben die Cappella Sistina (links) und die Cappella Paolina (rechts). Direkt an die Kirche angebaut sind die Wohnräume der Kanoniker.

diktionsloggia bildet. Durch ihre weiten Öffnungen hindurch erkennt man ein Mosaik aus dem 14. Jh. an der ursprünglich älteren Fassade der Basilika. Es zeigt den segnenden Christus, von den Evangelistensymbolen und von Heiligen begleitet. Der untere Teil erzählt die Gründungslegende der Kirche. Danach sei Papst Liberius (352 – 366) und dem römischen Patrizier Johannes am 5. August 352 die hl. Jungfrau im Traum erschienen und habe den Auftrag zum Bau einer Kirche an jener Stelle gegeben, an der am nächsten Tag Schnee falle. Der dann tatsächlich eingetretene Schneefall im heißen August habe sogar den Grundriß der künftigen Basilika, die nach Papst Liberius, der den Kirchenbau veranlaßt habe, auch Basilica Liberiana oder nach dem Schneewunder S. Maria della Neve (Maria Schnee) genannt wird, vorgezeichnet. Beim feierlichen Gottesdienst am 5. August jeden Jahres erinnern den Schneefall nachahmende weiße Blütenblätter an diese Legende.

Tatsächlich wurde S. Maria Maggiore unter Papst Sixtus III. (432 – 440) als dreischiffige Basilika erbaut, und sie hat ihre ursprüngliche Baugestalt und ihren Mosaikenschmuck im

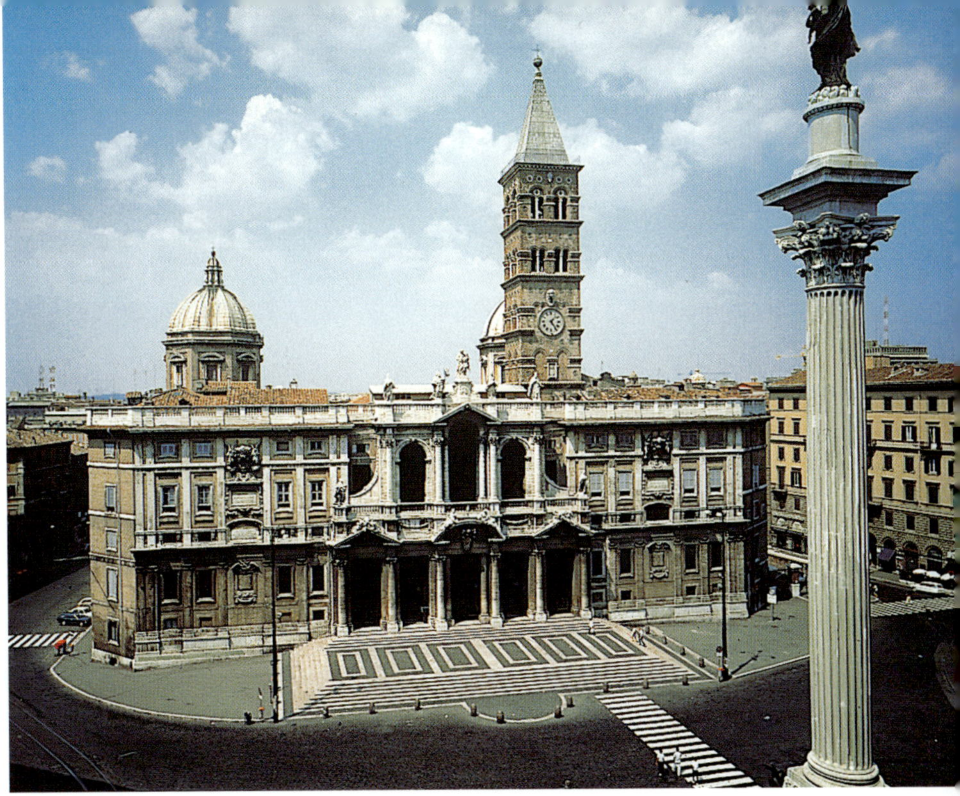

Fassade von S. Maria Maggiore mit der von Ferdinando Fuga (um 1750) geschaffenen Benediktionsloggia. Der mittelalterliche Glockenturm ist mit 75 m der höchste der Stadt.

wesentlichen bis in die Gegenwart bewahrt. Der 86 mal 29 m messende Raum besitzt einen prachtvollen cosmatesken Fußboden aus Marmor und Porphyr. Zwei Reihen von je 20 weißen ionischen Säulen, die auf Architraven die Obergaden tragen, ziehen den Blick nach vorn, hin zur Apsisstirnwand. Der Durchblick zum Apsismosaik wird dagegen wie in vielen anderen römischen Kirchen durch den barocken Altarbaldachin gestört. Während das Mittelschiff durch die wenigen Fenster des Obergadens beleuchtet wird, bleiben die beiden Seitenschiffe im Dämmerlicht. Die schöne, von Giuliano di Sangallo 1493 – 98 geschaffene Kassettendecke ist mit dem ersten Gold gefaßt, das nach der Entdeckung Amerikas von dort nach Europa gekommen sein soll.

Den wichtigsten Schmuck der Kirche bilden die Mosaiken an den Hochwänden des Längsschiffes, am Triumphbogen und in der Apsis. Die beiden ersten Zyklen entstanden gegen 440, das Apsismosaik am Ende des 13. Jh.s. S. Maria Maggiore wird wegen der ungewöhnlich reichen Mosaiken vielfach als die schönste aller römischen Kirchen angesehen. Während der Be-

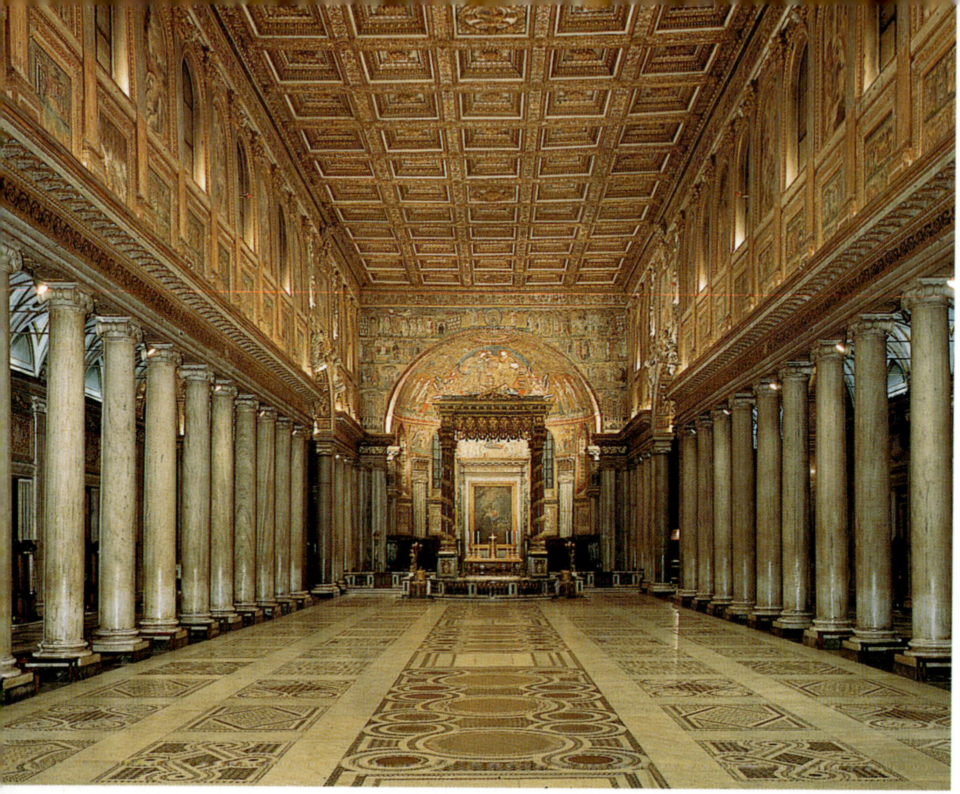

Mittelschiff von S. Maria Maggiore mit dem frühchristlichen Mosaikenzyklus unterhalb der Fenster und am Triumphbogen (5. Jh.).

stand am Triumphbogen und in der Apsis einigermaßen intakt ist, erlitt der im Langhaus erhebliche Einbußen durch Wasserschäden und durch Bogendurchbrüche für die Cappella Sistina und die Cappella Paolina. Ursprünglich zählte jede Seite des Langhauses 21 Mosaikfelder. Davon sind 36 erhalten, z. T. stark restauriert oder durch Stuck ergänzt. Sie sind in ihrer Art einzig. Auf der linken Seite werden, ausgehend vom Triumphbogen, Szenen aus dem Leben Abrahams, Isaaks und Jakobs, auf der rechten Seite aus dem Leben des Mose und Josuas erzählt, wobei die Szenenfolge dem biblischen Text nicht Schritt für Schritt folgt. Hier ist vielmehr unter bestimmten Aspekten eine Auswahl getroffen worden. Dabei scheint der Gedanke des Gottesvolkes – ihm, der „plebs Dei“, hat Sixtus III. ja den Bau gewidmet – der Leitgedanke gewesen zu sein. Der Zyklus hebt links beim Triumphbogen an mit der Melchisedechszene, die auf die Eucharistie hinweist, die in dieser Kirche seit dem 5. Jh. täglich gefeiert wird. Danach wird erzählt, wie Abraham, der Vater im Glauben, zum Stammvater eines großen Volkes wird. Am Beginn steht der Besuch der drei Engel bei der Terebinthe

Szene aus dem alttestamentlichen Zyklus des Langhauses, rechte Seite: Die Bundeslade am Jordan, Josua schickt Kundschafter nach Jericho (5. Jh.).

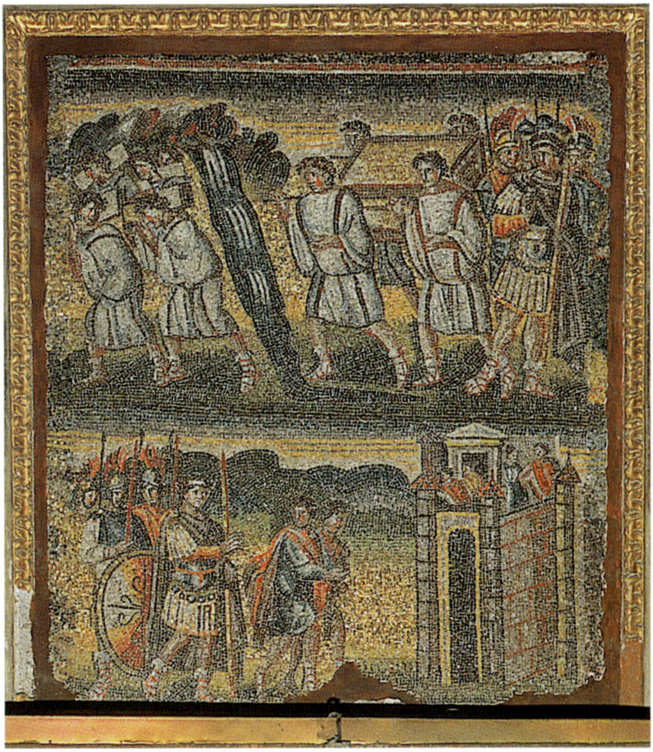

von Mamre. Sie kündigen an, daß Abraham, obwohl wie seine Frau Sara schon betagt, übers Jahr den ersehnten Sohn – es wird Isaak sein – erhalten werde. Isaak und Jakob tragen den Glauben weiter. Dabei ist die Verwirklichung der Verheißung Jahwes an Abraham der Leitgedanke. Die rechte Seite der Langhauswand ist Erzählungen über Mose, der dem auserwählten Volk das Gesetz des Alten Bundes übermittelt, und Josua gewidmet. Leitender Gedanke ist hier die Abfolge der Siege Israels über seine Gegner.

Die hier erzählte Geschichte des auserwählten Volkes behandelt also auf der linken Wand die Zeit vor und auf der rechten Wand die Zeit seit Mose unter dem Gesetz. Sie führt

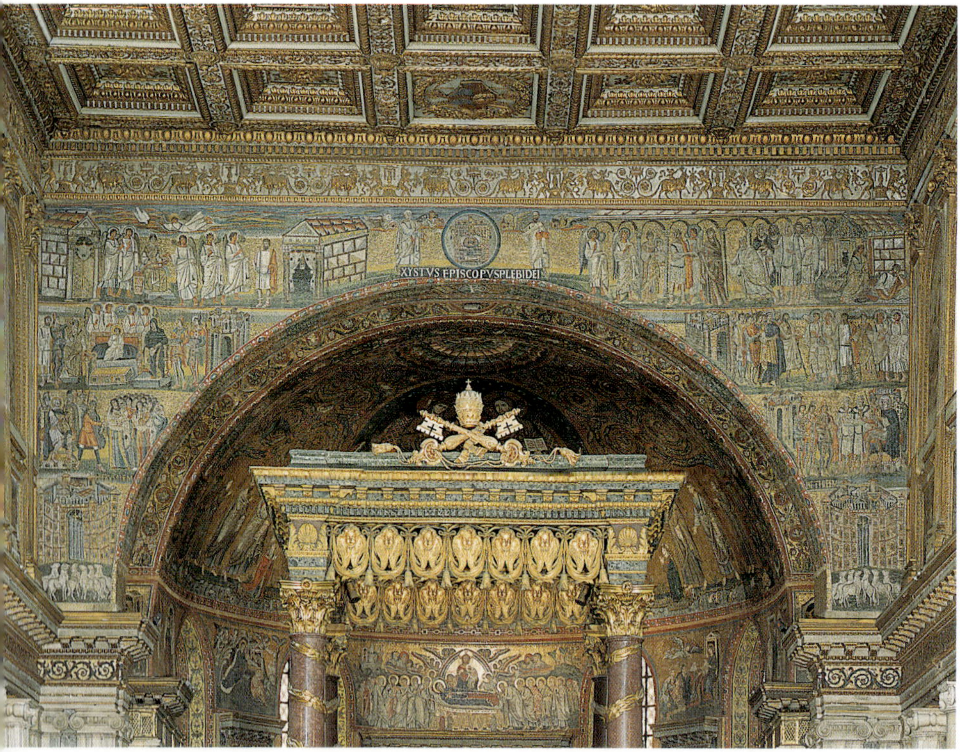

Triumphbogen mit seinen frühchristlichen Mosaikszenen aus der Kindheitsgeschichte Jesu (5. Jh.).

zielstrebig auf die Erfüllung im Neuen Bund zu, die Gegenstand der Mosaiken des Triumphbogens ist. Diese zeigen in vier übereinanderliegenden Zonen elf Szenen, davon acht zur Kindheitsgeschichte Jesu. Wie an den Hochwänden, so ist auch dieser Zyklus nicht chronologisch aufgebaut. Er zeigt vielmehr bestimmte, aus dem historischen Zusammenhang herausgelöste Szenen, die teils den kanonischen, teils den apokryphen Evangelien entnommen sind.

Über dem Scheitel des Triumphbogens ist in der Mitte des oberen Frieses der juwelenbesetzte leere Thron (Hetoimasia) in einer Lichtgloriole dargestellt. Er bildet einen Hinweis auf die Königsherrschaft Christi und den Thron aus der Geheimen

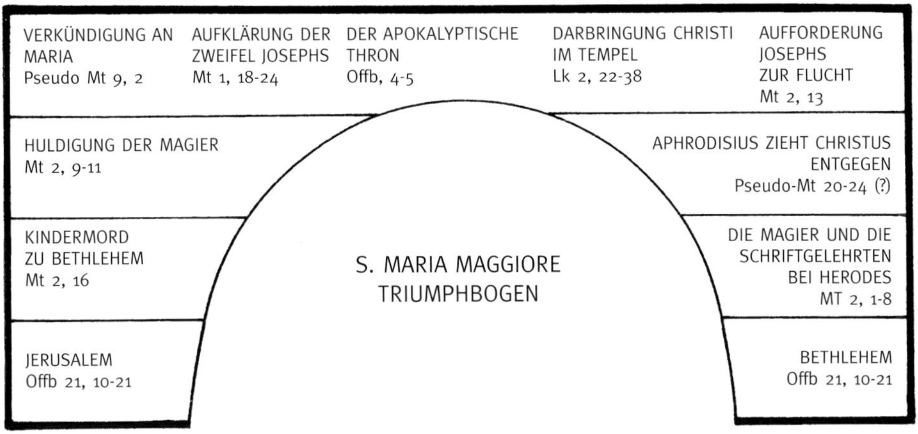

Offenbarung, von dem aus Christus am Letzten Tag Gericht halten wird. Hier trägt er die Symbole des triumphierenden Christus: Ein Gemmenkreuz, ein edelsteinbesetztes Diadem und einen purpurnen, goldbestickten Stoff. Auf der Fußbank liegt die apokalyptische Rolle mit den sieben Siegeln. Petrus und Paulus akklamieren diese auf Christus hinweisenden Zeichen. Neben ihnen sind die vier apokalyptischen Wesen, noch ohne Buch und daher noch nicht als Evangelistensymbole zu verstehen, dargestellt. Unter dem Thron liest man die Weiheinschrift „Xystus Episcopus Plebi Dei", d. h. Bischof Sixtus dem Volk Gottes. Es bleibt offen, ob damit die ganze Christenheit oder lediglich die römische Gemeinde gemeint ist. Die gesamte Darstellung ist von der kaiserlichen Triumphalkunst inspiriert, die hier auf den erhöhten Christus angewandt wird. Dies gilt auch für die acht Szenen zur Kindheit Christi.

Diese Mosaiken folgen innerhalb der einzelnen Zonen wie auch auf der linken und rechten Seite jeweils einem bestimmten theologischen Programm: In der oberen Zone werden die Offenbarung der Menschwerdung und die Huldigung an das Christuskind durch Vertreter des jüdischen Volkes dargestellt. In der zweiten Zone huldigen ihm dagegen Vertreter der

Heidenwelt. Es sind dies links die Magier und rechts der im apokryphen Matthäus-Evangelium erwähnte ägyptische Herrscher Aphrodisius. Die dritte Zone zeigt schließlich die Ohnmacht des ungläubigen Herrschers Herodes gegenüber dem göttlichen Kind. In der untersten Bildzone ist links Jerusalem, rechts Bethlehem gezeigt, deren Mauern jeweils mit Edelsteinen geschmückt sind. Diese in der römischen und ravennatischen Kunst öfters an Triumphbögen oder Apsiskalotten dargestellten Städte bilden eine Anspielung auf das in der Apokalypse des Johannes genannte himmlische Jerusalem. Wahrscheinlich stellen sie auch die Gliederung des Gottesvolkes in Heiden- und Judenchristen dar.

Die Mosaiken des Triumphbogens betonen die Göttlichkeit des Christuskindes, seine Anerkennung durch gläubige Juden und Heiden wie auch seine Ablehnung durch ungläubige Juden und Heiden. Mit der Göttlichkeit des Sohnes wird aber auch die Bedeutung seiner Mutter unterstrichen. Das Konzil von Ephesus hatte ja 431 nicht nur die Verbindung von göttlicher und menschlicher Natur in Christus, wie sie schon das Konzil von Nizäa 325 festgestellt hatte, noch einmal bestätigt, sondern konsequenterweise der Mutter den Titel „Gottesgebärerin" zuerkannt. Der Triumphbogen von S. Maria Maggiore stellt diese Aussage bildlich dar.

Einer anderen Welt gehört das Apsismosaik an, das um 1292 für den Neubau der Apsis im Auftrag von Papst Nikolaus IV. (1288 – 92) aus dem Franziskanerorden durch den Franziskaner Jacopo Torriti geschaffen wurde. Unterhalb der Apsiswölbung befindet sich ein Zyklus mit Szenen aus dem Marienleben: Die Verkündigung, die Geburt Jesu, die Anbetung durch die Könige, die Reinigung im Tempel und – im Zentrum als wichtigste Szene – der Marientod. Darüber erreicht in der Mitte der Kalotte die Verherrlichung Mariens in der Darstellung ihrer Krönung durch Christus den Höhepunkt. Mutter und Sohn thronen gemeinsam im Sternenhimmel. Während Maria ihre

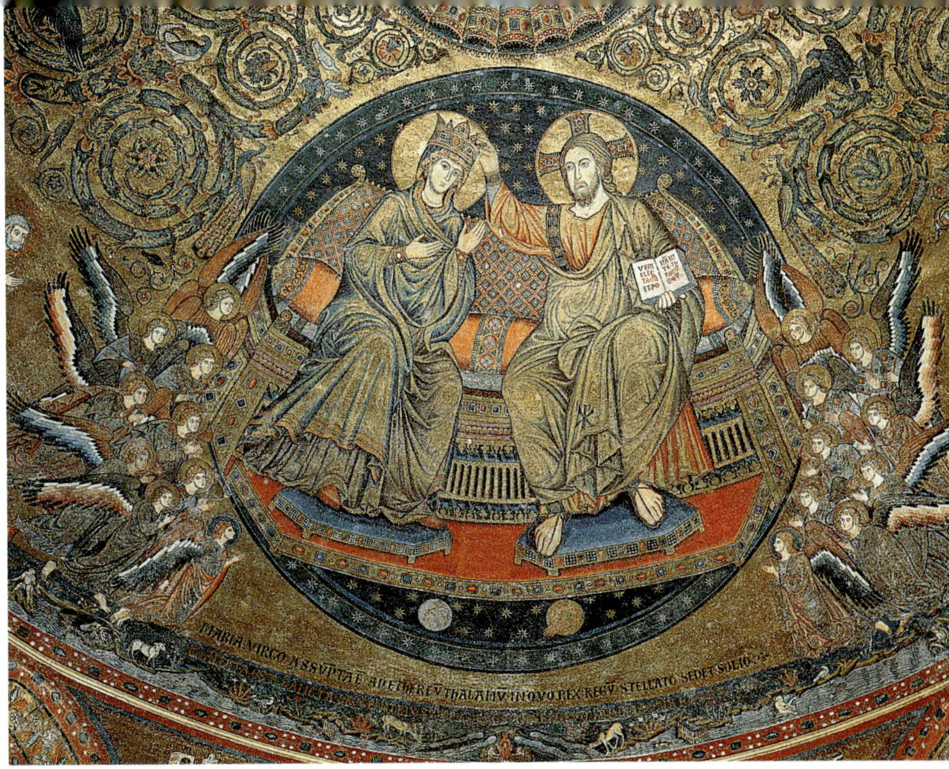

Krönung Mariens von Jacopo Torriti (13. Jh.). Zentrale Szene des Apsismosaiks.

Hände erwartungsvoll öffnet, setzt Christus ihr die Krone des Lebens aufs Haupt. Das Buch in seiner Linken sagt dazu: „Veni Electa mea et ponam in te thronum meum“ d. h. „komm, meine Auserwählte, und ich werde in dir meinen Thron aufschlagen“. Das Mosaik stellt also mehr als nur die Krönung dar. Es geht hier vielmehr um die mystische Vereinigung von Christus und seiner Mutter. Dieses wunderbare Geschehen bestaunen auf beiden Seiten je neun Engel, ferner Heilige, darunter die hll. Franz von Assisi und Antonius von Padua aus dem Franziskanerorden, während Nikolaus IV. und der zweite Stifter Kardinal Jacopo Colonna unten kniend dargestellt sind. Im übrigen wird die Apsiswölbung von Akanthusranken gefüllt, in denen sich Vögel und anderes Getier tummeln.

Aber S. Maria Maggiore ist nicht nur reich an Mosaiken, sondern auch an anderen Kunstwerken. Einschneidende Veränderungen nahm nächst Nikolaus IV. vor allem Sixtus V. (1585 – 90) vor, dessen Lieblingskirche S. Maria Maggiore war. Er plante als Kardinal hier seine Familiengrabstätte, ließ aber nach seiner Erhebung zum Papst statt dessen für seinen von ihm verehrten Vorgänger Pius V. (1566 – 72) und für sich selbst

Grabmäler herrichten. Beide Monumente befinden sich in der neben dem rechten Seitenschiff gelegenen (3) Cappella Sistina, die zugleich als Sakramentskapelle dient. Die Planungen dazu begannen 1584, als der spätere Papst noch als Felice Peretti Kardinal war. Als dann wenig später seine Wahl zum Papst erfolgte, wurde der Plan verändert und die Kirche nun auch durch eine Reihe anderer Maßnahmen hervorgehoben. Das geschah durch Anlage eines Straßensterns mit verschiedenen auf die Basilika zulaufenden Straßenzügen, die trotz der späteren Stadtentwicklung im wesentlichen erhalten sind. Dies führte zu einem deutlichen Aufschwung des bis dahin wenig bewohnten Esquilin. 1587 erfolgte hinter der Apsis die Aufstellung des Obelisken und 1589 die Weihe der Kapelle, die, wie es unter Sixtus auch sonst noch geschah, ohne Rücksicht auf den älteren Bestand – in diesem Fall auf die Mosaiken des Längsschiffes – mit einem Bogendurchbruch an das Langschiff angebunden wurde.

Die Cappella Sistina ist eine Kuppelkapelle über einem griechischen Kreuz mit den Abmessungen einer selbständigen Kirche. Sie entspricht dem Idealbild des Zentralbaus der Renaissance. Im hinteren Kreuzarm befindet sich ein Podest für den Papstthron. Die Wände sind reich mit Marmorintarsien ausgestattet, die Einzelmotive aus dem Papstwappen und das Wappen selbst wiederholen. Der reiche Freskenschmuck erzählt dagegen vom Stammbaum, von der Geburt und der Kindheit Christi. Damit ist der Bezug zu der im Zentrum der Kapelle aufbewahrten Krippenreliquie gegeben. Dabei handelt es sich um die grottenartige Geburtshöhle, die seit dem 7. Jh. in Rom bezeugt ist und möglicherweise vor den arabischen Invasoren hierher verbracht wurde. Man steigt zu ihr in die Confessio hinunter. Über dieser erhebt sich ein achteckiger vergoldeter Sakramentstabernakel aus Bronze, der die Großarchitektur der Kapelle im Kleinen wiederholt. Der linke und der rechte Kreuzarm der Cappella Sistina sind von den Grabmälern für

Cappella Sistina. Im Vordergrund der Sakramentsaltar. In der Kammer darunter sind Reste einer freiplastischen Krippenszene aus Marmor von Arnolfo di Cambio erhalten. Rechts an der Wand das Grabmal Sixtus V. († 1590).

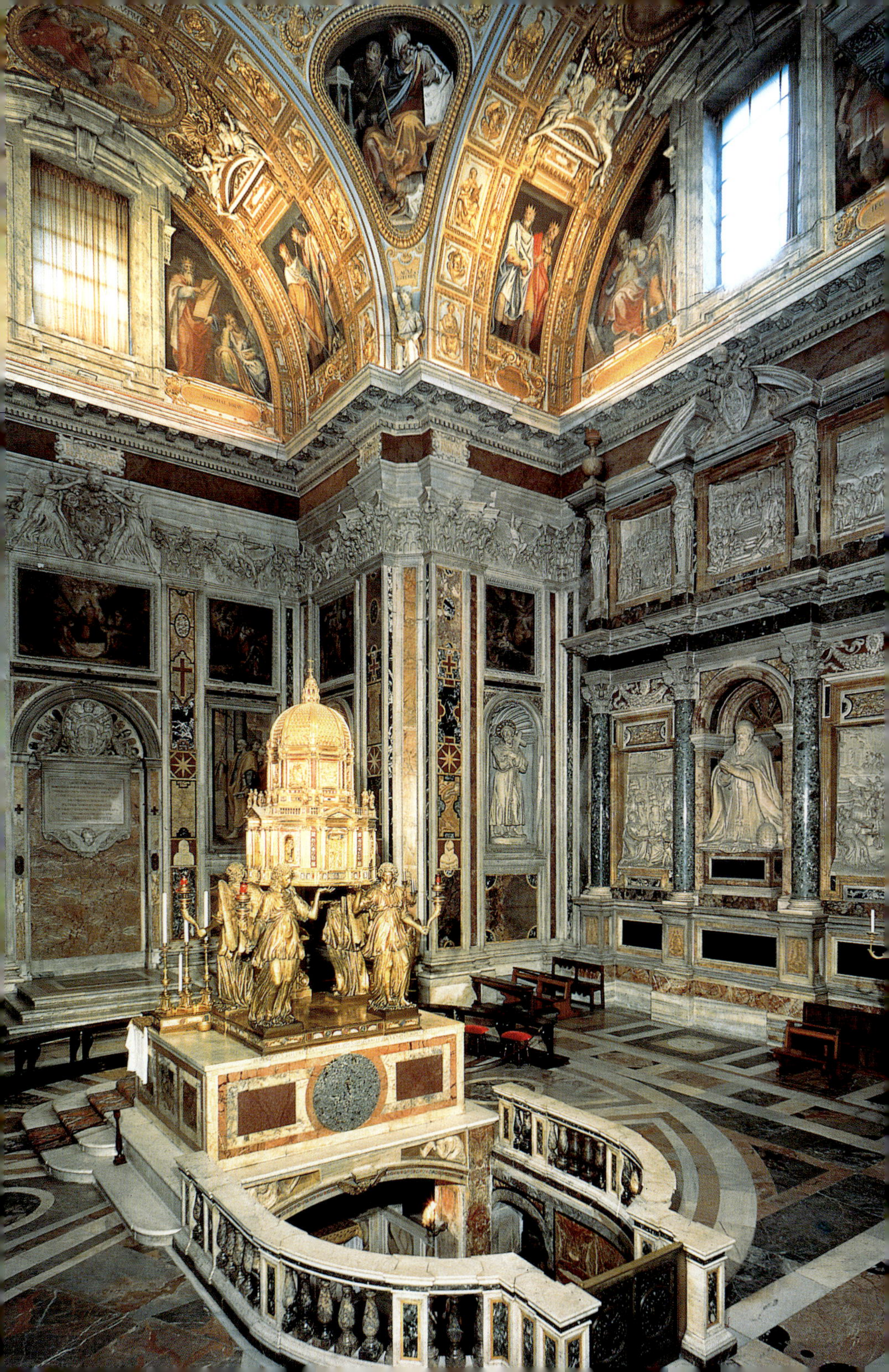

Pius V. und Sixtus V. eingenommen. Der Dominikaner Pius wird von den Ordensheiligen Dominikus und Petrus von Verona, der Franziskaner Sixtus, nach dem die Kapelle benannt ist, von den hll. Franziskus und Antonius v. Padua in den Nischen der Kreuzarme flankiert. Während Pius, auf einem Thron sitzend und die Tiara auf dem Haupt, die Hand zum Segen erhebt, hat sich Sixtus demütig kniend, die Hände vor der Krippenreliquie und dem Tabernakel gefaltet, mit niedergelegter Tiara darstellen lassen. Unter der Sitzstatue von Papst Pius wurde nach dessen Heiligsprechung (1712) dessen Sarkophag eingelassen. Dieser läßt die mit den Pontifikalgewändern bekleidete Gestalt des Toten sehen. Reliefs mit deutenden Inschriften erzählen Begebenheiten aus seinem Pontifikat, besonders zum Seesieg bei Lepanto über die Türken (1571) und zur Entsendung von Hilfe gegen die Hugenotten. Wesentlich reicher noch sind die Reliefs und Inschriften am Grabmal von Sixtus gestaltet. Sie erzählen von seinen politischen und innerkirchlichen Unternehmungen, aber auch von seiner Ausgestaltung der Stadt Rom durch Vollendung der Peterskuppel, von der Aufrichtung der Obelisken und der Anlage eines Aquäduktes.

Verläßt man die Sixtinische Kapelle, so erreicht man vor dem Hauptaltar die 1864 angelegte (4) Confessio, in der in einem wiegenartig gestalteten Reliquiar Fragmente der Krippe Christi aufbewahrt werden. Im vorderen Teil der Confessio ist Pius IX. (1846 – 78), der sie anlegen ließ, kniend dargestellt. Geht man im rechten Seitenschiff weiter, so findet man zwischen den letzten Säulen links die (5) Grabplatte Gian Lorenzo Berninis († 1680). Der Gegensatz zwischen den großartigen Werken des Künstlers und der Schlichtheit seines eigenen Grabes könnte nicht größer sein.

Gegenüber der Cappella Sistina wiederholt die von Paul V. (1605 – 21) 1605 in Auftrag gegebene und 1611 vollendete (6) Cappella Paolina deren Vorbild nach Größe und Gestalt. Im Zentrum befindet sich in einem aus kostbaren Materialien

Cappella Paolina. Der mit vergoldeter Bronze und Lapislazuliplatten verzierte Altar gehört zu den kostbarsten seiner Art. Im Giebel ist das Schneewunder im Relief dargestellt, im Zentrum das berühmteste Marienbild der Stadt. In der Krypta befindet sich die Familiengrabstätte der Borghese.

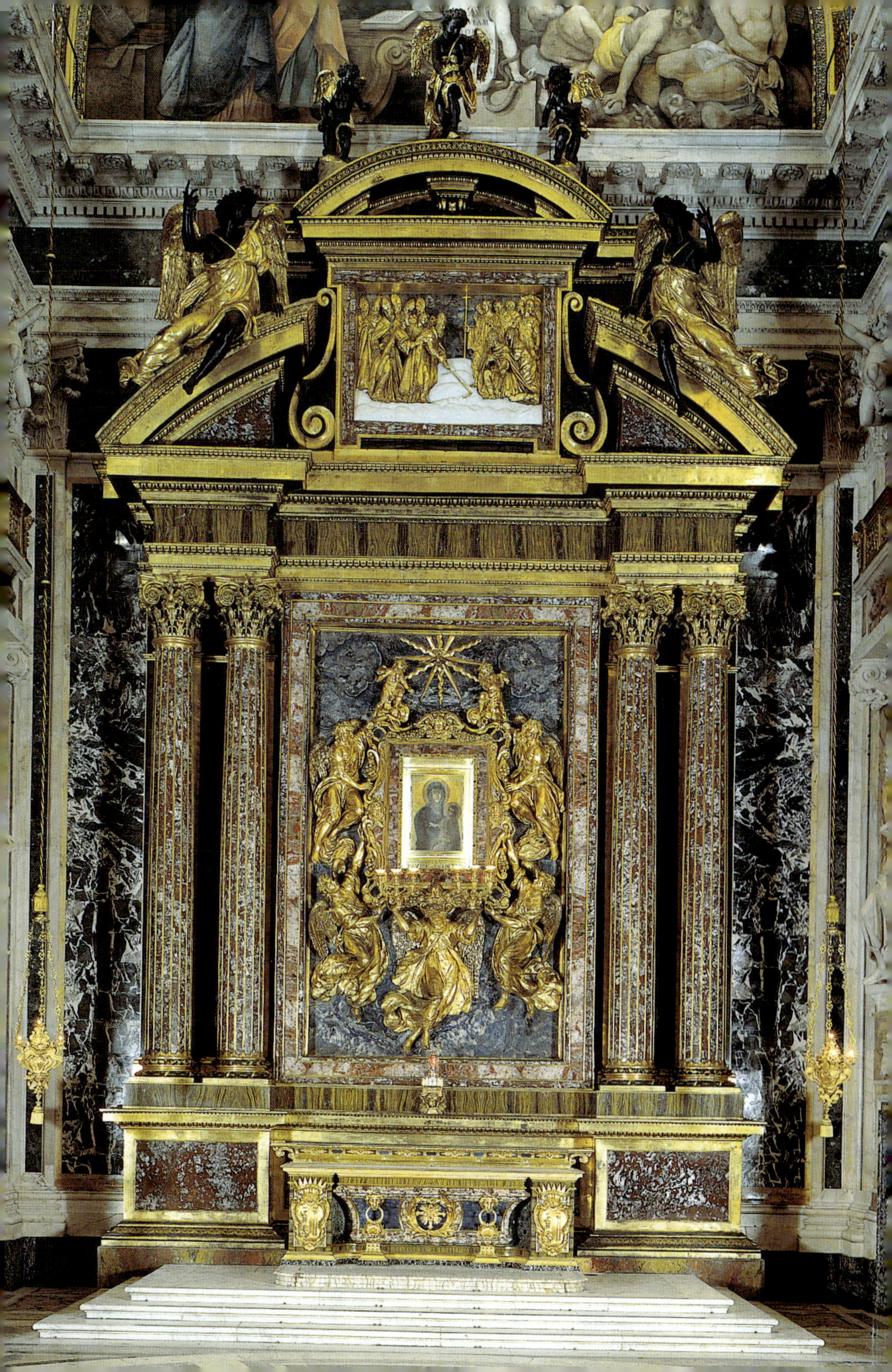

geschaffenen Prunkaltar das unter allen römischen Madonnenbildern am meisten verehrte: Salus Populi Romani, d. h. Heil des römischen Volkes, der Legende nach vom hl. Lukas gemalt, aber erst seit dem 13. Jh. in Rom bezeugt. In den beiden Kreuzarmen befinden sich die Grabmäler für Clemens VIII. (1592 – 1605) und Paul V. Auch hier ist wie in der Cappella Sistina der bei der Anlage bereits verstorbene Papst thronend, die Tiara auf dem Haupt und segnend dargestellt, während der Auftraggeber Paul V. sich wie Sixtus V. kniend, mit gefalteten Händen und abgelegter Tiara, hat darstellen lassen.

S. Pudenziana

In der Nähe von S. Maria Maggiore befinden sich zwei bedeutsame, von vielen Reisenden übersehene Kirchen. Es sind dies S. Pudenziana al Viminale und S. Prassede all' Esquilino. Über S. Pudenziana (Via Urbana, 160, Treffpunkt der philippinischen Katholiken), die Titelkirche von Kardinal Joachim Meisner, erzählt die Legende, Pudenziana, in deren Elternhaus der hl. Petrus Gast gewesen sei, sei wie ihre Schwester Prassede als Märtyrin gestorben. Archäologische Forschungen ergaben, daß S. Pudenziana gegen Ende des 4. Jh.s über einem antiken Wohnhaus in eine private Thermenanlage hineingebaut wurde. Die Apsis stammt noch von diesem Bau. Sie birgt das um 400 entstandene älteste erhaltene, jedoch ergänzte Apsismosaik Roms. Es zeigt ein Lehrgespräch, das dem Christusbild des 4. Jh.s entsprechend Christus herrscherlich im goldenen Gewand auf einem erhöhten Thron und von niedriger sitzenden Aposteln umgeben zeigt. Zwei Frauen als Repräsentantinnen der Kirche aus dem Juden- und aus dem Heidentum bringen ihm goldene Kränze dar, auch dies ein Zeichen des Eindringens imperialer Herrschersymbolik. Von imperialem Anspruch ist auch das hinter Christus aufscheinende Gemmenkreuz. Die vier auf

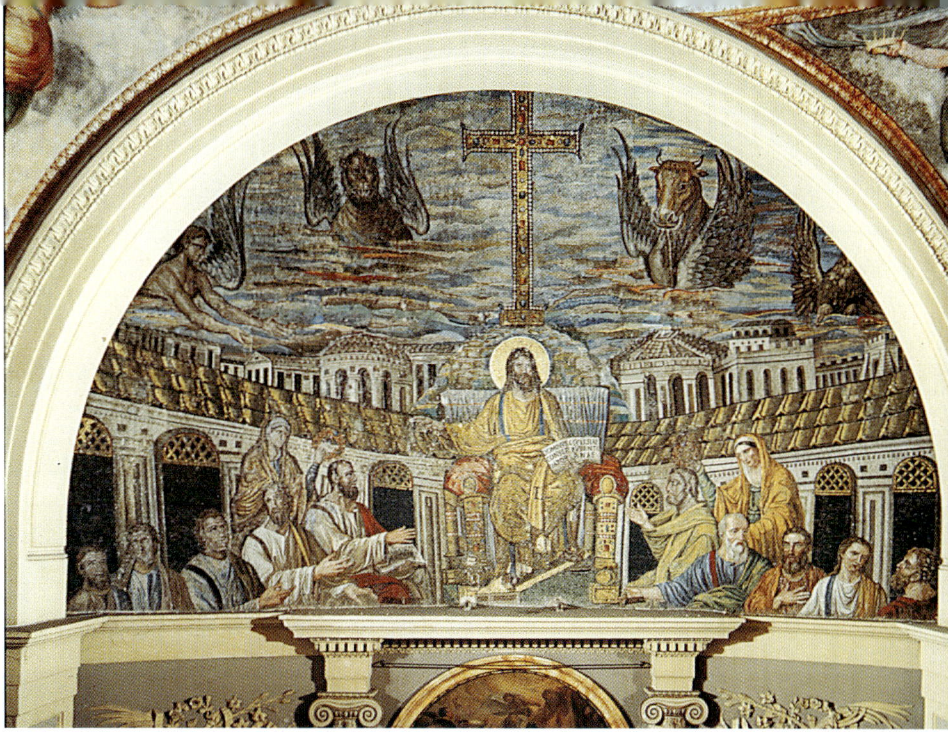

Apsismosaik von S. Pudenziana. Älteste Apsiskomposition einer römischen Kirche (um 400). Die barocke Neugestaltung der Kirche beschneidet das ursprünglich größere Mosaikfeld.

Visionen bei Ezechiel und in der Apokalypse zurückgehenden geflügelten Wesen, die im Hintergrund über der Stadt Jerusalem erscheinen und noch keine Bücher oder Schriftrollen tragen, sind noch nicht zu Evangelistensymbolen geworden (s. auch Abb. S. 47).

S. Prassede

Da der Haupteingang zur Kirche S. Prassede, der von der Via di S. Martino ai Monti durch das Atrium ins Kircheninnere führt, normalerweise geschlossen ist, betritt man die Kirche von der Via S. Prassede 9/a durch einen Seiteneingang. So schlicht der Eindruck von außen ist, so strahlend präsentiert sich das Innere. Die älteste Nachricht über eine Kirche an dieser Stelle geht auf das Jahr 491 zurück, doch stammt der heutige Bau aus der Zeit der karolingischen Renaissance im 9. Jh. S. Prassede hat ihre ursprüngliche Gestalt im wesentlichen bewahrt. Der dreischiffige Bau besitzt antike Granitsäulen, die einen ebenfalls aus antiken Spolien zusammengefügten Architrav tragen, ferner vor dem schmalen Querhaus einen weit gespannten Triumphbogen.

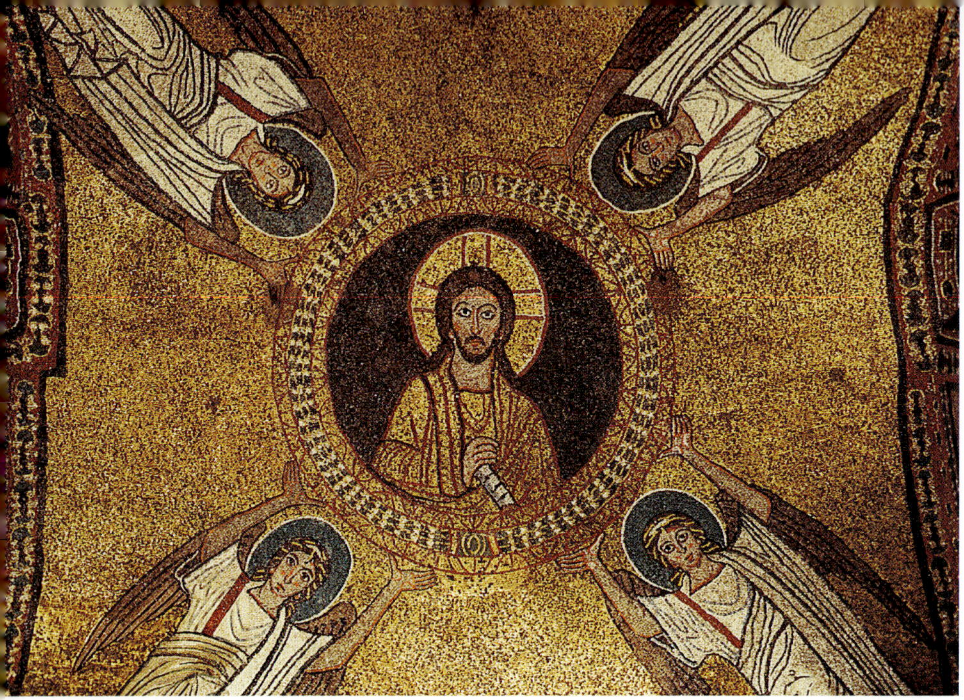

Dieser, der Apsisbogen und die Apsiskalotte besitzen die bedeutendsten Mosaiken Roms aus dem 9. Jh. Der Triumphbogen zeigt das himmlische Jerusalem, in dessen Mitte Christus herrscht. Er wird von Engeln, Aposteln, Maria, Johannes d.T., der Hl. Praxedis sowie von Mose und Elija begleitet. Von den Seiten treten Heilige hinzu. Der Apsisbogen zeigt ähnlich wie der Apsisbogen von SS. Cosma e Damiano das Apokalyptische Lamm, das Buch mit den sieben Siegeln, die sieben Leuchter, Engel und die Evangelistensymbole. Von den Seiten her bringen 24 Älteste dem Lamm goldene Kränze dar. Das Apsismosaik wird von Christus beherrscht, dem die Apostelfürsten die hll. Schwestern Praxedis und Pudentiana, ferner den hl. Zeno und Papst Paschalis I. (817 – 824) als Stifter zuführen. Darunter schreiten zwölf Lämmer als Symbole der Apostel auf das Lamm Gottes zu. Vom rechten Seitenschiff aus betritt man durch ein aus kostbaren Spolien komponiertes Portal, über dem sich in doppeltem Bogen angeordnet Mosaiktondi Christi, der Apostel, Mariens und Heiliger befinden, die Cappella S. Zenone. Papst Paschalis ließ sie als Mausoleum für seine Mutter Theodora anlegen. Wände und Gewölbe des über dem Grundriß eines griechischen Kreuzes erbauten Raumes sind mit Goldmosaiken geschmückt. Im Scheitel des Gewölbes befindet sich ein von Engeln getragenes Brustbild

Decke der Zenonkapelle in S. Prassede. Die Mosaikdekoration aus karolingischer Zeit folgt in der Größe der Gestalten einer hierarchischen Ordnung: Christus - Engel - Heilige

Christi. Über dem Eingang der Thron mit dem Kreuz, dem die beiden Apostelfürsten akklamieren. Im linken Rundbogen sieht man die hll. Agnes, Praxedis und Pudentiana sowie die mit quadratischem Nimbus – weil noch lebend – dargestellte Theodora.

S. Paolo fuori le Mura (St. Paul vor den Mauern)

Die Patriarchalbasilika S. Paolo liegt außerhalb der alten Stadt etwa 2 km vor der antiken Porta Ostiense, der heutigen Porta S. Paolo. Bis in unser Jahrhundert hinein lag dieses Gebiet abseits; heute ist es von modernen Wohn- und Industrievierteln besetzt. Die jetzige Basilika ist eine Rekonstruktion der an der Wende zum 5. Jh. erbauten Kirche, die 1823 weitgehend einem Brand zum Opfer fiel.

St. Paul vor den Mauern. Atrium mit der mosaizierten Fassade der Basilika.

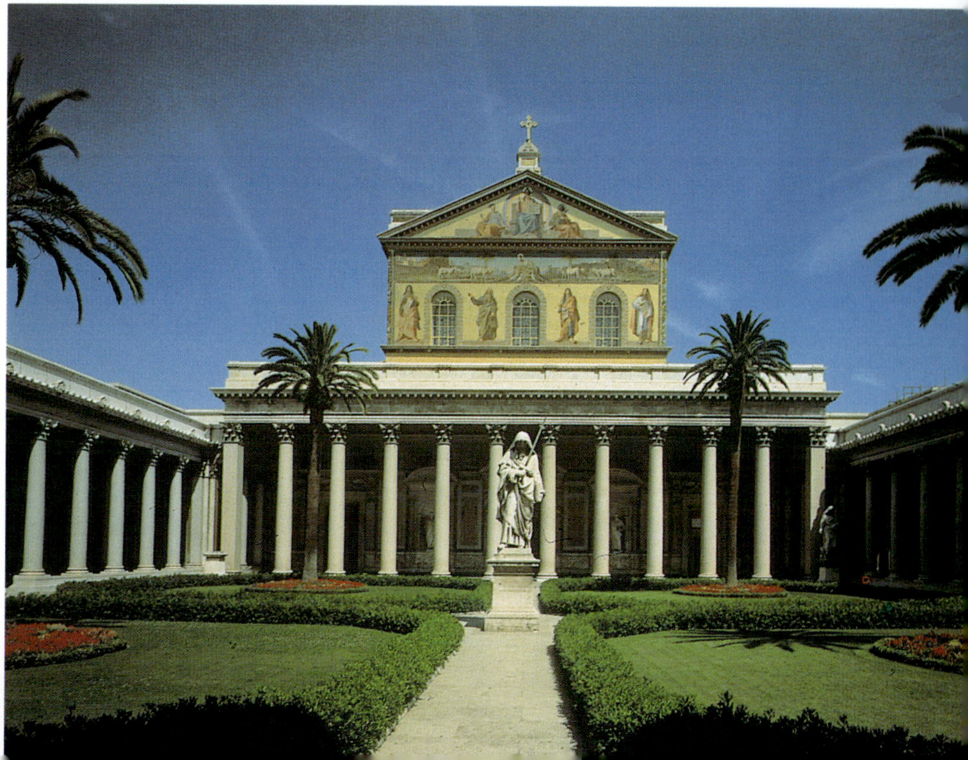

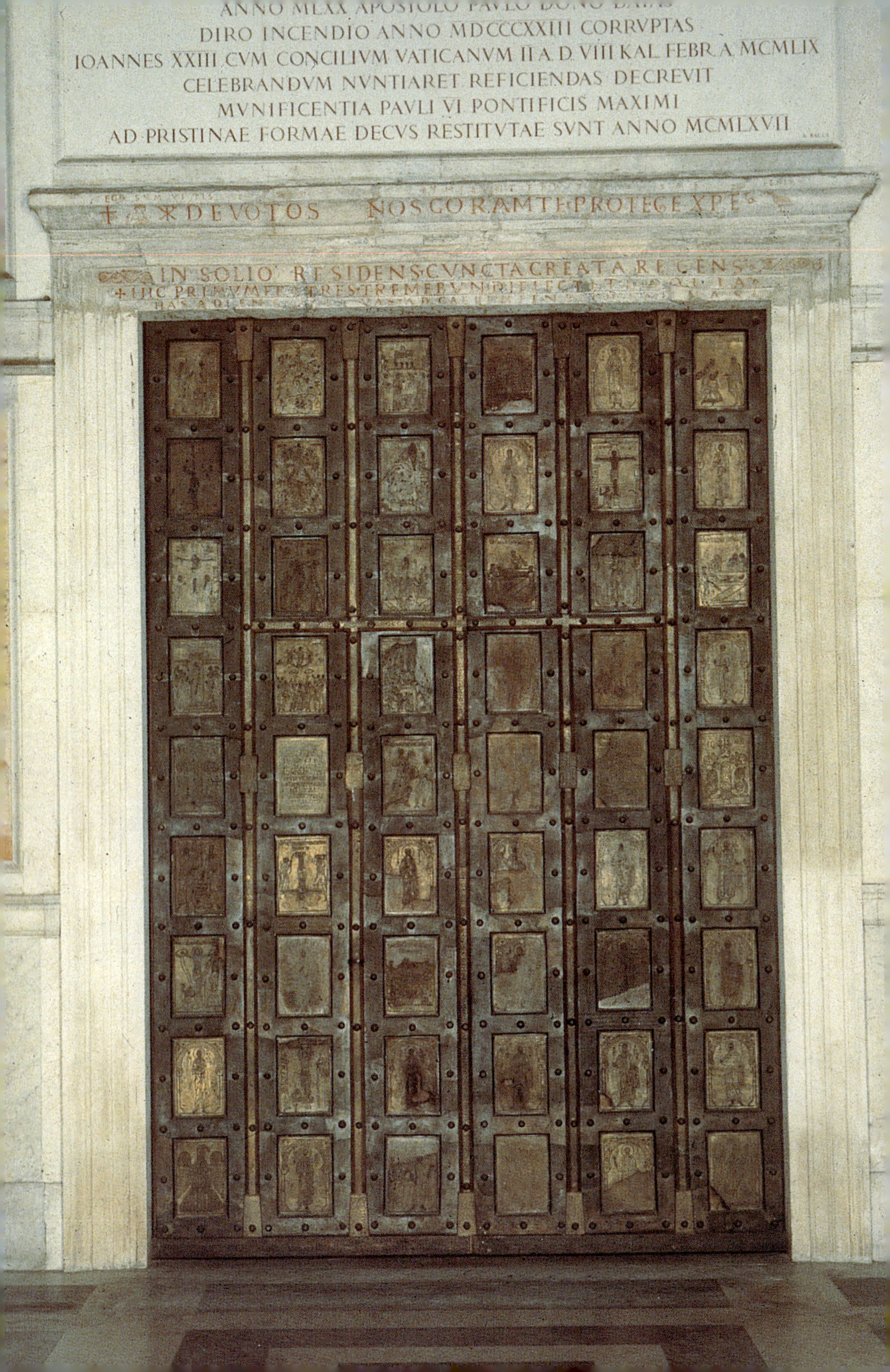
DIRO INCENDIO ANNO MDCCCXXIII CORRVPTAS
IOANNES XXIII CVM CONCILIVM VATICANVM II A. D. VIII KAL. FEBR. A. MCMLIX
CELEBRANDVM NVNTIARET REFICIENDAS DECREVIT
MVNIFICENTIA PAVLI VI PONTIFICIS MAXIMI
AD PRISTINAE FORMAE DECVS RESTITVTAE SVNT ANNO MCMLXVII
DEVOTOS NOS CORAM TE PROTEGE XPE
IN SOLIO RESIDENS CVNCTA CREATA REGENS

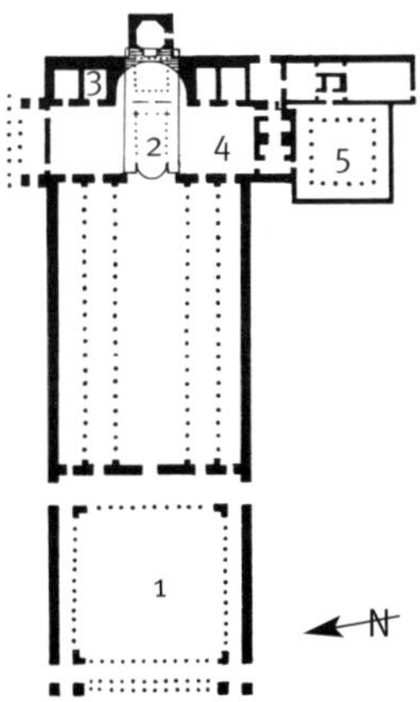

St. Paul Grundriß

S. Paolo wurde über dem Grab des nach der Überlieferung bei Aquae Salviae, dem jetzigen Tre Fontane, enthaupteten Völkerapostels errichtet. Es lag hier inmitten einer Nekropole. Der Sarkophag mit seiner Deckplatte und der Inschrift „Paulo Apostolo Mart" befindet sich unter dem Hauptaltar. Darüber wurde zunächst eine kleine Gedenkstätte (Cella memoriae), unter Konstantin dann eine Basilika und unter den Kaisern Theodosius, Valentinian II., Arcadius und Honorius schließlich eine mit Alt-St. Peter vergleichbare Basilika errichtet, die 402/03 vollendet wurde. Ihre Maße entsprachen denen der Basilica Ulpia am Trajans-Forum.

Man betritt S. Paolo meist von dem der Kirche vorgelagerten, 1892 – 1928 geschaffenen monumentalen (1) Vorhof her, der mit seinen 10 m hohen monolithischen Granitsäulen klassizistisch kühl wirkt. In seiner Mitte steht eine große Statue des Apostels, rechts hinten die kleinere seines Begleiters Lukas. Die Mosaiken an der Fassade der Basilika sind Neuschöpfungen des 19. Jh.s nach traditionellen Motiven. Das mittlere der fünf Portale stammt aus dem Jahr 1931. Es zeigt Episoden aus dem Leben von Petrus und Paulus. Das äußerste rechte Portal bewahrt innen die Reste von zwei Flügeln des Hauptportals der alten Basilika. Sie wurden 1070 von einem Pantaleone aus Amalfi gestiftet und in Konstantinopel gegossen. Sie zeigen auf 54 Feldern Szenen aus dem Neuen Testament und aus Heiligenleben, wobei die Gestalten durch Silbereinlagen umrißhaft hervorgehoben sind.

Der Eindruck der 132 m langen, 65 m breiten und mit 80 Säulen ausgestatteten Basilika ist überwältigend, doch auch kalt. Es fehlt ihr die Wärme der geschichtlichen Patina. Ziel der Pilger ist das Grab des Apostels. Über ihm erhebt sich der auf zwei 14 m hohen Granitsäulen ruhende Triumphbogen. Sein Mosaikenschmuck geht in die Zeit Papst Leos I. (440 – 461) zurück, doch wurde er öfters und wenig glücklich restauriert. Die Gesichter sind z. T. geradezu entstellt. Von der Mitte blickt Christus aus einer Aureole von Lichtstrahlen herab. In seiner

Ehemalige Haupttür aus Bronze mit Silbereinlagen, 1070 in Konstantinopel gegossen. Die Tür überstand stark beschädigt den großen Brand von 1823.

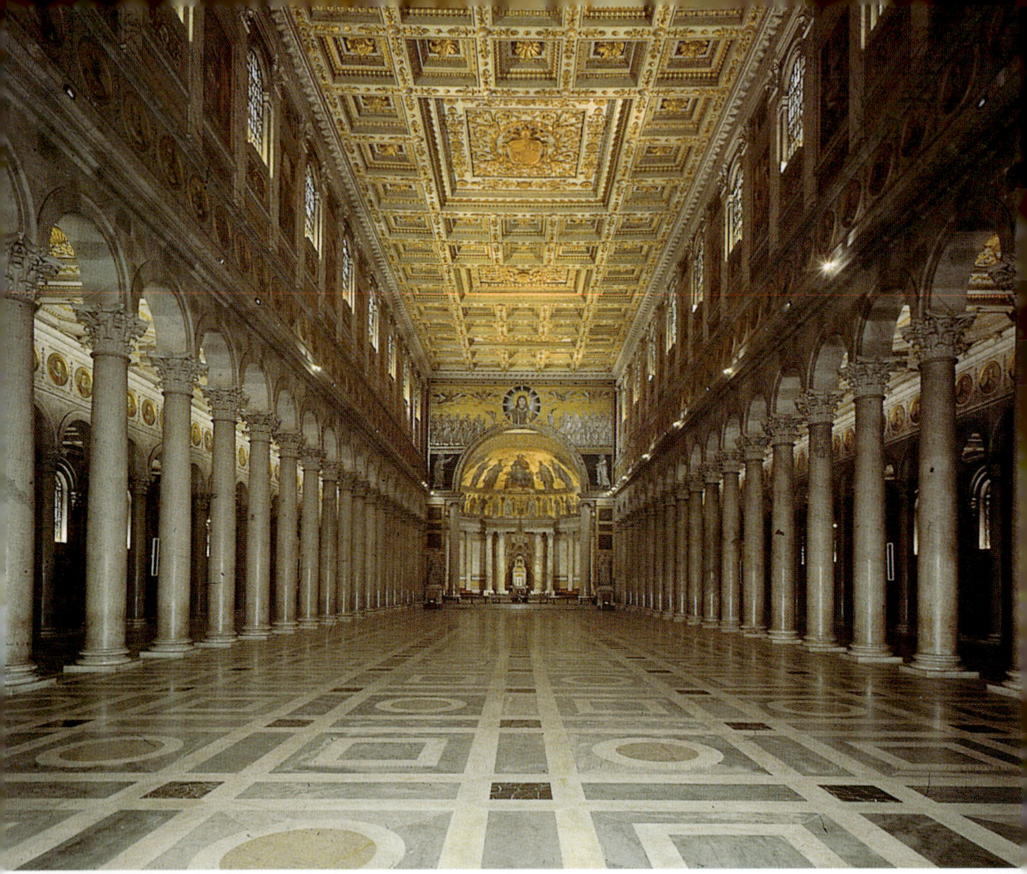

Inneres von St. Paul.

Linken trägt er einen dünnen Stab, der ursprünglich ein Kreuz war, die Rechte ist zum Segen nach griechischem Ritus erhoben. Christus ist von den Evangelistensymbolen umgeben. Von rechts und links schreiten je zwölf Älteste auf ihn zu, um ihm Kronen darzubringen. Darunter schließen sich Petrus (rechts) und Paulus an.

Über dem Papstaltar erhebt sich ein 1285 im Auftrag von Abt Bartolomeo durch Arnolfo di Cambio (1245 – 1302) und seine Werkstatt geschaffenes gotisches (2) Ziborium. Seine vier Porphyrsäulen tragen vergoldete Kapitelle und über vier Spitzbogen einen Turmaufbau.

Das Mosaik der Apsiswölbung, unter dem der Papstthron steht, wurde im 13. Jh. von venezianischen Künstlern weitgehend neugestaltet und nach dem Brand von 1823 nochmals restauriert. Im oberen Teil zeigt es den thronenden Christus, der in der Linken ein Buch mit der Einladung hält: „Kommt, ihr Gesegneten meines Vaters." Die Rechte ist zum Segen erhoben.

Detail des 5,6 m hohen Osterleuchters aus Marmor (1190), der die Passion und die Verherrlichung Christi darstellt. Hier die Gefangennahme Jesu.

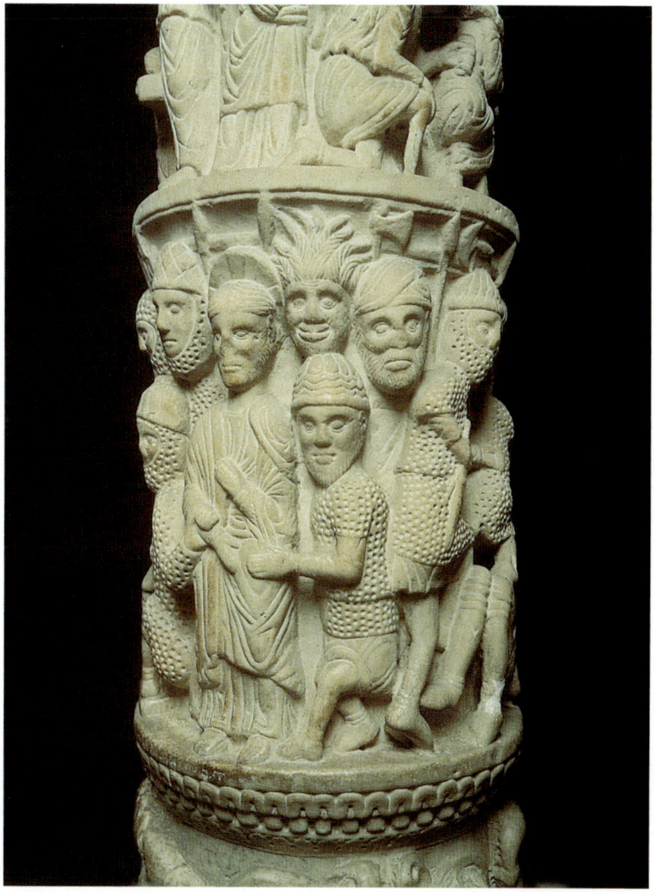

Ihm zugewandt sind Petrus, Paulus, Andreas und Lukas. Zu Füßen Christi kniet Papst Honorius III. (1216 – 27) als Stifter. Darunter ist der Thron mit dem gemmengeschmückten Kreuz und den Leidenswerkzeugen dargestellt.

Von den Ausstattungsstücken der Kirche sind das Tino di Camaino († 1337) zugesprochene (3) Holzkruzifix in der Sakramentskapelle, vor allem aber der am Beginn des rechten Querschiffes aufgestellte, nach Art einer antiken Triumphsäule gegen

1190 von Nicolò di Angelo und Pietro Vassalletto (1160 – 1226) reich gestaltete 5,6 m hohe (4) Osterleuchter zu nennen. Während die antiken Kaiser auf ihren Triumphsäulen ihre Feldzüge und militärischen Leistungen feiern ließen, sind auf diesem Osterleuchter die Passion und die Verherrlichung Christi dargestellt. Fast noch mehr Aufmerksamkeit als diese Kunstwerke findet bei vielen Besuchern der unter den Fenstern der Hochschiffwände angebrachte und im rechten inneren Seitenschiff fortgesetzte Fries mit den mittlerweile 265 Porträts der Päpste seit Petrus. Er will die ununterbrochene apostolische Nachfolge (Sukzession) darstellen, in der sich das Papsttum weiß (s. auch Abb. S. 24).

Am Osterleuchter vorbei gelangt man in den zum anschliessenden Benediktinerkloster gehörenden, in der ersten Hälfte des 13. Jh.s von der Vassalletto-Werkstatt geschaffenen schönsten aller römischen (5) Kreuzgänge. Seine Säulchen sind gewunden, geflochten, ausgekehlt oder glatt und z. T. mit viel-

Ausschnitt aus dem Säulengeschmückten Kreuzgang von St. Paul, der zu den schönsten Roms gehört (Kosmatenarbeit, 1. Hälfte 13. Jh.).

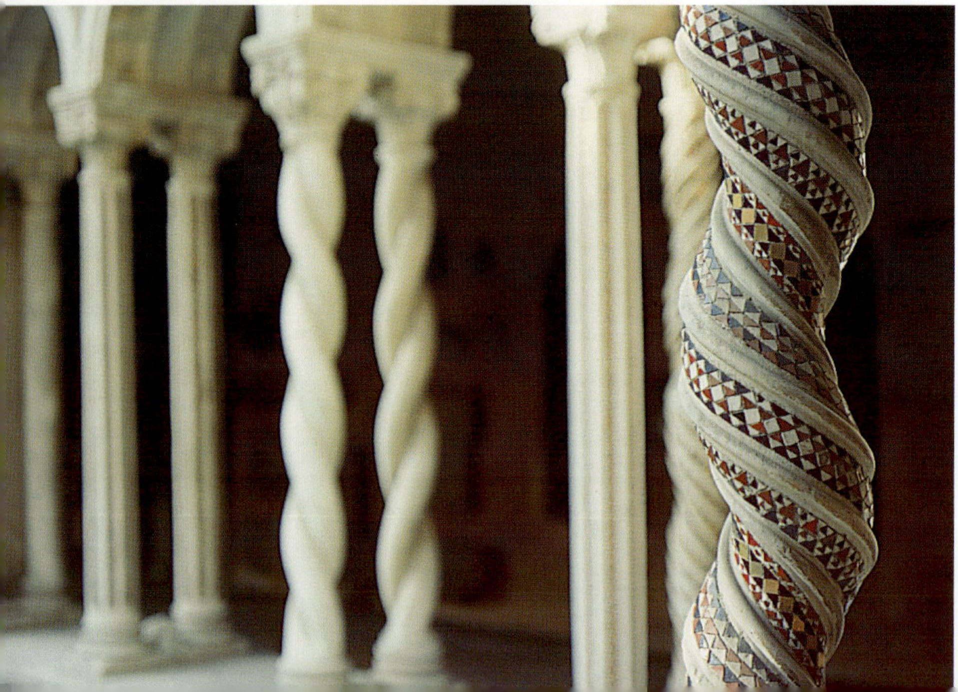

farbigem Mosaik versehen. Im Architrav der linken Seite verkündet eine lateinische Inschrift den Sinn dieses Baukörpers: Er soll den betenden und studierenden Mönchen jene Abgeschiedenheit sichern, die für ihr Leben unerläßlich ist („Agmina sacra regit locus hic, quem splendor honorat…"). Mit dem heutigen Touristenstrom ist das jedoch kaum noch zu vereinbaren. Im Kreuzgang werden mehrere antike Sarkophage und zahlreiche Inschriften aufbewahrt.

St. Paul ist für die jüngere deutsche Kirchen- und Ordensgeschichte insofern von Bedeutung, als Papst Pius IX. hier 1854 die aus Bonn stammenden Benediktiner Maurus und Placidus Wolter dazu aufforderte, in ihre Heimat zu gehen und dort das benediktinische Leben, das durch die Säkularisation abgebrochen war, neu zu beginnen. Sie gründeten 1863 das Kloster Beuron, aus dem dann weitere benediktinische Gründungen hervorgingen. Am 25. Januar 1959 kündigte Papst Johannes XXIII. (1958 – 63) in der Sakristei von St. Paul den anwesenden Kardinälen nach einem Stationsgottesdienst an, er habe vor, ein ökumenisches Konzil einzuberufen.

Abbazia alle Tre Fontane

Mit dem Besuch von S. Paolo läßt sich ein Abstecher zur Hinrichtungsstätte des hl. Paulus bei der Via Laurentina (Via delle Tre Fontane) verbinden. Die Legende berichtet, daß die Hinrichtung durch das Schwert erfolgte, daß das Haupt des Apostels dreimal aufschlug und an diesen Stellen drei Quellen entsprungen seien. Davon leitet sich der Name der Abtei alle Tre Fontane ab. Die dort zahlreich angepflanzten Eukalyptusbäume, die dem Boden viel Wasser entziehen, erinnern an die Kultivierung des vorher malariaverseuchten Gebietes durch die seit 1868 hier ansässigen Trappisten. Man erreicht die Abteikirche SS. Vincenzo e Anastasio durch ein Torhaus. Schon das Äußere

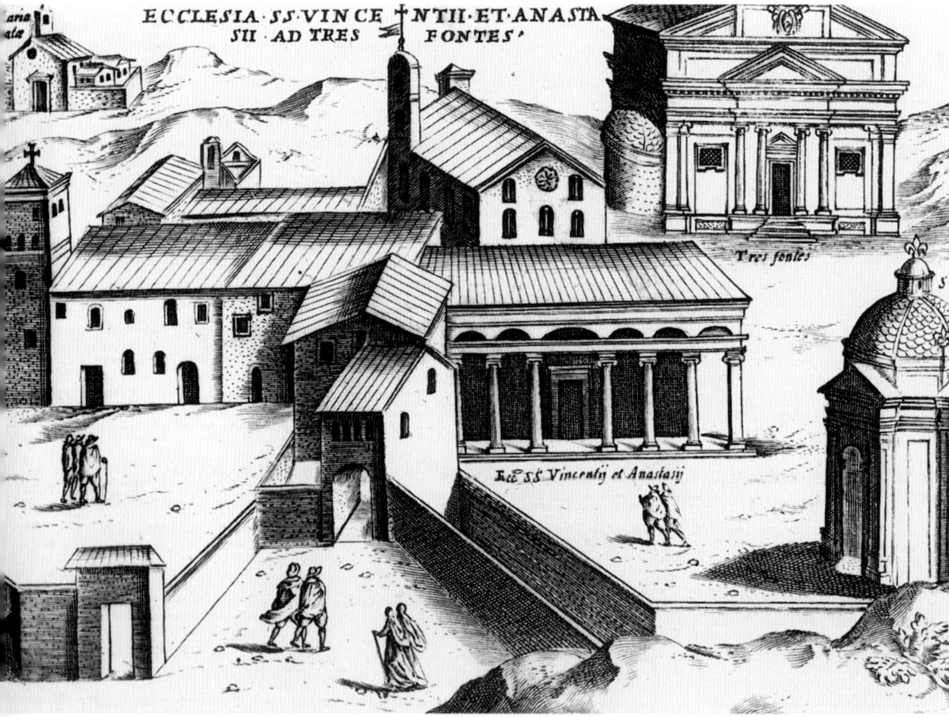

Der Komplex verschiedener Kirchen und Kapellen bei der Abtei Tre Fontane. Stich aus der 1. Hälfte 17. Jh.

mit seinem hoch aufragenden Hauptschiff und den kleinen Fenstern kündet von der Strenge des Innenraumes, die ganz dem Stil des strengen Reformordens der Zisterzienser entspricht, der die Abtei lange innehatte. Die hinter der Abteikirche liegende Gedächtniskirche S. Paolo alle Tre Fontane aus den Jahren 1599 – 1601 bezeichnet den Ort der Hinrichtung, während die Gedächtniskirche S. Maria Scala Coeli in der Krypta das angebliche Gefängnis des Heiligen birgt. Wie viele Klöster der benediktinischen Klosterfamilie bieten die Mönche von Tre Fontane in ihrem Klosterladen Kräuterlikör und andere Produkte an. Bei der Abtei befindet sich seit einigen Jahren ein Kloster der Kleinen Schwestern der Mutter Teresa († 1997).

S. Sebastiano

Unter den sieben Wallfahrtskirchen spielt S. Sebastiano eine Sonderrolle. Man erreicht die Kirche, wenn man Rom auf der Via Appia Antica verläßt, etwa 2,5 km hinter der Porta S. Sebastiano. Bei und z. T. unter der Kirche befindet sich die gleichnamige Katakombe. Während viele römische Katakomben seit dem Frühmittelalter infolge der Verlagerung der Bestattungen in das Stadtgebiet aufgelassen wurden und in Vergessenheit gerieten, blieb die bei S. Sebastiano stets ein Pilgerziel. Und nicht nur das, sondern von der bei S. Sebastiano gelegenen Talsenke „ad catacumbas" hat schließlich das ganze Genus der unterirdischen Friedhöfe den Namen „Katakomben" erhalten.

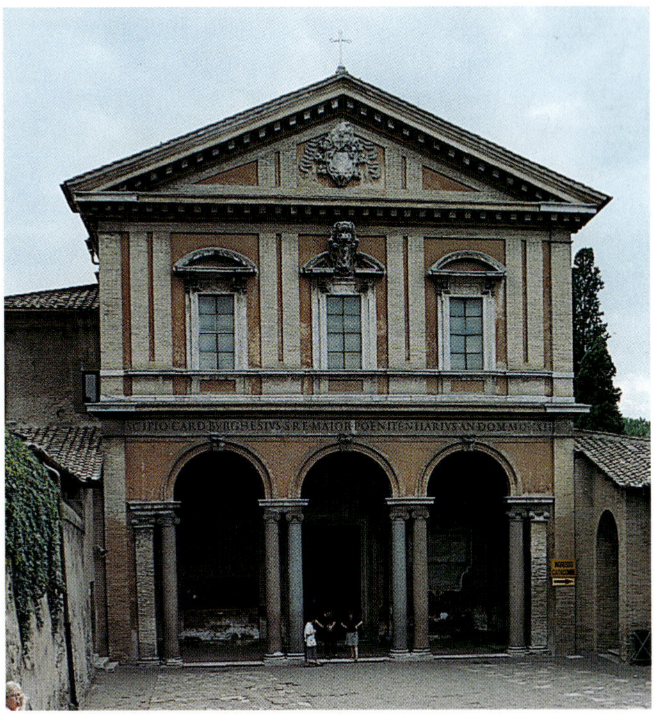

Barocke Fassade von S. Sebastiano. Innerhalb der barockisierten Kirche haben sich bis zum Dachansatz die Mauern der frühchristlichen „Umgangsbasilika" erhalten.

Das Gelände gehörte im 1. Jh. n. Chr. dem Kaiserhaus und diente als Begräbnisplatz mit Grabkammern voller Wandnischen (Kolumbarien) für Aschenurnen, Gräbern für Körperbestattungen und Mausoleen. Im 3. Jh. wurde die Nekropole einschneidend verändert und durch Anschüttung ein Plateau geschaffen, auf dem u. a. eine christliche Versammlungsstätte angelegt wurde. Aus der ehemals heidnischen Nekropole wurde dadurch ein christliches Coemeterium. In konstantinischer Zeit wurde das Gelände dann durch den Bau einer dreischiffigen Basilika nochmals verändert. Trotz der dadurch bedingten Zerstörung der Vorgängerbauten haben sich erhebliche Reste einer Halle für die Abhaltung von Totenmählern (Triclia) erhalten. In den Stuckverputz ihrer Wände wurden lateinische und griechische Anrufungen an Petrus und Paulus eingeritzt (Grafitti), denn hier wurden um 250 beide Apostel gemeinsam verehrt. Ca. 200 dieser Grafitti sind erhalten. Es scheint, daß hier der Ausgangspunkt für das Fest Peter und Paul am 29. Juni war, obwohl dieses erst 354 im römischen Staatskalender bezeugt ist.

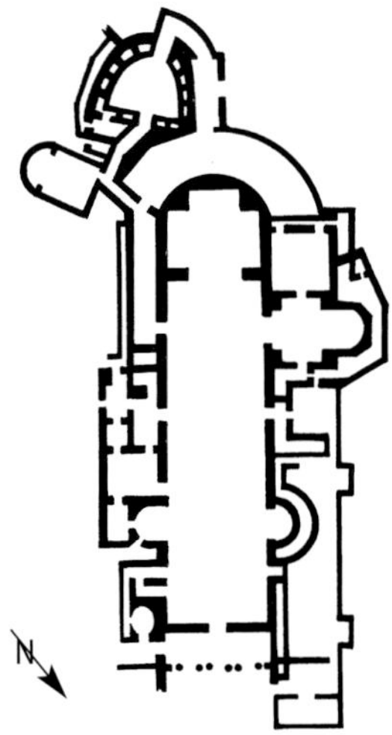

Grundriß der Kirche S. Sebastiano mit z.T. frühchristlichen Anbauten.

Zwischen 312 und 337 entstand über der Triclia die 75 m lange Basilica Apostolorum als Coemeterialbasilika. Sie ist ein Beispiel des Bautyps der Umgangsbasilika und diente vor allem der Beisetzung und der Abhaltung von Totenmählern an diesem hervorragenden Platz, an dem die Erinnerung an die beiden Apostel haftet. Ihre heutige Gestalt erhielt sie im 17. Jh. Der der Legende nach als Martyrer unter Kaiser Diokletian gestorbene Sebastian – sein Grab mit der vom Berninischüler Antonio Giorgetti geschaffenen Liegefigur befindet sich neben dem Eingang zur Katakombe am ersten linken Seitenaltar – hat das Apostelpatrozinium seit dem 9. Jh. verdrängt. Die heutige Kirche entspricht dem Mittelschiff der konstantinischen Basilika, deren Seitenschiffe nur noch in Teilen vorhanden sind und jetzt anderen Zwecken dienen.

Links neben der Kirche befindet sich der Zugang zu den römischen Anlagen und zur Katakombe. In den drei römischen

Grabbauten, die zunächst heidnisch, später christlich belegt wurden, zeigt sich der Übergang zum Christentum. Daran schließen sich die christlichen Katakomben an, deren Zentrum die Krypta des hl. Sebastian bildet, in der dessen Gebeine ruhen. Weiter oberhalb erreicht man schließlich die ehemals für christliche Totenmähler bestimmte Triclia mit den erwähnten Grafitti. Allenthalben zeigt sich hier das komplizierte Mit- und Übereinander der verschiedenen Epochen, aus dem die Archäologen mittlerweile ein klares Bild eruiert haben.

Beispiel einer frühchristlichen Grabinschrift in den Katakomben von S. Sebastiano.

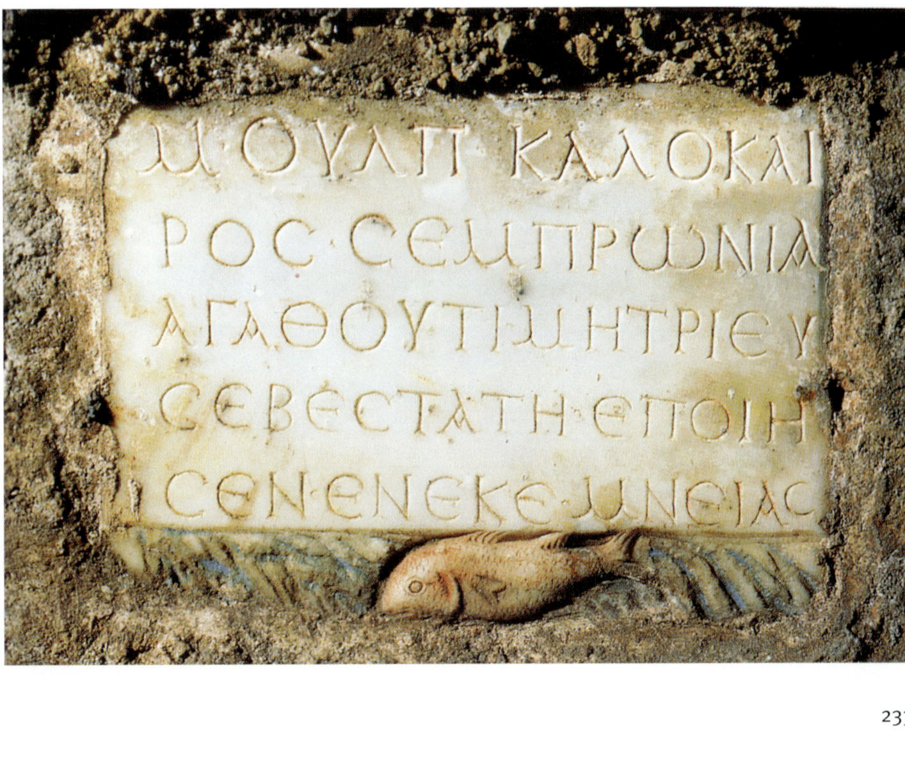

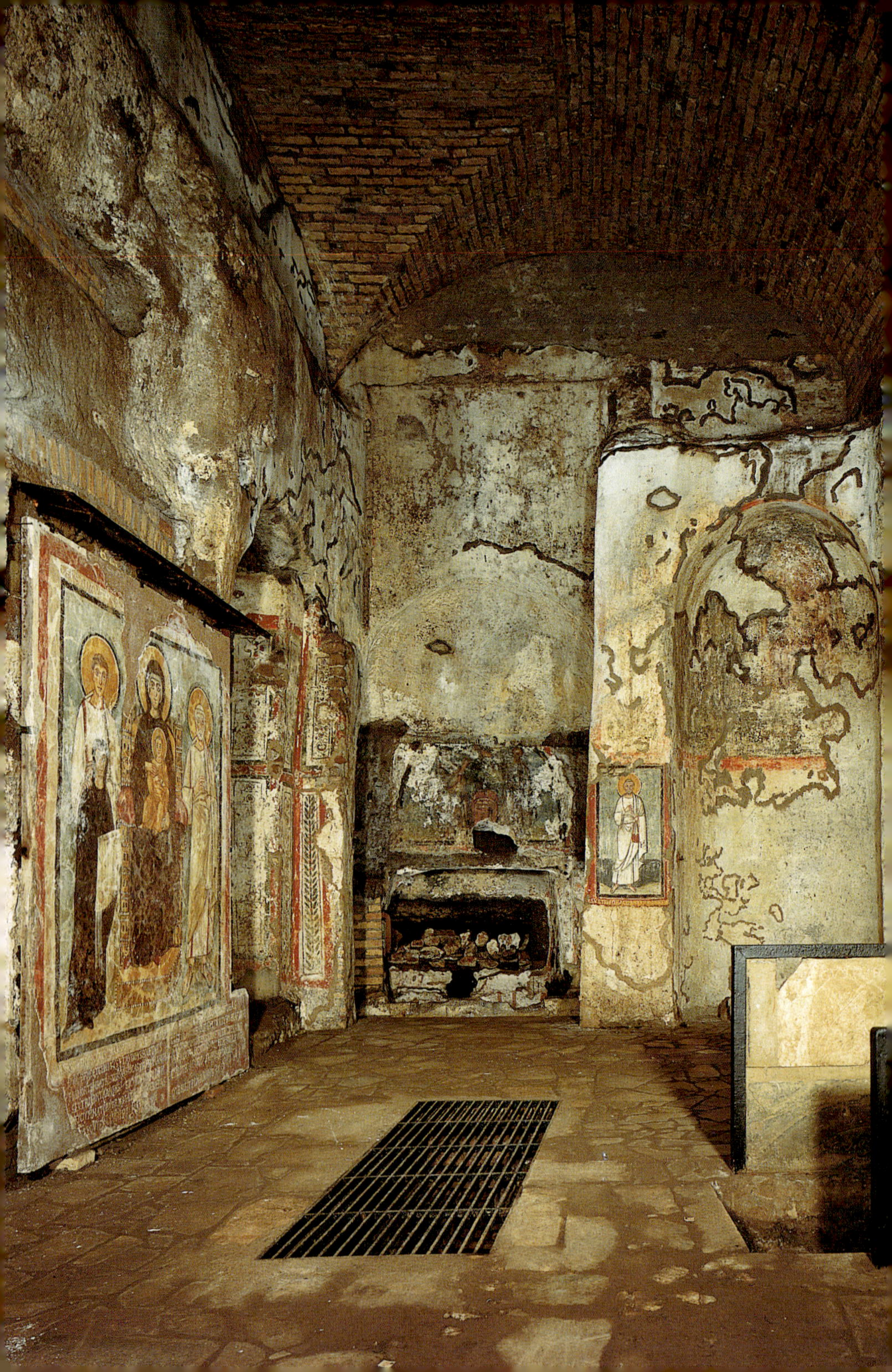

8 Die Katakomben

Die Katakomben sind die vor den Mauern des antiken Rom, vielfach an den bedeutenden Ausfallstraßen gelegenen unterirdischen Friedhöfe der frühchristlichen Zeit (3. – 5. Jh.). Unterirdische Grablegen kleineren Umfangs gab es auch sonst in der Antike, doch sind die römischen Katakomben mit ihren vielen, meist einfachen Gräbern einzigartig. Heute sind um Rom ca. 60 Katakomben bekannt mit 150 – 170 km freigelegten Gängen und mindestens 750 000 Gräbern. Einige größere, in den mittelalterlichen Pilgerführern erwähnte Katakomben mit Märtyrergräbern sind noch nicht wieder aufgefunden.

Die Katakomben stehen in jener antiken Tradition, nach der der Tote mit Pietät behandelt, aber außerhalb der sakralrechtlich umschriebenen Siedlung beigesetzt werden mußte (Zwölftafelgesetz 450 v. Chr.). Da die Christen nach dem Vorbild Christi und dem damals allgemeinen Brauch die Körperbestattung praktizierten, neben der die Kremation und Urnenbeisetzung immer mehr zurücktraten, lag es angesichts der Verknappung und Verteuerung des Bodens nahe, neben den oberirdischen auch unterirdische Bestattungsmöglichkeiten zu schaffen. Die in der Antike übliche Fürsorge für die Bestattung der Angehörigen im weitesten Sinn (familia), die christliche Armenfürsorge und die gemeinsame Auferstehungshoffnung veranlaßten seit der Wende zum 3. Jh. die Anlage gemeinsamer Begräbnisplätze zunächst durch einzelne Stifter, später auch durch die christliche Gemeinde. Dabei setzte sich im Laufe des 3. Jh.s die Absonderung der christlichen von den heidnischen Begräbnisplätzen durch.

Grab der Hll. Felix und Adauctus in der Commodilla-Katakombe bei St. Paul v. d. Mauern. Der ursprünglich schmale Gang wurde im 6. Jh. zu einer unterirdischen Kapelle erweitert und bis ins 7. Jh. ausgemalt.

Die speziellen Verhältnisse der römischen Campagna ermöglichten es, in den weichen Tuff schmale, oft in mehreren Schichten übereinander oder parallel liegende und miteinander verbundene Gänge zu graben, die dicht mit einfachen Wandgräbern (loculi) besetzt sind. Diese sind durch Marmor- oder Terrakottaplatten geschlossen, die oft Inschriften oder Zeichen tragen. Daneben fehlt es nicht an einzelnen, oft mit Fresken

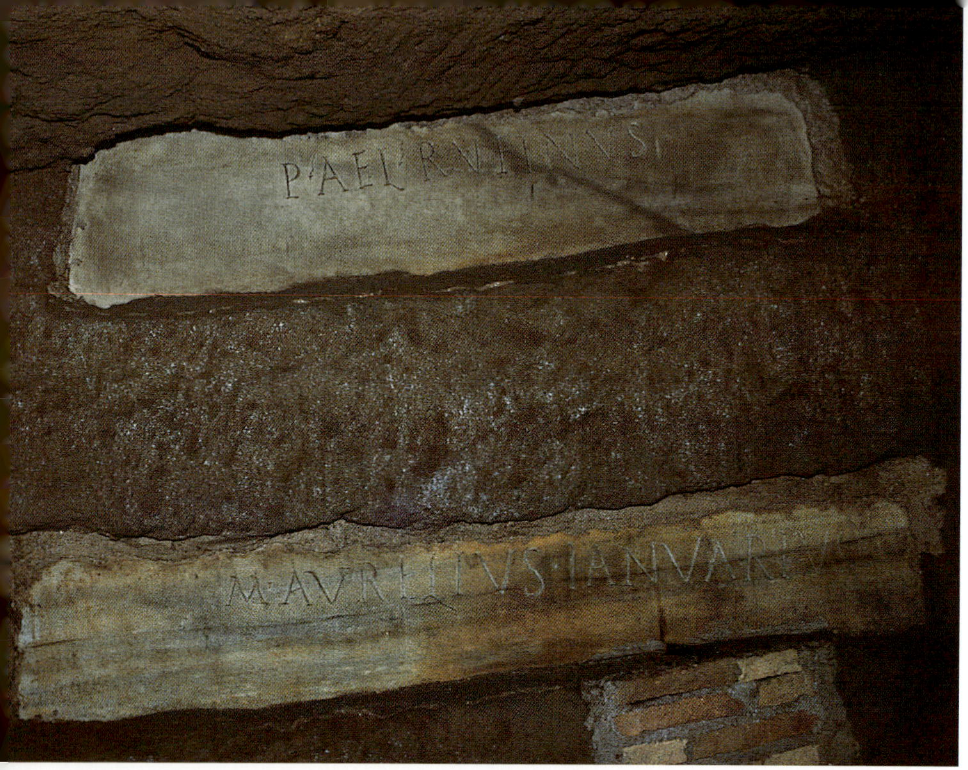

und seltener mit Mosaiken geschmückten Grabkammern (cubicula) für wohlhabendere Familien, die aber zahlenmäßig weit hinter den Wandgräbern und qualitativ auch hinter den oberirdischen Mausoleen zurückbleiben. Die Katakomben haben niemals als Zufluchtstätten der Christen in Zeiten der Verfolgung gedient, wie vor allem die romantische Literatur des 19. Jh.s behauptete. Sie waren vielmehr reine Begräbnisstätten.

Domitilla-Katakombe: Grabraum in einem der ältesten Teile (3. Jh.). Die Grabnischen wurden mit Marmor bzw. Tonplatten verschlossen und mit Inschriften versehen.

Auch die Märtyrer des 3. Jh.s wurden in den Gemeinde- oder in privaten Katakomben in meist anspruchslosen Wandgräbern beigesetzt. Es sind ca. 50 solcher Märtyrergräber bekannt. Als in der Mitte des 4. Jh.s ihre Verehrung intensiver und der Wunsch nach einer Beisetzung in ihrer Nähe immer stärker wurde, erfolgten ein größerer Ausbau – einige Katakomben erhielten Gänge von bis zu 15 km Länge – und eine intensive Raumausnutzung, besonders in der Nähe der Märtyrergräber, die nunmehr durch besondere Ausgestaltung hervorgehoben wurden. Dazu kam der Bau aufwendiger privater Grabanlagen innerhalb der Katakomben.

Seit der Konstantinischen Wende und der Förderung des Christentums durch die kaiserliche Familie wurden über Heili-

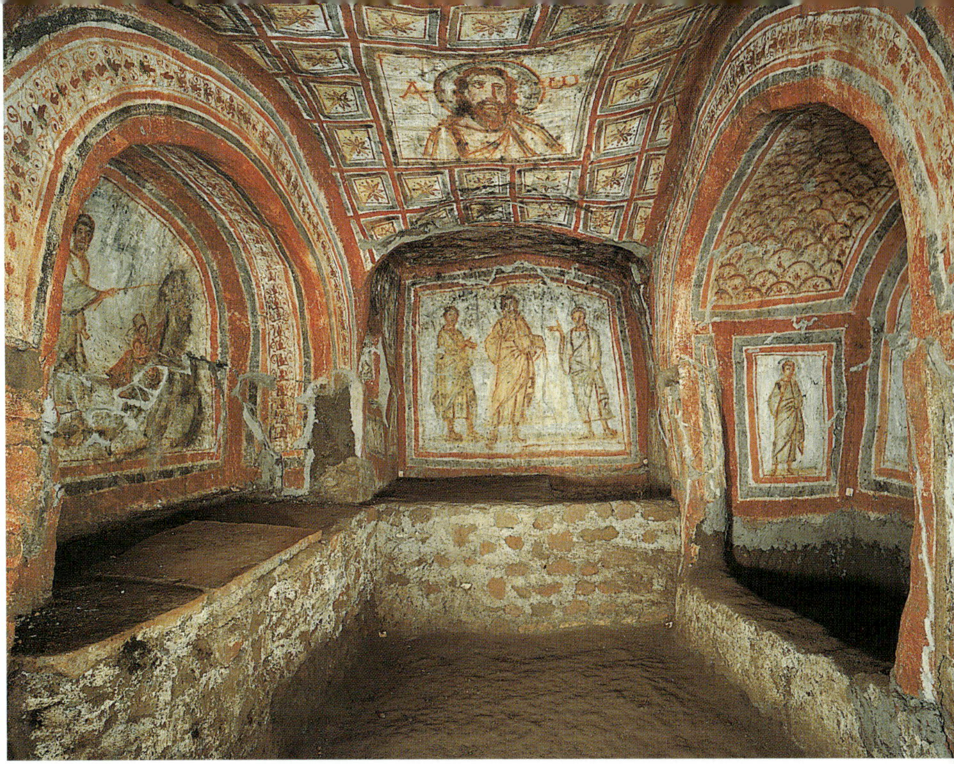

Prächtig ausgemaltes Familiengrab eines Beamten der staatlichen Getreideversorgung in der Commodillakatakombe (um 380).

gengräbern und in unmittelbarer Nähe mehrerer Katakomben Basiliken zur Feier des Märtyrergedächtnisses errichtet (St. Peter, St. Paul, S. Sebastiano, S. Lorenzo, S. Agnese). Seitdem verlagerten sich die Bestattungen in diese Basiliken, während die Katakomben lediglich Stätten der Märtyrerverehrung blieben. Die letzten Beisetzungen wurden dort im 6. Jh. vorgenommen. Nach den Verwüstungen der Völkerwanderungszeit wurden die Reliquien der Märtyrer in die Kirchen der Stadt übertragen. Die meisten Katakomben gerieten seitdem in Vergessenheit und wurden erst seit dem 16. und besonders seit dem 19. Jh. wiederentdeckt und systematisch erforscht. Im 16. Jh. setzte sich dafür besonders Filippo Neri ein, der den Besuch von S. Sebastiano in die Siebenkirchenwallfahrt aufnahm. Er war vornehmlich von Frömmigkeitsmotiven und von dem Wunsch nach der Rückkehr zu den Spuren der alten Christenheit geleitet. Seit dem 19. Jh. setzte dagegen die wissenschaftliche Erforschung ein. Nun stand nicht mehr die Suche nach Reliquien, sondern der Wunsch nach einer besseren Kenntnis der frühen Kirche im Mittelpunkt des Interesses. Seitdem unterstehen die Katakomben der Päpstlichen Kommission für Christliche Archäologie. Diese ist für die Ausgrabungen, den Unterhalt und die Konservierung zuständig. Nach wie vor werden neue Teile freigelegt, vor allem aber die bekannten Teile gesichert. Von den Katakomben ist nur ein kleiner, von Ordensgemeinschaften betreuter Teil den Pilgergruppen zugänglich. Dort ist es auch möglich, Gottesdienst zu feiern. Die weitaus größte Zahl von Katakomben ist dagegen nur nach Absprache mit der Päpstlichen Kommission zu besichtigen.

Die Tausenden von Inschriften und die seit dem 3. Jh. entstandenen Malereien der Katakomben bieten wertvolle Einblicke in die frühchristliche Glaubenswelt und zugleich in das allmähliche Entstehen einer christlichen Kunst, die sich nicht in formaler Hinsicht, sondern inhaltlich von der bildfreudigen heidnischen Umwelt unterschied, aus der sie herauswuchs. Lange hat man vorschnell auch heidnische Bilder christlich gedeutet und weit zurückdatiert. Heute besteht diesbezüglich größere Zurückhaltung, zumal die christliche Kunst in einem fließenden Übergang entstand. So ist z. B. keineswegs jeder Schafträger auch schon ein Guter Hirt im Sinn der Verkündigung Jesu, denn das Bild des Hirten hatte auch außerhalb des Christentums hohe Symbolbedeutung. In den christlichen Katakombenmalereien dominieren ähnlich wie auf den christlichen Sarkophagen Szenen göttlicher Hilfe (Errettung) aus dem Alten und Neuen Testament (Noah in der Arche, die drei Jünglinge im Feuerofen, Jona, Daniel in der Löwengrube, Wunderheilungen Christi). Daneben ist auch die nicht spezifisch christliche Dekorationsmalerei der Zeit vertreten.

Nachdem die Märtyrergräber lange als unantastbar gegolten hatten, setzte nach der Übertragung der Reliquien in die stadtrömischen Kirchen auch die Weitergabe als Katakombenheilige an Klöster, Stifte und Schloßkirchen im Frankenreich ein. Darin erinnern noch zahlreiche Patrozinien. Damals und wieder seit der frühen Neuzeit wurden auch neu aufgefundene anonyme Gebeine für Märtyrerreliquien gehalten, selbst wenn sie aus der

Darstellung eines Schafträgers in der Katakombe an der Via Anapo (um 310). Aufgrund des bildlichen Kontextes handelt es sich hier um einen „Guten Hirten".

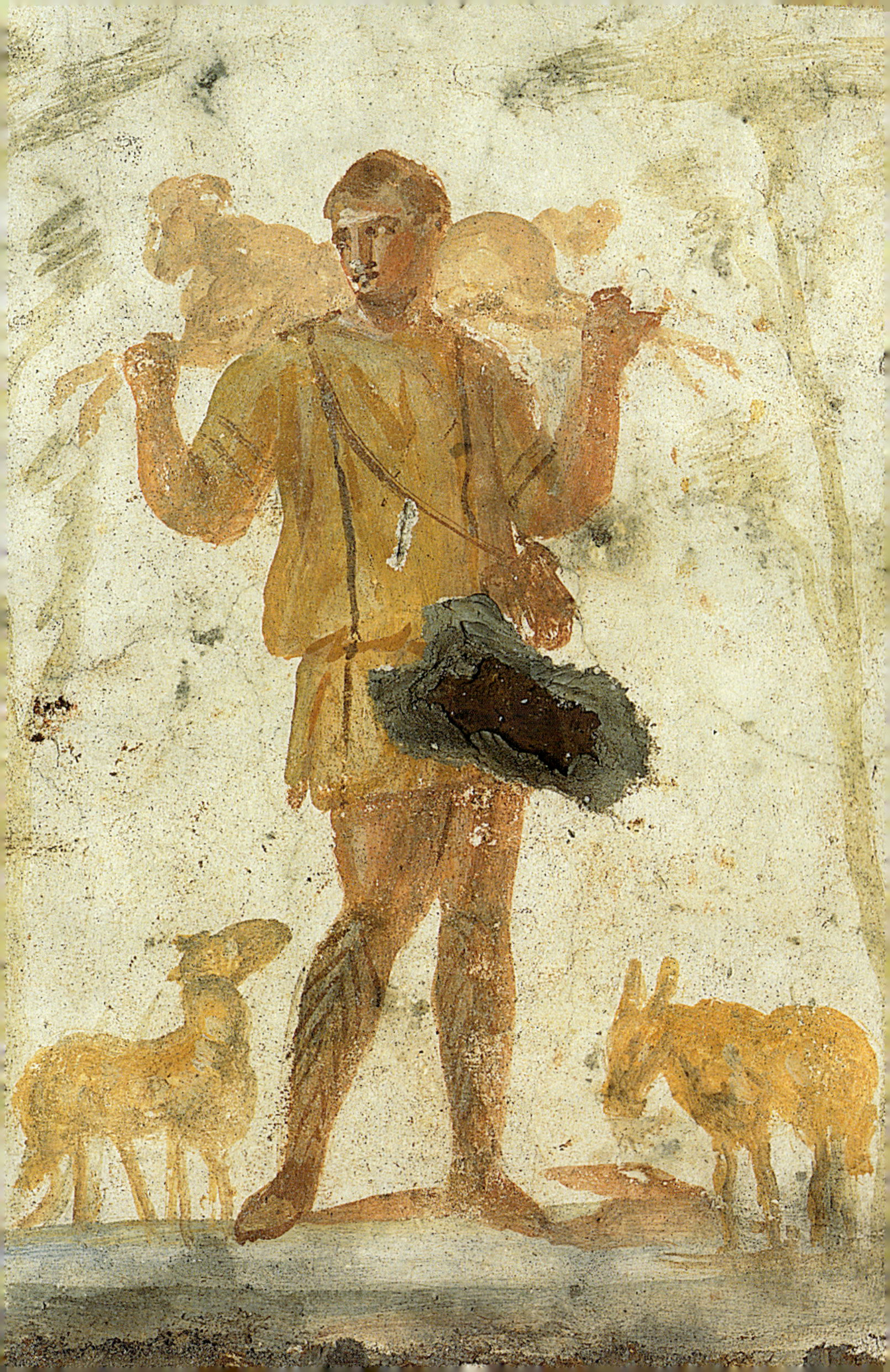

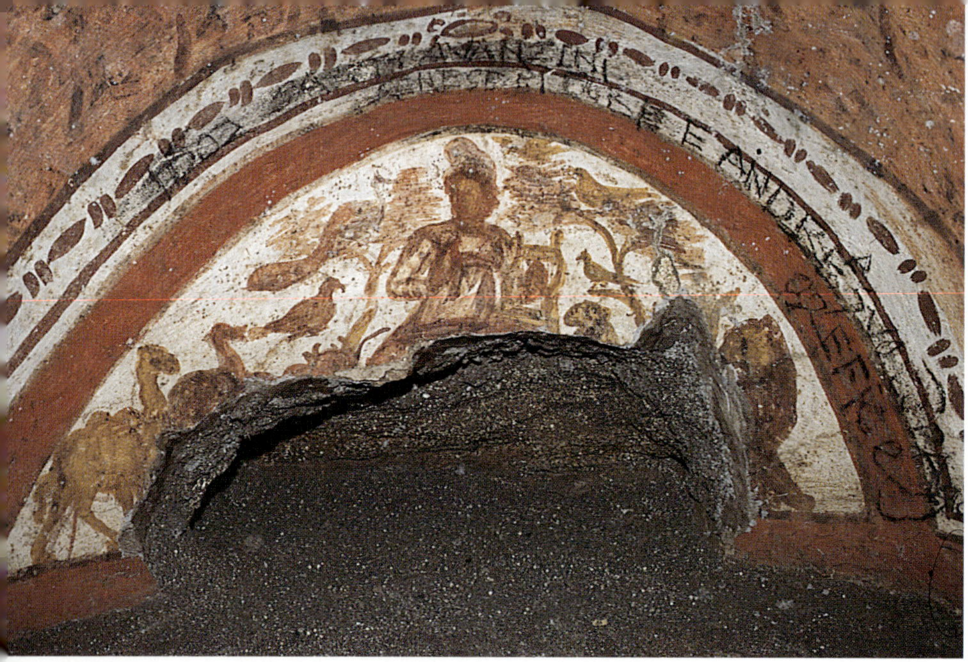

Kammer des Orpheus in der Domitilla-Katakombe (um 340).

Zeit nach der Konstantinischen Wende stammten und somit gar keine Märtyrerreliquien sein konnten.

Die größte Konzentration von Katakomben gibt es im Bereich der Via Appia Antica, wo S. Sebastiano liegt, dessen Katakombe dem ganzen Genus den Namen gab. Hier liegen außerdem noch die Katakomben von S. Callisto und S. Domitilla sowie eine jüdische Katakombe. Eine der größten und bedeutendsten ist die **Calixtus-Katakombe** (Via Appia Antica, 110), die sich zwischen der Via Appia Antica und der Via Ardeatina unter einem Gelände von 62 000 m² erstreckt. Sie zählt 10 km an Gängen, reicht bis zu 9 m unter die Oberfläche und zählt etwa 170 000 Gräber. Im 3./4. Jh. angelegt und mit verschiedenen Nachbaranlagen zusammengewachsen, besitzt sie in der sog. Sakramentskapelle ein gutes Beispiel für den Übergang von der heidnischen zur christlichen Malerei. Die in dieser Katakombe befindliche Papstgruft war seit dem Anfang des 3. Jh.s die offizielle Grabstätte der Bischöfe von Rom (die griechischen Grabinschriften von fünf Päpsten sind erhalten). Sie wurde unter Papst Damasus (366 – 384) würdevoll hergerichtet. Ihre Wiederentdeckung durch den Katakombenforscher Giovanni Battista de Rossi (1854) fiel in die Anfänge der Entstehung der Christlichen Archäologie als wissenschaftliche Disziplin. Neben der Papstgruft befindet sich die Grabkammer der hl. Cäcilia (s. Abb. S. 32) mit einer Kopie der Statue der liegenden Heiligen von Stefano Maderno in S. Cecilia, wohin deren Reliquien zu Beginn des 9. Jh.s übertragen wurden.

Die **Domitilla-Katakombe** (Via delle Sette Chiese, 282) gilt als die größte Roms. Sie ist reich an Malereien und wird von Barmherzigen Brüdern aus dem Mutterhaus Trier betreut. Am Eingang zur Katakombe befindet sich eine jener Basiliken, die am Ende des 4. Jh.s über Märtyrergräbern, und zwar hier dem der hll. Nereus und Achilleus, errichtet und die zum Mittelpunkt eines begehrten Grabbezirkes wurden. In der seit 1874 wiederhergestellten Basilika ist ebenso wie in einigen Grabkammern die Feier von Gottesdienst möglich. Unter den Malereien verdient die „Orpheus"kapelle besondere Aufmerksamkeit, denn in ihr zeigt sich beispielhaft die Verchristlichung eines antiken Mythos. Orpheus war Sänger und Leierspieler, dessen Spiel alle Geschöpfe und sogar Bäume und Tiere verzückte. Manche Kirchenväter rückten ihn daher mit seiner heilenden Musik in die Nähe des Guten Hirten. Er wurde in den Katakomben wie dieser vielfach von Schafen umgeben dargestellt, wobei Christus der „wahre" Orpheus sein sollte.

Große Treppe in der Domitilla-Katakombe aus dem 3./4. Jh. Sie verbindet verschiedene unterirdische Stockwerke miteinander.

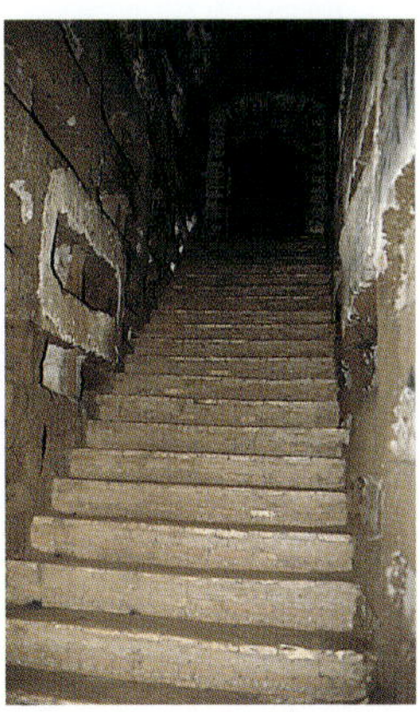

Die **Priscilla-Katakombe** (Via Salaria, 430) ist aus einer vorchristlichen Begräbnisstätte hervorgegangen. Sie trägt ihren Namen wie andere römische Katakomben nach ihrer Stifterin, die das Gelände bereitstellte, einer nicht weiter bekannten Priscilla aus der patrizischen Familie der Acilier. Hier wurden der 304 als Märtyrer gestorbene Papst Marcellinus und sechs weitere Päpste beigesetzt, darunter Silvester († 335), der sich inmitten des Grabbezirkes eine Basilika als Grablege schaffen ließ. Ein besonders eindrucksvolles Beispiel der Katakombenmalerei zeigt die nach zwei griechischen Inschriften benannte Cappella Greca. Hier sind Noah mit der Taube, das Quellwunder des Mose, die drei Jünglinge im Feuerofen, das Opfer Abrahams, Jona, die von den Ältesten bedrängte Susanne und die Auferweckung des Lazarus, also ausnahmslos Errettungsszenen, dargestellt. Als wichtigstes

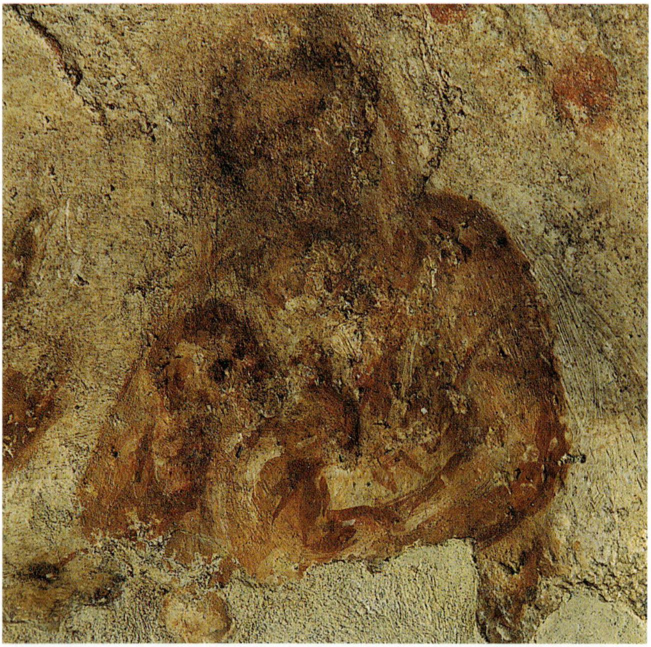

Priscilla-Katakombe. Eine der ältesten Mariendarstellungen in der frühchristlichen Kunst (Mitte 3. Jh.).

Fresko dieser Kapelle gilt die 1894 von Josef Wilpert († 1944) entdeckte, auf rotem Grund über der zentralen Nische dargestellte Szene, die er Fractio panis nach dem eucharistischen Mahl benannte. Dabei handelt es sich aber um die Darstellung eines Totenmahles, wie sie häufiger in den Katakomben zu finden ist.

Auch **SS. Marcellino e Pietro** (Via Casilina, 641) gehört zu den großen und in den letzten Jahren eingehend erforschten Katakomben. Sie ist besonders reich an freskierten Grabkammern, bisher aber nur auf Anfrage zugänglich. Sie soll zum Jubiläumsjahr 2000 für die Pilger geöffnet werden. Diese Katakombe unterscheidet sich von den bisher genannten dadurch, daß sie auf Stiftungen der kaiserlichen Familie zurückgeht. Sie liegt unterhalb der in ihren Grundmauern noch erhaltenen Umgangsbasilika SS. Marcellino e Pietro. Das damit verbundene, noch weitgehend erhaltene kaiserliche Mausoleum

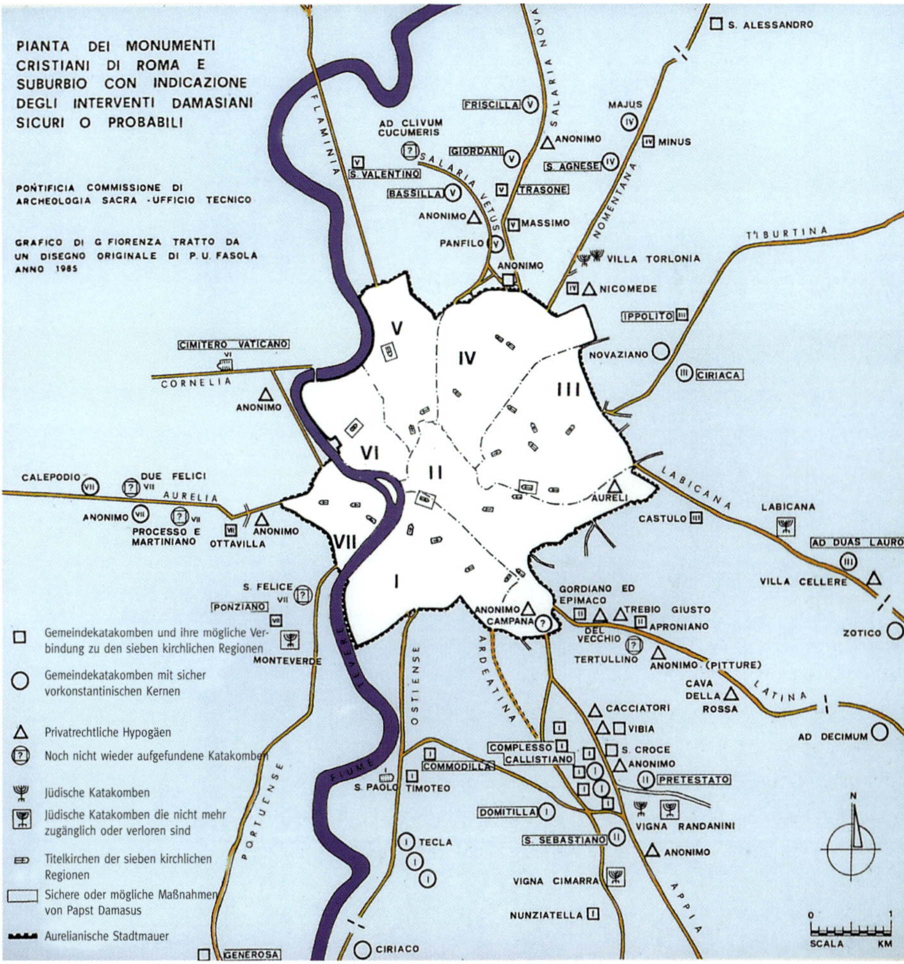

Übersichtsplan der römischen Katakomben.

(Tor Pignattara) soll Bestattungsort der Kaiserin Helena gewesen sein. Die Persönlichkeit der seit dem 4. Jh. hier verehrten Titelheiligen ist stark legendär überformt und schwer greifbar. Die Wertschätzung ihrer Gebeine beruhte wohl auch auf der Nähe zum Begräbnisplatz Helenas († 329). Dies erklärt ihre Übertragung nach Seligenstadt durch Einhard (827).

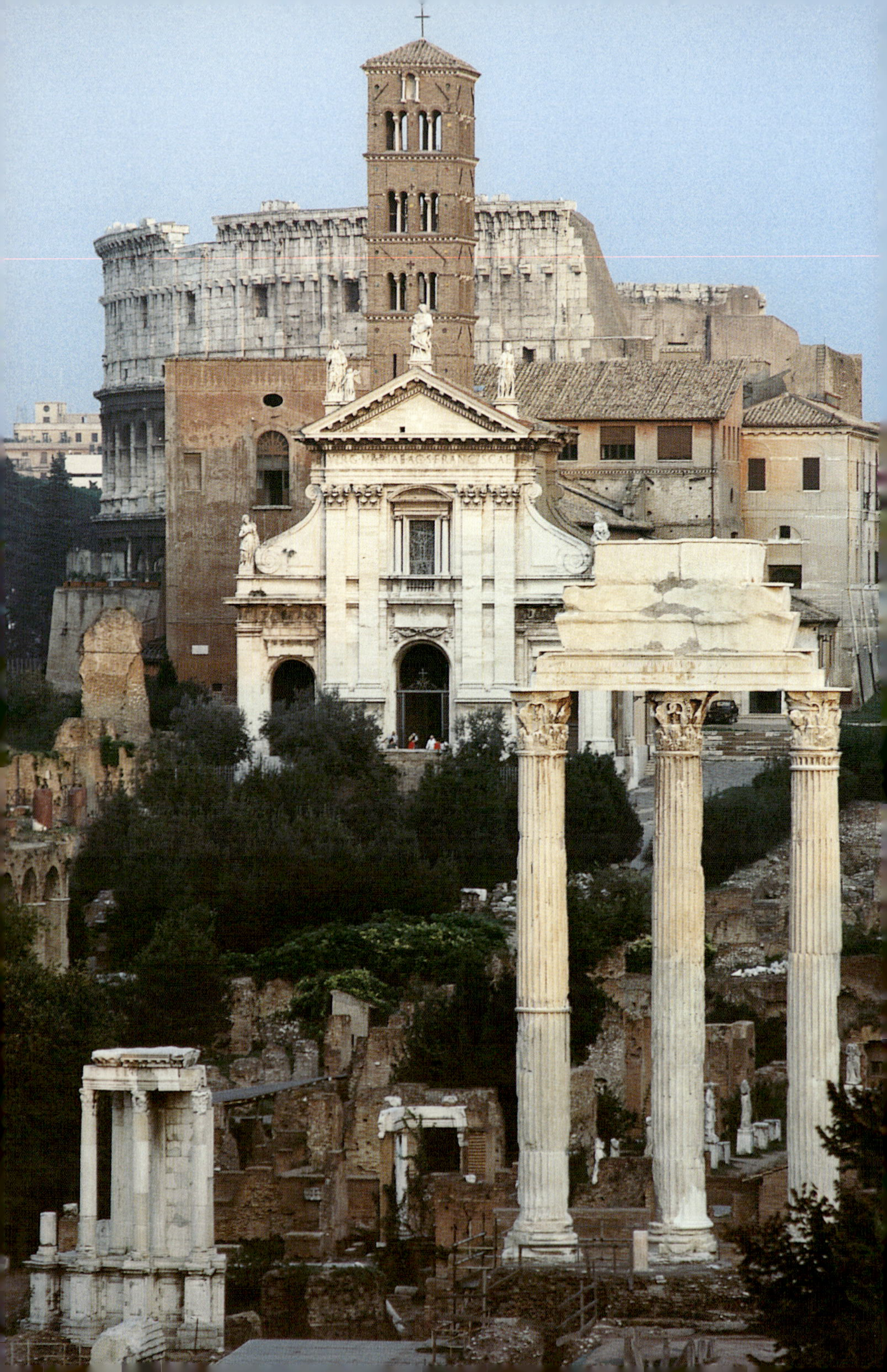

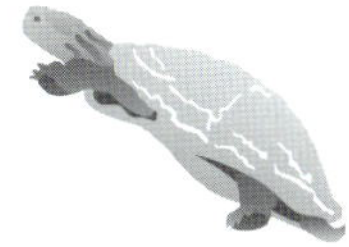

9 Stadtviertel

Blick vom Kapitol über das Forum Romanum zum Kolosseum.

Kapitol, Foren, Palatin, Kolosseum

Der (1) Kapitolinische Hügel ist der kleinste, aber traditionsreichste unter den sieben Hügeln des antiken Rom. Er wurde seit der Entstehung des Gemeinwesens zum religiösen und politischen Zentrum und zum Symbol der Stadt.

Der aus zwei Kuppen bestehende Hügel erreicht bei S. Maria in Aracoeli eine Höhe von 46 m über dem Meeresspiegel. Die umgebende Niederung liegt im Durchschnitt 15 m tiefer. Auf den meisten Seiten steil abfallend, war der Hügel in der Antike nur vom Forum her über den Clivus Capitolinus, die Fortsetzung der Via Sacra, zugänglich und leicht zu verteidigen. An der Stelle von S. Maria in Aracoeli lagen die Burg („arx"), wo die Auguren ihre Auspizien zur Erkundung des göttlichen Willens einholten, sowie ein Tempel der Juno Moneta, auf der südlichen

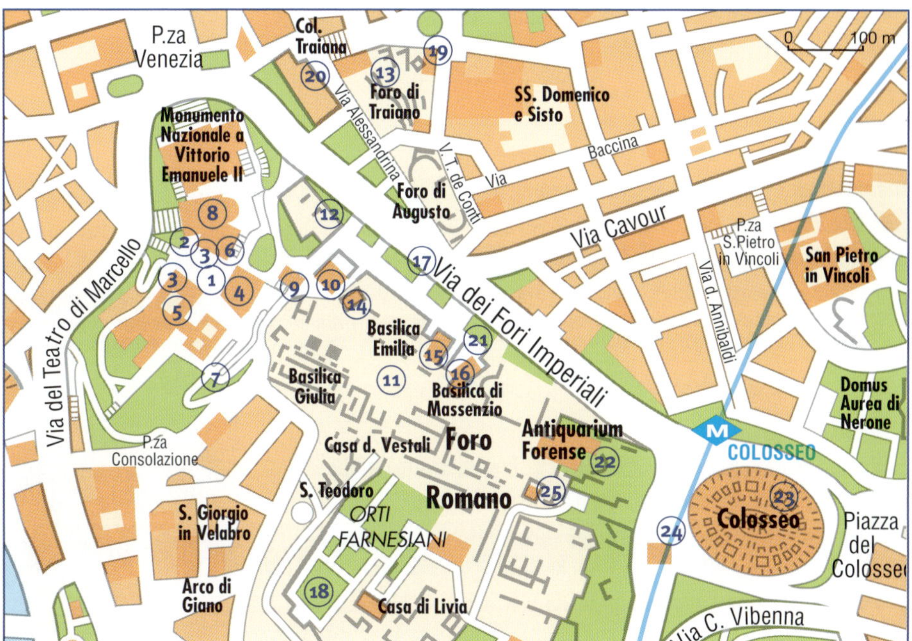

Kuppe ein unter den etruskischen Königen zu Ehren Jupiters mit Juno und Minerva („Kapitolinische Dreiheit") erbauter Tempel. Er war die zentrale Kultstätte für das Imperium Romanum. Auf dem Sattel zwischen beiden Kuppen lag das Asyl. Der Kapitolinische Hügel wandelte sich im Lauf der Geschichte vom Burgberg zur Kultstätte und zum Ort politischer Entscheidungen. Hier nahm der Gedanke des Ewigen Rom („Roma aeterna") Gestalt an. Von seinem Fuß aus, an dem seit Augustus (27 v. – 14 n. Chr.) der vergoldete Meilenstein stand, wurde die Entfernung von der Reichshauptstadt errechnet und in der Kapitolinischen Wölfin, die auf dem Kapitol aufbewahrt wurde, die Romidee verehrt. Das Kapitol besaß somit hohe symbolische Bedeutung.

Bereits in der Antike durch Brände wiederholt zerstört und ebensooft wiederhergestellt, verlor der Kapitolinische Hügel seit den Germaneneinfällen, dem Niedergang des weströmischen Reiches und damit Roms seine Funktion. Er besaß seitdem nur noch kommunale Bedeutung. Dennoch erlosch die Erinnerung an seine einstige Größe nie. Sie fand im 14. Jh. während der Abwesenheit der Päpste in Avignon ihren Sprecher in Cola di Rienzo, der 1347 als Volkstribun gegen die adeligen Senatoren auftrat, 1354 aber bei einem vom Adel geschürten Volksaufstand auf der zur Kirche S. Maria in Aracoeli führenden, aufgrund eines Pestgelübdes geschaffenen und 1348 von ihm selbst eingeweihten Treppe ermordet wurde. Seine heutige Gestalt erhielt der Kapitolinische Hügel seit dem 15. Jh. und dem Wiederaufstieg der Stadt, doch gewann er seine frühere Bedeutung nie wieder. Im Zeichen der veränderten Machtverhältnisse wurde der ursprünglich dem Forum zugewandte Hügel nun zu den seit dem Mittelalter neu entstandenen Stadtteilen und zum Vatikan als Bezugspunkt umorientiert. Die Päpste ließen seit Sixtus IV. 1471 zahlreiche antike Kunstwerke hierher bringen, um sie mit dieser Geste dem römischen Volk zurückzugeben und die Würde des Platzes zu betonen. Einschneidende

Denkmal für Cola di Rienzo links neben der Treppe zum Kapitol.

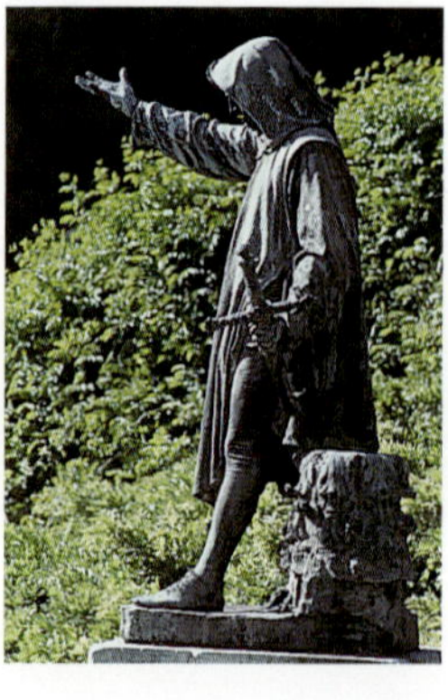

Aufgänge nach S. Maria in Aracoeli (links) mit der monumentalen Marmortreppe aus dem Jahr 1348 und der leicht ansteigenden Rampe zum Kapitol (rechts).

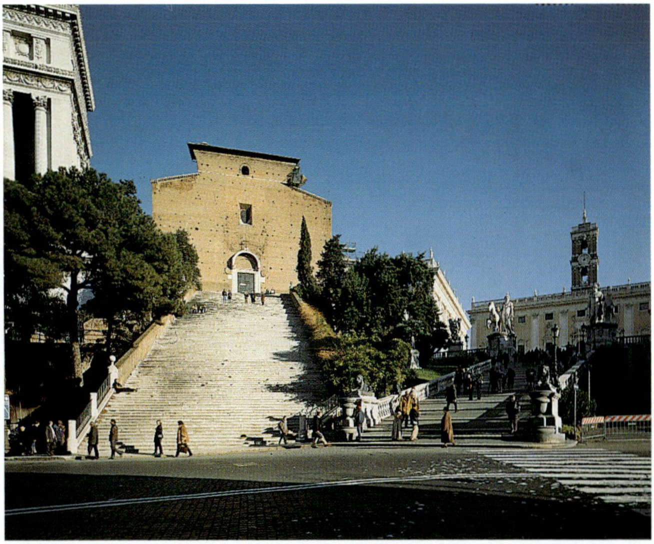

Änderungen erfolgten zuletzt bei der Durchführung jener Bauten, die nach der Einigung Italiens den Charakter Roms als Hauptstadt des Nationalstaates darstellen sollten. 1885 – 1911 wurde auf der nördlichen Kuppe an Stelle des niedergelegten Franziskanerklosters das monumentale, nach Viktor Emanuel II. (1861 – 78) benannte Nationaldenkmal errichtet.

Die meisten Besucher erreichen den Kapitolinischen Hügel von der Piazza d'Aracoeli her. Von dort kann man entweder links die steile, zur Kirche hinaufführende Treppe mit ihren 124 Stufen, oder in der Mitte die von Michelangelo entworfene Rampe („Cordonata") oder die sich rechts anschließende Fahrstraße hinaufsteigen. Links der Rampe befinden sich ein Denkmal (2) Cola di Rienzos, am Ende der Treppe rechts und links die Statuen der (3) Dioskuren. Nach der römischen Sage entschied dieses Brüderpaar, das aus der griechischen Mythologie stammt, durch sein Eingreifen die Schlacht am See Regillus 496 v. Chr. zu Gunsten Roms und brachte die Siegesbotschaft, noch vor dem Ende der Schlacht, nach Rom. Als

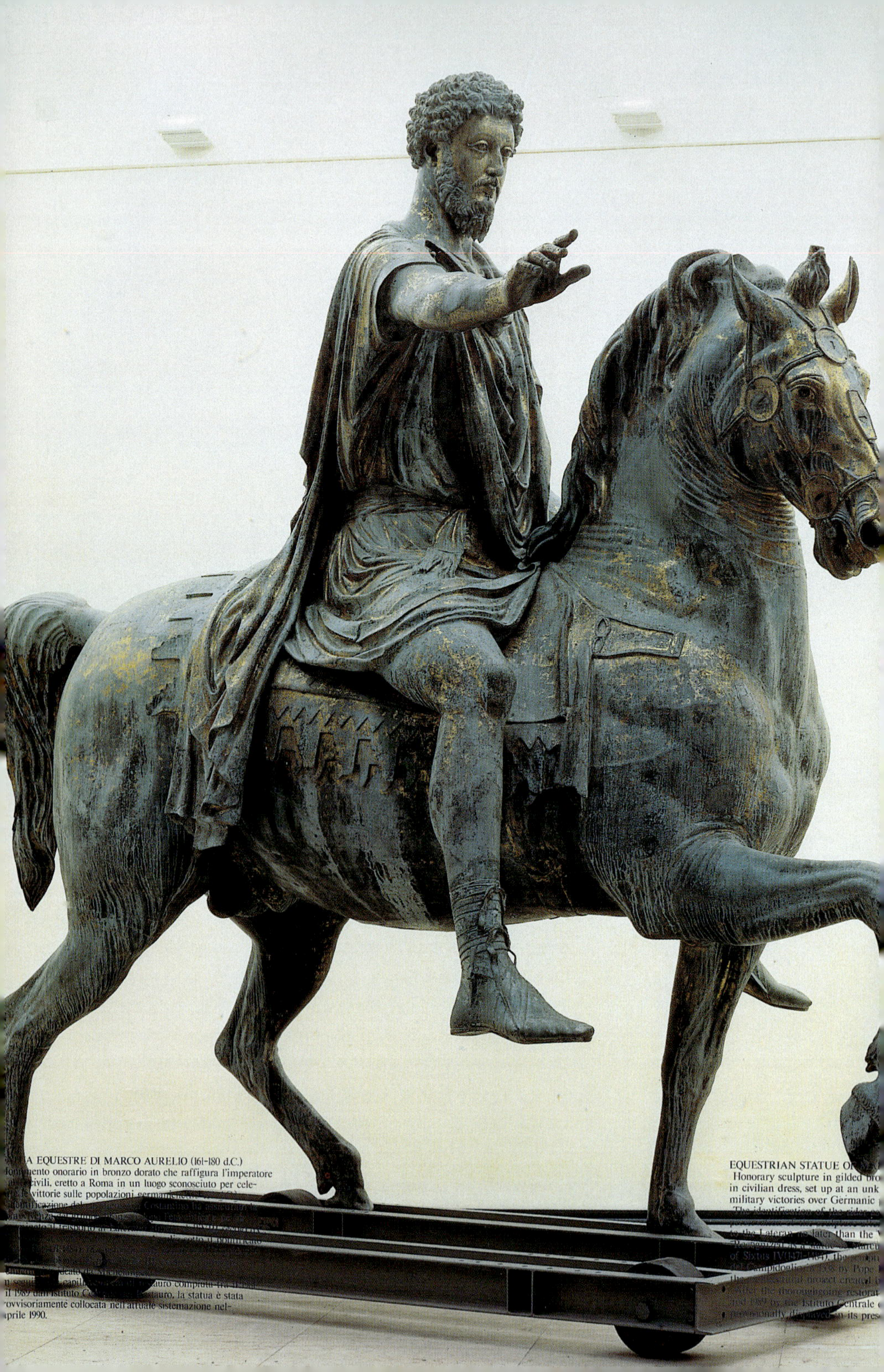

A EQUESTRE DI MARCO AURELIO (161-180 d.C.)
mento onorario in bronzo dorato che raffigura l'imperatore civili, eretto a Roma in un luogo sconosciuto per cele- vittorie sulle popolazioni
[illegible]
il 1989 dall'Istituto C[illegible] [illegible]stauro, la statua è stata rovvisoriamente collocata nell'attuale sistemazione nel- aprile 1990.

EQUESTRIAN STATUE O
Honorary sculpture in gilded bro in civilian dress, set up at an unk military victories over Germanic
[illegible]
to the Lateran [illegible] later than the
[illegible]
of Sixtus IV (1471-1484), the
[illegible]
[illegible] Centrale
[illegible] its pres

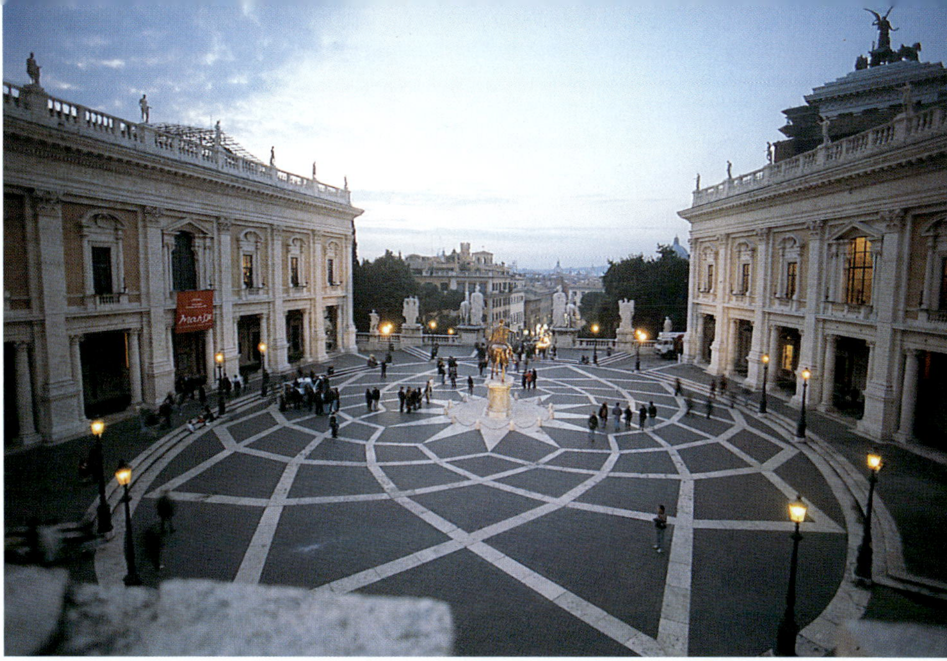

Blick vom Senatorenpalast auf den Kapitolsplatz. Die architektonische Gestaltung wurde von Michelangelo entworfen (16. Jh.).

Michelangelo 1535 mit der Gestaltung des Platzes betraut wurde, gab es dort bereits den im 12. Jh. über den Ruinen des Tabulariums, des römischen Staatsarchivs, erbauten (4) Senatorenpalast sowie rechts den im 15. Jh. erbauten (5) alten Konservatorenpalast, in dem aufgrund päpstlicher Schenkungen das erste öffentliche Museum der Welt entstand. Während Giacomo della Porta (1540 – 1602) den neuen Konservatorenpalast nach Plänen Michelangelos erbaute, ist der heutige Senatorenpalast, der Sitz des Bürgermeisters von Rom, mit seinem eleganten, die Stadt weit überragenden Turm und seiner Freitreppe ein Werk Giacomo della Portas und Girolamo Rainaldis (1570 – 1655). Der dem Konservatorenpalast entsprechende (6) Palazzo Nuovo auf der linken Seite des Platzes wurde im 17. Jh. erbaut. Die Aufgabe Michelangelos bestand u. a. in der Durchführung der von Paul III. (1534 – 49) gegen den Widerspruch des Laterankapitels verfügten Versetzung der Reiterstatue des Kaisers Mark Aurel vom Lateran hierher. Das ursprünglich vergoldete Denkmal des Philosophen unter den heidnischen Cäsaren galt dem Mittelalter als Bildnis des ersten christlichen Kaisers Konstantin und entging daher als einziges der ursprünglich zahlreichen Reitermonumente der Einschmelzung. Es ist die bedeutendste erhaltene antike Reiterstatue. 1981 wurde es zur Restauration von seinem Platz entfernt – das Original befindet

Das Reiterdenkmal Mark Aurels befindet sich seit der Restaurierung im Palazzo Nuovo (2. Jh.). Auf dem Kapitolsplatz steht eine Kopie.

sich heute im Palazzo Nuovo – und an seiner Stelle 1997 eine gelungene Kopie aufgestellt.

Der Konservatorenpalast mit seinen zahlreichen Erinnerungen an die römische Geschichte und der Palazzo Nuovo enthalten die Kapitolinischen Museen, die bis zur Gründung der Vatikanischen Museen von den Päpsten immer wieder neu mit Kunstwerken bedacht wurden. Sie sind besonders wegen ihrer Antikensammlung berühmt. Im Hof des Konservatorenpalastes ziehen die Fragmente einer gewaltigen Sitzfigur Konstantins d. Gr. aus der Maxentiusbasilika am Forum die Aufmerksamkeit auf sich. Der 2,60 m hohe Kopf ist aus einem älteren Porträt in ein Bildnis des ersten christlichen Kaisers umgearbeitet worden. Das Denkmal entstand wenige Jahre nach der Schlacht an der Milvischen Brücke (313), die den Sieg des Christentums begründete.

In dem zum Obergeschoß führenden Treppenhaus befinden sich drei Reliefplatten vom Bogen Mark Aurels (176 n. Chr.), deren übrige Stücke für den Konstantinsbogen verwandt worden sind. Eines der bedeutendsten Stücke des Museums ist die aus dem 5. Jh. v. Chr. stammende italisch-etruskische Kapitolinische Wölfin, ein hervorragender Bronzeguß, der am Anfang römischen Kunstschaffens steht. Die beiden Zwillinge Romulus und Remus als sagenhafte Gründer der Stadt wurden ihr erst in der Renaissance hinzugefügt. In der Antike und wieder in der Neuzeit war bzw. ist die Wölfin Wappentier der Stadt Rom. Weitere berühmte Stücke sind ein italisch-etruskischer Bronzekopf aus dem 3. Jh. v. Chr, der sog. Brutus, ferner die Statue des Dornausziehers, ein klassizistisches Werk aus dem 1. Jh. v. Chr.

Von der Piazza del Campidoglio führt rechts eine Treppe zum (7) Tarpejischen Felsen, von dem aus man einen großartigen Blick auf das Forum und den Palatin genießt. Links vom Platz steigt man dagegen zum Seiteneingang der Kirche (8) S. Maria in Aracoeli hinauf. Diese ist über den Fundamenten des Tempels der Juno Moneta an jener Stelle erbaut, an der

Kopf der Kolossalsitzfigur Konstantins d. Gr. aus der Maxentiusbasilika im Hof des Konservatorenpalastes (4. Jh.).

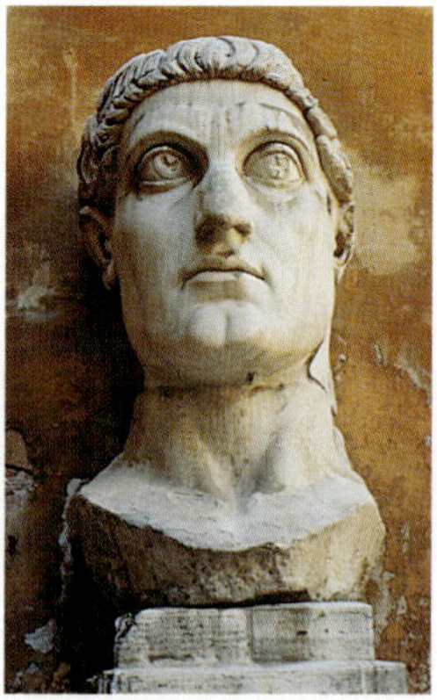

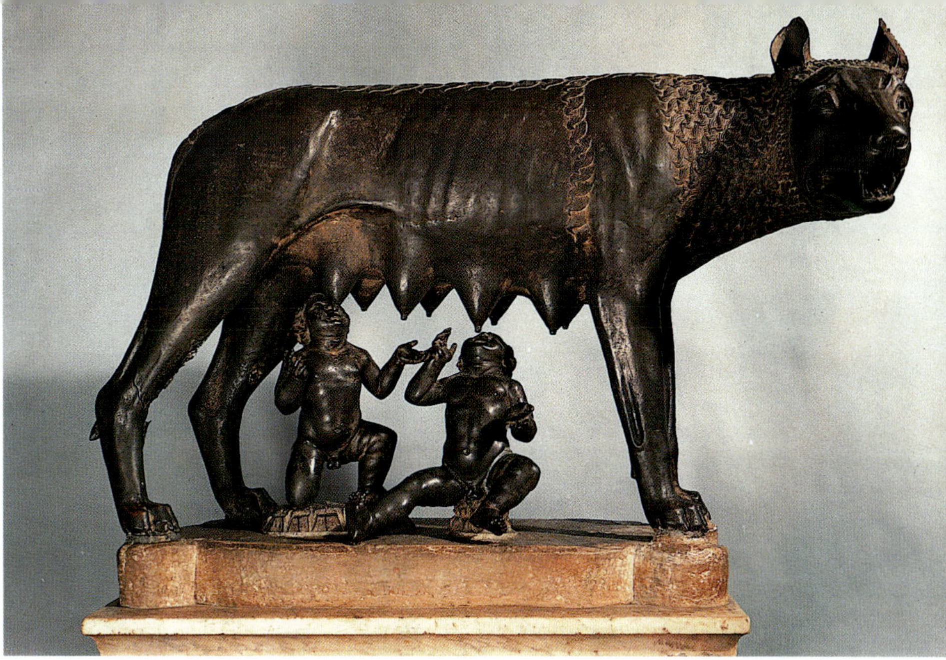

Die römische Wölfin, eines der ältesten Kunstwerke Roms und Wappentier der Stadt (5. Jh. v. Chr.).

nach einer mittelalterlichen Legende die Tiburtinische Sibylle Kaiser Augustus die bevorstehende Geburt eines göttlichen Kindes aus einer Jungfrau weissagte, das eine neue Ära eröffnen werde. Augustus habe hier einen Altar errichten lassen. Dort erhielt später die hl. Helena, die Mutter Konstantins d. Gr., ihr Grab. Die 1249 dem Franziskanerorden übergebene Kirche war im Mittelalter ein Zentrum des kommunalen Lebens und Tagungsort des Stadtparlamentes. Seit dem Ende des 13. Jh.s erhielt sie ihre heutige Gestalt, die 1348 durch die Anlage der Treppe aus antiken Spolien abgeschlossen wurde. Während der französischen Besetzung und der Zeit der Ersten Republik (1797) wurde die Kirche als Stall benutzt.

Den Hauptzugang bildet die steile Treppe. Sie mündet auf eine kleine Plattform, hinter der sich die – wie bei vielen anderen Kirchen der Zeit – unvollendet gebliebene Fassade erhebt. Die 1412 auf ihr angebrachte öffentliche Uhr wurde 1806 an den Turm des Senatorenpalastes verlegt. Das Innere der dreischiffigen Basilika mit ihren 22 antiken, aus unterschiedlichem Material bestehenden, wiederverwendeten Säulen und dem schönen Kosmatenfußboden aus dem 14./15. Jh. mit zahlreichen Grabplatten hat ihre ursprüngliche Gestalt bewahrt, jedoch kamen später noch neue Ausstattungsstücke hinzu, so 1572 – 75 zur Erinnerung an den Seesieg von Lepanto die von

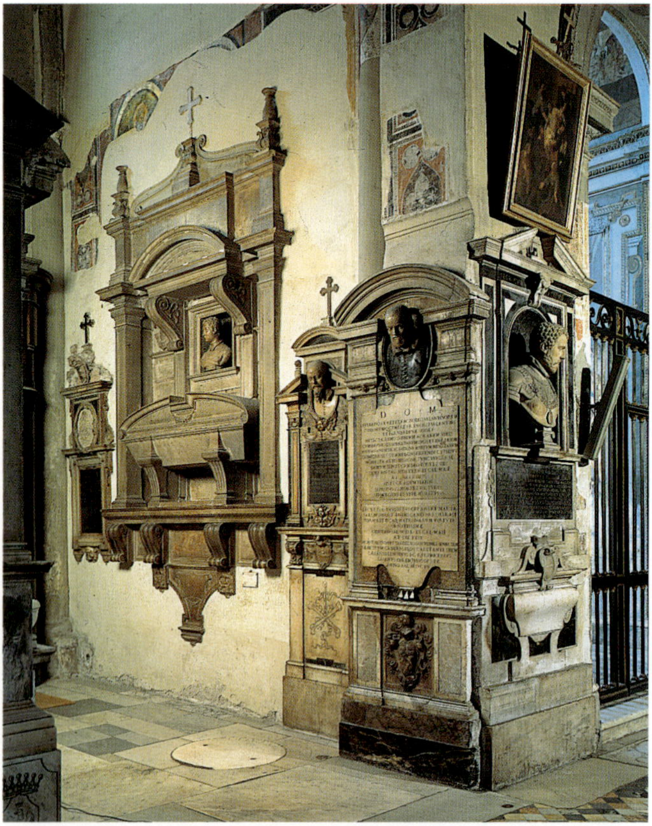

Das Innere von S. Maria in Aracoeli ist reich an mittelalterlichen und frühneuzeitlichen Grabdenkmälern.

Marcantonio Colonna gestiftete Kassettendecke. Von der weiteren Ausstattung sind besonders bemerkenswert die erste Seitenkapelle rechts („Cappella Bufalini") mit Fresken von Pinturicchio (1454 – 1523), die Szenen aus dem Leben des hl. Franz von Assisi und des hl. Bernhardin von Siena zeigen, der 1424 in dieser Kirche predigte. Im rechten Querschiff befindet sich in der Cappella Savelli das Grabmal von Honorius IV. Savelli († 1287) mit einer Liegefigur des Papstes von Arnolfo di Cambio (1245 – 1302) (s. Abb. S. 53). Im linken Querschiff steht der Altar der hl. Helena mit einer darunter liegenden Altarverkleidung aus dem 12. Jh., die die Vision des Augustus darstellt. Vom linken Querschiff aus gelangt man in den Raum mit der Figur des Bambino Gesù, die aus dem Holz eines Ölbaums des Gartens Gethsemane geschnitzt wurde und vom römischen Volk hoch verehrt wird. In der Weihnachtszeit wird es in der Krippe ausgestellt. Vor ihm können Kinder von einem eigens dazu errichteten Predigtstuhl dem Jesuskind eine „Predigt", d.h. ein Gedicht aufsagen. Das geschieht meist in Anwesenheit von vielen Familienangehörigen. Das Bambino Gesù wurde vor einigen Jahren gestohlen und nicht mehr zurückgebracht, obwohl die im Gefängnis einsitzenden Diebe einen entsprechenden Aufruf an ihre „Kollegen" in der Presse veröffentlichten. Die heutige Figur ist eine Kopie.

Von S. Maria in Aracoeli kann man über die Piazza del Campidoglio zum Forum Romanum hinabsteigen. Dort passiert man die Kirche (9) S. Giuseppe dei Falegnami, die Bruderschaftskirche der Schreiner. Es ist eines jener zahlreichen Gotteshäuser der Berufsgenossenschaften, die bis weit ins 19. Jh. hinein neben den Pfarren und Klöstern das religiöse Leben der Stadt prägten. Wichtiger als diese meist geschlossene Kirche ist der unter ihr gelegene Mamertinische Kerker (Carcere Mamertino, ursprünglich „Tullianum"). Hierbei handelt es sich um ein Gefängnis, in dem in der Antike hohe Staatsgefangene auf ihre Hinrichtung warteten. Nach einer mittelalterlichen Legende soll das auch bei Petrus der Fall gewesen sein („S. Pietro in carcere"), doch habe dieser die Gefängniswärter für den Christenglauben gewonnen und getauft. Der Eingang befindet sich unter der Fassade von S. Giuseppe. Das Innere bilden zwei übereinander liegende Zellen, von denen die obere, das eigentliche Gefängnis, trapezförmig, die untere unter Benutzung eines archaischen Brunnens entstanden ist.

Wenige Meter weiter steht man neben der Kirche (10) SS. Luca e Martina über dem (11) Forum Romanum (Eingang von der Via dei Fori Imperiali). Es ist das älteste und geschichts-

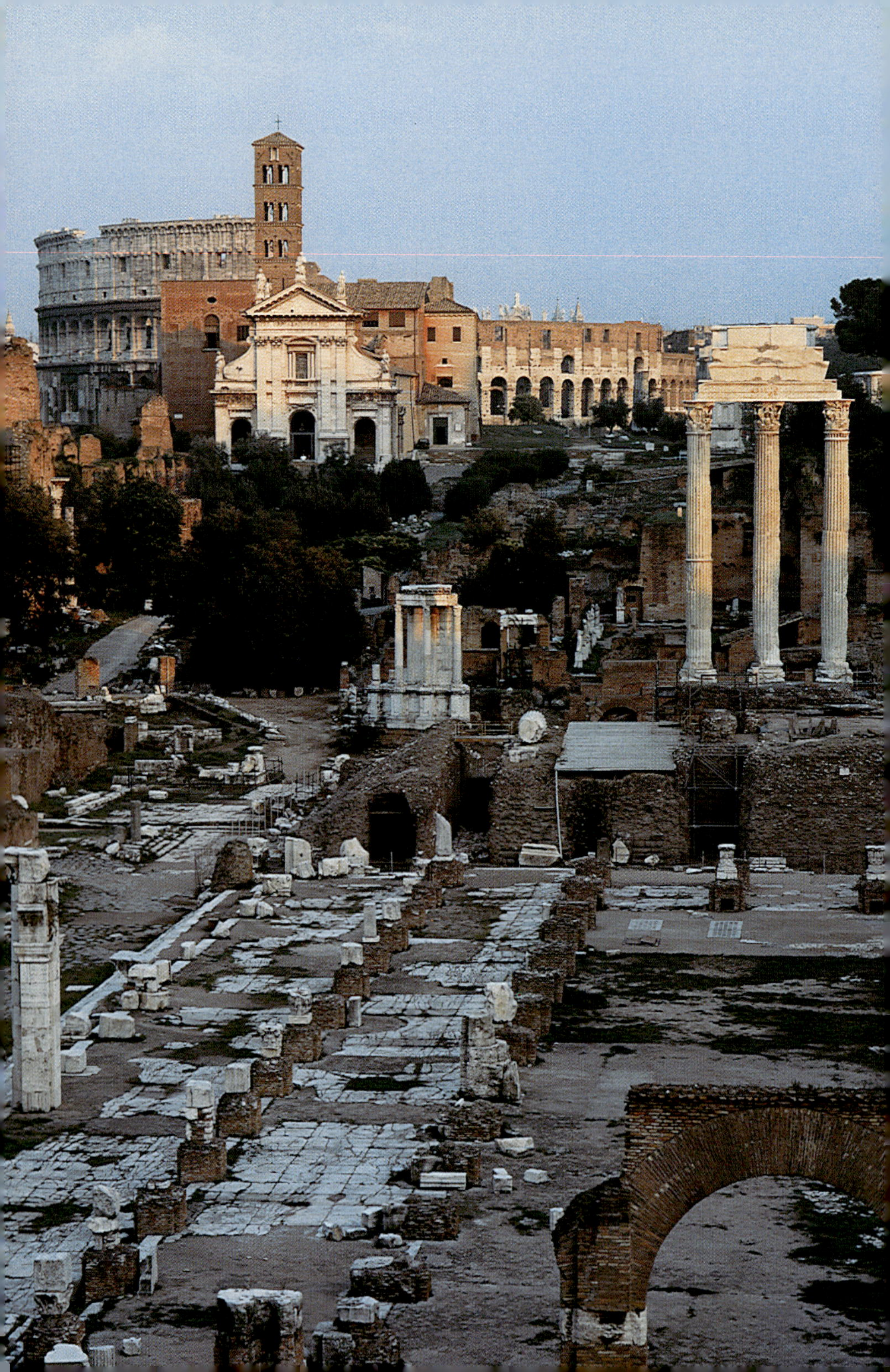

trächtigste unter den in der großen Senke zwischen Kapitol, Quirinal, Esquilin und Palatin liegenden Foren. Der Sage nach wurde das sumpfige Gebiet unter dem ersten etruskischen König gegen Ende des 7. Jh.s durch den Bau der Cloaca Maxima trockengelegt; deren Einmündung in den Tiber unterhalb des Ponte Rotto ist noch sichtbar. Das Forum wurde im Lauf der Zeit immer dichter mit öffentlichen Bauten besetzt, zum zentralen Begegnungszentrum und schließlich ganz politischen (Comitium, Rostra, Curia), rechtlichen (Basilica Iulia, Aemilia) und zeremoniellen Funktionen (die verschiedenen Tempelanlagen) vorbehalten. Im 1. Jh. v. Chr. erhielt es mit dem noch erhaltenen Bau des Tabularium zum Kapitol hin seinen monumentalen Abschluß. Als Rom gegen Ende der Republik zur Hauptstadt eines Reiches aufstieg, das den größten Teil der damals bekannten Welt umfaßte, genügte das republikanische Forum nicht mehr. Daher erfolgte in den anderthalb Jahrhunderten von Julius Cäsars († 44 v. Chr.) bis Trajan († 117) eine kontinuierliche Erweiterung durch die Anlage der sog. (12 – 13) Kaiserforen. Dieser Ausbau entsprach dem Wachstum Roms und seinen neuen Aufgaben als Weltstadt. Mit dem letzten und prachtvollsten Kaiserforum, dem (13) Trajans-Forum, wurde der Ausbau beendet. Damit war der Raum zwischen den vier Hügeln zur Gänze ausgefüllt. In diesem politischen, administrativen und wirtschaftlichen Zentrum der Reichshauptstadt waren neben einem Heer an Büsten und Statuen verdienter römischer Staatsmänner auch Kunstwerke aufgestellt, die aus den eroberten Ländern in die Reichshauptstadt gebracht worden waren. Die Foren blieben für Jahrhunderte das Zentrum des römischen Imperiums.

Blick vom Kapitol über das Forum Romanum. Im Vordergrund Reste der Basilica Iulia, dahinter rechts Säulen des Castor-und-Pollux-Tempels, links des Vestatempels.

Als Konstantin d. Gr. sich dem Christentum zuwandte, behielten die Foren ihre traditionelle Aufgabe bei. Die vom Kaiser gestifteten christlichen Basiliken konnten dagegen nicht hier, sondern nur auf kaiserlichem Gelände und zunächst nur am Rande der Stadt (→ Lateran) errichtet werden. Unter den großen römischen Familien, die im Senat und in der Verwaltung den Ton angaben, blieb dagegen noch lange das Heidentum als nationales Bewußtsein von der Größe Roms lebendig. Gegen Ende des 4. Jh.s war der römische Senat jedoch fast vollständig zum Christentum übergetreten. Als Kaiser Theodosius 392 den heidnischen Kult verbot, wurden die Tempel geschlossen. Erst der anpassungsbereite Papst Gregor d. Gr. (590 – 604) gestattete, daß Tempel in christliche Kirchen umgewandelt wurden. Dies hatte Folgen auch für den Bereich des Forums, wo 608 die dem Kaiser Phokas (602 – 610) gewidmete Ehrensäule als letztes antikes Denkmal errichtet wurde, während zahlreiche, oft schon verfallene Gebäude in Kirchen umgewandelt wurden. Es sind die Namen von elf Kirchen auf dem Forum überliefert. Der vornehmste, seit dem 7. Jh. als Kirche benutzte Bau war der ehemalige Sitz des Senates, die (14) Curia. Im (15) Tempel des Antoninus und der Faustina, der im 7./8. Jh. zur Kirche S. Lorenzo in Miranda umgeformt wurde, ist der Umwandlungsprozeß noch gut erkennbar, ferner beim sog. (16) Romulustempel, bei dem im 6. Jh. eine den hll. Ärzten Cosmas und Damian geweihte Kirche entstand. Während die zu Kirchen umfunktionierten Gebäude erhalten blieben, wurden andere im Mittelalter und bis in die frühe Neuzeit hinein als Steinbruch ausgeplündert und das von Schutt und Erde ca. 10 m über dem antiken Niveau überdeckte Areal wurde zum Weideplatz („Campo Vaccino"). Dessen romantischen Anblick haben die Kupferstecher seit dem 16. Jh. in zahlreichen Veduten festgehalten. Ansätze zu einer Denkmalpflege gab es im päpstlichen Rom schon während der Renaissance aus humanistischen Bestrebungen. Raffael entwarf z. B. als Beauftragter für die Altertümer einen Plan für deren Inventarisierung und Erhaltung. Eine konsequente Sicherung, Erfassung und Erforschung des Forums setzte jedoch erst seit dem späten 18. Jh. ein. Das Forum hat durch die archäologischen Grabungen, in deren Verlauf z. B. die Curia von der Kirche zum freigelegten

Kapitol, Forum und Kolosseum auf dem Stich von Antonio Tempesta (1593). In der Mitte das weite Feld des noch nicht ausgegrabenen Forum Romanum.

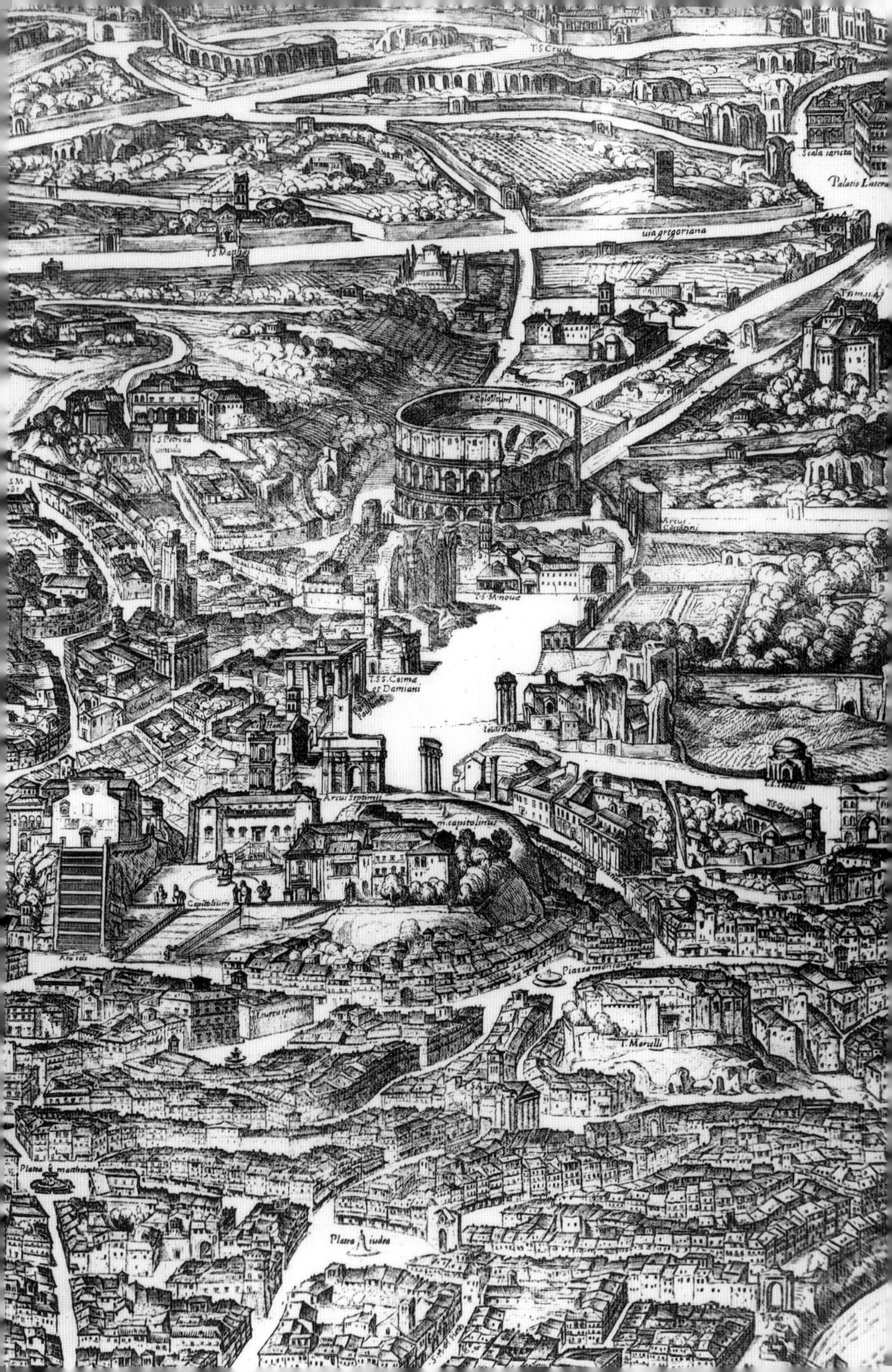
Scala sancta
uia gregoriana
T.S.S.Cosme
et Damiani
Arcus Septimii
m.capitolinus
Capitolium
Piazza montanara
T. Marcelli

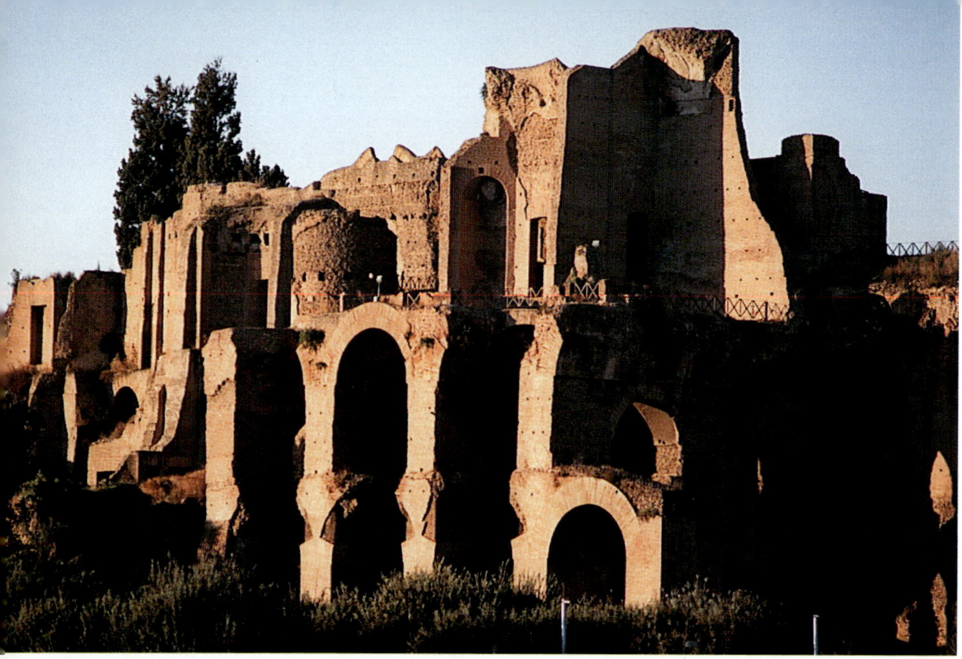

Gewaltige Stützmauer der kaiserlichen Paläste auf dem Palatin, vom Circus Maximus aus gesehen

Monument wurde, viel von seinem früheren Reiz verloren. Der größte und gewaltsamste Einschnitt erfolgte, als das faschistische Regime auf dem Höhepunkt seiner Herrschaft 1932 in einem einzigen Jahr die Kaiserforen überstürzt freilegen ließ, um die Prachtstraße der (17) Via dei Fori Imperiali anzulegen. Diese zerschneidet das gewachsene Ganze in der Weise, daß südlich von ihr das Forum Romanum und das Cäsar-Forum, nördlich dagegen die anderen Kaiser-Foren liegen.

Hinter dem Forum Romanum ist der wichtigste der sieben römischen Hügel, der (18) Palatin, sichtbar. Hier soll die legendäre Gründung Roms (753 v. Chr.) erfolgt sein. Auf ihm befanden sich zahlreiche heidnische Kultstätten, ehe er seit Augustus zum kaiserlichen Residenzbezirk aufstieg. Von diesen kaiserlichen Palastanlagen wurde die vom Namen „Palatin" herrührende Bezeichnung „Palast" später auch für andere Residenzen und für anspruchsvoll gestaltete Profanbauten übernommen. Der Palatin wurde bis ins hohe Mittelalter bewohnt. Heute ist er ein über das Forum Romanum zugängliches archäologisches Gebiet, in dem die Häuser des Augustus und der Livia sowie der Palast des Domitian besondere Aufmerksamkeit verdienen.

Vom Aussichtspunkt über das Forum erreicht man nach wenigen Schritten die Via dei Fori Imperiali. Sie trennt die nach

Augustus († 14), Vespasian († 79), Nerva († 98) und Trajan († 117) benannten Kaiser-Foren vom Forum Romanum und vom Caesar-Forum († 44 v. Chr.). Als dieser weite Repräsentationsbereich in faschistischer Zeit von seinen mittelalterlichen Schuttablagerungen und Überbauungen freigelegt wurde, blieb nur wenig Mittelalterliches erhalten, so die (19) Torre delle Milizie aus dem 13. Jh., von der aus einer Legende nach Nero den Brand der Stadt besungen haben soll. Tatsächlich handelt es sich dabei jedoch um einen der im Rom des Mittelalters wie in anderen italienischen Städten zahlreichen Geschlechtertürme,

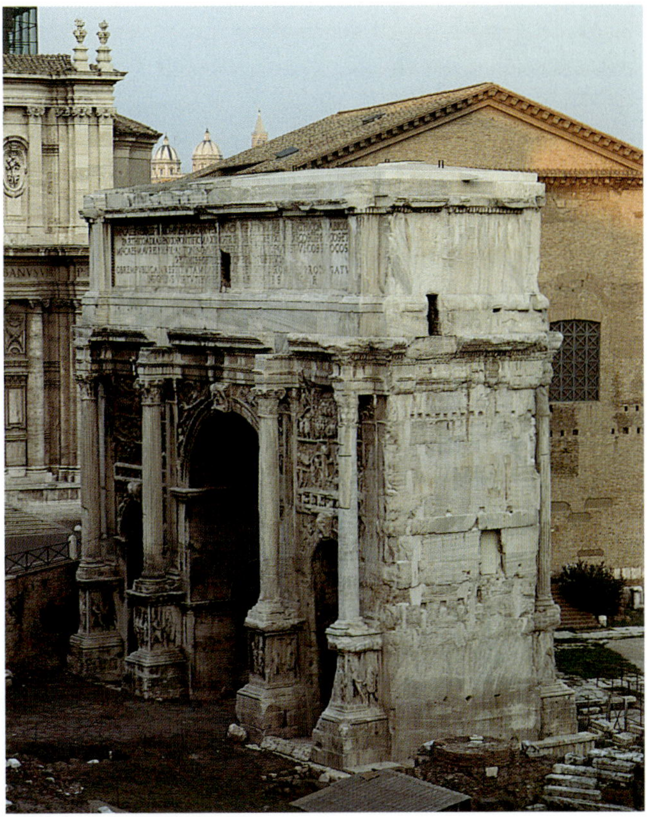

Der Septimius-Severus-Bogen (um 203) auf dem Forum Romanum über der Via Sacra, dahinter rechts die Curia.

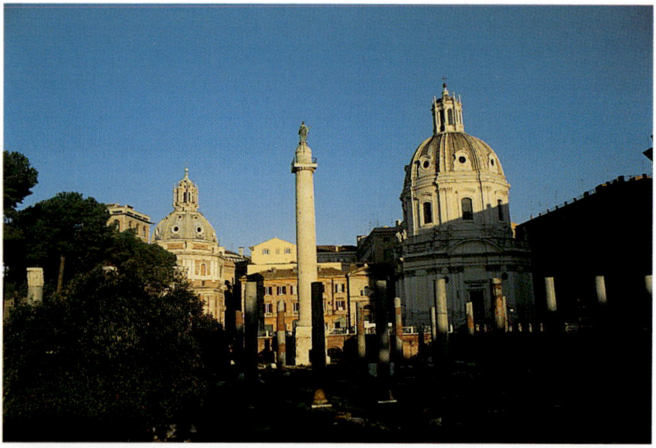

Forum Trajanum mit den beiden Kirchen S. Maria di Loreto (links) und SS.ma Nome di Maria (rechts). In der Mitte die Trajanssäule.

die Wahrzeichen und Statussymbole der Adelsfamilien waren. Als Papst Bonifaz IX. (1389 – 1404) um die Wende zum 15. Jh. die päpstliche Herrschaft über Rom durchsetzte, mußten die Geschlechtertürme abgetragen werden. Nur die Torre delle Milizie entging der Zerstörung. Für das christliche Rom ist ein anderes Monument in dieser Region von noch größerer Bedeutung, und zwar die auf dem Trajansforum stehende, 40 m hohe (20) Trajanssäule. Der Kaiser ließ sie 112 nach seinem Sieg über die Daker errichten und mit einem 200 m langen, spiralförmig aufsteigenden Reliefband, das in über hundert Szenen mit 2500 Figuren die Dakerkriege schildert, schmücken und mit seinem vergoldeten Standbild bekrönen. Das Innere des Sockels nahm später in einer goldenen Urne die Asche des Kaisers auf. Urne und Statue gingen zu einem unbekannten Zeitpunkt verloren. 1587 ließ Sixtus V. (1585 – 90) dann die Säule restaurieren und mit einer Statue des hl. Petrus neu bekrönen. Ein Jahr später ließ er die auf der Piazza Colonna stehende Ehrensäule des Mark Aurel († 180) mit einer Statue des hl. Paulus bekrönen. Beide Maßnahmen erfolgten im Rahmen jenes umfassenden Programms, mit dem Sixtus V. in seinem nur kurzen Pontifikat Rom zur Hauptstadt der katholi-

Ausschnitt aus dem Reliefband der Trajanssäule (Anfang 2. Jh.).

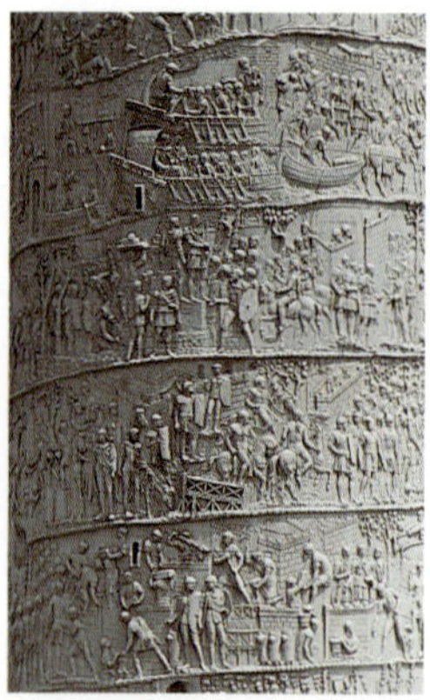

schen Christenheit gestalten ließ. Mit den nunmehr christlichen antiken Monumenten wurde zugleich die gesamte Antike heilsgeschichtlich gedeutet.

Auf dem Weg zum Kolosseum liegt rechts ein weiterer Bau, in dem antike und christliche Elemente zu einer Einheit verbunden sind: die Kirche der orientalischen Märtyrerärzte (21) SS. Cosma e Damiano (Via dei Fori Imperiali, 1). Sie wurde unter Papst Felix IV. (526 – 530) in einem ehemaligen Gebäude des Forum Pacis Vespasians eingerichtet, von dem zur Straße hin mächtiges Quadermauerwerk erhalten ist. Wie alle beim Forum

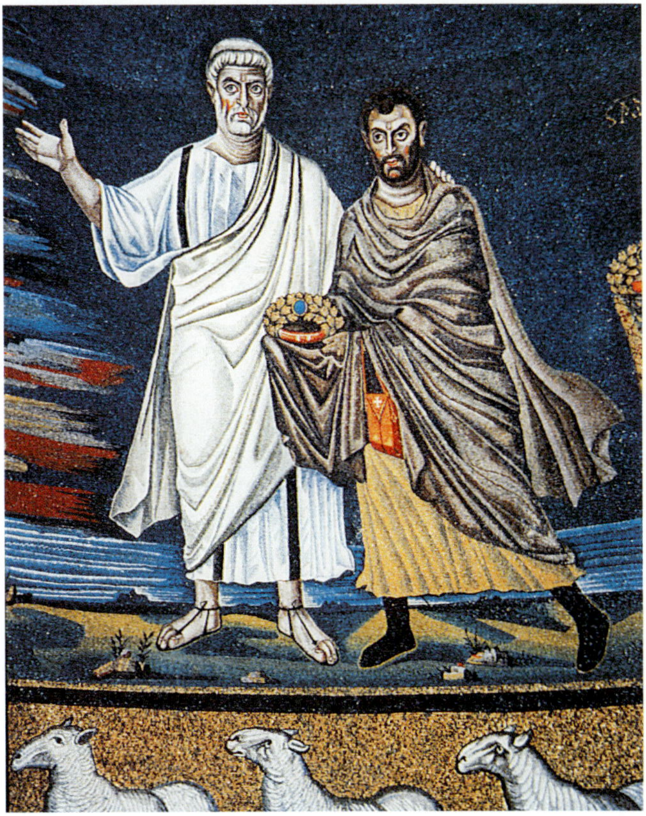

Petrus führt Cosmas zu Christus. Detail des Apsismosaiks von SS. Cosma e Damiano (6. Jh.).

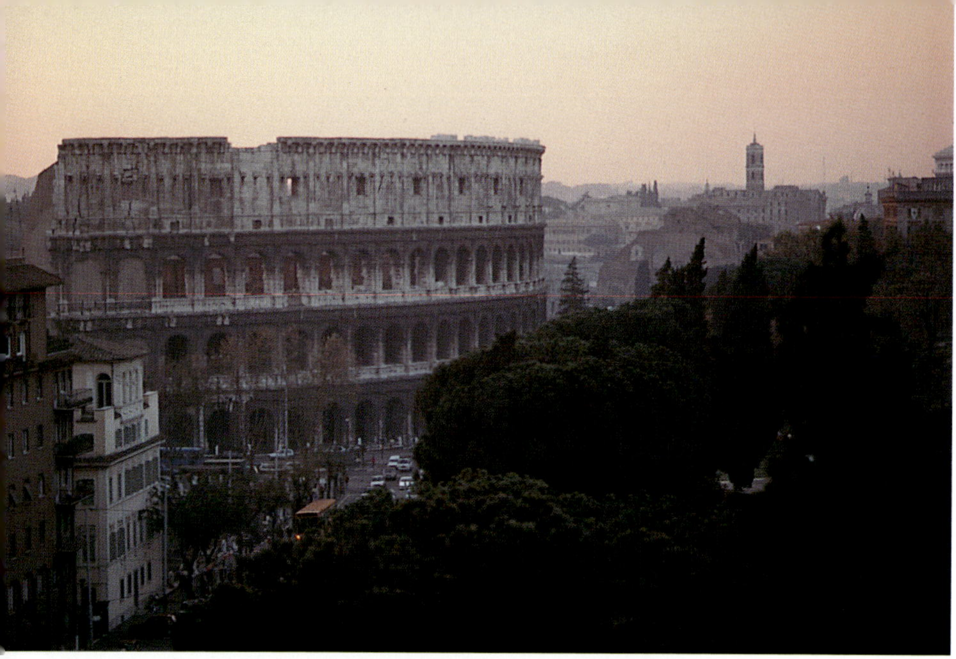

Blick auf das Kolosseum vom Colle Oppio aus. Rechts im Hintergrund das Kapitol.

gelegenen Kirchen war sie ursprünglich von dort her zugänglich, und zwar durch den als Vestibül dienenden Rundbau, den sog. Tempel des Romulus. Sie bewahrt besonders qualitätsvolle Mosaiken. In der Apsiskalotte steigt der erhöhte Christus feierlich auf einem Wolkenteppich vom blauen Himmel herab. In goldene Gewänder gekleidet, hält er in der Linken eine Buchrolle, während die Rechte zum Redegestus erhoben ist (s. auch Abb. S. 7 und 10). Von links her führt Paulus den hl. Cosmas, von rechts her Petrus den hl. Damian bei Christus ein, dem die Apostel mit erhobenen Händen huldigen. Sie bringen Christus Kränze dar, ebenso wie von links her der Stifter Felix IV. und von rechts der hl. Theodor. In einem unteren Fries ziehen aus den hl. Städten Jerusalem und Bethlehem je sechs Lämmer auf den Paradiesesberg mit dem Lamm Gottes zu. In einem Nebenraum der Kirche wird eine reiche neapoletanische Krippe aus dem 18. Jh. gezeigt.

Auch die weiter zum Kolosseum hin gelegene Kirche (22) S. Francesca Romana aus dem 13. Jh. mit ihrem schönen, weithin sichtbaren Campanile hat durch die Freilegung des Forum Romanum ihren alten Zugang verloren. Man erreicht sie heute von der Via dei Fori Imperiali her. Ihren heutigen Namen erhielt sie erst im 15. Jh. nach der Heiligsprechung der Francesca Buzzi de' Ponziani, die 1421 in Anlehnung an den Orden der Olivetaner

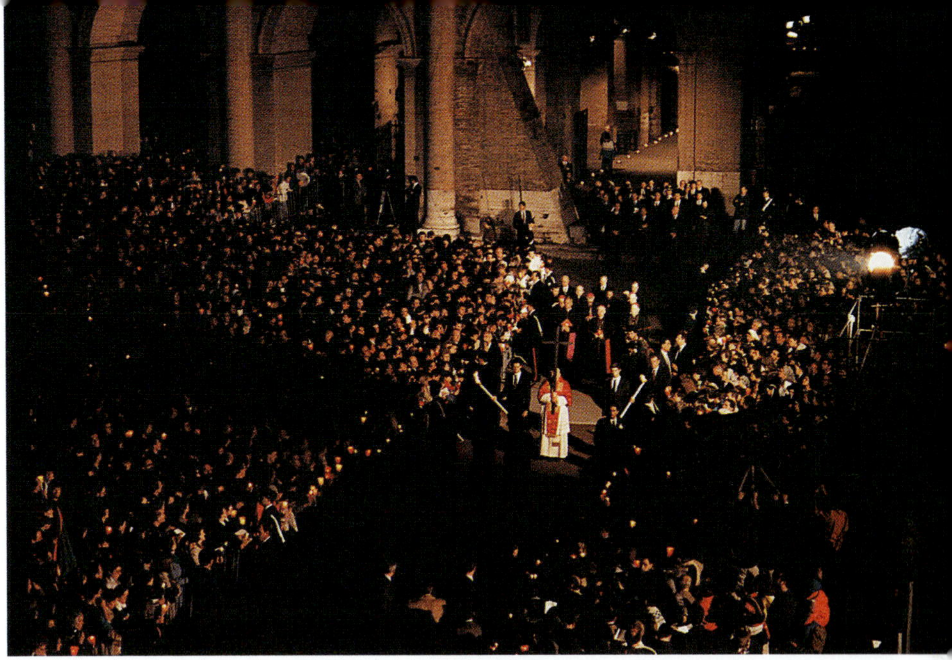

Kreuzweg mit dem Papst am Kolosseum, der alljährlich am Karfreitagabend stattfindet.

eine für die Armenpflege tätige Frauengemeinschaft gegründet hatte. Ihr Grab befindet sich unter dem Hochaltar. Dieser selbst birgt eines jener Madonnenbilder, die die Legende dem hl. Lukas zuschreibt. Nach dem Bild, das wahrscheinlich aus dem 9. Jh. stammt, hieß die Kirche ursprünglich S. Maria Nuova.

Ein wenig weiter erreicht man das (23) Flavische Amphitheater, das seit dem 8. Jh. aufgrund einer in der Nähe errichteten Kolossalstatue des Nero Kolosseum genannt wird. Solche mit elliptischer Arena und ringsum ansteigenden Sitzbänken ausgestattete Amphitheater gab es in vielen Städten (u. a. Trier, Verona, Pompeji). In ihnen wurden Tierhetzen und Gladiatorenkämpfe veranstaltet. Das römische ist das größte aller Amphitheater (188 mal 156 m, geschätztes Fassungsvermögen 45000 Personen) und nach den Pyramiden das größte Bauwerk der Antike. Es galt als Symbol für die Unvergänglichkeit Roms. 80 n. Chr. von Titus eingeweiht, wurde es seit der Spätantike oft durch Erdbeben beschädigt. Die Gladiatorenkämpfe wurden zu Beginn des 5., die Tierhetzen im 6. Jh. eingestellt. Seit dem 11. Jh. wurde das Kolosseum zur Festung von Adelsfamilien ausgebaut und nach weiteren Erdbebenschäden seit dem 14. Jh. mit seinen 100 000 m^3 Travertin und 300 Tonnen Metallklammern ausgebeutet. Aus seinem Material wurden zahlreiche Bauwerke errichtet, u. a. die Cancelleria und

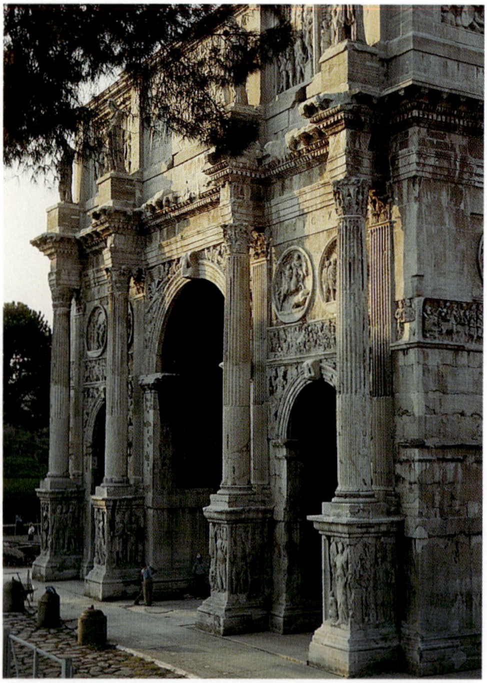

Ehrenbogen für Kaiser Konstantin zum 10. Regierungsjubiläum (315). Der bildliche Schmuck stammt z.T. von älteren Denkmälern.

der Palazzo Venezia. 1744 ließ Benedikt XIV. (1740 – 56) das Kolosseum in der Annahme, es sei in der Antike Schauplatz christlicher Martyrien gewesen, sichern. 1750 wurde es der Erinnerung an das Leiden Christi gewidmet und mit 14 Kreuzwegstationen ausgestattet. Darauf geht der Brauch des Kreuzweges mit dem Papst am Karfreitag zurück. Seitdem folgten wiederholt Sicherungsmaßnahmen. Solche sind auch derzeit in Gang. Am besten erhalten ist der Bau auf der von der Via dei Fori Imperiali her linken Seite.

Beim Kolosseum befindet sich der 313 – 315 zu Ehren Konstantins d. Gr. nach dessen Sieg über Maxentius an der Milvischen Brücke durch den Senat errichtete (24) Konstantinsbogen. Triumph- oder Ehrenbögen wurden vor allem für siegreiche Feldherren und Kaiser errichtet. Der Konstantinsbogen mit seinen drei Toren ist der größte (25 m hoch) und besterhaltene aller Triumphbögen. Aus weißem Marmor erbaut und mit Skulpturen und architektonischen Elementen älterer Monumente aus verschiedenen Epochen, z. T. aber auch mit neu geschaffenen Stücken ausgestattet, verleihen die unterschiedlichen Marmorsorten ihm eine große Farbigkeit. Unter Konstantin neu geschaffen wurden u. a. die über den seitlichen Bogen umlaufenden Reliefs, die die Geschichte des siegreichen Feldzuges gegen Maxentius, darunter die Schlacht an der Milvischen Brücke, erzählen. Die in der Inschrift der Attika benutzte Formulierung, Konstantin habe „instinctu divinitatis", d.h. durch göttliche Eingebung, den Sieg errungen, wurde später mit jener Legende in Verbindung gebracht, wonach er vor der Schlacht eine Kreuzesvision gehabt und auf den Schilden seiner Soldaten das Christusmonogramm habe anbringen lassen. Dem Konstantinsbogen selbst fehlt jedoch jedes christliche Symbol. Für die Geschichte der Christenheit ist er dennoch von Bedeutung, weil er dem ersten christlichen Kaiser errichtet wurde.

Den Weg zum Kapitol zurück nimmt man am besten über das Forum Romanum, das jetzt kostenfrei zugänglich ist. Dort trifft man am Beginn der Via Sacra, wo der Aufstieg zum Palatin beginnt, auf den (25) Titus-Bogen, den ältesten in Rom erhaltenen Ehrenbogen überhaupt (15,4 m hoch). Er wurde dem vergöttlichten Kaiser Titus († 81 n. Chr.) gewidmet, der im Jahre 70 im Jüdischen Krieg Jerusalem erobert und zerstört und danach einen Triumphzug gefeiert hatte. Dieser ist auf der Innenseite des Bogens in zwei Reliefs festgehalten. Das Relief der südlichen Seite zeigt die im Triumphzug mitgeführten Beutestücke aus dem Tempel zu Jerusalem, nämlich den siebenarmigen Leuchter, den Tisch der Schaubrote und die Silbertrompeten. Das Relief auf der Nordseite zeigt den Sieger im Triumphwagen, dessen Pferde die Göttin Roma führt. Der Bogen verdankt seinen guten Erhaltungszustand der Tatsache, daß er im Mittelalter in eine Burg der Adelsfamilie der Frangipani einbezogen war. Bei seiner Freilegung im Jahre 1822 ergänzte Giuseppe Valadier einige zerstörte Teile in Travertin.

Auf halbem Weg zum Kapitol liegt links am Fuß des Palatins die älteste aller auf dem Forum entstandenen Kirchen, S. Maria Antiqua. Sie entstand im 6. Jh. unter Benutzung eines antiken Gebäudes, wurde aber im 9. Jh. nach einem Erdbeben durch S. Maria Nuova, jetzt S. Francesca Romana, ersetzt. S. Maria Antiqua wurde im Jahre 1902 von der Überbauung der im 13. Jh. entstandenen und später barockisierten Kirche S. Maria Liberatrice befreit und präsentiert sich heute nicht mehr als benutzbare Kirche, sondern als Monument, das nur mit Erlaubnis der Sopraintendenza besucht werden kann. Sie enthält bedeutsame Wandmalereien aus dem 7. und 8. Jh., in denen sich östliche und westliche Einflüsse verbinden.

Von der Engelsbrücke über die Piazza Navona und das Pantheon nach Il Gesù

Während das antike Rom der Kaiser eine Millionenstadt war, sank seine Einwohnerzahl seit der Völkerwanderung rapide ab. Den Tiefpunkt erreichte sie im Mittelalter während der Abwesenheit der Päpste zur Zeit des Avignonesischen Exils (1305/06 – 1376) und während des Großen Abendländischen Schismas (1378 – 1417) mit etwa 20 000 Bewohnern. Diese an Zahl gering gewordene Bevölkerung drängte sich im wesentlichen im Gebiet des großen Tiberbogens zusammen. Dieser Stadtteil war als einziger seit der Antike bis heute durchgehend besiedelt. Nur mit dem Borgo und mit Trastevere reichte das bewohnte Gebiet über den Fluß hinaus. Eine Ursache für die Verlagerung des Wohngebietes in die Flußniederung bestand in der Zerstörung der antiken Aquädukte, die einst die Hügel reichlich mit Wasser versorgt hatten. Nunmehr wurde das Wasser aus dem Fluß bzw. aus Brunnen bezogen. Der Preis für diese Verlagerung bestand

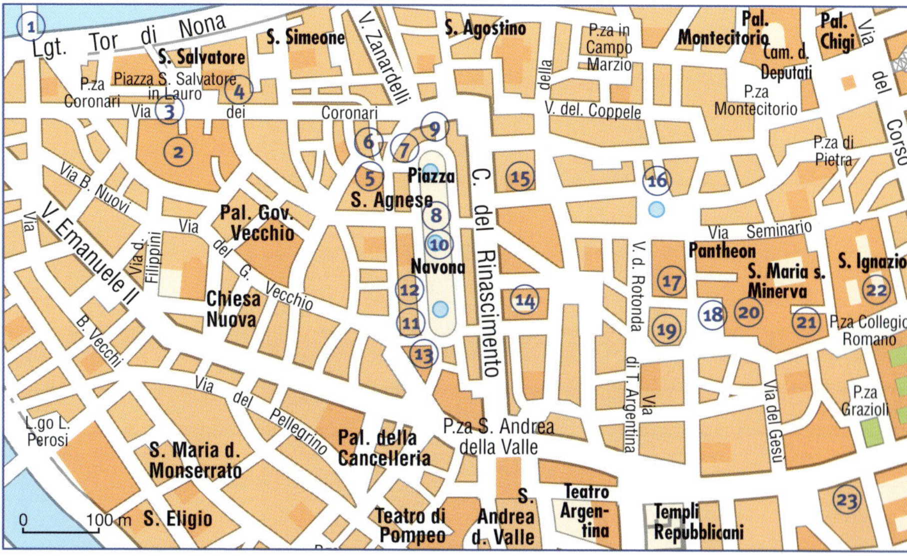

in der Hochwassergefährdung mit allen hygienischen Konsequenzen. Trotz der großen Straßendurchbrüche des 19. Jh.s und des Baues der Tibereinfriedung, die die Hochwassergefahr bannte, sind noch wesentliche Teile des mittelalterlichen Baubestandes erhalten. Der Corso Vittorio Emanuele teilt das mittelalterlich und renaissancezeitlich geprägte Rom in zwei Hälften.

Von der (1) Engelsbrücke her gelangt man nach Überschreiten der Uferstraße bald in den nördlich des Corso Vittorio Emanuele liegenden Teil der mittelalterlichen Stadt mit seinem für den Fremden schwer übersehbaren Gewirr von Straßen, Gassen und Plätzen. In diesem hochwassergefährdeten Gebiet liegt die hochwasserfreie Anhöhe des (2) Monte Giordano. Es ist ungeklärt, ob sie natürlich ist oder künstlich geschaffen wurde. Sie bot sich jedenfalls seit der Ausdehnung des Wohngebietes in den Tiberbogen als bevorzugter Platz an. Seit dem 13. Jh. war dieser im Besitz der Adelsfamilie Orsini, die sich hier

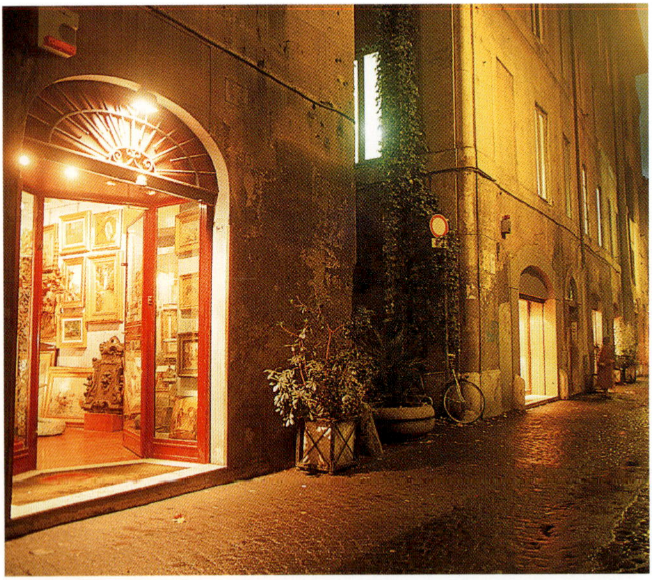

Via dei Coronari.

eine ihrer Stadtburgen schuf. Von hier, von der nahe gelegenen zerstörten Torre di Nona und den orsinischen Besitzungen über den Ruinen des antiken Pompejus-Theaters am Campo de' Fiori aus kontrollierten sie die Via papalis vom Lateran zum Vatikan und andere wichtige Straßen. Diese und andere Adelsburgen verloren ihre Bedeutung erst, als die Päpste um das Jahr 1400 ihre Stadtherrschaft gegen den Adel durchsetzten. Daraufhin mußten die aus Prestigegründen wichtigen Türme niedergelegt werden. Der Monte Giordano ist zwar auch heute noch ein abgeschlossener Bereich, doch zeigt er im gegenwärtigen Zustand nicht mehr die alte Bedeutung.

Seit dem 15. Jh. begannen mit der Anlage geradliniger Straßen Bemühungen um eine klarere Strukturierung der Stadt. Die erste dieser neuen Straßen war die unter Sixtus IV. (1471 – 84) über einer antiken Vorgängerstraße („Via recta") angelegte (3) Via dei Coronari, deren Name an die Hersteller bzw. Verkäufer von Rosenkränzen und anderen religiösen Gegenständen erinnert.

Lage von S. Maria dell'Anima (Mitte), S. Maria della Pace (links) und S. Nicola dei Lorrenesi (rechts).

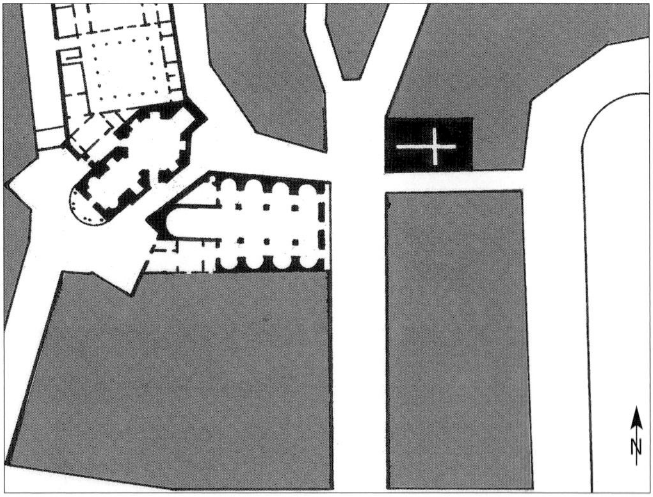

Die Straße war bis zur Eröffnung des Corso Vittorio Emanuele eine wichtige Verkehrsachse. Einige der in dieser Pilgerstraße einst zahlreichen Madonnenbilder („Madonnelle") haben sich erhalten. An die Stelle der Verkäufer von Erinnerungsstücken sind heute Antiquare getreten. Am Wege liegt (4) S. Salvatore in Lauro (Piazza S. Salvatore in Lauro), die Kirche der aus den Marken stammenden Bevölkerung. Auf der Fassade stellt ein Relief die Übertragung des Hauses der Hl. Familie nach Loreto in den Marken dar. Im Hochaltar befindet sich eine Kopie des dort verehrten Marienbildes. Neben der Kirche liegt der ehemalige Konvent der Marchigiani mit dem Grabdenkmal Papst Eugens IV. (1431 – 47).

Wenig weiter erreicht man die 1500 – 42 erbaute (5) deutschsprachige Nationalkirche Maria dell' Anima, die normalerweise über den Eingang zum Kolleg, Via della Pace 20, zugänglich ist. In ihrer reichen Ausstattung – das Altarbild stammt von Giulio Romano (1499 – 1546) – spiegelt sich ebenso wie in dem ihr zugehörigen Hausbesitz – an einzelnen Häusern ist als Besitzzeichen noch der Doppeladler angebracht

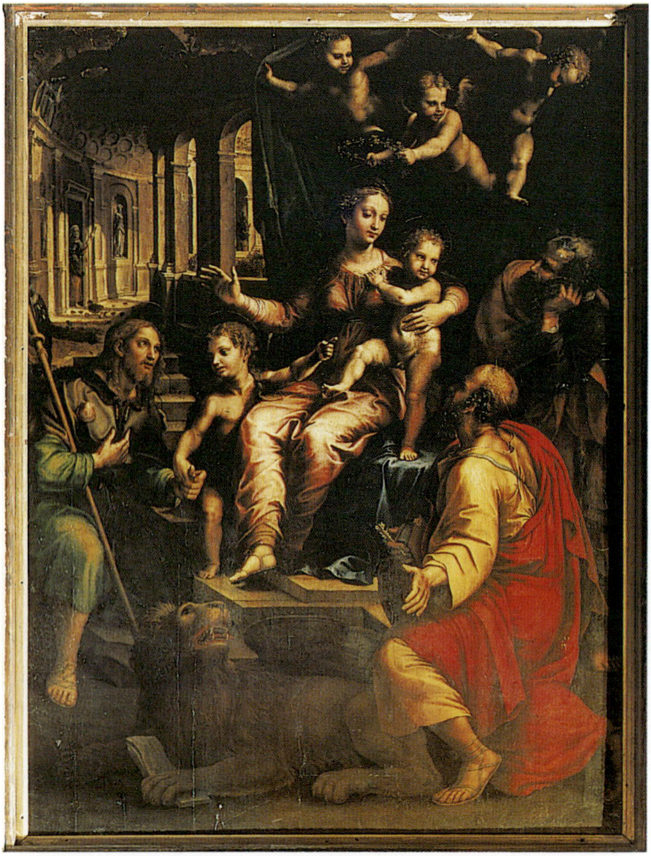

Altargemälde mit der Heiligen Familie von Giulio Romano in der deutschen Nationalkirche S. Maria dell'Anima (16. Jh.).

– die einst große Bedeutung der deutschsprachigen Gemeinde Roms. Besondere Aufmerksamkeit verdient auf der rechten Seite des Chores das Grabmal Hadrians VI. (1522 – 23). Er stammte aus Utrecht und gilt als letzter „deutscher" Papst. Er war aber auch der letzte nichtitalienische Papst vor Johannes Paul II. Der gelehrte Theologe und Erzieher Kaiser Karls V. († 1558) wurde in Abwesenheit für das höchste Amt der Christenheit gewählt. Daher zeigt ihn das triumphbogenartig aufgebaute Grabmal zwischen der Inschrifttafel und dem

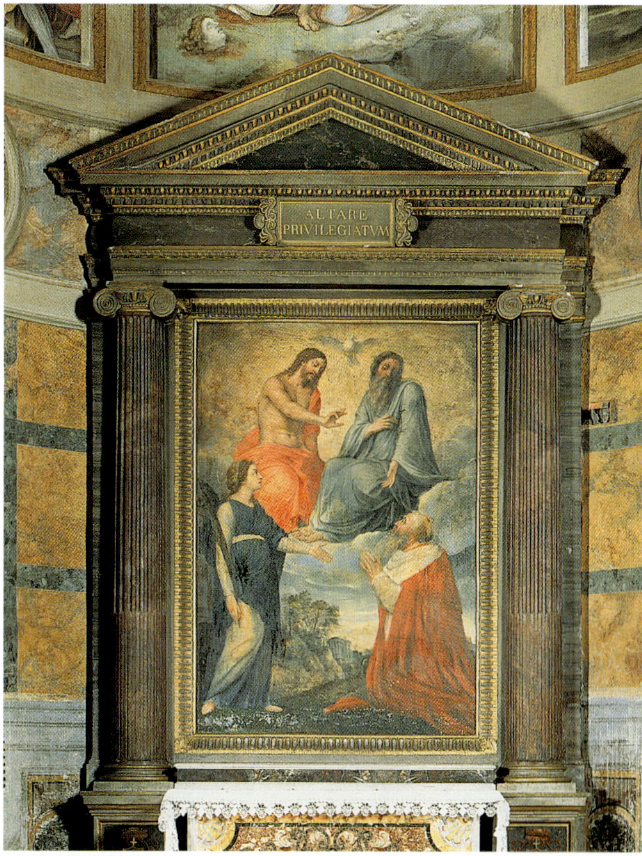

Die Barbarakapelle in S. Maria dell'Anima. Die Heiligste Dreifaltigkeit mit der Märtyrin und dem Stifter, Kardinal Willem van Enkevoirt von Michiel Coxcie (um 1531). Kardinal Enkevoirt war einer der großen Wohltäter der Anima. Unter ihm wurde die heutige Kirche erbaut.

Sarkophag beim feierlichen Einritt in Rom. Dieser dem Einzug der römischen Imperatoren, zugleich aber auch dem Einzug Jesu in Jerusalem nachgebildete Akt fand tatsächlich statt. Als der von Spanien anreisende Hadrian Ostia erreichte, wurde er von dort aus in einem Festzug von 5000 Teilnehmern nach Rom geleitet, wo Kardinal Farnese ihm an der Porta S. Paolo das Kreuz zum Kuß und der Senator die Schlüssel Roms überreichte. Die Stadt wird durch die am rechten Bildrand lagernde Figur des Tiber, die Wölfin mit Romulus und die aus dem

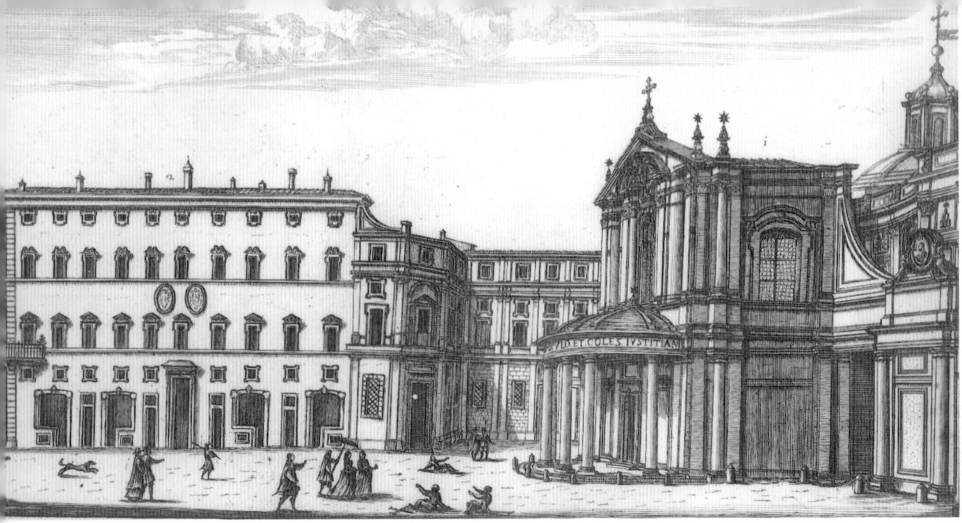

S. Maria della Pace. Stich von Giovanni Battista Falda (1665).

Stadttor tretende, antik gewandete Personifizierung Roms dargestellt, ferner durch einige charakteristische Bauten. Der kurze Pontifikat Hadrians verlief unglücklich, denn der kurienunerfahrene Papst stieß mit seinen Reformmaßnahmen, durch die er die Reformation eindämmen wollte, auf erbitterten Widerstand, der zudem von nationaler Abneigung gegen ihn als Ausländer gespeist wurde. Während er bei Antritt seines Pontifikates zu Pferd in voller Kraft dargestellt ist, tragen seine Züge auf dem Sarkophag Zeichen der Erschöpfung. Die Inschrift darunter sagt dazu: „Wie viel hängt doch davon ab, in welche Zeit auch des besten Mannes Wirken fällt." Auf der gegenüberliegenden Seite erinnert das Grabmal des in Rom verstorbenen Erbprinzen Karl Friedrich von Jülich-Kleve-Berg († 1575) an diesen Hoffnungsträger für das konfessionell umstrittene große niederrheinische Herzogtum (s. Abb. S. 73).

Die kunsthistorisch bedeutsame, aber sehr vernachlässigte Kirche (6) S. Maria della Pace (nur sonntags geöffnet) stiftete Sixtus IV. 1482 anläßlich eines Friedensschlusses. Sie birgt hinter ihrer bewegten Fassade im Innern Freskendarstellungen der Sibyllen von Raffael. Zur Kirche gehört ein stimmungsvoller von Bramante 1500 – 14 geschaffener Kreuzgang.

Nach der kleinen Nationalkirche (7) S. Nicola dei Lorenesi (Largo Febo), die heute zu den Pii Stabilmenti Francesi gehört, erreicht man die (8) Piazza Navona. Sie bildet ein eindrucksvolles Beispiel für die städtebauliche Kontinuität Roms, denn ihr Grundriß bewahrt das Kampffeld eines wohl vor 86 n. Chr. von Kaiser Domitian für athletische Spiele nach griechischer Art erbauten Stadions. Während der größte Teil von dessen Resten unter den umliegenden Gebäuden verborgen ist, wurde seine gerundete, zum Tiber hin gelegene (9) Schmalseite freigelegt. Der Platz diente seit dem 15. Jh. als Markt und erhielt im 17. Jh. unter Papst Innozenz X. (1644 – 55), der die Verlegung der päpstlichen Residenz hierher erwog, seine monumentale Gestalt. Die wichtigsten Denkmäler des Platzes sind der Vierströmebrunnen („Fontana dei Fiumi"), die Kirche S. Agnese in Agone und der Palazzo Pamphili.

Nachdem an beiden Enden des Platzes im 16. Jh. Brunnen angelegt worden waren, die in der Barockzeit geändert wurden, ließ Innozenz X. 1647 – 51 durch Bernini den die Mitte beherrschenden (10) Vierströmebrunnen errichten. Er wollte damit den Vorplatz seines Familienpalastes schmücken und diesen dem Lateran- und dem Vatikanischen Palast ähnlich stellen, zugleich aber auch das Stadtquartier mit Wasser versorgen. Bei der Gestaltung knüpfte er an Sixtus V. (1585 – 90) an, der Rom im 16. Jh. mit zahlreichen Obelisken hatte schmücken lassen. Im

Die Piazza Navona mit ihren prächtigen Brunnen und Straßenszenen des 18. Jh.s Stich von 1704.

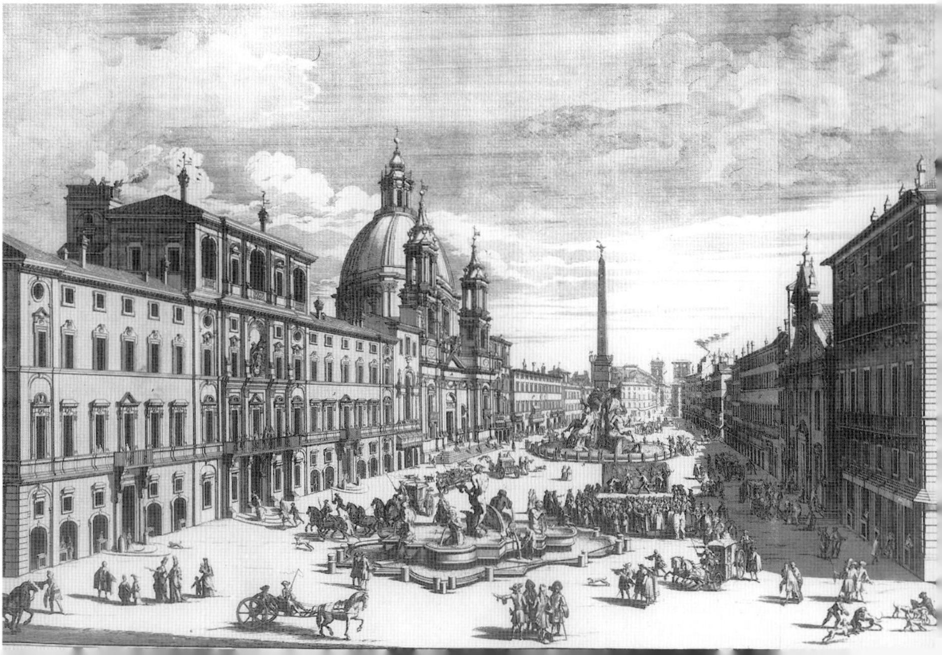

Gegensatz zu diesen macht der Vierströmebrunnen jedoch keine religiöse Aussage. Er sollte ausschließlich der Verherrlichung des Papstes dienen. Den Brunnen bekrönt das Wappentier der Papstfamilie, eine zweigtragende Taube. Da nur ein verhältnismäßig kleiner und außerdem zerbrochener Obelisk aus dem Circus Maxentius an der Via Appia Antica zur Verfügung stand, wurde dieser auf einen Felsenberg gestellt, damit er besser zur Geltung kam. Angesichts des geringen Wasserdruckes an der Piazza Navona bildet der Obelisk gleichsam eine ewige, Stein gewordene Fontäne. Aus dem Felsenfundament treten die großen, die damals bekannten Kontinente repräsentierenden Ströme hervor: die Donau (Europa), der Nil (Afrika), der Ganges (Asien) und der Rio della Plata (Amerika), die jeweils durch Attribute kenntlich gemacht sind. Diese Vierzahl entspricht nicht nur den vier Seiten des Obelisken, sondern sie erinnert auch an die vier Paradiesesflüsse, die auf vielen spätantiken Mosaiken dem Paradiesesberg entspringen. Neben Bernini hat auch der gelehrte Jesuit Athanasius Kircher († 1680) zur Gestaltung des Monumentes beigetragen.

Der (11) Palazzo Pamphili wurde 1644 – 50 im Auftrag von Papst Innozenz X. an jener Stelle errichtet, die seit dem 15. Jh. Sitz der Familie war. Eng damit verbunden ist die Familienkirche der Pamphili und Grabkirche des Papstes, (12) S. Agnese in Agone. Der Überlieferung nach starb hier die hl. Agnes als Märtyrin, während ihr Grab an der Via Nomentana verehrt wird. Die an Wochentagen meist geschlossene Kirche wurde 1652 – 89 von Borromini und anderen Künstlern geschaffen. Sie gibt mit ihrer Kuppel, den beiden sie flankierenden Türmen und ihrer spannungsvollen Fassade dem Platz sein unvergleichliches Gepräge. Zum Corso Vittorio Emanuele hin grenzt an den Platz die Rückseite des (13) Palazzo Braschi an, den Pius VI. (1775 – 99) 1792 als Familienpalast errichten ließ. Es ist dies der letzte päpstliche Familienpalast überhaupt. In ihm befindet sich heute das Museo di Roma.

Blick von der Piazza Navona über den Neptunsbrunnen zum Turm von S. Maria dell'Anima.

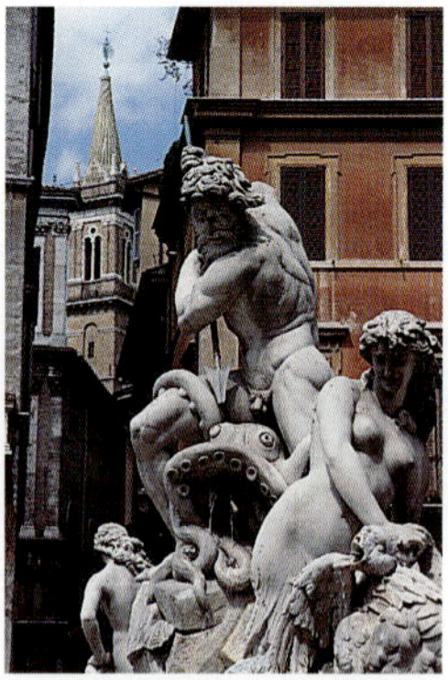

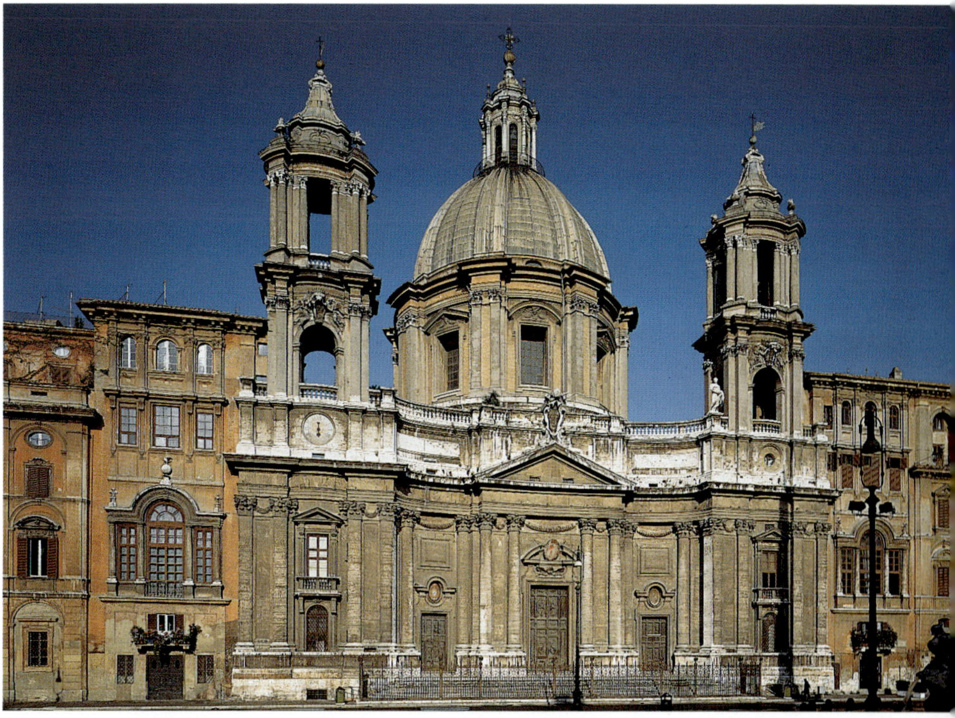

S. Agnese in Agone und Teil des Palazzo Pamphili (links) (17. Jh.).

Nahe bei der Piazza Navona liegen zwei bedeutende Kirchen. Es ist dies zunächst am Corso Rinascimento die in den Palast der Sapienza, der alten Universität, der heute das römische Staatsarchiv beherbergt, inkorporierte ehemalige Universitätskirche (14) S. Ivo (nur sonntags geöffnet). Sie wurde 1643 – 1648 von Borromini als Zentralbau über einem Grundriß zwei sich sternförmig überschneidender gleichschenkeliger Dreiecke erbaut. Sie ist bezeichnenderweise dem Patron der Rechtsgelehrten geweiht, denn an der Sapienza stand nicht die Theologie, sondern die Rechtswissenschaft im Vordergrund. Die Kuppel bekrönt eine spiralförmig überkrönte Laterne, die, weil unter Innozenz X. fertiggestellt, mit dessen Wappenemblemen geschmückt ist.

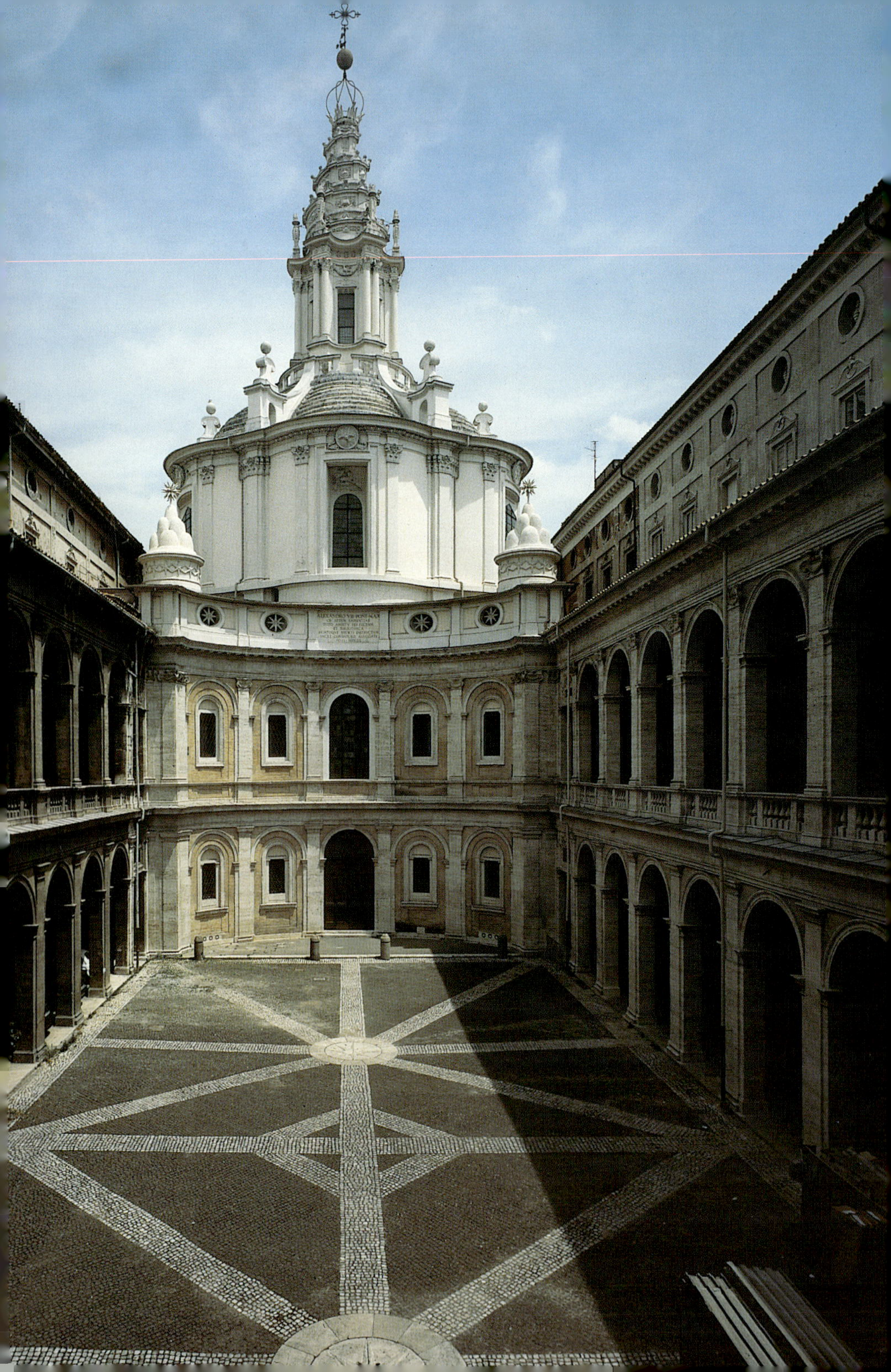
ALEXANDRO VII PONT MAX

Wenig weiter liegt die 1518 begonnene französische Nationalkirche (15) S. Luigi dei Francesi (Piazza S. Luigi dei Francesi). Sie ist berühmt wegen der Contarelli-Kapelle (5. links) mit drei von Caravaggio 1591 – 93 geschaffenen Gemälden mit Szenen aus dem Leben des hl. Evangelisten Matthäus. Diese zeigen von links die Berufung, die Inspiration durch den Engel und das Martyrium. Sie waren der erste öffentliche Auftrag an den Künstler, der durch seinen Realismus, die Betonung von Licht und Schatten und die Einführung einer neuen Farbskala mit der herkömmlichen römischen Historienmalerei brach und so der Malerei des 17. Jh.s neue Wege wies, zu seinen Lebzeiten aber viel Kritik und Diskussionen auslöste.

Bald nach S. Luigi erreicht man die (16) Piazza della Rotonda mit dem (17) Pantheon, als Kirche „S. Maria ad Martyres" genannt. Ist das Kolosseum der größte, so das Pantheon der besterhaltene Bau des antiken Rom. Es wurde 118 – 125 im Auftrag Kaiser Hadrians über einem Vorgängerbau als ein allen Göttern geweihter Tempel erbaut. Dabei handelte es sich um eine architektonische Neuschöpfung, die von der kanonischen Form des Tempels abwich, indem hinter eine herkömmliche Tempelfassade ein überkuppelter Rundbau gesetzt wurde. In der Antike war diesem ein von Portiken umgebener Platz vorgelagert, doch erhob der Bau sich damals mehrere Stufen über seine Umgebung, während er sich heute als in den Zivilisationsschutt eingesunken präsentiert. Die Fassade der ihm vorgelagerten 33 m breiten und 15 m tiefen Vorhalle trägt auf acht monolithischen Granitsäulen, hinter denen zwei Reihen von je vier weitere Säulen stehen, den Architrav mit der Weiheinschrift und darüber einen Giebel. Ob die riesige Bronzetür, die den marmorgeschmückten Eingang schließt, antik ist, ist nicht sicher geklärt. Der überwölbte zylindrische Bau mit seinen über 6 m tiefen Mauern, in die Rechteck- und Halbrundnischen eingelassen sind, besteht aus drei übereinandergesetzten, durch Gesimse kenntlich gemachten Abschnitten. Über dem zweiten

Innenhof der alten römischen Universität La Sapienza mit der dazugehörigen Kirche S. Ivo von Francesco Borromini (17. Jh.).

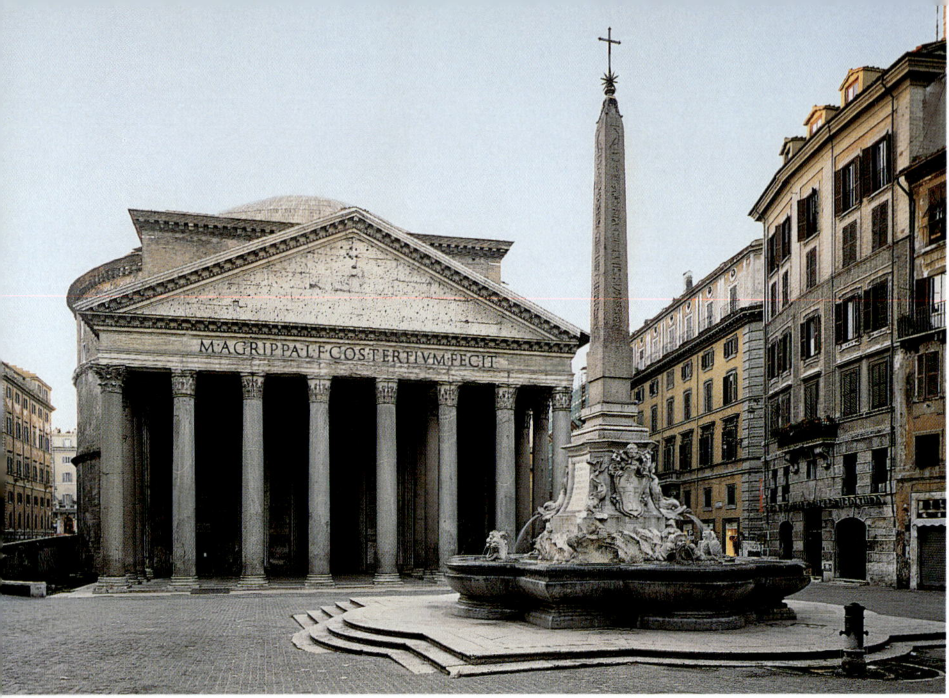

Pantheon mit Piazza della Rotonda.

Abschnitt setzt die halbkugelförmige Kuppel an, die über ein hölzernes Lehrgerüst gegossen wurde. Sie ist die größte aller historischen Kuppeln und übertrifft die des Petersdomes an Durchmesser um ca. 1 m. Das Innere des Pantheons ist von überwältigender Schönheit. Diese Wirkung beruht darauf, daß die Entfernung vom Boden bis zur Lichtöffnung und der Durchmesser gleich sind (43,3 m). Das Innere bildet also eine Kugel. Die Kuppel ist innen mit fünf konzentrischen Kassettenreihen geschmückt. Die Lichtöffnung hat einen Durchmesser von 9,2 m. Die vornehme Marmorverkleidung der Wände und der Fußboden sind im wesentlichen antik. Während nach dem Verbot der heidnischen Kulte durch Kaiser Theodosius 392 viele Tempel der Zerstörung preisgegeben wurden, blieb das Pantheon geschlossen, aber unversehrt. Für die Rettung des Baues wurde schließlich entscheidend, daß er 608 kirchliches Eigentum und eine Kirche mit dem Titel Mariens und – wohl in Anlehnung an das Pantheon – aller Märtyrer wurde. Diese Umwandlung war möglich geworden, nachdem Papst Gregor d. Gr. (590 – 604) sich 597 anläßlich der Entsendung des Mönches Augustinus als Missionar nach England für solche Umwidmungen ausgesprochen hatte. Die Übertragung zahlreicher Märtyrerreliquien aus den Katakomben in die Kirche ist

Grundriß des Pantheons.

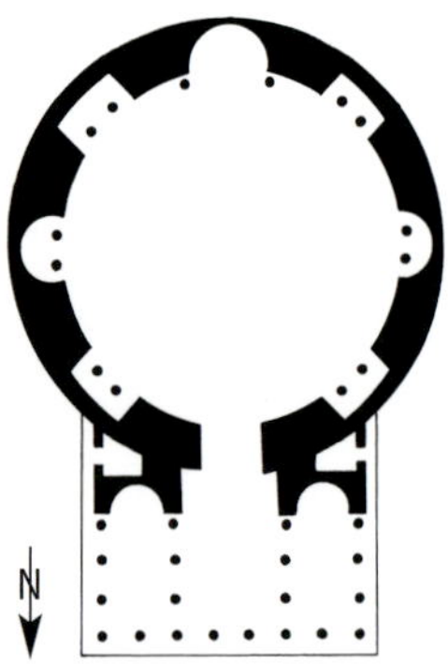

Längsschnitt des Pantheons.

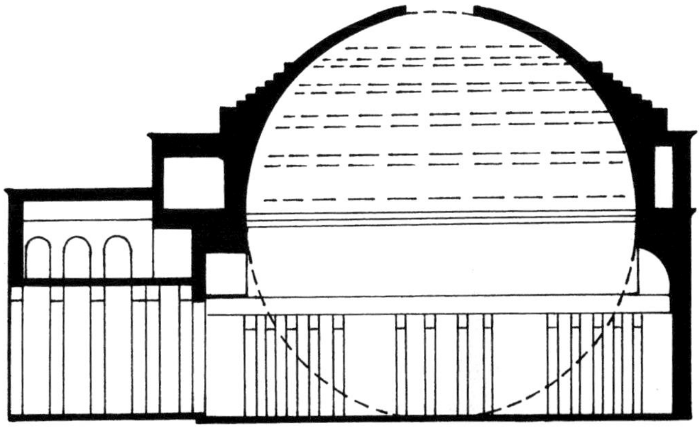

unhistorisch. Diese birgt heute die Gräber italienischer Könige und zahlreicher Künstler, darunter das Raffaels († 1520). Obwohl das Pantheon nach wie vor dem Gottesdienst dient, hat es durch den Touristenstrom stärker als andere Kirchen Roms den Charakter als Andachtsstätte verloren.

Der Piazza della Rotonda gab Papst Clemens XI. (1700 – 21) ihre heutige Gestalt, indem er mehrere dort stehende Gebäude niederlegen und über dem bereits existierenden Brunnen einen aus dem Isis-Tempel stammenden Obelisken aufstellen ließ. Weit origineller ist die Aufstellung eines ebenfalls kleinen (18) Obelisken, der 1665 im Kreuzgang des benachbarten Dominikanerklosters aufgefunden wurde, vor der Kirche S. Maria sopra Minerva (Piazza della Minerva). Nach der Weiheinschrift widmete Papst Alexander VII. (1655 – 67) ihn der göttlichen Weisheit. Die auf seinem Sockel zur Kirche hin angebrachte Inschrift besagt, daß geistige Kraft die Vorbedingung für Weisheit sei. Gegenüber der Kirche befindet sich der (19) Palast der päpstlichen Diplomatenakademie („Accademia Ecclesiastica"), in der junge Geistliche für den diplomatischen Dienst ausgebildet werden.

Die Kirche (20) S. Maria sopra Minerva ist der einzige erhaltene rein gotische Kirchenbau Roms. Er wurde seit 1280

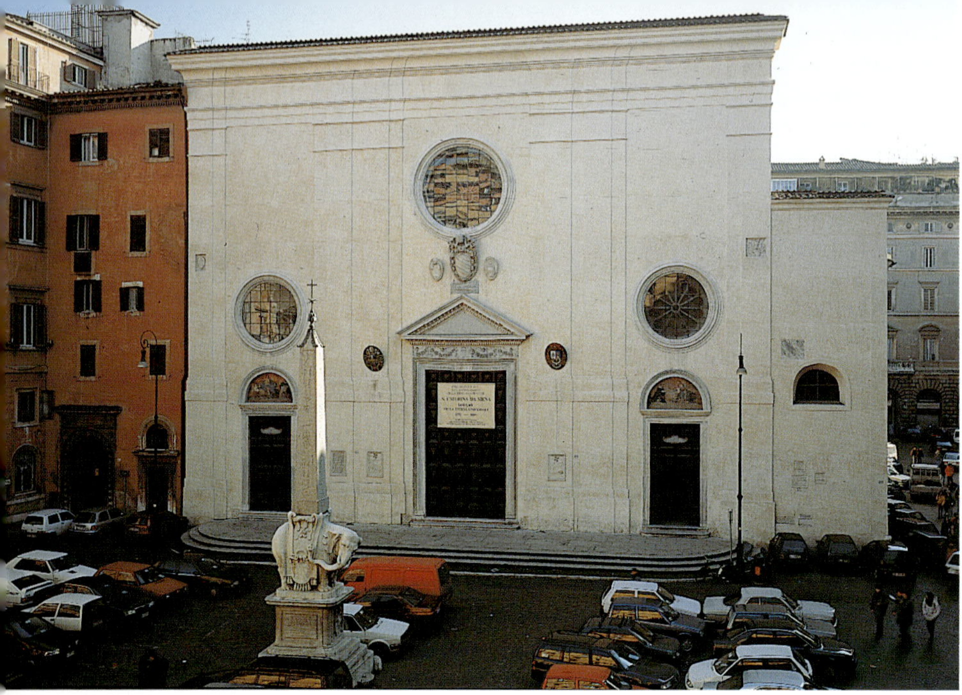

Fassade von S. Maria sopra Minerva. Vorne der von Bernini geschaffene Elefant, der einen antiken Obelisken trägt (17. Jh.).

durch den Dominikanerorden errichtet, der ihn aufgrund seiner internationalen Beziehungen in der damals modernen gotischen Form ausführen ließ. Das Defizit an gotischen Kirchenbauten in Rom liegt daran, daß die Stadt im Gegensatz zu vielen Städten Norditaliens im 13./14. Jh. darniederlag. S. Maria sopra Minerva hatte zunächst, wie die meisten Hallenkirchen der Bettelorden, einen offenen Dachstuhl. Das Gewölbe wurde erst um 1450 eingezogen. Wenig später wurde dem Bau die Renaissancefassade vorgeblendet. Hochwassermarken an der Fassade erinnern daran, wie gefährlich der Tiber vor seiner Einfriedung war. Die im 19. Jh. neu dekorierte dreischiffige Pfeilerbasilika ist wie viele Mendikantenkirchen reich an Kapellen und Grabmälern von dem Orden verbundenen Familien, Persönlichkeiten und Stiftern, die z. T. von bedeutenden Künstlern geschaffen wurden. Besonders bemerkenswert sind in der 5. Kapelle rechts eine Verkündigung von Antoniazzo Romano (1460) mit dem Stifterbild des Kardinals Juan de Torquemada, der die Kosten für die Einwölbung des Kirchenschiffes trug, ferner die von Filippino Lippi (1457 – 1504) reich ausgemalte Carafa-Kapelle an der Stirnwand des rechten Seitenschiffes. Ihr Altarfresko zeigt die Verkündigung an Maria und die Empfehlung des Stifters durch Thomas von Aquin. Vor dem linken Pfeiler am Beginn der Apsis befindet sich die 1519 – 20 von Michelangelo geschaffene Statue des Auferstandenen mit Kreuz, Rohr, Seil und Essigschwamm. Der Künstler brach dabei mit der Tradition und stellte den Auferstandenen als nackten antikischen Heros in vollendeter Schönheit dar, wie es sein Auftraggeber, ein Kanonikus von St. Peter, gewünscht hatte. Eine spätere Zeit hielt dies für unschicklich und fügte ein bronzenes Lendentuch hinzu. Von den in der Kirche beigesetzten Toten waren zwei für die Geschichte Italiens

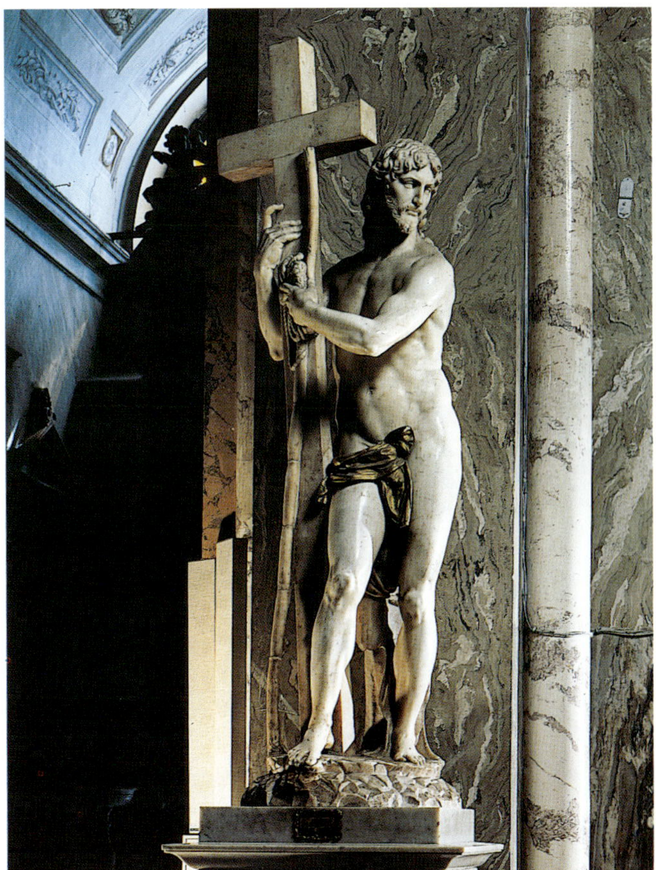

Der auferstandene Christus von Michelangelo in S. Maria sopra Minerva (1519 – 20).

von besonderer Bedeutung. Es sind die unter dem Hauptaltar in einem Sarkophag aus dem 15. Jh. ruhende hl. Katharina von Siena († 1380), die für die Kirchenreform warb und als stigmatisierte Mystikerin hervortrat, ferner in der linken Nebenkapelle des Chores der Maler Fra Angelico († 1455). Im benachbarten (21) Konvent der Dominikaner tagte lange die mit dem Orden eng verbundene Kongregation der Inquisition, der die Überwachung der Reinheit des Glaubens anvertraut war. In der Kirche schwor Galileo Galilei 1633 seinem angeblichen Irrtum ab.

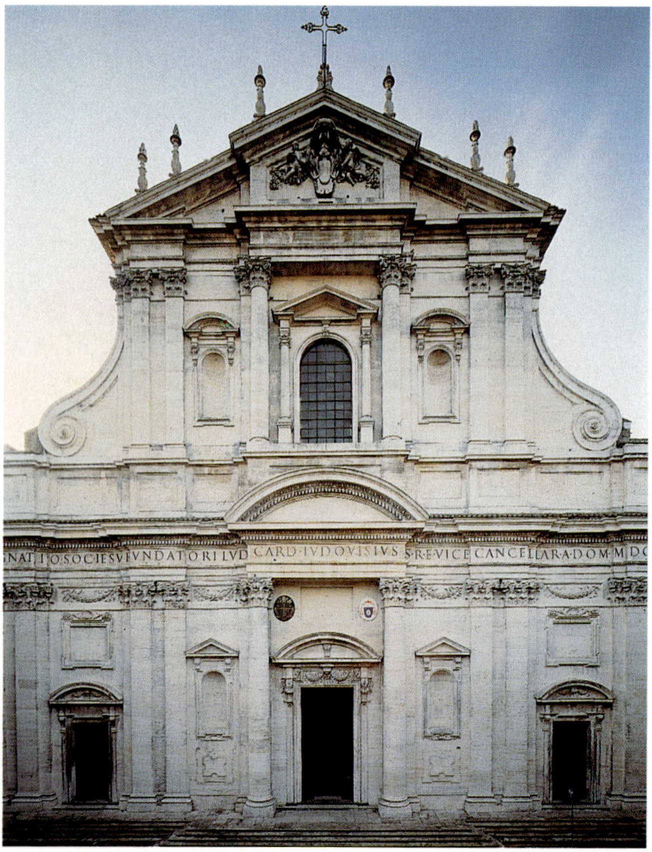

Fassade von S. Ignazio (17. Jh.). Die Kirche wurde anläßlich der Heiligsprechung des Ordensgründers der Jesuiten, Ignatius von Loyola, errichtet.

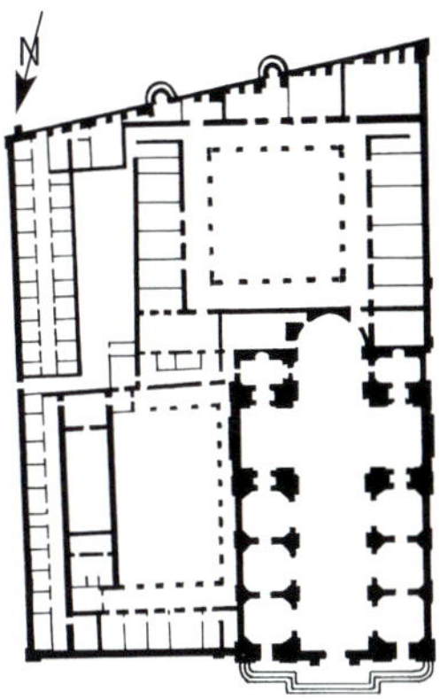

Grundriß des Collegio Romano und der Kirche S. Ignazio.

Häuser im Rokokostil am Vorplatz von S. Ignazio (18. Jh.).

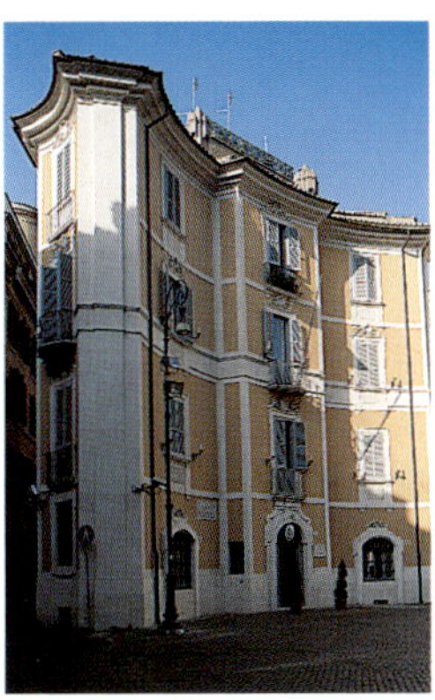

Hinter S. Maria sopra Minerva gelangt man zum gewaltigen Komplex des (22) Collegio Romano (Piazza del Collegio Romano). Er war bis 1873 Sitz der Jesuitenuniversität. Rom hatte trotz seiner Bedeutung als kulturelles Zentrum bis ins 16. Jh. hinein keine namhafte Universität. Die großen mittelalterlichen Studienzentren Italiens befanden sich vielmehr in Bologna und Padua, daneben auch in anderen Städten. Erst die Herausforderung durch die Reformation ließ Rom zur Universitätsstadt werden. Der entscheidende Anstoß dazu ging vom Collegio Romano aus, das 1551 durch Ignatius von Loyola († 1556), dem Gründer des Jesuitenordens, als Studienhaus für den Orden bestimmt worden war, dann aber auch für die Mitglieder anderer Kollegien zugänglich wurde. Dieses stand wie der Jesuitenorden im Dienst des päpstlichen Führungsanspruchs und erhielt daher durch Gregor XIII. (1572 – 85), der auch sonst in der Förderung der Wissenschaften hervortrat, ein großzügiges Domizil mit angemessener Dotation. Das Gebäude des Collegio Romano diente diesem Zweck bis zur Enteignung durch den italienischen Staat 1873. Seit 1930 hat die Università Gregoriana (so nach ihrem Stifter genannt) mit ihren heute ca. 3500 Studenten ihren Sitz in einem Neubau. Der 1582 – 83 wahrscheinlich durch den Jesuiten Giuseppe Valeriani errichtete Komplex enthielt außer den Lehrsälen und dem Wohnbereich der Ordensmitglieder eine große Bibliothek, ein Museum („Museo Kircheriano"), eine Sternwarte sowie eine Apotheke. Die Sternwarte war für die Uhr in der Mitte der Fassade zuständig, die für die ganze Stadt die exakte Zeit angab.

Der Komplex wurde 1626 – 85 durch die Kirche S. Ignazio (Piazza S. Ignazio) abgerundet, die an die Stelle eines 1561 errichteten kleineren Vorgängerbaues trat (s. Abb. S. 69). Anlaß war die 1622 erfolgte Heiligsprechung des Ordensgründers Ignatius. Ihr Förderer und Financier war Kardinal Ludovico Ludovisi, der Nepote Papst Gregors XV. (1621 – 23), welcher selbst am Collegio Romano studiert hatte. Als Architekt wirkte

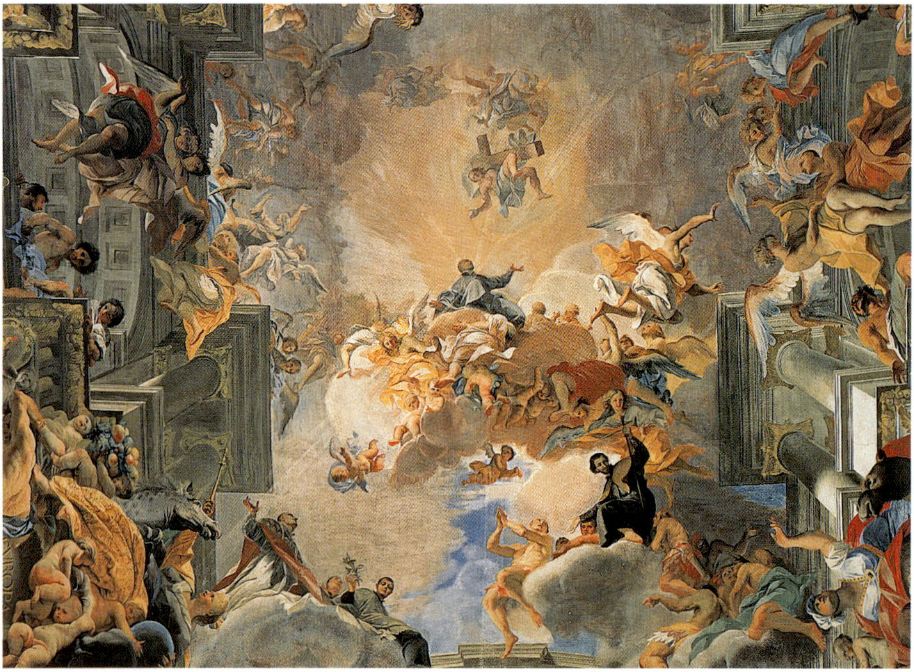

der Jesuit Orazio Grassi. Die der Kirche vorgelagerte, bühnenartige Piazza S. Ignazio wurde 1727 – 28 im Rokokostil angelegt. S. Ignazio ist mit 81 m Länge und 44 m Breite die nach Il Gesù größte römische Jesuitenkirche. In ihr verdient insbesondere die illusionistische Freskendekoration des Jesuiten Andrea Pozzo (1642 – 1709) Aufmerksamkeit. Die Decke des Mittelschiffes ist der Verherrlichung des hl. Ignatius gewidmet, wobei Pozzo 1684 – 85 die tatsächlich vorhandene Architektur malerisch durch ein Attikageschoß erweiterte, die vier damals bekannten Kontinente und die dort wirksame Jesuitenmission darstellte und darüber einen Ausblick in den Himmel illusionierte. Anstelle einer echten malte er über der Vierung auf Leinwand den Blick in eine Kuppel. Die Malerei kommt in unverzerrter Perspektive am besten von zwei Stellen im Langschiff zur Geltung, die durch

Deckengemälde mit der Verherrlichung des Titelheiligen Ignatius in S. Ignazio von Andrea Pozzo (17. Jh.).

Der kostbar ausgestattete Altar des hl. Aloysius von Gonzaga im rechten Querschiff von S. Ignazio (17. Jh.).

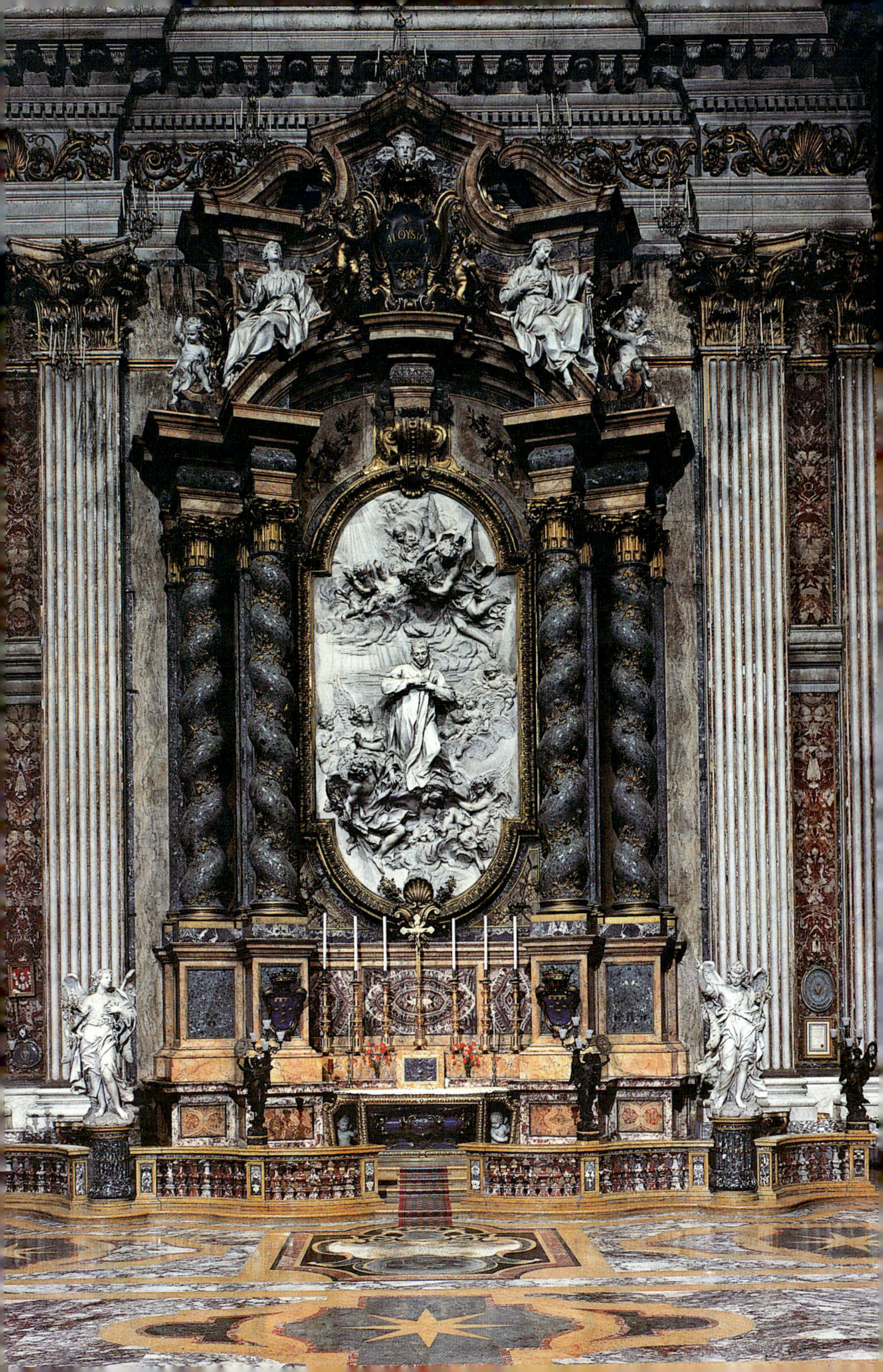
S
ALOYSIO

kleine Platten aus Giallo antico gekennzeichnet sind. In der Apsis sind Szenen aus dem Leben des hl. Ignatius dargestellt. Obwohl das Patrozinium der Kirche das nahelegt, ist der Heilige jedoch nicht hier, sondern in Il Gesù, der Mutterkirche der Jesuiten, beigesetzt. In den beiden Querschiffen von S. Ignazio haben dagegen zwei als junge Novizen verstorbene hll. Jesuiten ihr Grab und ihr Denkmal erhalten, die als Vorbilder der am Collegio studierenden Jugendlichen galten. Es sind dies rechts Aloysius von Gonzaga († 1591), der als 17jähriger auf sein Fürstentum verzichtete, um in den Orden einzutreten, und links der Flame Johannes Berchmans († 1621), der als besonders regeltreu galt.

Nicht weit entfernt liegt die (23) Hauptkirche des Jesuitenordens, deren Anfänge untrennbar mit dem Ordensgründer Ignatius verbunden sind, dessen Grab sich hier befindet. Ihr voller Name lautet „SS. Nome di Gesù“ (Piazza del Gesù), denn sie trägt wie der Orden das Patrozinium des Namens Jesu. Im alltäglichen Sprachgebrauch wird sie Il Gesù oder einfach Gesù genannt. Nachdem der Orden 1540 die päpstliche Anerkennung erhalten hatte, gründete Ignatius 1542 an dieser Stelle dessen Haupthaus. Daneben wurde 1568 der Grundstein zur Kirche gelegt, deren Protektorat der reiche Kardinal Alessandro Farnese übernahm, der für den Bau auch seinen Lieblingsarchitekten Jacopo da Vignola (1507 – 73) bereitstellte. Nach dessen Tod führten Giacomo della Porta (1540 – 1602) – dieser zeichnete die Fassade – und Ordensmitglieder die Arbeiten fort. Der Bau wurde 1584 vollendet. Il Gesù wurde für den Kirchenbau des Ordens und darüber hinaus für den gesamten Kirchenbau des Barock über Italien hinaus von großer Bedeutung. Bevor sich im 19. Jh. der Begriff Barock einbürgerte, sprach man daher geradezu vom „Jesuitenstil“, womit die Schmuckfülle gemeint ist, die hier freilich erst ein Jahrhundert später eingebracht wurde. Ursprünglich war Il Gesù herb, diszipliniert und ganz für seine Bestimmung gestaltet. Der Orden widmete sich neben der

Il Gesù, die Hauptkirche des Jesuitenordens (16. Jh.). In ihr befindet sich das Grab des Ordensgründers Ignatius.

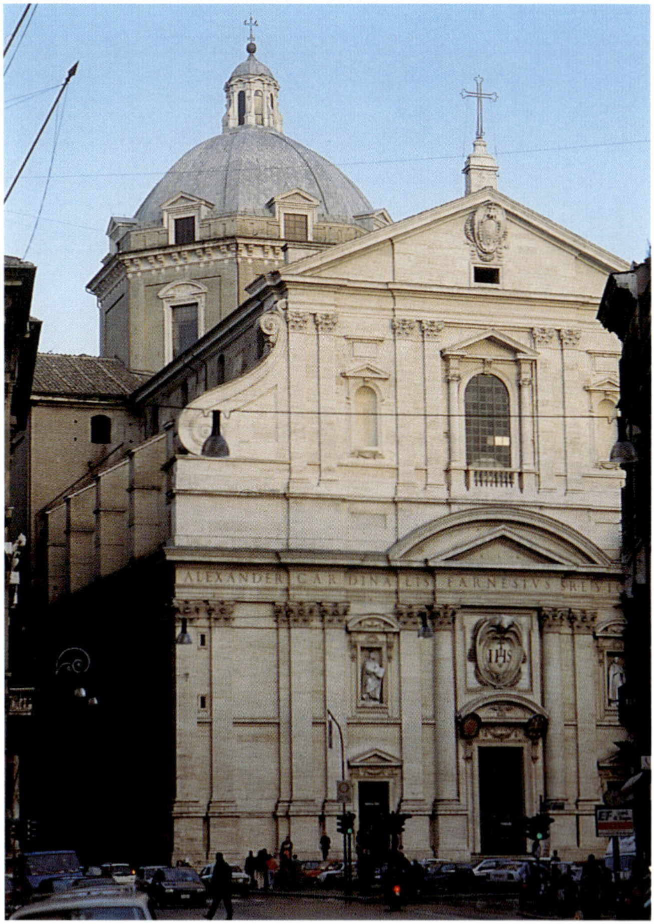

Wissenschaft nämlich dem apostolischen Wirken in Gottesdienst, Predigt, Schule und Katechese sowie einer intensiven Einzelseelsorge. Vignola schuf für diese Aufgabe einen einschiffigen, tonnengewölbten Raum, der auf die nicht sehr hohe, aber den Bau beherrschende Kuppel zuläuft. Die Querschiffe sind relativ kurz. Das Langhaus begleitet eine Folge von Kapellen für Beichte, Gruppentreffen und persönliche Andacht. Ein Turm war

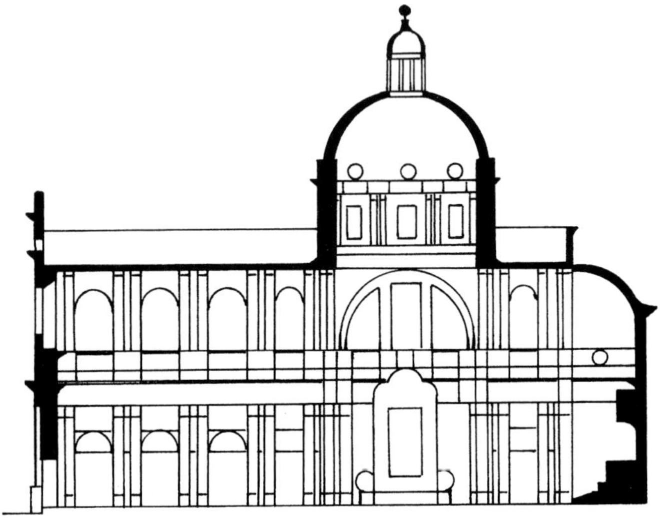

Längsschnitt von Il Gesù.

nicht vorgesehen. So wird denn auch die barock geprägte kirchliche Silhouette der römischen Innenstadt von Kuppeln, nicht von Türmen beherrscht. Während die ursprüngliche funktionale Strenge von Il Gesù der kirchlichen Situation der Entstehungszeit entsprach, in der der Erfolg der kirchlichen Reform noch ungewiß war, spiegelt die hochbarocke malerische und stukkierte Dekoration von Langhaus, Kuppel und Apsis, die 1668 – 83 durch Giovanni Battista Gaulli und den Stukkateur Antonio Reggi erfolgte, den Triumph der nachtridentinischen Konfessionskirche, an dem der Orden maßgebenden Anteil hatte. Sie feiert den Namen Jesu, an dem sich das Gute und das Böse scheiden. In den beiden Querschiffen finden sich Grabmäler der hervorragendsten Ordensheiligen. Es ist dies links der 1696 – 1700 geschaffene „prunkvollste aller Altäre des europäischen Barock“ (Bruhns) mit dem Grab des hl. Ignatius, ein Gemeinschaftswerk mehrerer Künstler. Der Orden als Auftraggeber scheute für das Grab seines Stifters keinen Aufwand. Über dem goldbronzenen Sarkophag mit den Gebeinen des Heiligen steht

Grundriß von Il Gesù.

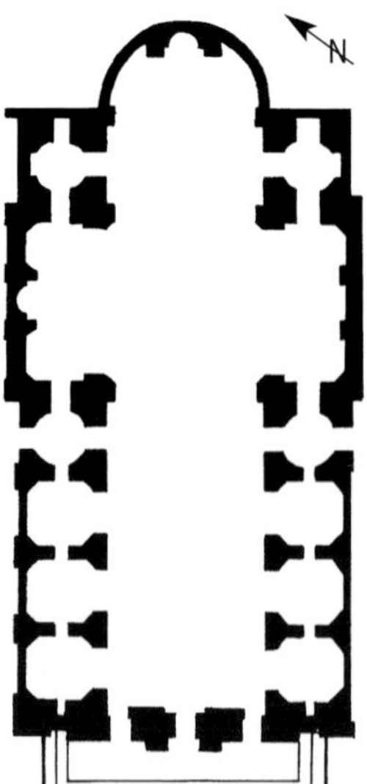

zwischen vier großen Säulen mit dem Halbedelstein Lapislazuli und mit zahlreichen anderen Materialen geschmückt, dessen Statue. Ursprünglich aus reinem Silber, mußte sie zur Zeit Napoleons für Reparationszahlungen eingeschmolzen werden. Sie wurde später durch eine Kopie ersetzt. Im rechten Querschiff befindet sich der Altar des hl. Franz Xaver († 1552), des bedeutendsten Missionars der Gesellschaft Jesu, der in Indien und Japan wegweisend für die spätere Akkomodation wirkte und in Goa beigesetzt wurde. Das 1679 von Carlo Maratta (1625 – 1713) fertiggestellte Altarblatt zeigt seinen Tod. Darunter birgt ein großes silbernes Reliquiar den Unterarmknochen des Heiligen. Diese Reliquie ist wohl wegen der zahlreichen von ihm mit diesem Arm vorgenommenen Taufen gewählt.

Rechts neben der Kirche befindet sich das 1599 – 1623 errichtete Profeßhaus der Gesellschaft Jesu, das an die Stelle eines älteren Baues trat, in dem Ignatius wohnte. Man kann jene vier Räume besuchen, in denen Ignatius mit seinen ersten Gefährten lebte, die Konstitutionen seiner Gründung niederschrieb und wo er starb.

Zwischen Corso Vittorio Emanuele und Tiber

Der (1) Corso Vittorio Emanuele ist nach dem ersten König des geeinten Italiens, dem „Padre della Patria“ († 1878), benannt. Er verbindet den vatikanischen Bereich mit dem Zentrum der Altstadt um (2) Largo di Torre Argentina und gehört zu jenen Straßendurchbrüchen, die nach der Erhebung Roms zur Hauptstadt Italiens das historische Stadtgebiet dem modernen Verkehr erschließen sollten. Bei der Anlage gingen zahlreiche historische Bauten verloren. Der Corso Vittorio Emanuele ist auch heute noch eine der großen Verkehrsadern Roms. Neben repräsentativen Neubauten des 19. Jh.s liegen an ihm bedeutsame historische Monumente.

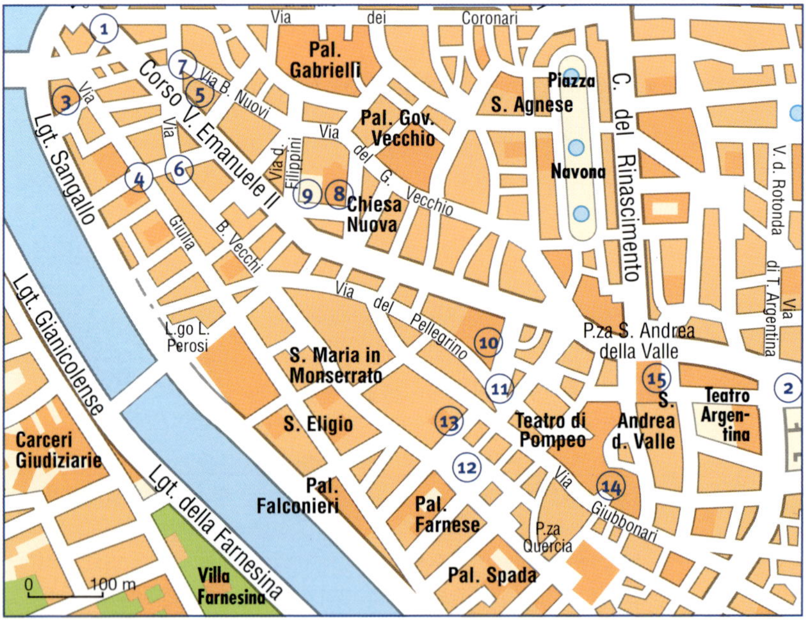

In dem zwischen dem Corso Vittorio Emanuele und dem Tiber nach Süden hin gelegenen Teil des mittelalterlichen bzw. frührenaissancezeitlichen Rom ist der alte Baubestand wesentlich stärker erhalten. Sobald man von der Engelsbrücke her die Ufermauer überschritten hat, erblickt man durch die rechte der von dort sternförmig ausgehenden Straßen die Fassade von (3) S. Giovanni dei Fiorentini. Diese Kirche wurde im Auftrag der reichen Bruderschaft der Florentiner seit 1520 am Beginn der unter Julius II. (1503 – 13) angelegten (4) Via Giulia, einer der ersten geradlinigen Straßen, die im Rom der Renaissance neu angelegt wurden, erbaut und dem Florentiner Stadtpatron Johannes dem Täufer geweiht. Dort konzentrierten sich einst die Florentiner und Sieneser Bankiers, so daß das Viertel mit seinen prächtigen Palästen auch „Rione dei Banchieri" genannt wurde. Es genoß zeitweise unter den aus Florenz stammenden Päpsten

S. Giovanni dei Fiorentini, rechte Querhauskapelle. Kostbare barocke Marmoreinlegearbeiten umgeben ein Fresko aus dem 15. Jh., das früher an einer Hauswand in der Nähe der Kirche angebracht war.

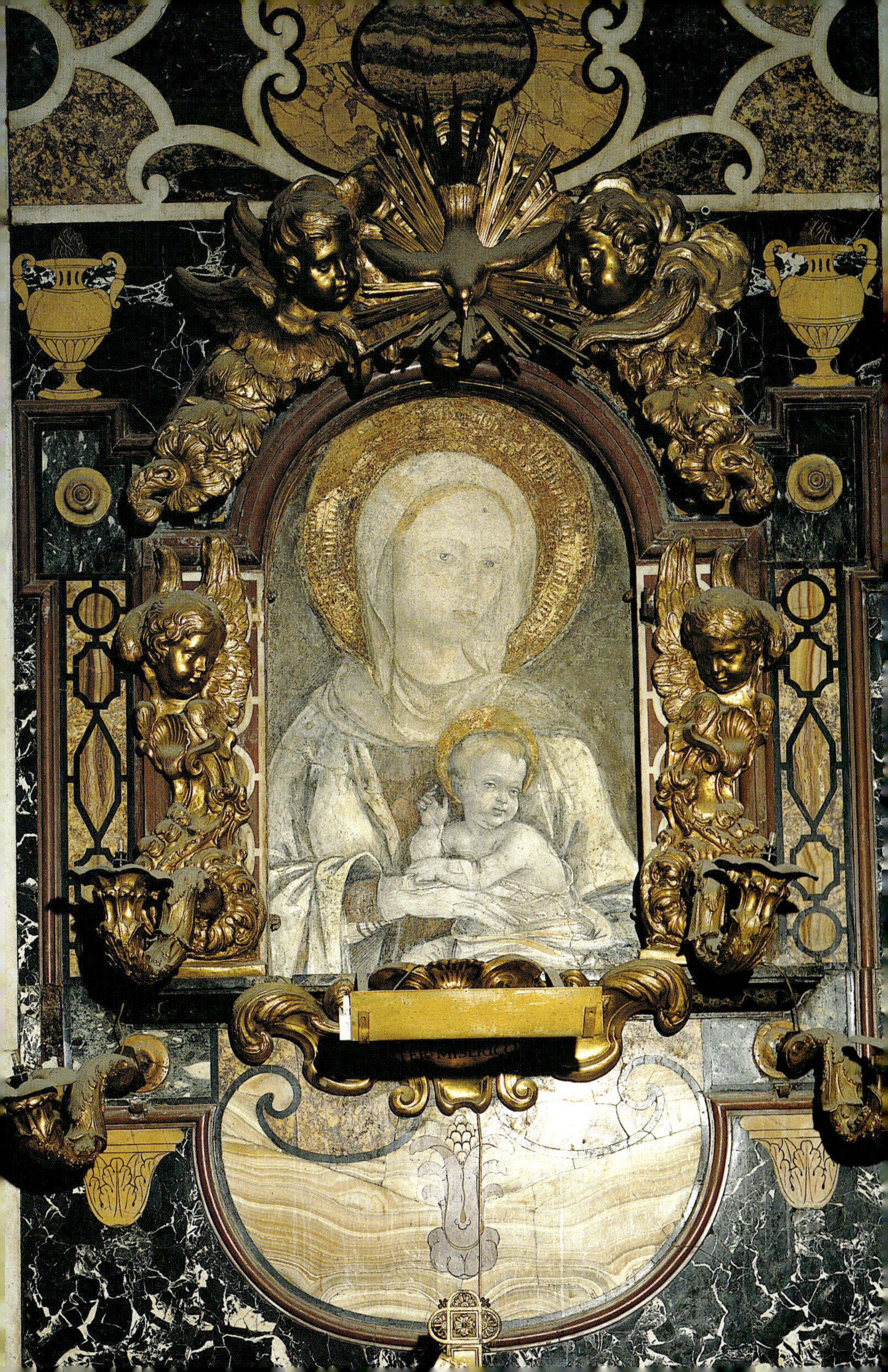

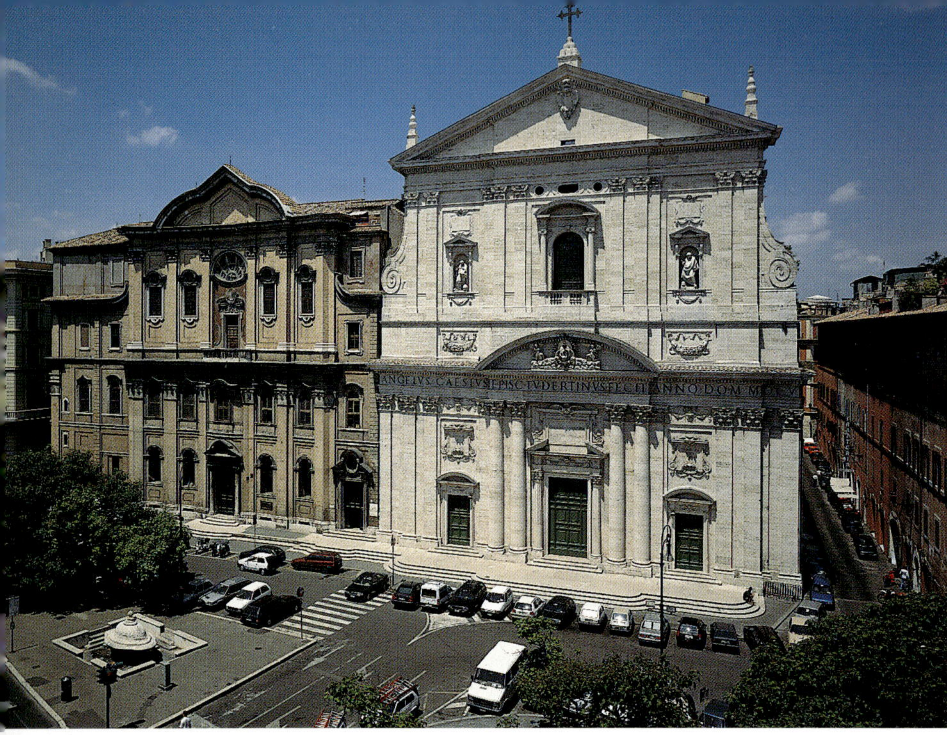

Die Chiesa Nuova (rechts) und das Oratorium (links), Zentren religiöser Erneuerung im ausgehenden 16. Jh.

einen besonderen Rechtsstatus. An der Planung und am Bau der Kirche waren namhafte Architekten beteiligt, doch wurde er nach einer bewegten Geschichte erst ab 1583 über dem Grundriß eines lateinischen Kreuzes zügig durchgeführt und 1614 vollendet. Die Fassade wurde 1734 fertiggestellt. Die Kirche wirkt mit ihrer Kuppel über dem hoch aufragenden Tambour, die Carlo Maderna schuf, vom Tiber her besonders eindrucksvoll. Ihr vornehmer, aber kühler Innenraum birgt zahlreiche Kunstwerke.

Der (5) Palazzo della Zecca oder Banco di S. Spirito war Sitz der unter Julius II. neu gegründeten staatlichen Münze und seit 1666 der von Paul V. (1605 – 21) in enger Verbindung mit dem Ospedale di S. Spirito gegründeten Bank. Von hier aus nehmen die zwei wichtigen Straßen (6) Via dei Banchi Vecchi und (7) Via dei Banchi Nuovi mit zahlreichen historischen Wohnhäusern, Palästen und Kirchen ihren Ausgang.

Im weiteren Verlauf des Corso Vittorio Emanuele erweitert dieser sich bald nach links zu einem Platz mit der Kirche (8) S. Maria in Vallicella, meist „Chiesa Nuova" genannt, und dem links daneben gelegenen (9) Oratorio dei Filippini. Kirche und Oratorium sind eng mit der Geschichte des Filippo Neri († 1595) und des von ihm gegründeten Oratoriums verbunden. Filippo

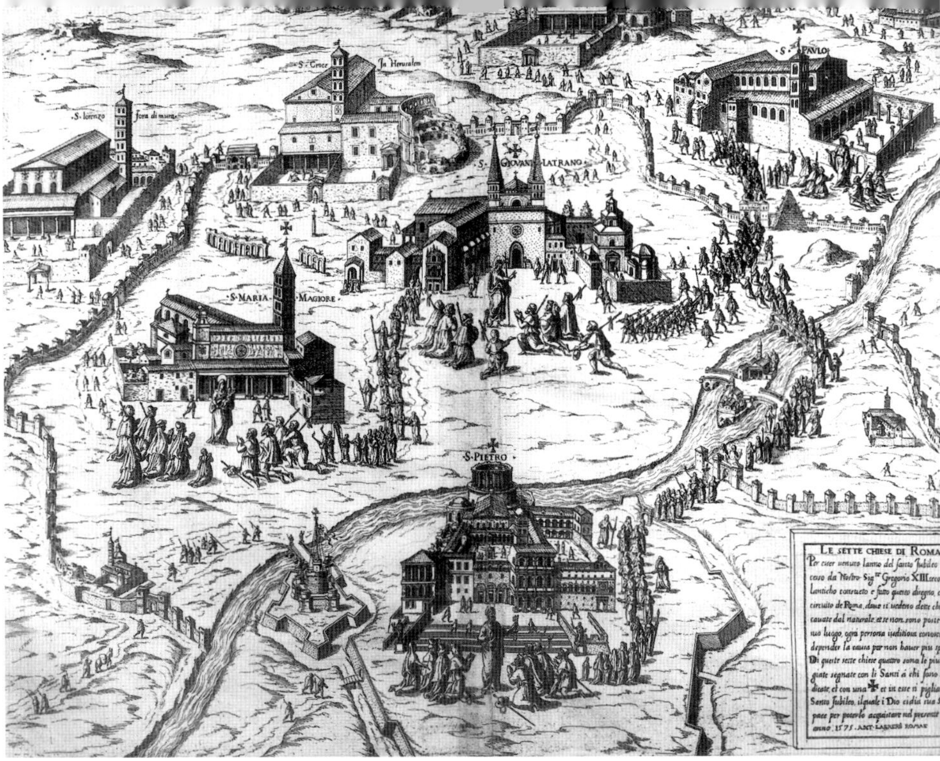

Die Sieben-Kirchen-Wallfahrt. Stich von Antonio Lafréry (1575).

bemühte sich zur Zeit des Konzils von Trient um eine geistliche Erneuerung Roms mit neuen Methoden. Dabei richtete er sein besonderes Interesse auf die Priester und auf die Jugend. Unter seiner Leitung schlossen sich im Jahre 1552 Priester zu einem gemeinsamen Leben zusammen, ohne damit einen Orden zu gründen. Die Gemeinschaft der Oratorianer besteht noch heute und besitzt auch im deutschen Sprachraum verschiedene Niederlassungen. Ihren Hauptsitz hat sie bei der Chiesa Nuova, in der sich das Grab des Stifters befindet.

Die 1606 fertiggestellte Kirche gehört zu den großen römischen Barockbauten. Die dreischiffige, kreuzförmige Pfeilerbasilika wird über der Vierung von einer Kuppel bekrönt. Ihr Inneres gehört „zu den einheitlichsten und harmonischsten barocken Kirchenräumen" Roms (Pace). Das entspricht aber nicht mehr der von Filippo gewählten Einfachheit. Die Fresken, darunter das an der Decke des Langhauses mit einer Vision des Filippo, stammen von Pietro da Cortona (1596 – 1669), die Altargemälde von Peter Paul Rubens (1577 – 1640). Die sich anschließenden Konventsgebäude wurden 1873 weitgehend durch den italienischen Staat enteignet. In ihnen befindet sich

u. a. das italienische Institut für Mittelalterforschung. Den Oratorianern verblieb dagegen ein kleiner Teil mit den für die Besichtigung zugänglichen Wohn- und Erinnerungsräumen des hl. Filippo. Links neben der Kirche erhebt sich das Gebäude des 1637 – 50 nach Plänen von Francesco Borromini erbauten Oratoriums. Seine Größe unterstreicht die Bedeutung der hier geleisteten Arbeit, darunter der Musikpflege. Von diesem Gebäude ging später der Gattungsbegriff auf musikalische Kompositionen vor allem biblischen Inhalts über. Filippo versammelte Jugendliche (nicht Kinder) zu einer Art frühneuzeitlicher Jugendarbeit mit Gruppenstunden, Predigten, Wallfahrten – er belebte die „Siebenkirchenwallfahrt" zu den Patriarchalbasiliken neu -, mit geistlichen Exerzitien, muttersprachlichen Kirchenliedern, Vorträgen – auf seinen Wunsch hielt hier der Begründer der frühneuzeitlichen katholischen Kirchengeschichtsschreibung Cesare Baronio (1538 – 1607) seine ersten Vorträge – und nicht zuletzt mit Musik und Theaterspiel. Diesen Treffen diente das erst nach seinem Tod groß ausgebaute Gebäude des Oratorio mit seinem Festsaal. Noch heute heißen daher in Italien die Pfarrjugendheime „Oratorio". In dem Gebäude befindet sich die berühmte, 1580 gegründete Vallicelliana, die älteste der Öffentlichkeit zugängliche Bibliothek Roms zur Geschichte und Kirchengeschichte der Stadt.

Im weiteren Verlauf des Corso Vittorio Emanuele erreicht man rechts den (10) Palazzo della Cancelleria. Er ist einer der schönsten und harmonischsten Paläste Roms und ein Meisterwerk der Frührenaissance. Da sein Archiv verlorenging, sind sein Architekt gar nicht und der Bauverlauf nur in groben Zügen bekannt. Auftraggeber war Raffaele Riario, ein Nepote Papst Sixtus' IV., den dieser wie auch andere Familienangehörige und Landsleute mit Benefizien und Gunsterweisen geradezu überhäufte. Er ernannte 1477 den erst 17jährigen zum Kardinal und verlieh ihm 1483 die einträgliche Stelle des Kanzlers der Römischen Kirche und die Titelkirche S. Lorenzo in Damaso.

Grundriß der Cancelleria. Rechts die dem Palast inkorporierte Kirche S. Lorenzo in Damaso, links der Cortile (Innenhof) des Palastes.

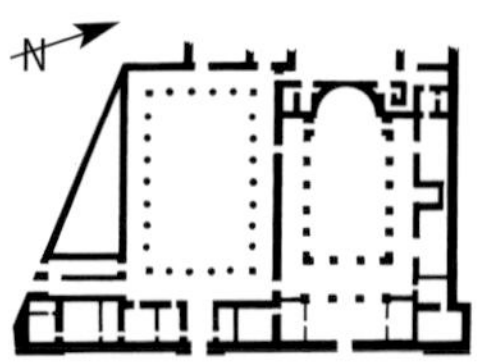

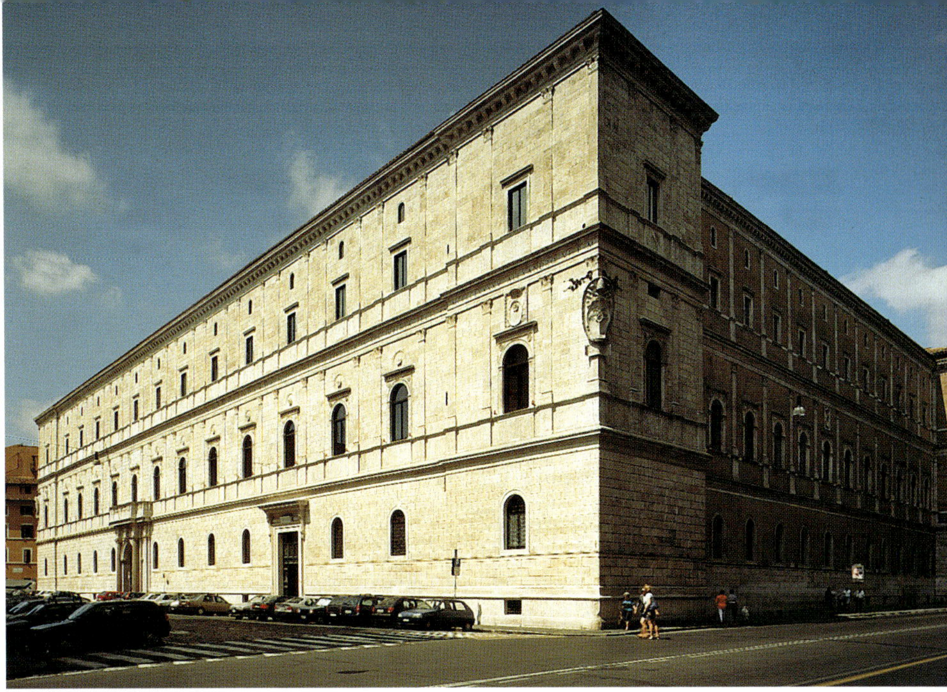

Fassade der Cancelleria mit den beiden Eingängen zur Kirche und zum Palast (Ende 15. Jh.).

Aber nicht nur die Ämterhäufung, sondern mehr noch die Verstrickung in politische Intrigen machten den charakterlich minderwertigen Riario zu einer Belastung für den päpstlichen Hof. Er beteiligte sich jedoch wie viele Kardinäle an der unter Sixtus einsetzenden Bauwelle, und so negativ sein persönliches Leben war, so großartig ist der Palast, mit dem er Rom beschenkte. Dabei ging es natürlich um das Prestige des Auftraggebers. Der Abriß der Vorgängerbauten begann spätestens 1484. 1496 zog Riario in den noch nicht vollendeten Bau ein. 1517 wurde dieser ihm wegen der Teilnahme an einer Verschwörung gegen Papst Leo X. (1513 – 21) enteignet und Giulio de' Medici übergeben, der gleichzeitig Vizekanzler wurde. Seitdem trägt er seinen heutigen Namen. In ihm befinden sich heute die höchsten kirchlichen Gerichte, darunter die Rota (Ehegericht), die Signatur und die Pönitentiarie. Der Palast hat keinen rechteckigen Grundriß, sondern ist zur Via del Pellegrino hin abgeschrägt. Der Auftraggeber verzichtete trotz seines Reichtumes nicht darauf, das Erdgeschoß seines Palastes an dieser wichtigen Verkehrsstraße mit Geschäftslokalen auszustatten. Die zur Piazza della Cancelleria hin gelegene Fassade ist mit einfachen Stilelementen wunderbar und harmonisch durchgegliedert. An ihren Ecken sind die Wappen von Sixtus IV.

(1471 – 84) und Julius II. (1503 – 13) angebracht. Während das rechte Portal in die dem Gesamtkomplex inkorporierte, vielfach umgebaute Kirche S. Lorenzo in Damaso führt, gelangt man durch das linke Portal in den von eleganten Portiken umgebenen Innenhof. Im Piano nobile befindet sich eine Reihe vornehmer Säle, darunter die sog. Sala dei Cento Giorni, so genannt, weil Giorgio Vasari sie 1546 im Auftrag Kardinal Alessandro Farneses innerhalb von hundert Tagen mit Fresken ausmalte, die das Wirken Pauls III. (1534 – 49) verherrlichen. Darunter befindet sich eine interessante Darstellung zum Bau von Neu-St.-Peter.

Kurz hinter der Cancelleria erreicht man den (11) Campo de' Fiori. Dieser unter Sixtus IV. angelegte Platz war stets ein Zentrum städtischen Lebens und schon aus diesem Grund reich an Gaststätten aller Kategorien. Hier fanden Wettkämpfe, aber auch Hinrichtungen statt, so 1600 die des Dominikaners und Naturphilosophen Giordano Bruno, den die Inquisition wegen Häresie verurteilt hatte. Bis 1798 stand hier der Schandpfahl zur Bestrafung leichterer Vergehen. Nachdem der Platz zuvor als Korn- und Pferdemarkt gedient hatte, wurde 1870 auch der Wochenmarkt von der Piazza Navona hierher verlegt. Er gibt ihm auch heute noch seine charakteristische Note. In der Mitte steht ein 1889 errichtetes Denkmal für Giordano Bruno. Dieser war in der letzten Phase der italienischen Einheitsbewegung von den Antiklerikalen als Symbolfigur in Anspruch genommen worden. Seit 1876 fanden die Planungen für dieses dezidiert antiklerikale Denkmal statt. Die Hinrichtung Brunos wird heute von kirchlicher Seite als Fehlgriff bedauert.

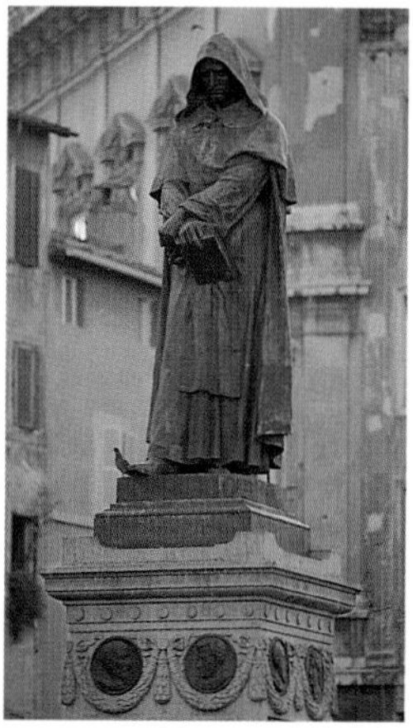

Denkmal Giordano Brunos auf dem Campo de'Fiori (Ende 19. Jh.).

Vom Campo de' Fiori erreicht man bald die (12) Piazza Farnese mit dem gleichnamigen Palast. Dieser trägt seinen Namen nach Alessandro Farnese, unter dem die aus dem nördlichen Latium stammenden Farnese in die oberste römische Gesellschaft aufstiegen. Alessandro war von großer Gelehrsam-

Blick über den mit der Farnese-Lilie bekrönten Brunnen auf die Fassade des Palazzo Farnese (16. Jh.).

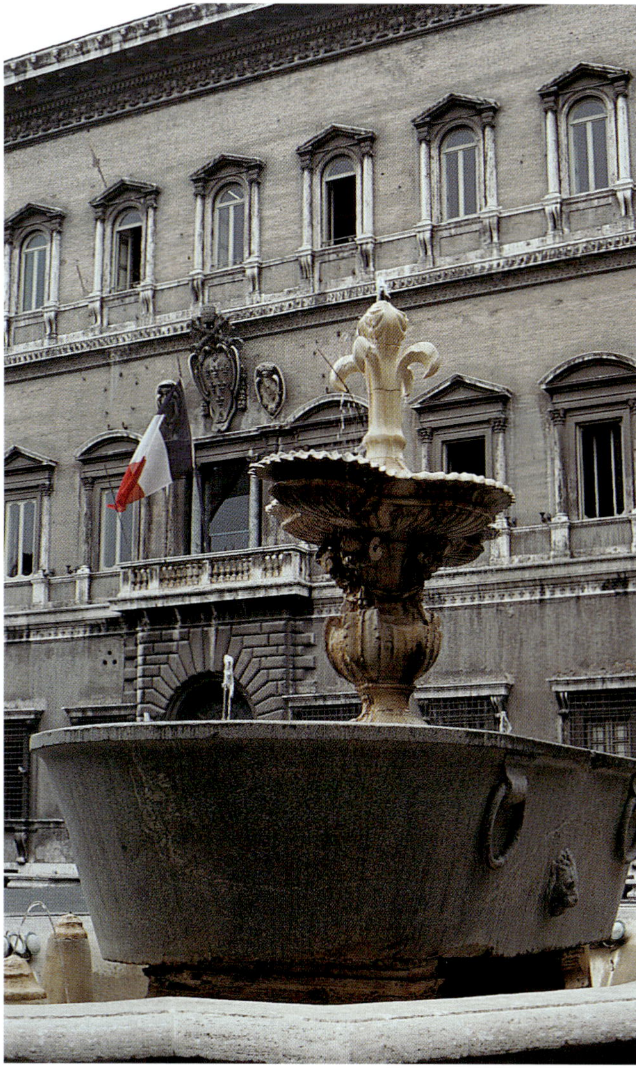

keit und ausgeprägtem Kunstsinn und der Lebensauffassung der Renaissance verbunden. Für den klugen Kirchenpolitiker (seit 1493 Kardinal) bildete zwar die Erhöhung der eigenen

Familie ein zentrales Anliegen, doch stellte er 1534 – 1549 als Papst Paul III. nach langem Zögern auch die Weichen für die Erneuerung der römischen Kirche. Er berief nämlich reformbereite Persönlichkeiten in das Kardinalskollegium und, auf diese gestützt, zwar viel zu spät, dann aber doch noch das vor allem im Reich geforderte Konzil ein. Es tagte 1545 – 63 in drei Tagungsperioden in Trient und Bologna, definierte die katholische Glaubenslehre und schuf die Voraussetzungen für eine Erneuerung der Kirche. Die konfessionellen Fronten waren allerdings damals schon so abgesteckt, daß es zu einer Wiedervereinigung der abendländischen Kirche nicht mehr kam. Alessandro ließ ab 1510 den Palazzo Farnese für sich und seinen Hof als standesgemäße Residenz errichten. 1526/1527 beherbergte das erst teilweise aufgerichtete Gebäude bereits 366 Personen. An diesem prachtvollen und schönsten aller römischen Familienpaläste, dessen Konzept nach der Wahl Alessandros zum Papst erweitert wurde und dessen Vollendung sich bis ins 17. Jh. hinzog, arbeiteten nacheinander Antonio da Sangallo, Michelangelo, Vignola und Giacomo della Porta (1540 – 1602). Die Farnese residierten hier bis 1626. 1656/57 nahm Christine von Schweden hier ihren Wohnsitz. Seit 1874 ist der Palazzo Sitz der Französischen Botschaft beim Quirinal und der École Française de Rome, des Französischen Historischen Instituts. Ludwig von Pastor schreibt über den Palast: „Der Charakter des Großartigen, der allem echt Römischen eigen ist, kommt am Palazzo Farnese ... in überwältigender Weise zur Erscheinung." Das Innere dieses Inbegriffs römischer Renaissancepaläste mit seinen Repräsentationsräumen, dem Vestibül, dem Innenhof, dem Treppenaufgang zum Piano Nobile, der Sala Grande sowie weiterer Räume mit ihrer reichen Ausstattung und der Loggia zum Tiber hin sind nicht zur Besichtigung zugänglich. Die 46 m breite und 29 m hohe Fassade ist aus Ziegeln, die Fenstereinfassungen, die Gesimse und die Ecken sind aus Hausteinen geschaffen. Über der Mitte des Piano Nobile weisen das

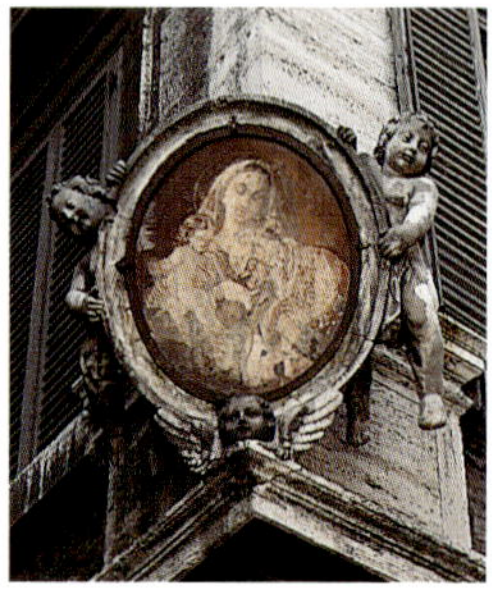

Eine der zahlreichen „Madonnelle", Mariendarstellungen, des Stadtzentrums, hier an einem Haus in der Nähe des Palazzo Farnese.

Grundriß des Palazzo Farnese.

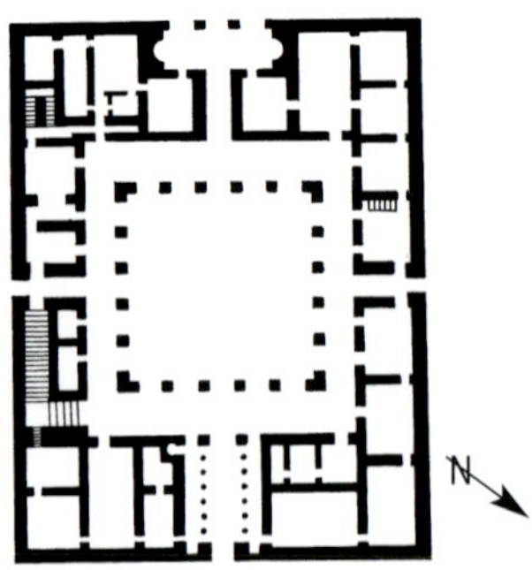

Wappen und am Dachfries die farnesinischen Lilien auf den Auftraggeber hin. Der Palast kann nach frühzeitiger Anfrage bei der Botschaft besichtigt werden.

Auf dem vorgelagerten großen Platz, für dessen Anlage zahlreiche Gebäude abgerissen wurden, erinnern zwei große ägyptische Granitwannen aus den Caracalla-Thermen durch die sie bekrönenden Lilien an die längst ausgestorbene Familie der Farnese. Von den Brunnen aus präsentiert der Bau sich am besten. Nahe beim rechten Brunnen liegt die Kirche (13) S. Brigida. Sie erinnert an die Mystikerin Birgitta von Schweden († 1373), die nach dem Tod ihres Mannes ein geistliches Leben begann, den Birgittenorden gründete und seit 1349 in Rom lebte, wo sie ein Pilgerhospiz führte. Neben der Kirche befinden sich im Konvent der Schwestern Gedenkräume an die Heilige.

Wenn man von der Piazza Farnese zurück zum Corso Vittorio Emanuele geht, kommt man am Platz des 61 – 55 v. Chr. erbauten (14) Teatro di Pompeo vorbei. Dieser Bau ist zwar nicht mehr vorhanden, doch in der Via di Grottapinta folgt der gerundete Grundriß der dort später errichteten Bauten noch dem antiken Bau. Durch ein Gewirr von Straßen und Gassen erreicht man die Kirche (15) S. Andrea della Valle, die Hauptkirche des Theatinerordens. Ihr Name leitet sich einerseits davon ab, daß die Herzogin Constanza Piccolomini d'Aragon von Amalfi, die 1582 den Theatinern den Bauplatz zur Verfügung stellte, das Patrozinium von Amalfi, nämlich das des hl. Andreas, wünschte. Der Beiname „della Valle“ erinnert daran, daß sich in der Antike an dieser Stelle eine Niederung befand. Der 1524 gegründete Theatinerorden war die erste jener neuen Gründungen des 16. Jh.s, die sich der Erneuerung von Klerus und Seelsorge widmeten. In den deutschsprachigen Ländern fand er wenig Verbreitung.

An dem 1591 begonnenen und 1665 vollendeten Bau waren mehrere Architekten beteiligt, darunter Carlo Maderna und Carlo Fontana. Sie hatten den Auftrag, St. Peter nachzueifern, und die

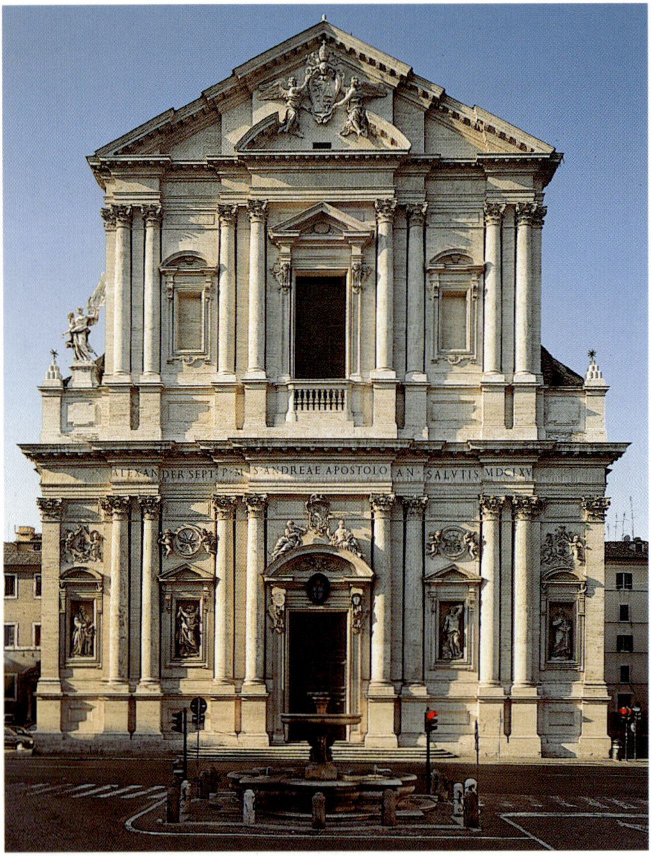

Fassade von S. Andrea della Valle (17. Jh.).

Kirche gehört in der Tat mit ihrer Länge von 82,5 m zu den größten Barockkirchen Roms. Architekturgeschichtlich bildet sie eine Weiterentwicklung von Il Gesù. Ihre Kuppel hat nach St. Peter den zweitgrößten Durchmesser. Die steil aufragende und dynamisch gegliederte Fassade beherrscht einen Teil des Corso Vittorio Emanuele und des Corso di Rinascimento. Das Innere bildet eine weitläufige einschiffige Anlage über lateinischem Kreuz mit Seitenkapellen. Neben der reichen Freskenausstattung, die im Chor dem hl. Andreas gewidmet ist, sind die Grabdenkmäler der beiden aus dem Hause Piccolomini hervorgegangenen Päpste Pius II. (1458 – 64) und Pius III. (1503) im vierten Langhausjoch beiderseits über den Durchgängen zu den Nebenräumen bemerkenswert. Die Überführung der Päpste aus Alt-St.-Peter hierher im Jahre 1614 erfolgte in Erinnerung an den einst hier befindlichen Palast der Piccolomini. Am Grabmal für Pius II. (links) zeigt ein Relief die Übertragung des nach Rom gebrachten Andreashauptes (1462).

Von der Porta del Popolo zur Piazza di Spagna

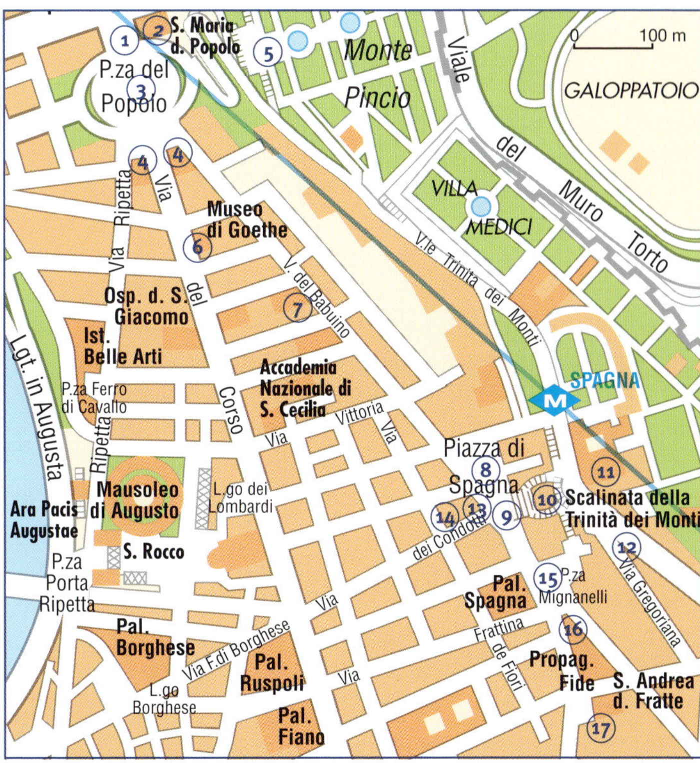

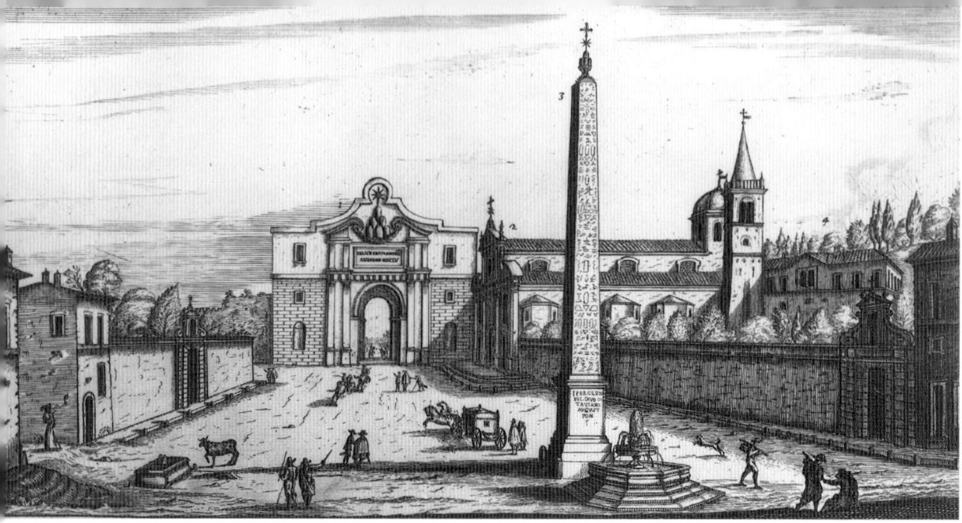

Die Piazza del Popolo mit dem monumentalen Eingangstor im Norden, rechts daneben die Kirche S. Maria del Popolo mit den Konventsgebäuden. Stich von Giovanni Battista Falda (1665).

Bevor um die Mitte des 19. Jh.s die Eisenbahn aufkam (1848 erste Linie von Rom zur Hafenstadt Civitavecchia), war die Reise in die Ewige Stadt langwierig und mühsam. Die meisten Reisenden aus dem Norden erreichten die Stadt über die Via Francigena, die weithin der alten Via Cassia folgte, oder über die Via Flaminia, die sich dicht vor Rom vereinigten und die Stadt über den Ponte Milvio bei der Porta del Popolo erreichten. Ein anderer Weg führte über den Monte Mario direkt nach St. Peter. Heute hat die (1) Porta del Popolo wegen des starken Autoverkehrs auf ihrer stadtauswärts gelegenen Seite viel von ihrem Reiz verloren. Sie befindet sich an jener Stelle, an der sich in der Antike die Porta Flaminia befand. Von hier bis zur Piazza Venezia heißt die Straße Corso. 1561 wurde die äußere Seite des Tores vermutlich nach einem Entwurf Michelangelos unter Verwendung antiker Säulen und von Figuren der Apostelfürsten neu gestaltet. Die Ausführung der inneren Seite geht dagegen auf die Zeit Alexanders VII. (1655 – 67) zurück, der im Jahre 1655 vor der triumphalen Einholung der vom Luthertum zum Katholizismus konvertierten Königin Christine von Schweden Bernini mit der Gestaltung beauftragte. Bei dieser Gelegenheit wurde der Bau u. a. mit den heraldischen Insignien Alexanders geschmückt.

Unmittelbar neben der Porta befindet sich die (2) Kirche S. Maria del Popolo. Die mittelalterliche Legende erzählt, daß sich hier das Grab Neros, des ersten Christenverfolgers, befunden habe. Daher habe man den Ort durch eine Kirche entsühnen müssen. 1227 wurde aus Spenden des römischen

Volkes eine größere Kirche erbaut, in der ein Marienbild verehrt wurde. Sixtus IV. (1471 – 84) entschloß sich dann nach seiner Wahl, an deren Stelle seine Familienkirche zu errichten. Ihr Baumeister ist nicht bekannt. Der Bau wurde spätestens 1478 fertig und 1480 eingeweiht. 1478 wurde die Kirche dem Augustinerorden anvertraut, in dessen Kloster Martin Luther während seines Romaufenthaltes 1510 – 1511 abstieg. Die einfache Travertinfassade der Kirche kündet an, was das Innere bietet, nämlich eine dreischiffige, kreuzgratgewölbte Pfeilerbasilika über kreuzförmigem Grundriß. An beide Seitenschiffe schließen sich je vier Seitenkapellen an. Für Rom neu war die Zusammenfassung von Lang- und Querhaus durch eine Kuppel und damit die Verbindung des klassischen basilikalen Schemas mit einem Element des Zentralbaues. Damit steht die Kirche „am Anfang einer Entwicklung, die, durch Hochrenaissance und Barock folgerichtig weitergeführt, zu einem Vorbild für viele Länder werden sollte“ (Bruhns). Die Wirkung des ursprünglich einfachen und geradlinigen Baus wird allerdings durch den Pomp der späteren barocken Zutaten beeinträchtigt. Die Seitenkapellen und der Chor sind reich an Grabdenkmälern und anderen Kunstwerken. Besonders bemerkenswert sind die erste und dritte Kapelle rechts für Angehörige des Hauses della Rovere mit Fresken von Pinturicchio, ferner die monumentalen Grabmäler des Girolamo Basso della Rovere († 1507) und des Ascanio Maria Sforza († 1507) an beiden Wänden des Chores. Spitzenwerke der italienischen Barockmalerei sind die beiden Gemälde Caravaggios an den Seitenwänden der Cerasi-Kapelle links vom Chor. Sie zeigen die Bekehrung des Saulus und die Kreuzigung des Petrus (1601 – 02). Wie bei den fast gleichzeitig entstandenen Gemälden in S. Luigi dei Francesi präsentiert der Künstler auch hier die Dargestellten ganz realistisch und unter Ausnutzung des Gegensatzes von Hell und Dunkel. Die zweite Kapelle links entwarf Raffael 1513 – 1515 für seinen Freund, den reichen, aus Siena stammenden Bankier Agostino Chigi,

Grundriß von S. Maria del Popolo.

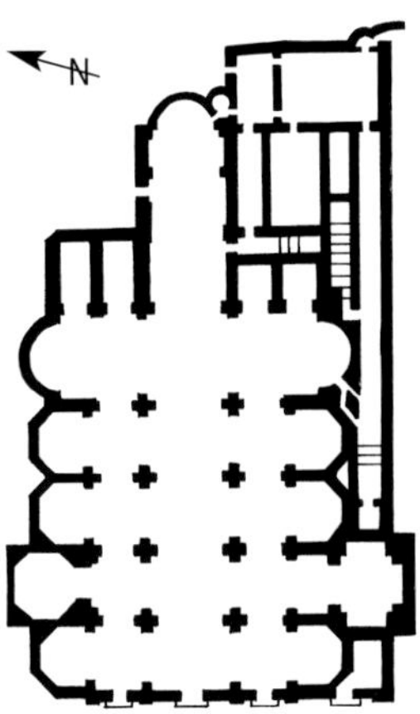

auf dem Grundriß eines griechischen Kreuzes. Sie enthält Werke von Raffael, Sebastiano del Piombo († 1547), Lorenzetto († 1541) und Bernini.

Die (3) Piazza del Popolo bildete lange gleichsam den Empfangssalon für die von Norden ankommenden Reisenden. Sie erhielt ihre heutige Gestalt im wesentlichen durch Sixtus V. (1585 – 90) und dann endgültig zu Beginn des 19. Jh.s. Sixtus V. ließ den Platz im Rahmen seiner Neuplanung der Stadt und ihrer Gestaltung zur Hauptstadt der katholischen Christenheit ebnen und zum Ausgangspunkt der neu angelegten Via del Babuino und Via della Ripetta machen, die rechts und links des Corso ausstrahlen. Außerdem ließ er hier 1589 einen mit Hieroglyphen beschrifteten Obelisken aus dem Circus Maximus (24,5 m) aufstellen und durch Inschriften und die Bekrönung mit dem Kreuz zum christlichen Denkmal umgestalten. Unter Alexander VII. wurden dem Platz beiderseits des Corso jene zwei Kuppelkirchen (4) hinzugefügt, die ihm zusammen mit dem Obelisken das charakteristische Gepräge geben. Seine heutige ovale Gestalt erhielt der Platz 1816 – 24 durch den französischstämmigen Architekten Giuseppe Valadier (1762 – 1839). Leitender Gedanke war dabei die Schaffung eines öffentlichen Parkes für die Bevölkerung, wie sie damals auch in anderen europäischen Großstädten angelegt wurden. Bis dahin gab es in Rom nur die Villen der großen Adelsfamilien. Die ursprünglich weit größer geplante Anlage sollte vom Tiberufer auf den Hügel des Pincio hinaufreichen und den Namen Napoleons tragen (1809 – 14 gehörte Rom zum französischen Kaiserreich). Dem großartigen Plan wurden der Konvent der Augustiner, aber auch weniger bedeutende Bauten geopfert. Von dem Spazierweg über den (5) Pincio und von der Terrasse am Piazzale Napoleone genießt man wie von einem Balkon aus einen großartigen Blick über Rom. Die Alleen des Pincio wurden nach der Einigung Italiens mit den Büsten italienischer Patrioten und anderer bedeutender Persönlichkeiten geschmückt.

Die Piazza del Popolo, der Empfangssalon des barocken Rom. Blick auf den Obelisken und die „Zwillingskirchen“ S. Maria del Miracolo und S. Maria in Monte Santo.

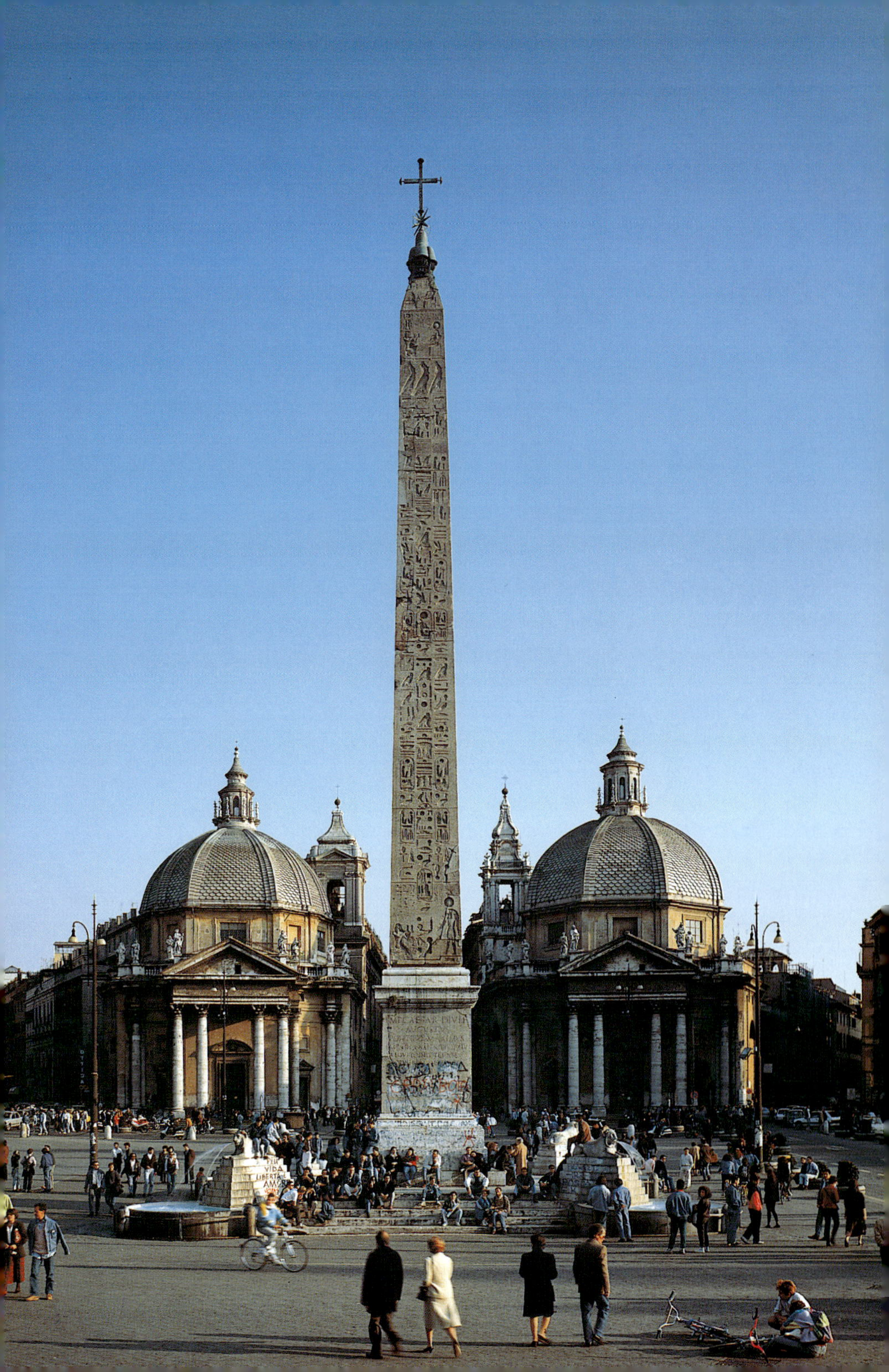

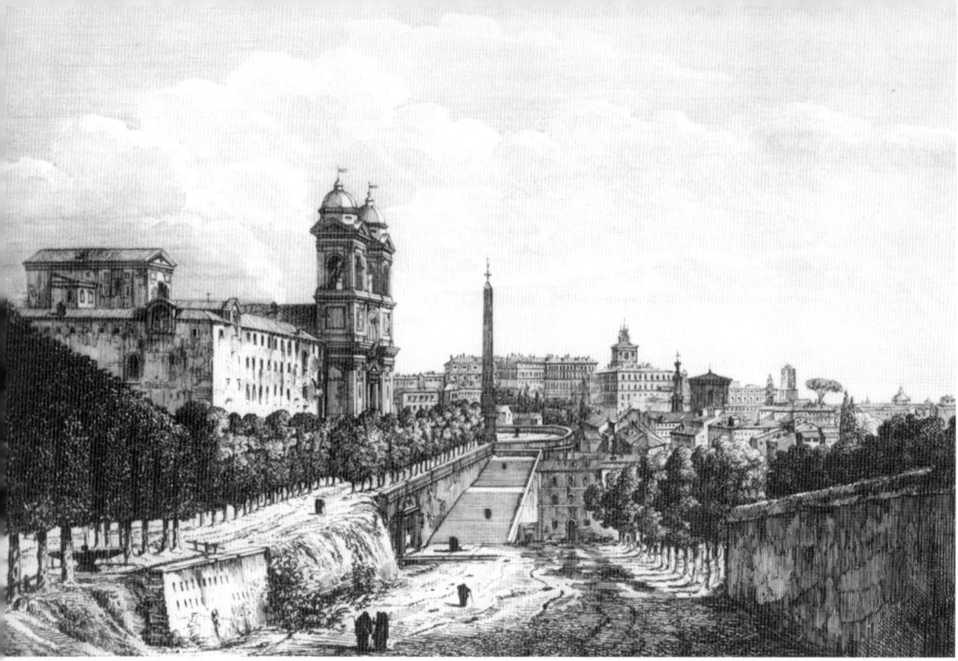

Die Kirche SS. Trinità dei Monti mit der breiten Flanierstraße vom Pincio her. Stich von L. Rossini (1828).

Von der Piazza del Popolo erreicht man mit der (6) Via del Babuino ein traditionelles Viertel der Fremden, besonders der Künstler. Auch heute sind die Straße und der umliegende Stadtteil noch reich an Kunsthändlern. Auf der rechten Straßenseite liegt (7) die 1882 erbaute neugotische anglikanische Kirche Ognissanti. Das zwischen den Abhängen des Pincio und dem Tiber gelegene „Barock-Viertel" ist ein vornehmes Einkaufsgebiet. Im Gegensatz zu den meisten berühmten Plätzen der Stadt ist die (8) Piazza di Spagna nicht nach einem einheitlichen Konzept geplant. Sie bildet vielmehr eine Abfolge von drei unregelmäßigen Plätzen. Sie trägt ihren Namen nach der dort befindlichen Spanischen Botschaft. Auf dem mittleren Platz erinnert die 1623 von Pietro Bernini geschaffene (9) Fontana della Barcaccia in der spielerischen Form einer Barke daran, daß einst die Hochwasser des Tiber bis an diese Stelle vordringen konnten. Von hier steigt die 1723 – 26 durch Francesco De Sanctis geschaffene festliche Treppe, die (10) Scalinata della Trinità de' Monti oder Spanische Treppe, über 138 Stufen zur Piazza della Trinità de' Monti hinauf, wo 1789 ein Obelisk aus den Gärten des Sallust aufgestellt wurde. Bekrönt wird die Anlage durch die doppeltürmige Fassade der (11) Kirche SS. Trinità. Seit 1828 ist mit dieser eine Schule der französischen Schwestern von Sacré Coeur verbunden. Der

Blick vom Barcaccia-Brunnen zur Spanischen Treppe und zur Kirche SS. Trinità dei Monti.

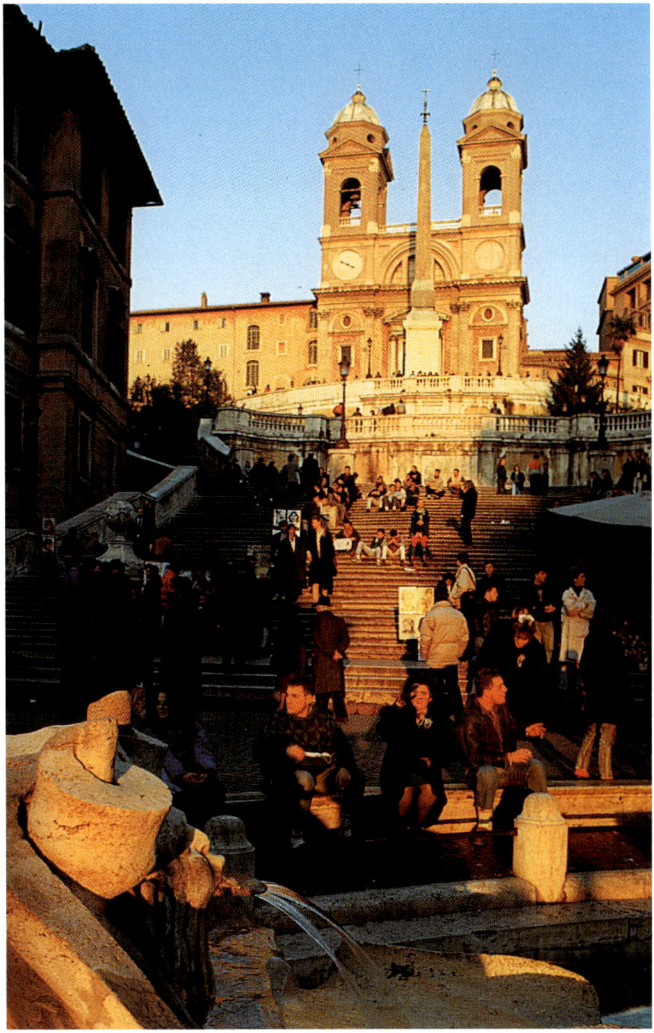

1591 – 92 an der Ecke der Via Sistina und der Via Gregoriana erbaute (12) Palast des Malers Federico Zuccari ist seit 1912 Sitz der Biblioteca Hertziana, eines kunsthistorischen Forschungsinstituts der Max-Planck-Gesellschaft mit einer vorzüglichen Fachbibliothek von über 200 000 Bänden. In Verbindung damit besteht eine kunsthistorische Phototheke.

Am Fuß der Scalinata beginnt die Via Condotti mit ihren vornehmen Geschäften. Dort befindet sich das 1760 von einem Levantiner gegründete (13) Caffè Greco, das schon bald zum Treffpunkt von Künstlern und Literaten wurde. Goethe und König Ludwig I. von Bayern waren hier häufig zu Gast. In Nr. 68 befindet sich die (14) Residenz des Großmeisters des Souveränen Malteserordens. Nach der Besetzung Maltas durch Napoleon (1798) und dem Verlust seiner Besitzungen (1815) faßte der Orden langsam wieder Fuß und wandte sich sozial-caritativen Aufgaben zu. 1953 beteiligte er sich an der Gründung des Malteser-Hilfsdienstes.

Auf dem südlichen Teil der Piazza di Spagna erinnert eine 1857 aufgestellte (15), mit einer Marienfigur bekrönte antike Säule an die Proklamation des Dogmas der Unbefleckten Empfängnis Mariens (heute: Erwählung Mariens) durch Papst Pius IX. (1846 – 78) im Jahre 1854. Seit 1953 legen Papst und Bürgermeister der Stadt Rom jeweils am 8. Dezember ein Blumengebinde zu Ehren der Muttergottes hier nieder.

Den südlichen Abschluß der Piazza di Spagna bildet der (16) seit dem Ende des 16. Jh.s in verschiedenen Etappen u. a. unter Mitwirkung Berninis und Borrominis erbaute Palazzo della Propaganda Fide. Er ist Sitz der für die Organisation der Mission zuständigen Kongregation für die Evangelisierung der Völker (bis 1967: Kongregation der Propaganda). Wichtiger als das Gebäude ist die hier befindliche päpstliche Behörde. Nachdem die Ausbreitung des Christentums, die in den ersten Jahrhunderten ohne zentrale Planung, sondern nur durch das Zeugnis der Christen und später durch die Hinwendung der Fürsten zum Christentum erfolgt war, nahm Papst Gregor d. Gr. (590 – 604), überzeugt von der Fürsorgepflicht der römischen Kirche für die Ausbreitung des Christentums, erstmals eine Aussendung von Missionaren, und zwar nach England, vor. In ein

Eingang zum Caffè Greco in der Via Condotti.

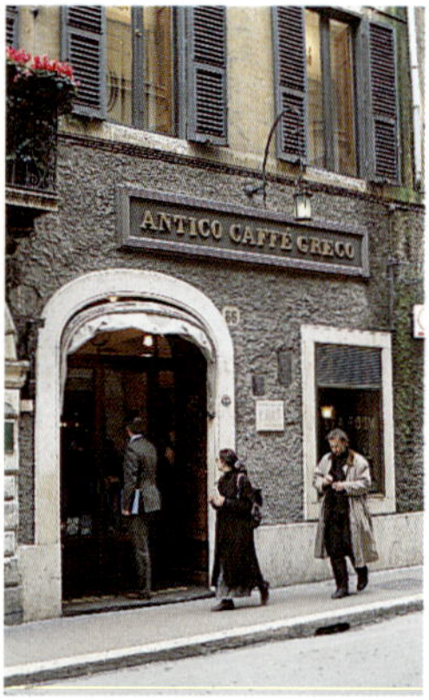

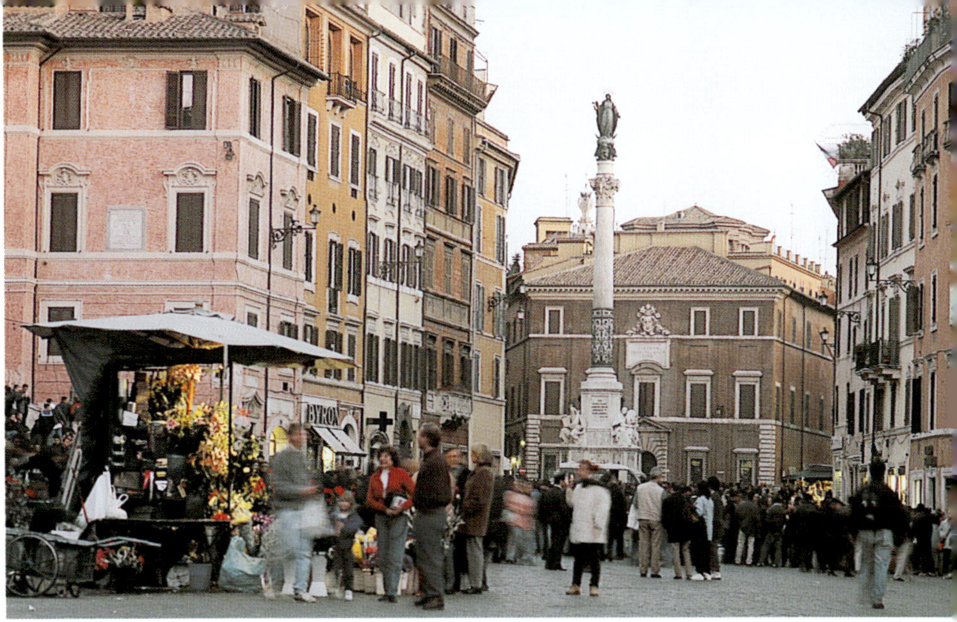

Blick auf den Palazzo della Propaganda Fide, davor die 1857 unter Pius IX. errichtete Mariensäule.

neues Stadium trat die christliche Mission durch die im 15./16. Jh. einsetzenden großen Entdeckungsreisen der Portugiesen und Spanier. Damit war von Anfang an die Absicht zur Verbreitung des Christentums gegeben, und dieses wurde nun tatsächlich zur Weltreligion. Die Päpste unterstützten die Entdeckungsreisen, nahmen dann aber seit der Gründung der Propagandakongregation im Jahre 1622 die Organisation der Mission immer mehr selbst in ihre Hand. Die neue Behörde sollte sowohl der Rückgewinnung der zur Reformation übergegangenen Länder wie auch der Ausbreitung des Christentums in den neu entdeckten Kontinenten dienen. Seit dem Ersten Weltkrieg bemühte die Kongregation sich um eine allmähliche Ablösung von den Kolonialmächten und seit dem Zweiten Vatikanischen Konzil um eine stärkere Inkulturation und Eigenständigkeit der Ortskirchen. Wegen seiner großen Kompetenzen nannte man den Präfekten der Kongregation in Anspielung auf sein Kardinalsrot auch den „roten Papst". Das kulturhistorisch bedeutende Archiv der Kongregation enthält für manche Länder die ersten schriftlichen Geschichtsquellen. Das Kolleg und die Universität für die Missionsländer, die sog. „Urbaniana" (nach Papst Urban VIII. (1623 – 44) befindet sich heute auf dem Gianicolo.

Hinter dem Palast der Propaganda liegt die im 17. Jh. erbaute (17) Kirche S. Andrea delle Fratte (Via di S. Andrea/Via

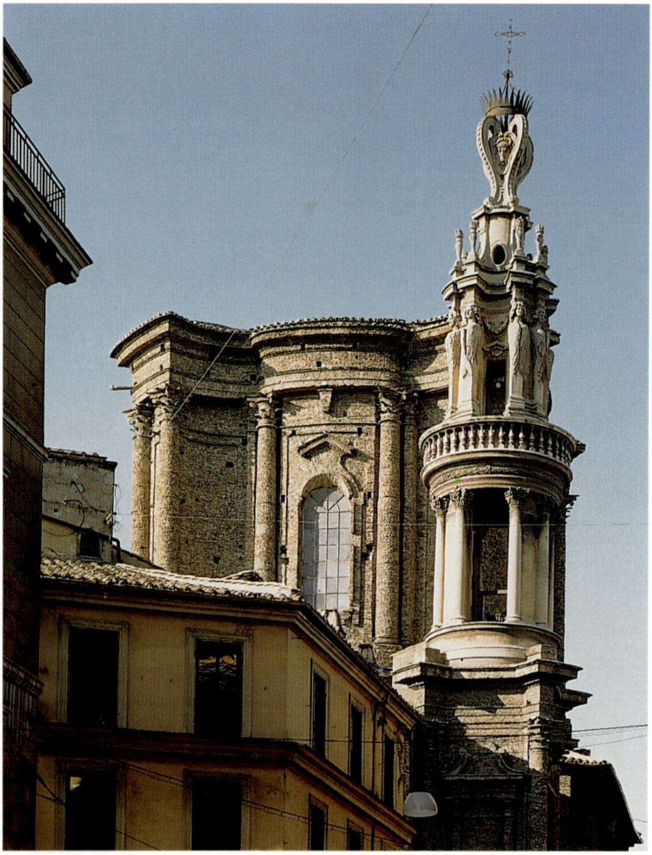

Der borromineske Turm von S. Andrea delle Fratte (17. Jh.).

Capo le Case), die dem in Deutschland nicht bekannten Mendikantenorden der Minimiten anvertraut wurde. Der einschiffige, nach außen schmucklose Bau wird von einer Kuppel bekrönt. Den Choreingang flankieren zwei Marmorengel von Bernini mit der Inschrifttafel und der Dornenkrone, die sich ursprünglich auf dem Ponte S. Angelo befanden, dort aber durch Kopien ersetzt wurden. In der Kirche befinden sich die Grabmäler der Malerin Angelika Kauffmann († 1807) und des Bildhauers Rudolf Schadow († 1822).

Vom Quirinal zur Piazza di Montecitorio

Der (1) Quirinal ist der nördlichste der sieben Hügel Roms. Auf ihm befanden sich in der Antike verschiedene Tempel. Neue Bedeutung gewann er seit der frühen Neuzeit, als das Papsttum sich konsolidiert hatte und die Stadt begann, sich wieder auf die Hügel auszudehnen. Bahnbrechend wurden die Anlage einer Sommerresidenz durch Gregor XIII. (1572 – 85) und die urbanistischen Planungen Sixtus' V. (1585 – 90). Gregor wählte den Quirinal 1574 als Platz seiner Sommerresidenz, weil der Hügel mit seiner Höhe von 64 m im Sommer ein besseres Klima besaß als der in der Tiberniederung gelegene Vatikan. Nach dem Untergang des Kirchenstaates war der Palast bis 1946 Residenz der italienischen Könige. Heute residiert hier der Präsident der Republik. Daher wird der Name Quirinal im über-

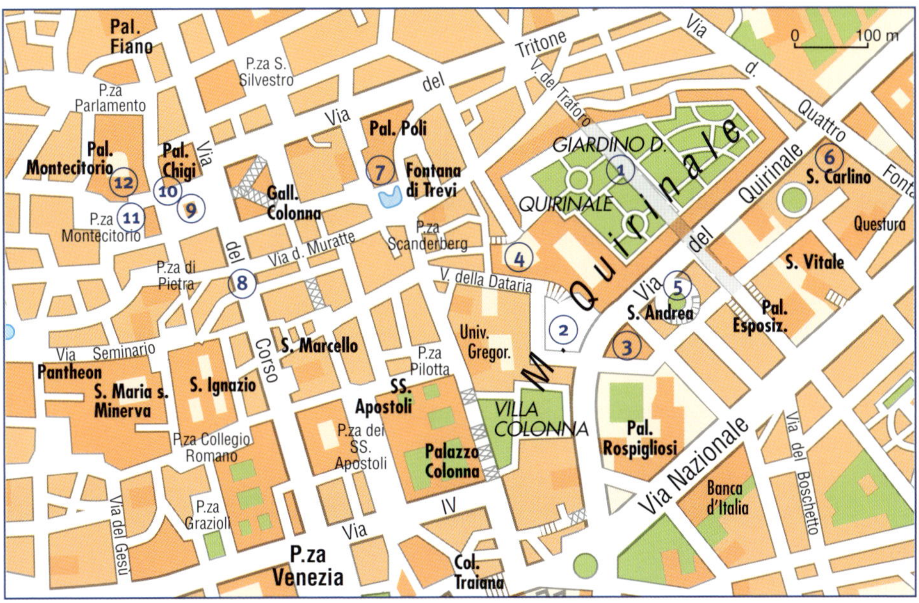

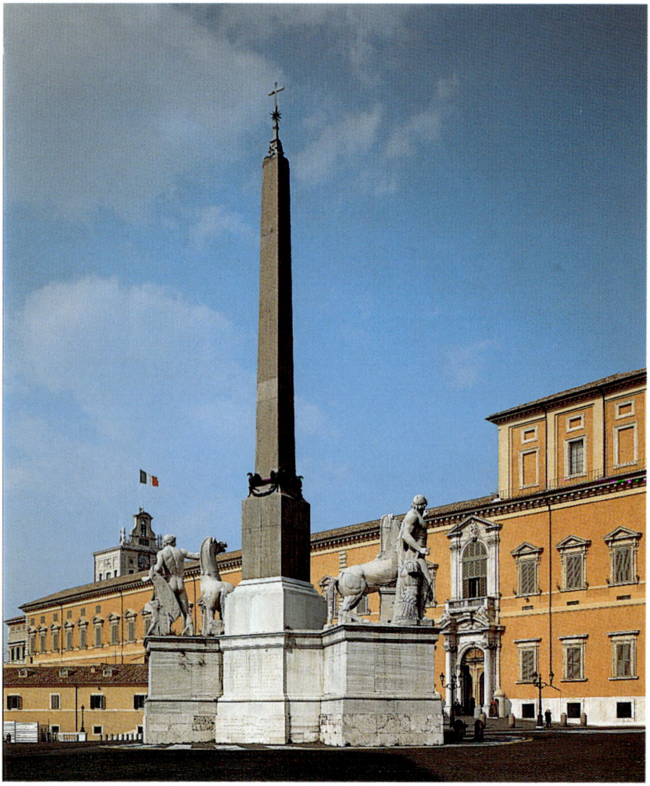

Der Quirinalspalast. Im Vordergrund die monumentale Figurengruppe der Dioskuren aus den Thermen des Konstantin (4. Jh.) und der Obelisk aus dem Mausoleum des Augustus (1. Jh.).

tragenen Sinn auch für die Republik Italien gebraucht. Hier, am Sitz des Präsidenten der Republik, findet täglich um 15.15 Uhr die Wachablösung statt. Während auf dem Palast die Tricolore als Staatsfahne ständig aufgezogen ist, gilt dies für die Fahne des Präsidenten nur bei dessen Anwesenheit.

Die vor dem Haupteingang des Palastes liegende (2) Piazza del Quirinale erhielt ihre heutige Gestalt im 19. Jh. In der Mitte befindet sich ein Ensemble mit den Figuren der Dioskuren, einem Obelisken und einem Brunnen. Die monumentale Gruppe der Dioskuren mit ihren Pferden stammt aus den in der Nähe gelegenen Thermen Konstantins. Sixtus V. ließ die Figuren restaurieren und hier aufstellen. Daher wird der Platz auch Monte Cavallo genannt. Die Hinzufügung des vom Mausoleum des Augustus stammenden Obelisken (14 m) erfolgte im Jahre 1786 auf Veranlassung von Pius VI. (1775 – 99), der damit zugleich einen Bezugspunkt für die von der Porta Pia hierher führende Via Pia (heute Via XX Settembre und Via del Quirinale) schuf. Die Anlage des Brunnens geht auf Pius VII. (1800 – 23) zurück (1818).

Der Palazzo del Quirinale wurde seit 1572 auf Veranlassung Gregors XIII. durch Ottaviano Mascherino als päpstliche Sommerresidenz geplant und unter den folgenden Päpsten bis 1621 im wesentlichen abgeschlossen. Alexander VII. (1655 – 67) fügte den 360 m langen Flügelbau an der jetzigen Via del Quirinale hinzu. Der Quirinalpalast verdankt seine Bedeutung weniger seiner architektonischen Qualität als seiner hervorragenden Position über der Stadt und seiner politischen symbolischen Bedeutung. Er entstand zu einer Zeit, als die Herrschaft der Päpste über den Kirchenstaat unangefochten war und sie den burgartig ausgebauten Vatikan mit der offeneren Residenz auf diesem Hügel vertauschen konnten. Da diese ein Symbol der weltlichen Herrschaft war, wurde sie nach der Einigung Italiens Residenz des Staatsoberhauptes. Der mit zahlreichen Repräsentationsräumen ausgestattete Palast beeindruckt mehr durch seine exponierte Lage und seine Größe als durch seine Kunstwerke. An der Piazza del Quirinale entstanden unter Clemens XII. (1730 – 40) der (3) Palazzo della Consulta für das päpstliche Gericht – heute hat das italienische Verfassungsgericht hier seinen Sitz – und der (4) Palazzo delle Scuderie für die Wache.

Grundriß von S. Andrea al Quirinale.

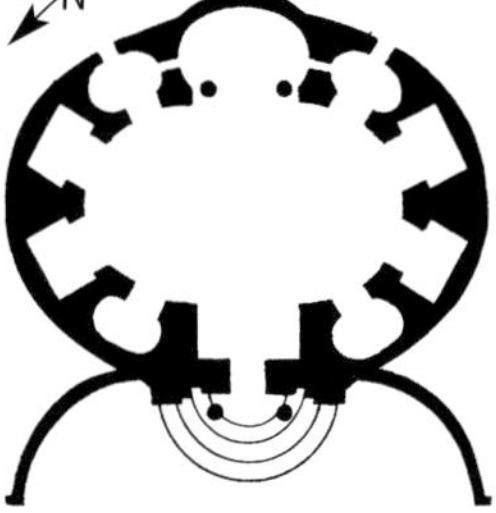

In unmittelbarer Nachbarschaft befinden sich zwei bemerkenswerte Barockkirchen. Es ist dies zunächst (5) S. Andrea al Quirinale (Via del Quirinale, 29). Bernini schuf dieses Meisterwerk kirchlicher Innenarchitektur unter Mithilfe des Giovanni Mattia de Rossi 1658 – 71 im Auftrag des Kardinals Camillo

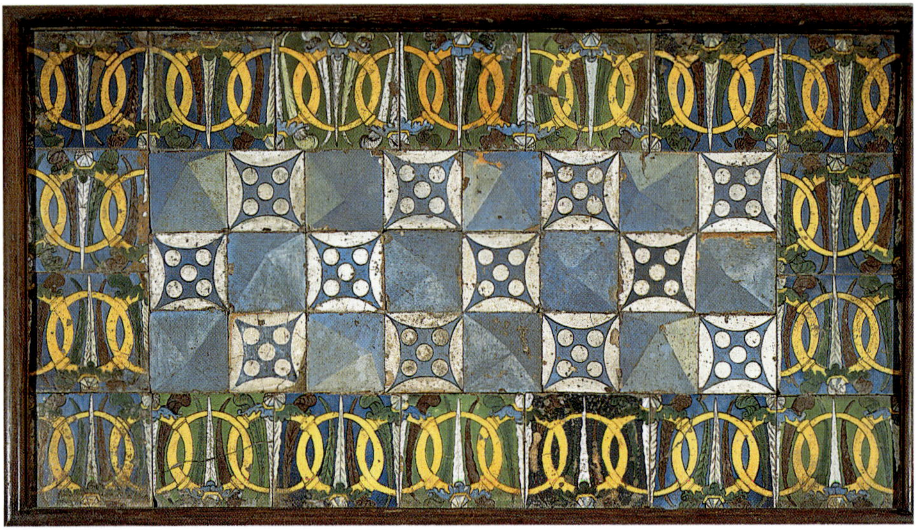

S. Silvestro al Quirinale, Reste eines Majolikafußbodens. Die Majolikaplatten, von den toskanischen Keramikkünstlern della Robbia geschaffen, stammen ursprünglich aus dem Fußboden der Loggia des Raffael im Vatikanischen Palast (Anfang 16. Jh.) und wurden nach dessen Erneuerung im 19. Jh. nach S. Silvestro verbracht.

Pamphili für das Noviziatshaus der Gesellschaft Jesu. Die Architekten verzichteten auf ein Honorar und nahmen lediglich die Verpflegung vom Noviziat in Anspruch. Die Kirche ist wegen der räumlichen Enge über einem Queroval erbaut. Sie ist auf Grund der großzügig bereitgestellten Mittel des Kardinals reich mit farbigen Steinen und Stuckarbeiten ausgestattet und eine der kostbarsten Kirchen Roms. Im rechts anschließenden Gebäude kann man das Sterbezimmer des hl. Stanislaus Kostka († 1568) mit der Liegefigur des Heiligen aus farbigen Steinen (1703) besuchen. Er galt als vorbildlicher Novize und als Vorbild für die nachwachsende Generation des Ordens.

Wenig entfernt von diesem Meisterwerk Berninis liegt, wie so oft, ein Meisterwerk seines Rivalen Borromini, und zwar an der Straßenkreuzung der Via del Quirinale und der von Sixtus V. angelegten Via Sistina (jetzt Via Quattro Fontane), einer der strahlenförmig von S. Maria Maggiore ausgehenden Straßen, die zum Obelisken vor SS. Trinità dei Monti führt. An den vier Straßenecken befinden sich Brunnen mit den Personifikationen

Fassade von S. Carlo alle Quattro Fontane mit einem der vier an den Ecken der Straßenkreuzung angelegten Brunnen (17. Jh.).

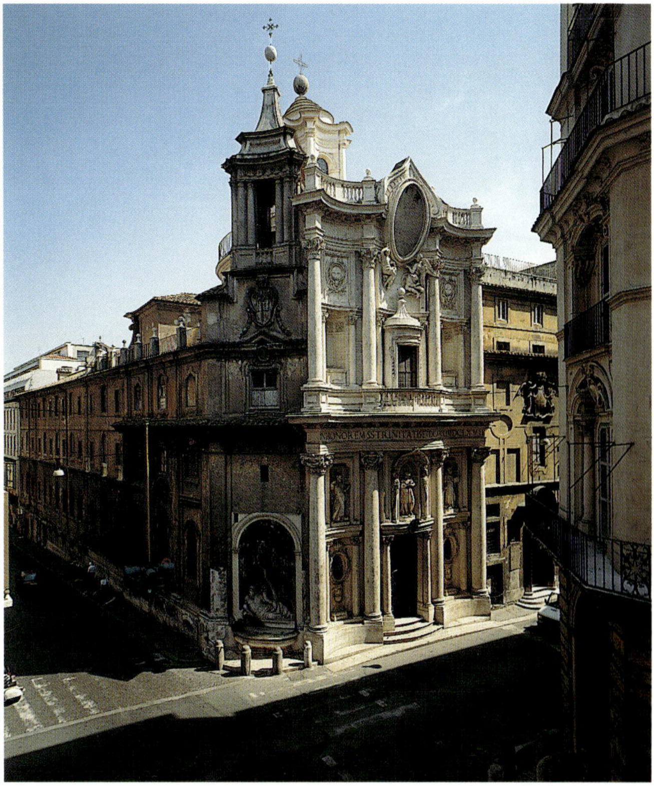

Grundriß von S. Carlo alle Quattro Fontane. Links die Kirche, rechts der Binnenhof.

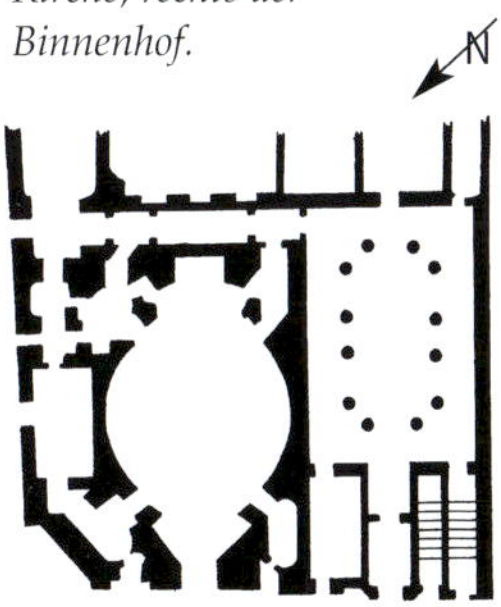

der Flüsse Tiber und Aniene sowie der Treue und der Tapferkeit. An einer dieser Ecken erbaute Borromini seit 1634 im Auftrag des spanischen Trinitarierordens die der Hl. Dreifaltigkeit und zugleich dem 1610 heiliggesprochenen Karl Borromäus gewidmete Kirche, die im allgemeinen (6) S. Carlo alle Quattro Fontane oder volkstümlich in Anspielung auf ihre geringen Ausmaße S. Carlino genannt wird. Das sehr begrenzt zur Verfügung stehende Gelände – es fände Platz in einem Kuppelpfeiler von St. Peter – zwang den Baumeister zu sorgfältigster Nutzung. Wie gut ihm das gelungen ist, zeigt sich vor allem in dem kleinen Binnenhof.

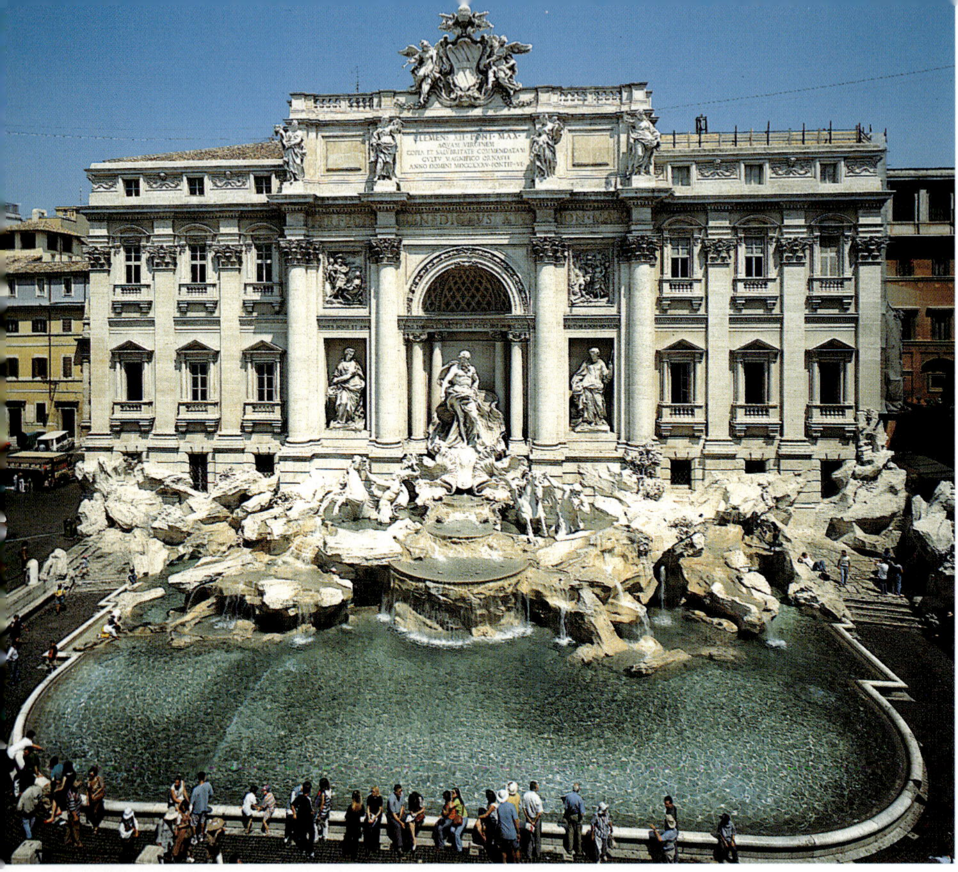

Die Fontana di Trevi, die größte Brunnenanlage der Stadt.

Von der Piazza del Quirinale erreicht man über die Via della Dataria die (7) Fontana di Trevi. Diese größte Brunnenanlage der Stadt bildet den Endpunkt der 19 v. Chr. vom M. Agrippa angelegten Aqua Virgo. Das antike Rom war durch elf große Aquädukte reich mit gutem Wasser versorgt. Diese Anlagen verfielen jedoch seit dem frühen Mittelalter. Die Wiederherstellung bzw. Neuanlage von Wasserleitungen einschließlich repräsentativer Brunnenhäuser wurde daher seit dem 15. Jh. neben der Anlage von Straßen ein zentrales Anliegen der Urbanistik. Dabei gab es im einzelnen große Unterschiede, und zwar nicht nur bezüglich der Dimensionen, die von sehr kleinen Brunnen bis zu gewaltigen Brunnenhäusern reichten. Auch die Aussage der Anlagen konnte sehr unterschiedlich sein. Während z. B. der auf Veranlassung Sixtus' V., eines typischen Vertreters der nachtridentinischen kirchlichen Erneuerung, 1585 – 87 durch Domenico Fontana geschaffene Mosesbrunnen eine religiöse Aussage verkündet, indem er das Wasser aus dem Felsen als ein Geschenk Gottes darstellt, dient der auf Veranlassung Innozenz' X. (1644 – 55) 1647 – 51 von Bernini auf der Piazza Navona geschaffene Vierströmebrunnen ausschließlich der Selbstverherrlichung der Familie des Auftraggebers. Nachdem Rom im Zeitalter des Barock die am besten mit Wasser versorgte Metropole Europas geworden war, bildete die 1732 – 51 nach einem Entwurf von Nicolò Salvi geschaffene Fontana di Trevi den unübertrefflichen Schlußakkord dieser Brunnenkultur. Der an den Palazzo Poli angelehnte Schaubrunnen imponiert aber nicht nur durch seine Größe und den Reichtum des Wassers, sondern auch durch seine Inszenierung. Sechs Gassen laufen auf seine majestätische Fassade zu, deren Wasserspiel man hört, ehe man sie erblickt. Die gewaltige Anlage hat die Gestalt einer dreitorigen Schauwand. Sie ist der letzte römische Triumphbogen. Aus seinem mittleren Bogen tritt der 1762 durch den Bildhauer Pietro Bracci vollendete Neptun, vor ihm eine Formation von Felsen, über die sich das Wasser ergießt. Die ihm zur Seite gestellten Personifikationen des Überflusses (Abundantia) und der Gesundheit (Salubritas) unterstreichen die Freigebigkeit, die Menge und die Qualität des Wassers. Über dem heidnischen Neptun aber erinnern Putten, die die päpstliche Tiara emporheben, daß man sich im päpstlichen Rom befindet. Der Brunnen ist das Ziel aller Romreisenden, die sich durch den Einwurf einer Münze in das Becken die Rückkehr in die Ewige Stadt sichern wollen.

Von der Fontana di Trevi erreicht man bald den (8) Corso, die belebteste Straße der ganzen Stadt. Sie entspricht der antiken Via Lata, dem innerstädtischen Abschnitt der Via Flaminia. Ihren jetzigen Namen trägt sie nach den seit dem 15. Jh. üblichen Karnevalsumzügen und Wettrennen. Heute spielt der römische Karneval nur noch für die Kostümierung der Kinder eine Rolle.

Hier stößt man auf die (9) Piazza Colonna, das politische Zentrum Roms, mit dem im 16./17. Jh. entstandenen (10)

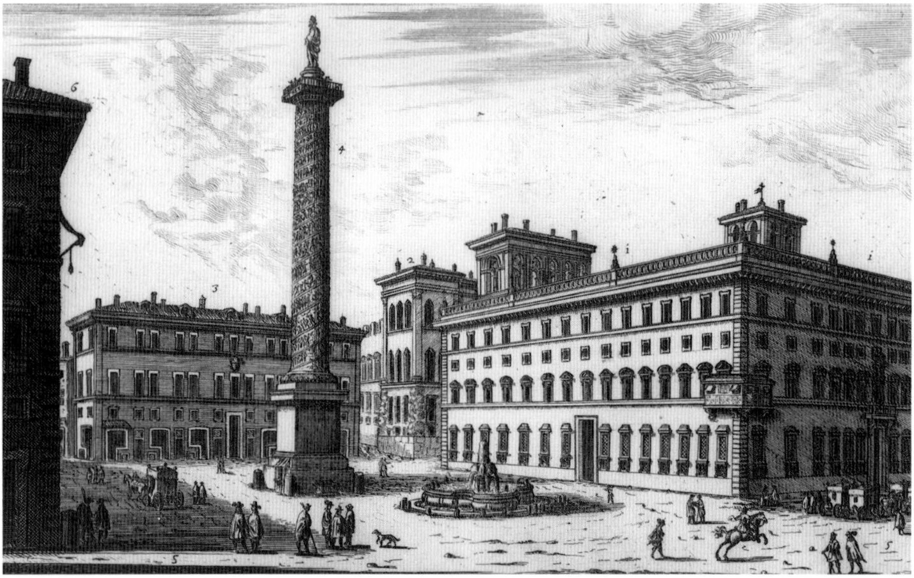

Die Piazza Colonna mit dem Palazzo Chigi, dem heutigen Amtssitz des Ministerpräsidenten. Stich von Giovanni Battista Falda (1665).

Palazzo Chigi, der seit 1960 Amtssitz des Ministerpräsidenten ist. Der Platz trägt seinen Namen nach der Ehrensäule für Kaiser Mark Aurel († 180 n. Chr.), die der Trajanssäule nachgebildet und spätestens 196 vollendet wurde. Die Reliefs auf dem 29,6 m hohen Säulenschaft erzählen die Feldzüge des Kaisers gegen die Sarmaten und Germanen. Sixtus V. ließ die Säule 1588 restaurieren und mit der Statue des hl. Paulus bekrönen.

Wenig weiter liegt die (11) Piazza di Montecitorio mit dem (12) Palast des Parlamentes. Der hier befindliche, 22 m hohe Obelisk aus dem 6. Jh. v. Chr. wurde unter Augustus nach Rom gebracht und als Zeiger für eine große, vom Kaiser angelegte Sonnenuhr benutzt. Sixtus V. ließ ihn heben, doch ging er dabei zu Bruch. Seinen heutigen Platz erhielt er 1792 unter Pius VI. An der Piazza di Montecitorio ist aber auch Deutschland vertreten, und zwar durch die deutsche Buchhandlung Herder mit einem ungewöhnlich großen Sortiment, u. a. von Romliteratur.

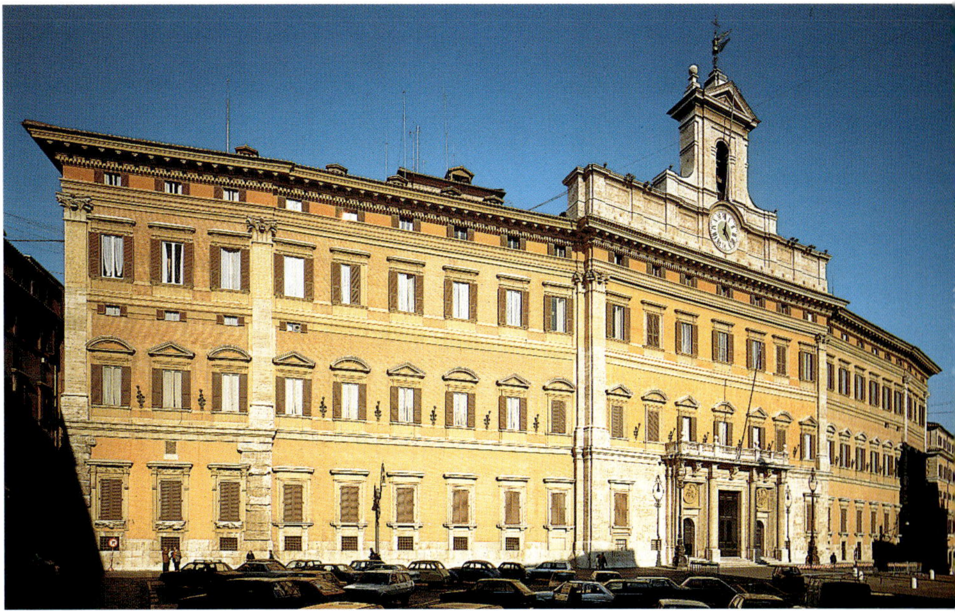

Fassade des Palazzo di Montecitorio, der Sitz des Parlamentes.

Am Celio

Der Celio ist einer der sieben Hügel des antiken Rom (Caelius). Er wird von einem Teil der Aurelianischen Mauer begrenzt und von einem zur Versorgung des Palatin bestimmten Aquädukt durchzogen, der in namhaften Resten erhalten und sichtbar ist. Schon in der Antike ein ruhiges Stadtgebiet, blieb der Hügel im Mittelalter nahezu unbesiedelt. Auch heute hat er teilweise noch diesen Charakter bewahrt. Er besitzt eine Reihe bemerkenswerter kirchlicher Monumente.

Das am Fuße des Hügels an der Via S. Giovanni in Laterano, die vom Kolosseum zum Lateran hinaufsteigt und auch im Mittelalter belebt war, gelegene (1) S. Clemente ist eine der interessantesten Kirchen Roms. S. Clemente gehört zu jenen 18 städtischen Titularkirchen, die bereits vor 385 bezeugt

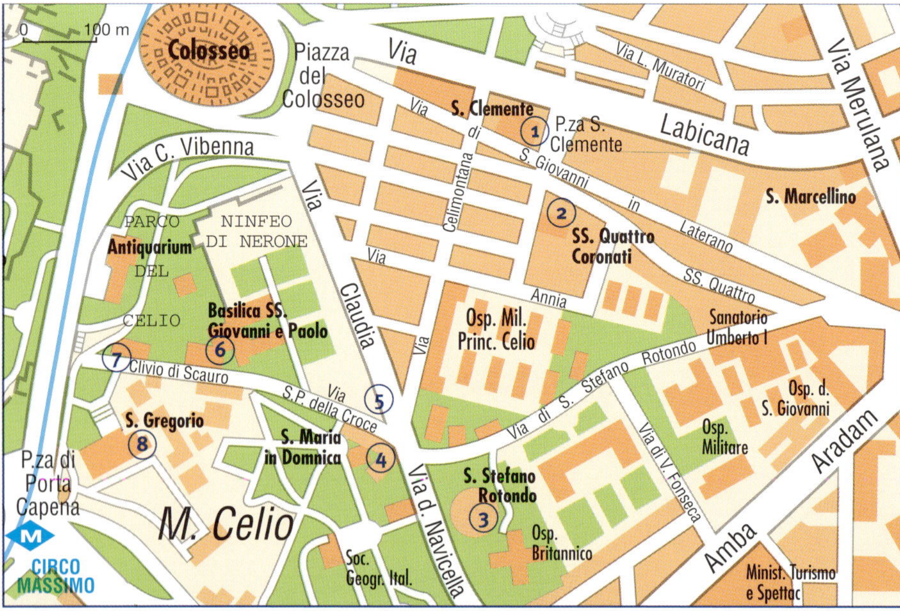

sind. Ihr Eigentümer war ein Clemens. Daher nahm die Kirche später das Patrozinium des hl. Clemens († um 100), des vierten Bischofs in der Papstliste, an. Man betritt zunächst die Oberkirche aus dem 12. Jh. Sie ist über einer christlichen Basilika aus dem 4. Jh. errichtet, die nach den schweren durch die Normannen verursachten Schäden aufgegeben wurde. Unter ihr wurden römische Gebäudekomplexe aus verschiedenen Epochen ergraben. Einer davon enthielt ein Mithrasheiligtum, ein anderer ein mehrgeschossiges Wohnhaus. Es empfiehlt sich, die Besichtigung mit der untersten und somit ältesten Schicht zu beginnen. Man steigt dazu von einem zur Kirche gehörenden Verkaufsraum hinunter.

Der seit dem 1. Jh. n. Chr. durch Soldaten aus dem Orient nach Rom gebrachte Kult des Sonnen- und Kriegsgottes Mithras war eine der zahlreichen in der Hauptstadt verbreiteten Religionen. Der Kult schloß Frauen aus. Seine Anhänger versam-

Längsschnitt von S. Clemente mit seinen übereinander liegenden Baukomplexen:
a) Oberkirche (um 1100),
b) frühchristliche Kirche des 4. Jh.s, sog. Unterkirche,
c) römische Gebäude des 1. – 3. Jh.s,
d) Mithräum.

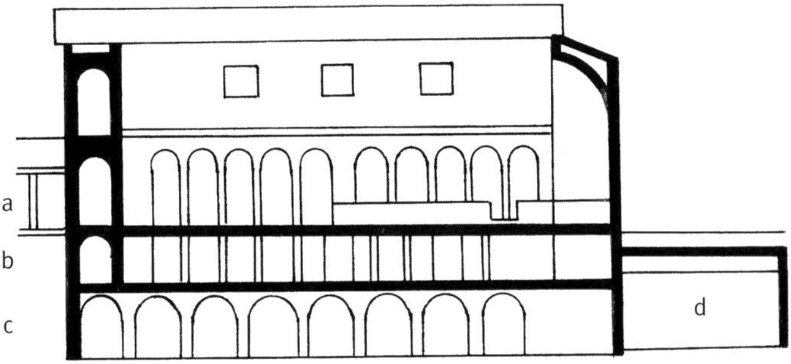

melten sich in Grotten oder unterirdischen Räumen zu Kultmählern. In Rom gab es Hunderte solcher Mithräen. Wegen des hohen ethischen Anspruchs an seine Mitglieder bildete der Mithraskult zeitweise eine ernsthafte Konkurrenz für das Christentum. Das unter S. Clemente liegende Mithräum besteht aus einem langgestreckten Raum mit seitlichen Bänken für die Teilnehmer. In der Mitte befindet sich ein Altar mit dem Relief des Mithras, der den Stier tötet. In dem benachbarten Wohnhaus wurde im 4. Jh. eine Hauskirche, der „Titulus Clementis" gegründet. An ihre Stelle trat noch im gleichen Jahrhundert eine christliche Basilika (heute: „Unterkirche"). Sie ist vor allem wegen ihrer Fresken aus dem 9./12. Jh. berühmt, die u. a. die Legenden des hl. Alexius und des hl. Clemens erzählen, dessen Brief an die Gemeinde von Korinth zwar erhalten, von dessen Leben selbst aber kaum etwas überliefert ist.

Diese geschichtsträchtige Kirche wurde im 11./12. Jh. aufgeschüttet und durch die jetzige Oberkirche ersetzt. Diese ist nach klassischem Schema gestaltet: Über ein (meist geschlossenes) Tor (normaler Zugang vom Seitenschiff) gelangt man in ein Atrium, das an allen Seiten Portiken mit ionischen Säulen aus antiken Bauten umgeben. In der Mitte steht ein Reinigungsbrunnen. Die Kirche des 12. Jh.s ist eine dreischiffige Basilika, in deren Mittelschiff ein Sängerchor (Schola cantorum) hineinragt. Dahinter erheben sich der durch ein Tabernakel hervorgehobene Altar und in der Mitte der Apsis ein Bischofsthron, an den sich beiderseits Bänke für den Klerus anschließen. Die Stirnwand des Langhauses und die Wölbung der Apsis tragen Mosaiken, die zu den schönsten Roms gehören.

Mittelschiff von S. Clemente mit dem Blick zur Apsis. Im Vordergrund die Schola Cantorum (Sängerchor) aus dem 6. Jh.

Der Bau der Oberkirche erfolgte in einer Zeit des Wiederaufschwunges der Stadt. Dieser griff auf die Tradition zurück und suchte diese möglichst zu wahren. Das gilt nicht nur für die zahlreich verwendeten Spolien aus antiken Bauten, sondern auch für ihre beiden vornehmsten Ausstattungsstücke, den Sängerchor und die Mosaiken. Der Sängerchor des 6. Jh.s, der die halbe Länge des Mittelschiffs einnimmt, ist aus der Kirche des 4. Jh.s übernommen und stellt die älteste in Rom erhaltene Schola dar. Er wurde freilich auf die kleineren Maße der Oberkirche reduziert. Auf sein Alter weist das Monogramm von Papst Johannes II. (533 – 535) hin, das fünfmal wiederholt wird. Die ein-, zwei- oder dreiteiligen und ausnahmslos gut erhaltenen Platten sind außer mit dem genannten Monogramm mit Porphyrscheiben, mit durchbrochenem Bandgeflecht, mit Rosetten oder Lorbeerkränzen geschmückt. Zusammen mit den beiden Ambonen, dem Osterleuchter und dem Mosaikfußboden bilden sie ein glänzendes Beispiel für das Können der damaligen Marmorkünstler.

Auch die Mosaiken an der Stirnwand des Langhauses und der Apsiskalotte knüpfen an das antike Vorbild an. Sie haben dieses aber weiter entwickelt. Das von den apokalyptischen Buchstaben begleitete Monogramm Christi im Scheitel der Apsis weist auf das 4. Jh. Damals wurde das Kreuz als Siegeszeichen verherrlicht. So geschieht es auch hier, denn das Kreuz als Lebensbaum bildet den Bezugspunkt für die ganze Apsis. Denkt man sich Maria und Johannes unter dem Kreuz fort und verteilt die zwölf weißen Tauben über die Kreuzbalken, so dürfte man wohl das Kreuz in seiner ursprünglichen Gestalt haben. Die Tauben versinnbildlichen die zwölf Apostel und sind Zeugen der Leiden Christi. Sie überschneiden die weiß-rote Kontur der

Grundriß von S. Clemente.

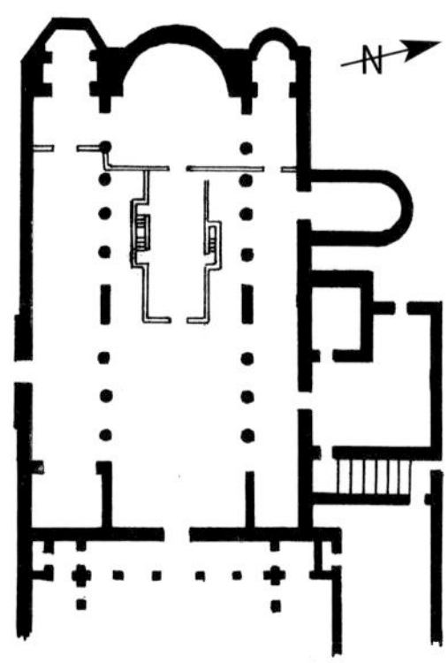

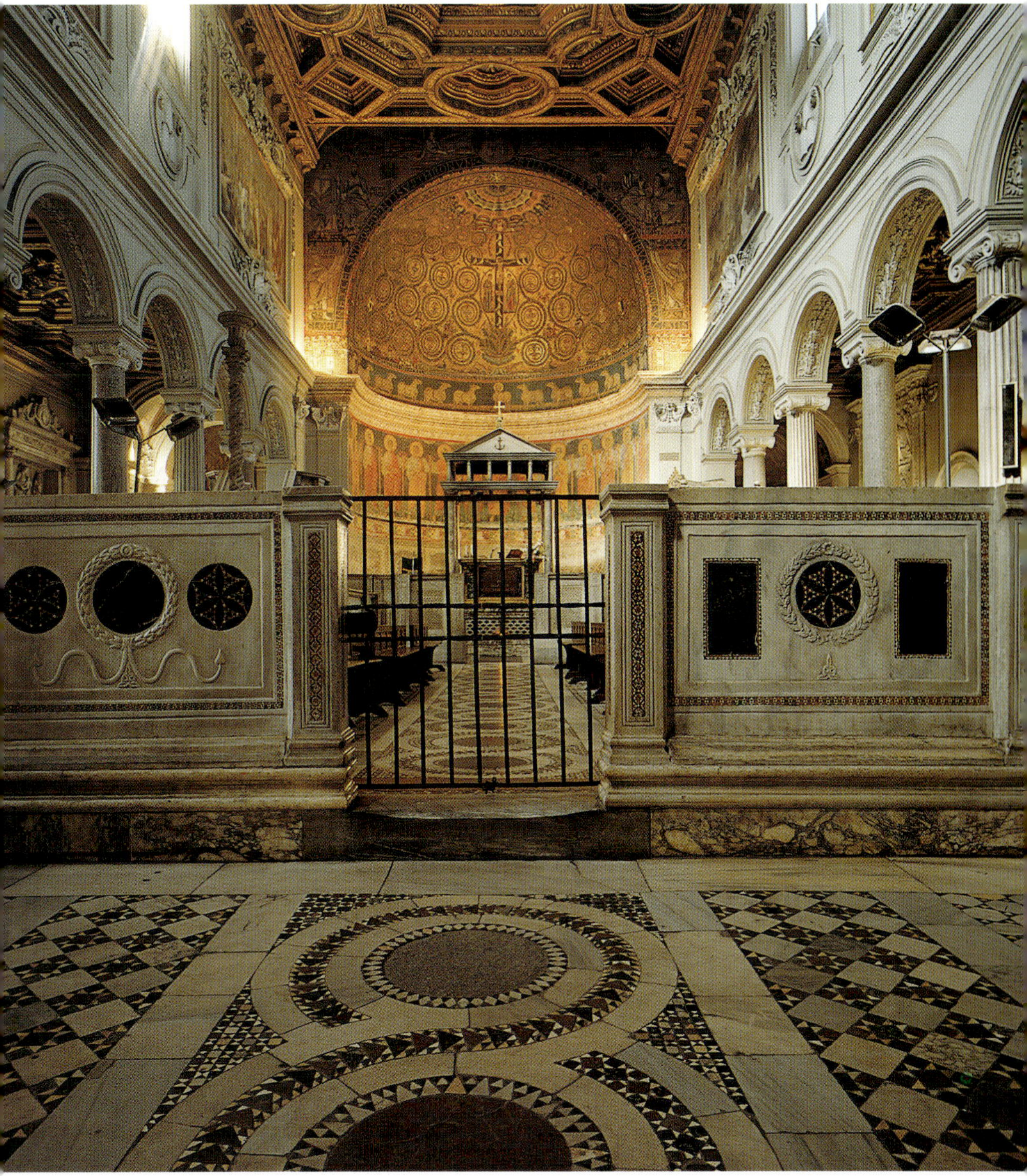

Kreuzesbalken an keiner Stelle. Das Kreuz umfängt sie vielmehr wie Gemmen. Christus ist mit gebrechlicher Gestalt, mit geneigtem Haupt und geschlossenen Augen stehend auf dem Suppedaneum dargestellt. Maria und Johannes sind in ein Oval von Ranken eingeschlossen. Ursprünglich war in die Brust des Gekreuzigten eine Partikel vom Kreuz Christi eingelassen. Das Kreuz steht in einem Akanthusbusch, aus dem zwei kräftige Ranken herauswachsen, die sich über die ganze Apsis verbreiten. Unter dem Busch trinken zwei Hirsche aus den Wassern der vier Ströme. Hinter ihnen befindet sich je ein Pfau als Sinnbild der Unsterblichkeit. Zwischen den Akanthusranken aber lebt nach klassischen Vorbildern eine ganze Welt von Vögeln. Mittelalterliche Zutaten sind dagegen die Kirchenväter und Vertreter aus Adel und Volk. Wie in den Basiliken der Apostelfürsten schreiten in dem darunter befindlichen Fries von den Städten Bethlehem und Jerusalem her je sechs Schafe auf das erhöht stehende Lamm Gottes zu. Eine der beiden Inschriften zwischen Lämmerfries und Hauptmosaik besagt, die Kirche gleiche einem Weinstock, der im Gesetz vertrockne, im Kreuz aber zu neuem Wachstum ersprieße. Die Akanthusranken stehen also für einen Weinstock und sind damit Bild der Kirche.

Die Mosaiken an der Stirnwand des Langhauses zeigen oben in der Mitte die Büste des Erlösers in einem runden, hellblauen Himmelsausschnitt. Er trägt einen Vollbart, golddurchwirkte Gewänder und ein blau-weiß-rotes Kreuz im Nimbus. Mit der Rechten macht er die Redegebärde. Die verhüllte Linke hält das Buch. Ihm zur Seite die vier apokalyptischen Wesen als Evangelistensymbole. Darunter erscheinen die beiden Apostelfürsten sowie die hll. Clemens und Laurentius. Clemens hält einen Anker, und zu seinen Füßen verweist ein Schiff auf das weit entfernte Exil, in das er verbannt wurde. Laurentius ist als Diakon mit dem Rost, seinem Marterwerkzeug, dargestellt. In den beiden darunter befindlichen Feldern tragen die Propheten Isaia und Jeremia Spruchbänder, deren Text sich auf den

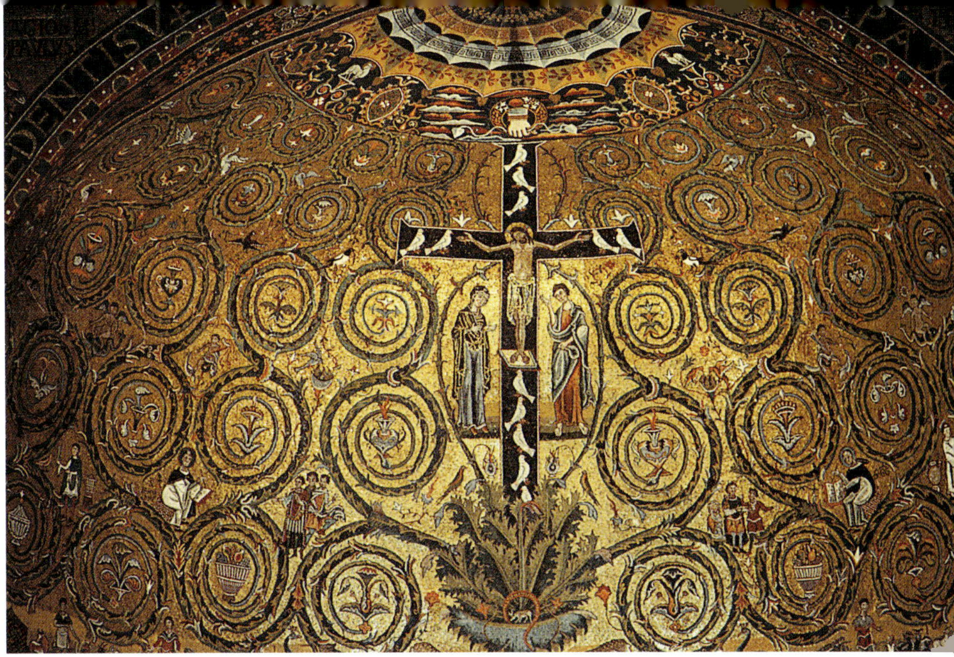

Apsismosaik von S. Clemente (1127).

Gekreuzigten bezieht. Um den Triumphbogen herum zieht sich ein Schriftband mit dem Text „Gloria in excelsis Deo sedenti sup[er] throno – et in terra pax hominibus".

Neben der Schola und den Mosaiken besitzt die Kirche noch ein weiteres Kunstwerk von außergewöhnlichem Rang. Es ist die am Beginn des linken Seitenschiffes gelegene Katharinen-Kapelle, die Kardinal Branca da Castiglione als Titularkardinal von S. Clemente um 1429 durch Masolino da Panicale ausmalen ließ. Rom erholte sich damals langsam von den Folgen des Großen Abendländischen Schismas, und die Restaurierungsarbeiten unter Martin V. (1417 – 31), des ersten Papstes der wiedergewonnenen Kircheneinheit, ließen noch nicht ahnen, zu welch künstlerischer Höhe die Stadt am Ende des Jahrhunderts aufsteigen sollte. Alle Künstler mußten von auswärts berufen werden, da Rom selbst noch keine eigenen hervorgebracht hatte. Die Fresken des Masolino waren die ersten, die nach einem Jahrhundert in Rom wieder geschaffen wurden. Der Künstler hat für den gelehrten Kardinal an der linken Kapellenwand Szenen aus der Katharinenlegende, darunter die Heilige vor Kaiser Maxentius und ihr Martyrium mit dem Eingreifen des Engels, der das Rad als Marterwerkzeug zerstört, dargestellt. Er hat mit diesen Fresken die Zentralperspektive in die römische Kunst eingeführt. Die rechte Kapellenwand zeigt Szenen aus dem Leben des hl. Ambrosius, die Altarwand eine Kreuzigungsdarstellung.

In S. Clemente sollte man sich mit Postkarten versorgen, denn die irischen Dominikaner, die die Kirche betreuen, haben diese so gut erschlossen, wie das bei kaum einer anderen römischen Kirche der Fall ist.

Von S. Clemente erreicht man in Richtung Lateran bald die Kirche der (2) SS. Quattro Coronati (Via SS. Quattro Coronati, 20). Die Geschichte dieser vier „Gekrönten" – dies ist eine Anspielung auf ihr Martyrium – verschwimmt im Nebel der Legende. Nach einer Version handelte es sich um vier Steinmetze aus Pannonien, die es ablehnten, eine Statue des Gottes Äskulap zu meißeln, nach einer anderen Version um vier römische Soldaten, die sich weigerten, der Statue des Äskulap ihre Verehrung zu bezeugen. Hier, auf einem Ausläufer des Celio, entstand jedenfalls im 4. Jh. eine Kirche. An ihrer Stelle errichtete Leo IV. (847 – 855) im 9. Jh. einen Neubau, auf den der noch erhaltene wehrhafte Campanile zurückgeht, den man

Die Auffahrt zum festungsartigen Gebäudekomplex der Kirche SS. Quattro Coronati. Der wuchtige Turm stammt in seinem Unterbau noch aus karolingischer Zeit.

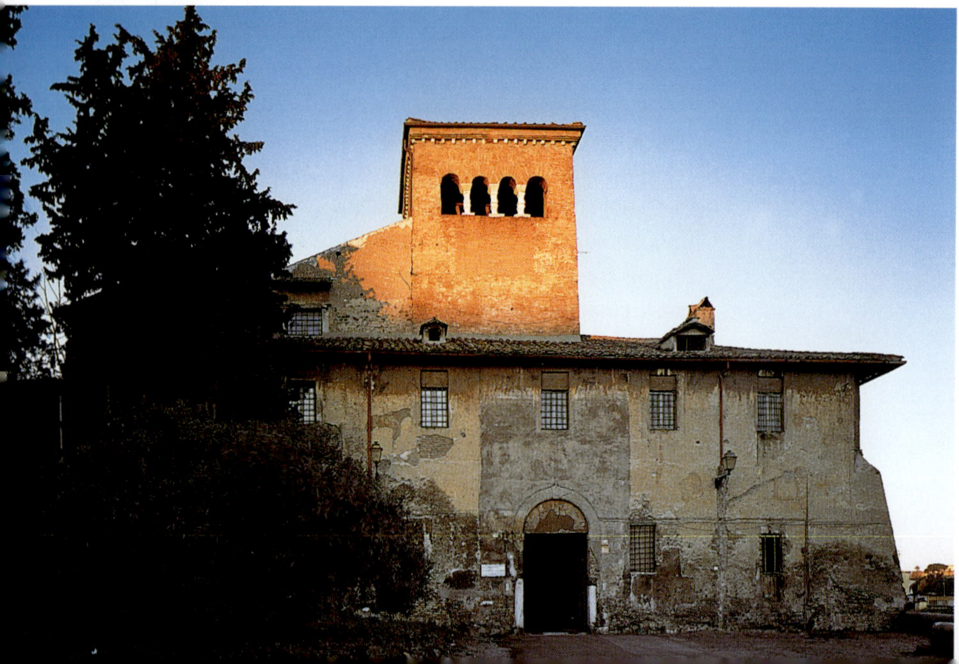

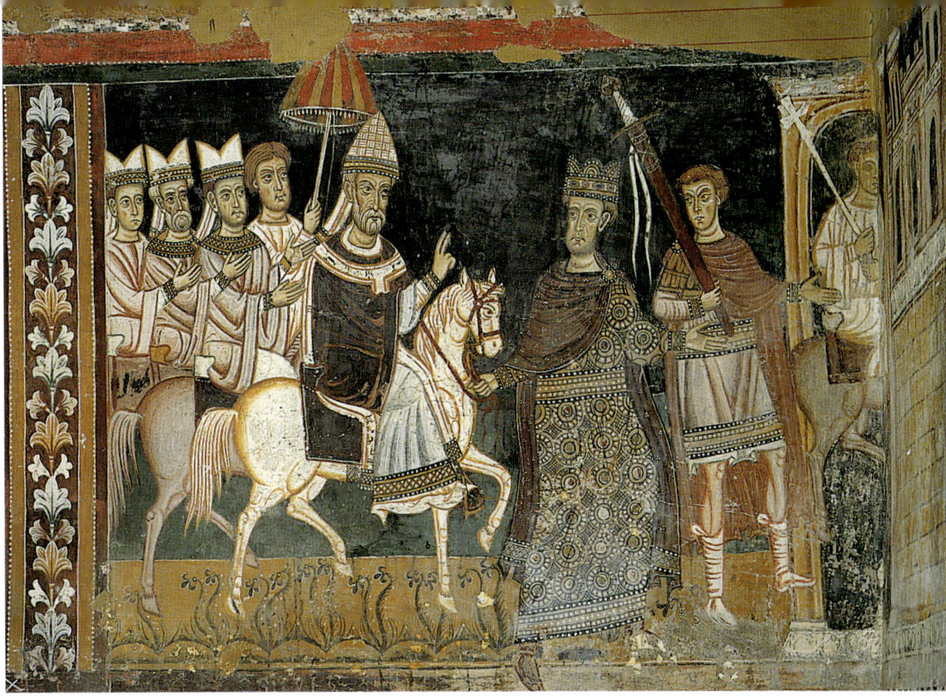

Fresko in der Silvesterkapelle. Konstantin d. Gr. führt Papst Silvester in die Stadt Rom (Fresko um 1246).

durchschreitet, um in das Innere zu gelangen. Nach den Zerstörungen durch die Normannen (1084) wurde die Kirche in den jetzigen Dimensionen wiederaufgebaut. Heute besteht hier ein Kloster der Augustinerinnen. Den stärksten Eindruck von der wehrhaften Anlage, die im Mittelalter isoliert lag und den Weg vom Lateran zum Vatikan bewachte, gewinnt man auf der Seite der hoch aufragenden Apsis. Ins Kircheninnere gelangt man durch zwei Vorhöfe. Der dreischiffige Raum hat einen Cosmatenfußboden und Emporen. Vom linken Seitenschiff aus gelangt man in den stimmungsvollen Kreuzgang, der zu den schönsten Roms gehört. Sein aussagekräftigstes Kunstwerk besitzt das Kloster jedoch in der vom ersten Vorhof aus zugänglichen Silvesterkapelle (Schlüssel an der Klosterpforte). In der auf einem Höhepunkt des Konfliktes zwischen Papst Innozenz IV. (1243 – 54) und Kaiser Friedrich II. (1212 – 50) 1246 eingeweihten Kapelle ist die Silvesterlegende mit der Konstantinischen Schenkung dargestellt. Dieser sehr gut erhaltene Bildzyklus bildet einen Teil jener päpstlichen Propaganda, die die Oberhoheit des Papstes über den Kaiser behauptete. Symbolisch kommt das darin zum Ausdruck, daß der Kaiser das Pferd des Papstes am Zügel vor den Lateranpalast, vielleicht auch vor das Tor der Stadt Rom führt. Damit beschwor der Auftraggeber

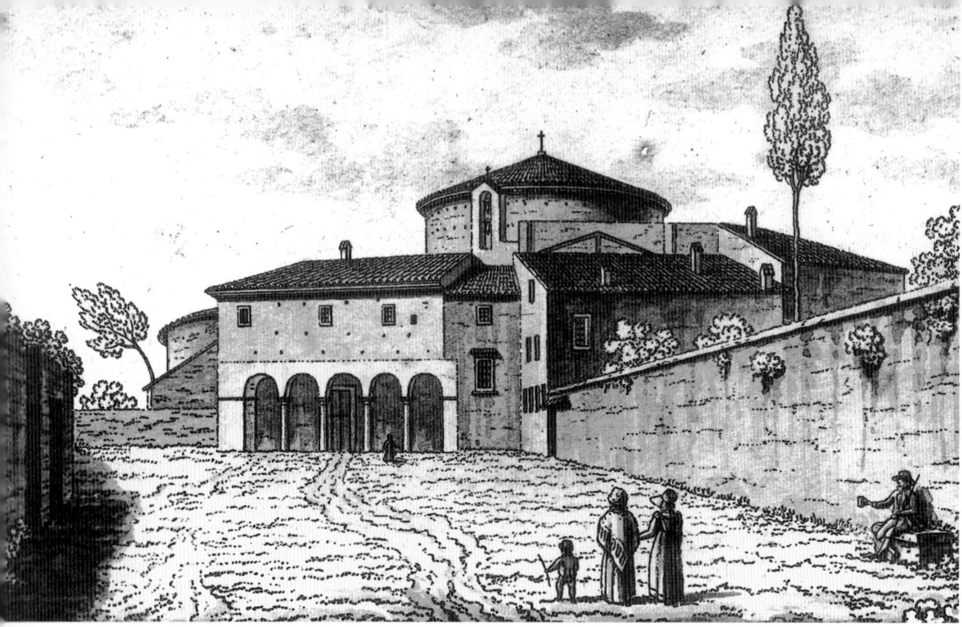

S. Stefano Rotondo. Stich 19. Jh.

angesichts des Konfliktes zwischen Papst und Kaiser Friedrich II. die päpstliche Legitimität als weltlicher Herrscher.

Auf der höchsten Stelle des Celio befindet sich die im 5. Jh. erbaute Kirche (3) S. Stefano Rotondo (Via S. Stefano Rotondo, Mo – Sa ab 9.00 eingeschränkt zugänglich, So geschlossen), der bedeutendste Kirchenbau Roms seines Jahrhunderts und in jeder Hinsicht ein Sonderfall. Obwohl über antiken Vorgängerbauten errichtet, gaben diese die Baugestalt nicht vor. S. Stefano weicht von dem im Westen in seiner Zeit normativen Typ der Basilika ab, ist vielmehr ein Rundbau, den ursprünglich ein doppelter Umgang umgab. 22 ionische Säulen mit Architraven tragen den Obergaden des Mittelbaues. Aber der dem Protomärtyrer geweihte Bau griff nicht nur auf den Typ des östlichen Martyrion zurück, sondern er schob in diesen den Grundriß des griechischen Kreuzes hinein. S. Stefano vereinigt somit in seinem Grundriß die beiden Typen östlicher Heiligtümer. Die ursprüngliche Raumwirkung dieses gewaltigen, lange vernachlässigten Baues wird durch den im 8. Jh. zur Stabilisierung eingebauten dreibögigen Querbau zwar beeinträchtigt, doch kann man ihm Einfühlsamkeit und Großartigkeit nicht absprechen. Der äußere der beiden Umgänge wurde 1453 unter Nikolaus V. abgerissen. S. Stefano war nie Pfarrkirche, kam unter Gregor XIII. (1572 – 85) 1580 als Ausstattung an das Collegium Germanicum et Hungaricum und blieb seitdem ohne regelmäßigen Gottesdienst.

1582 erhielt Niccolò Circignani den Auftrag zu Freskenarbeiten in der Kirche, die bis dahin ohne Bildschmuck war. Er malte u. a. die drastische Freskenfolge mit den verschiedenen Marterszenen auf der Verschlußmauer des zweiten Säulenringes. Er wiederholte später eine ähnliche Folge in der Kirche des Englischen Kollegs. Vielleicht sollten sie den Alumnen in der Zeit der damaligen Konfessionskämpfe vor Augen stellen, womit sie nach der Rückkehr ins Reich oder nach England selbst zu rechnen hatten. S. Stefano ist Titelkirche des Münchener Erzbischofs Kardinal Friedrich Wetter und wurde in den letzten Jahrzehnten u. a. mit deutscher Hilfe teilweise restauriert.

Während S. Stefano, das weder Pfarrkirche noch Sitz eines bedeutenden Klosters ist, seine Funktion im kirchlichen Leben verloren hat und als, allerdings hochbedeutsames, Monument in die Gegenwart hineinragt, gilt das nicht für das benachbarte Gotteshaus (4) S. Maria in Domnica (Piazza della Navicella),

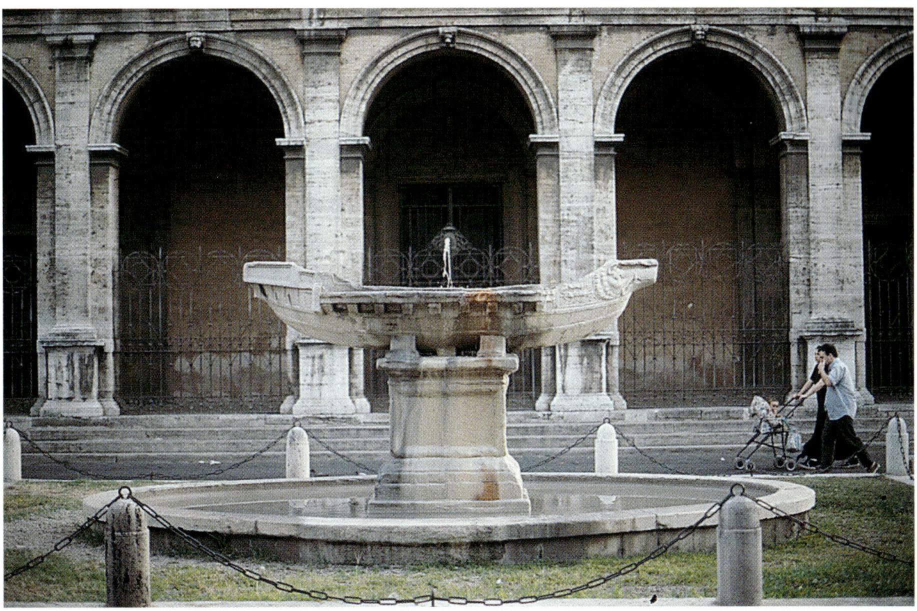

Ausschnitt der Fassade von S. Maria in Domnica mit dem in Form eines Schiffes gestalteten Brunnen.

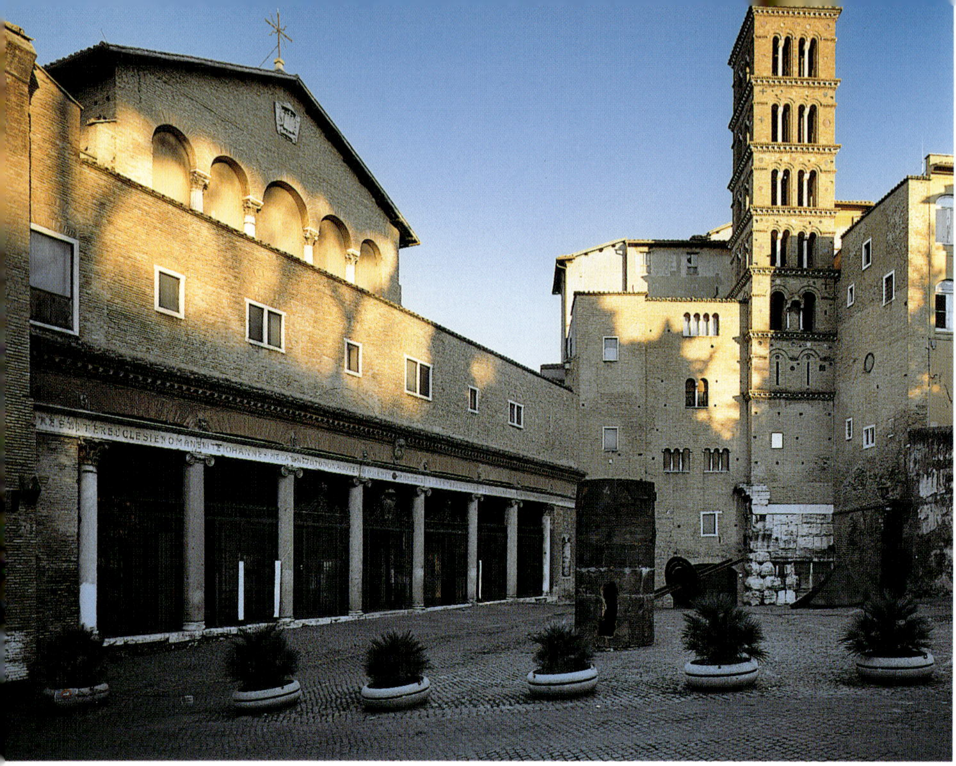

Blick auf Fassade und Campanile von SS. Giovanni e Paolo. Der Campanile (Glockenturm) steht auf antiken Travertinquadern.

eine der vornehmeren Pfarrkirchen Roms. Die vielleicht ins 7. Jh. zurückreichende Diakonie, nach dem Brunnen vor ihrer Fassade auch S. Maria della Navicella genannt, verdankt ihre Gestalt im wesentlichen Paschalis I. (817 – 24). Eingriffe erfolgten erst im Zeitalter der Renaissance durch Kardinal Giovanni de' Medici, den späteren Papst Leo X. (1513 – 21). Die dreischiffige Basilika mit ihren 18 antiken Säulen und korinthischen Kapitellen besitzt auf dem Apsisbogen und in der Apsis bedeutende Mosaiken. Während in der Mitte des Apsisbogens Christus, von Engeln und den Aposteln umgeben, thront, verherrlicht das Apsismosaik die thronende Muttergottes. Die Kassettendecke aus dem Jahre 1566 setzt Anrufungen der Lauretanischen Litanei ins Bild.

Wenig entfernt erreicht man durch den (5) Arco di Dolabella über die Via S. Paolo della Croce die Kirche (6) SS. Giovanni e Paolo. Deren Vorplatz ist von besonderem Reiz durch das Neben- und Miteinander von Zeugen einer fast zweitausendjährigen Geschichte und die üppigen Grünanlagen, die ihn umgeben. Die Basilika wurde nach der Überlieferung über einem Wohnhaus erbaut, in dem unter Kaiser Julian Apostata

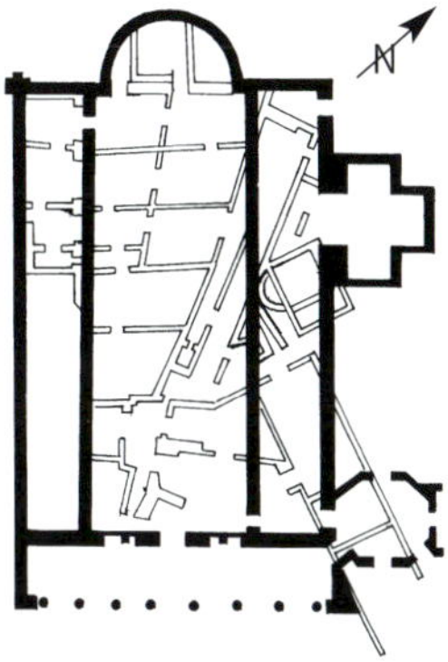

Grundriß von SS. Giovanni e Paolo mit Vorgängerbauten.

(361 – 363) die kaiserlichen Beamten Giovanni und Paolo hingerichtet worden sein sollen. Die seit dem 19. Jh. durchgeführten Grabungen unter der Kirche haben ein Wohnhaus aus dem 2. Jh. mit zahlreichen Fresken nichtchristlichen Inhaltes freigelegt. Eine frühchristliche Malerei weist darauf hin, daß sich hier im 4. Jh. eine Märtyrergedenkstätte befand. Die Kirche vom Anfang des 5. Jh.s wurde im 12. Jh. durch die Vorhalle, den teilweise über den Umfassungsmauern eines antiken Tempels errichteten Campanile und wahrscheinlich auch durch die Zwerggalerie der Apsis bereichert. Die im 19. Jh. durchgeführte historisierende Ausgestaltung befriedigt nicht. Bei der Kirche befindet sich das Generalat des 1720 durch Paulus v. Kreuz gegründeten Passionistenordens.

Über den (7) Clivus Scauri steigt man zur Kirche (8) S. Gregorio Magno al Celio hinab. Diese Gründung geht auf Papst Gregor I. d. Gr. (590 – 604) zurück, der in seinem hier gelegenen Elternhaus und auf den sizilianischen Besitzungen seiner reichen Familie mehrere Klöster gegründet und 590, nachdem er zuvor in päpstlichem Auftrag in Konstantinopel geweilt hatte, als erster Mönch selbst zum Papst gewählt wurde. Die Geschichte hat ihm später mit Recht den Ehrennamen eines Großen gegeben, wobei seine Größe weniger auf theologischem als auf organisatorischem Gebiet lag. Gregor organisierte in einer Zeit staatlichen Niederganges in großem Stil die Versorgung der römischen Armen. Er förderte das Mönchtum und entsandte 596 aus seinem Kloster den Mönch Augustinus mit 40 Gefährten zur Mission nach England. Sie erwies sich als erfolgreich und wurde später zum Ausgangspunkt der Mission auf dem Kontinent durch Willibrord und Winfried/Bonifatius. Das von Gregor gegründete Oratorium wurde im 12. Jh. durch eine Kirche ersetzt, die im 18. Jh. ihre heutige Gestalt erhielt. Man steigt über eine große Freitreppe zur festlichen, weithin sichtbaren Fassade hinauf, die Kardinal Scipione Borghese ab 1608 erbauen und mit seinem Wappen-

Stützmauern von SS. Giovanni e Paolo am Clivus Scauri.

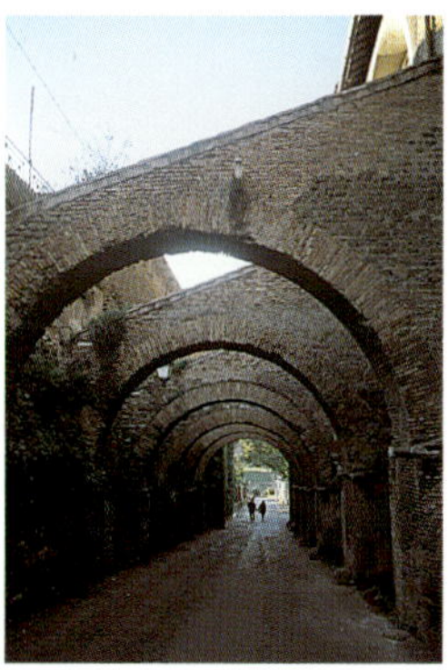

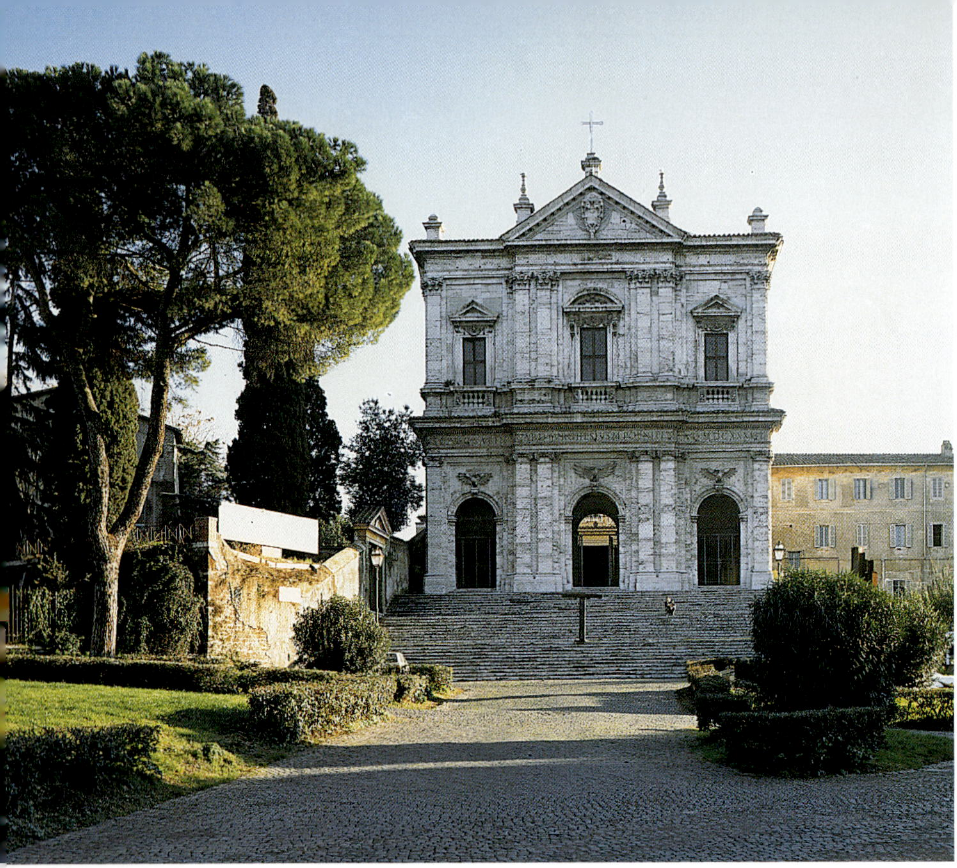

emblem schmücken ließ. Dahinter öffnet sich ein Atrium. In einem Nebenraum der Kirche wird die Kathedra Gregors gezeigt, ein kaiserzeitlicher Marmorthron mit Rückenlehne. Links neben der Kirche befinden sich drei Oratorien, die zu Beginn des 17. Jh.s auf Betreiben des Kirchenhistorikers Cesare Baronio (1538 – 1607) restauriert wurden. Neben ihrer reichen Ausstattung ist jener Marmortisch bemerkenswert, an dem Gregor Arme beköstigt haben soll. Bei der Kirche S. Gregorio befinden sich Niederlassungen des Camaldulenserordens und der Schwestern von Mutter Teresa.

S. Gregorio Magno mit dem Kloster der Camaldulenser. Links unter den Bäumen Zugang zu drei Oratorien, die auf frühchristliche Zeit zurückgehen.

Von der Tiberinsel zum Aventin

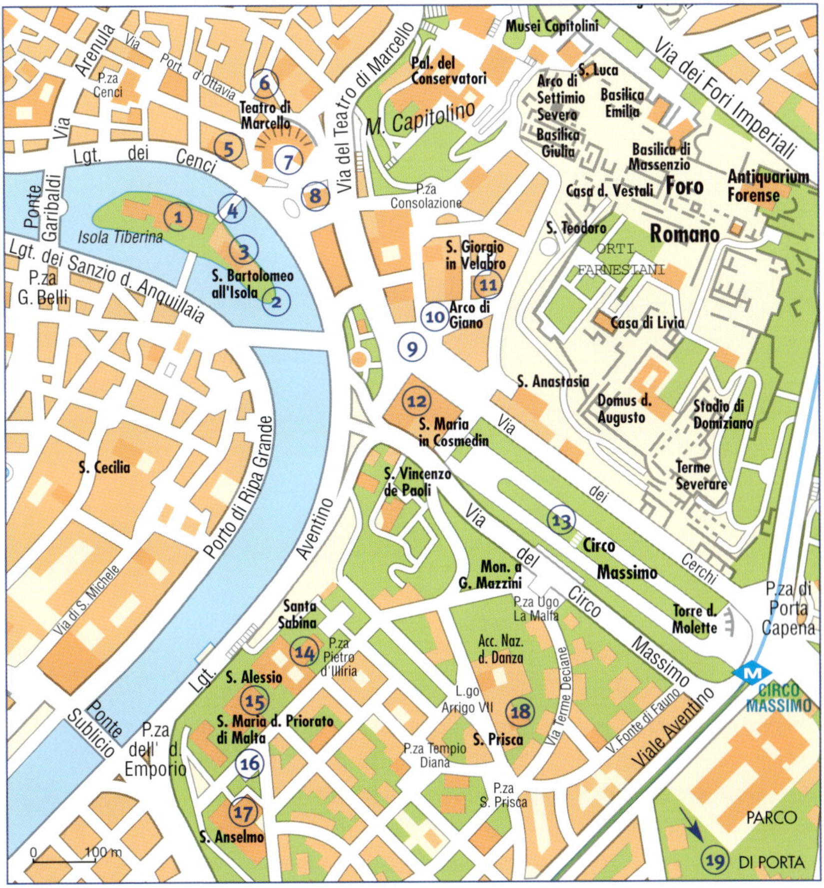

Die (1) Tiberinsel hat trotz ihrer geringen Ausdehnung von nur 300 mal 80 m für die Geschichte der Stadt große Bedeutung, denn sie bot seit jeher die bequemste Möglichkeit zum Flußübergang. Im frühen 3. Jh. v. Chr. entstand auf ihr ein Tempel des Äskulap, des Gottes der Heilkunde, dessen Sinnbild ein von einer Schlange umwundener Stab ist. Dieses Heiligtum war

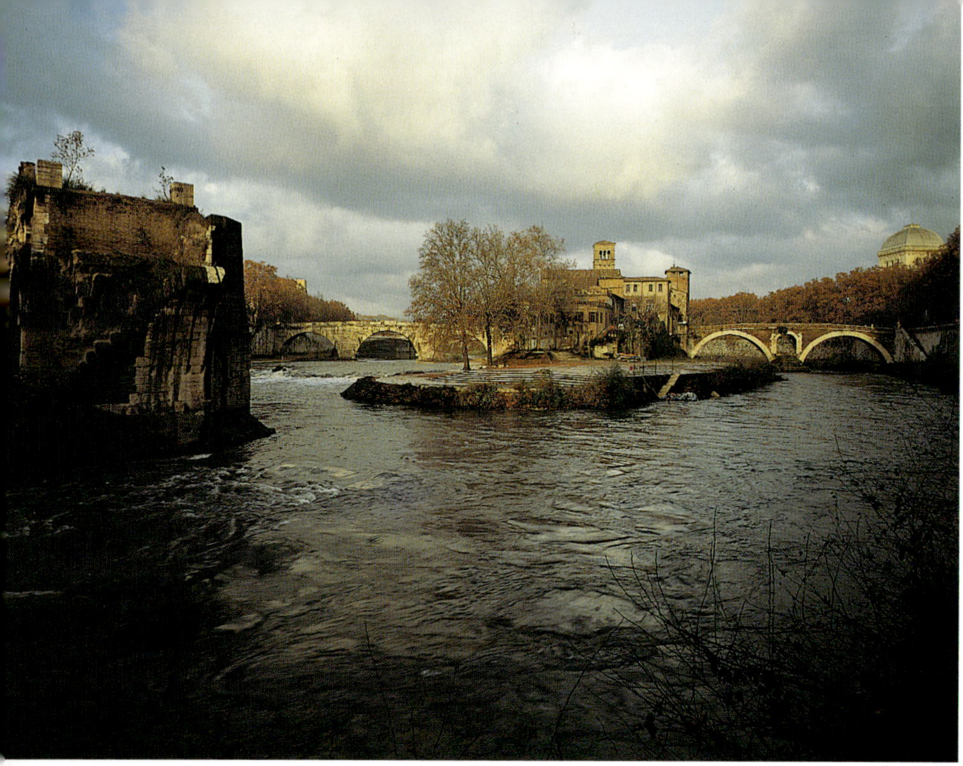

eine Art Sanatorium, in dem u. a. der Heilschlaf praktiziert wurde. Inseln wurden aufgrund ihrer isolierten Lage bis weit ins Mittelalter hinein für die Anlage von Hospitälern bevorzugt. Heute befindet sich auf der Tiberinsel das angesehene Hospital der Barmherzigen Brüder. Auf der unteren Plattform der Insel kann man an der östlichen Spitze (2) Reste der Travertinverkleidung aus der ersten Hälfte des 1. Jh.s v. Chr. sehen, auf der sich die Gestalt des Äskulap mit dem Stab, um den sich die Schlange windet, erkennen läßt. Auf den Ruinen des Äskulap-Heiligtums gründete Kaiser Otto III. (983 – 1002) um 1000 ein (3) Kloster zur Erinnerung an den hl. Adalbert von Prag, den Apostel der Preußen, der 997 als Märtyrer starb. Die Kirche nahm später das Patrozinium des Apostels Bartholomäus an. Vom ursprünglichen Bau ist lediglich der Campanile erhalten. Ein aus einem antiken Säulenschaft heraus gearbeiteter Marmorbrunnen auf der Treppe zur Apsis zeigt den hl. Adalbert mit Christus, Bartholomäus und Otto III. Der (4) Pons Fabricius, der die Insel über zwei Bogen mit dem linken Ufer verbindet, wurde 62 v. Chr. erbaut. Dort besaß einst die Papst-Familie der Caetani Burg und Turm zur Überwachung des Flußübergangs.

Tiberinsel von Süden. Im Vordergrund der Ponte rotto, Reste einer antiken Brücke (2. Jh.).

Vierköpfige Herme auf dem Pons Fabricius (62 v. Chr.), der linken Brücke zur Tiberinsel. Die Köpfe trugen das antike Bronzegeländer.

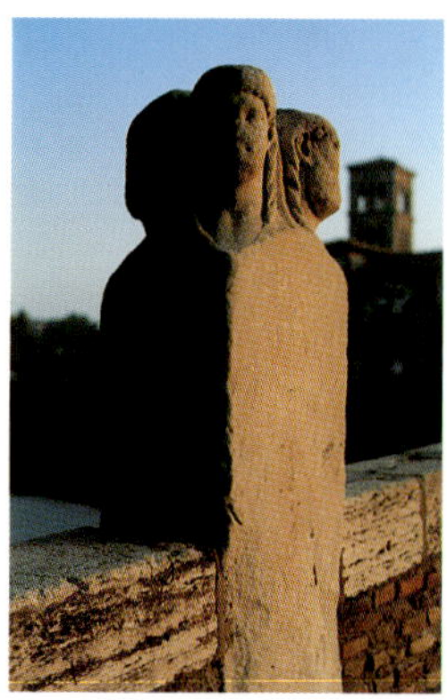

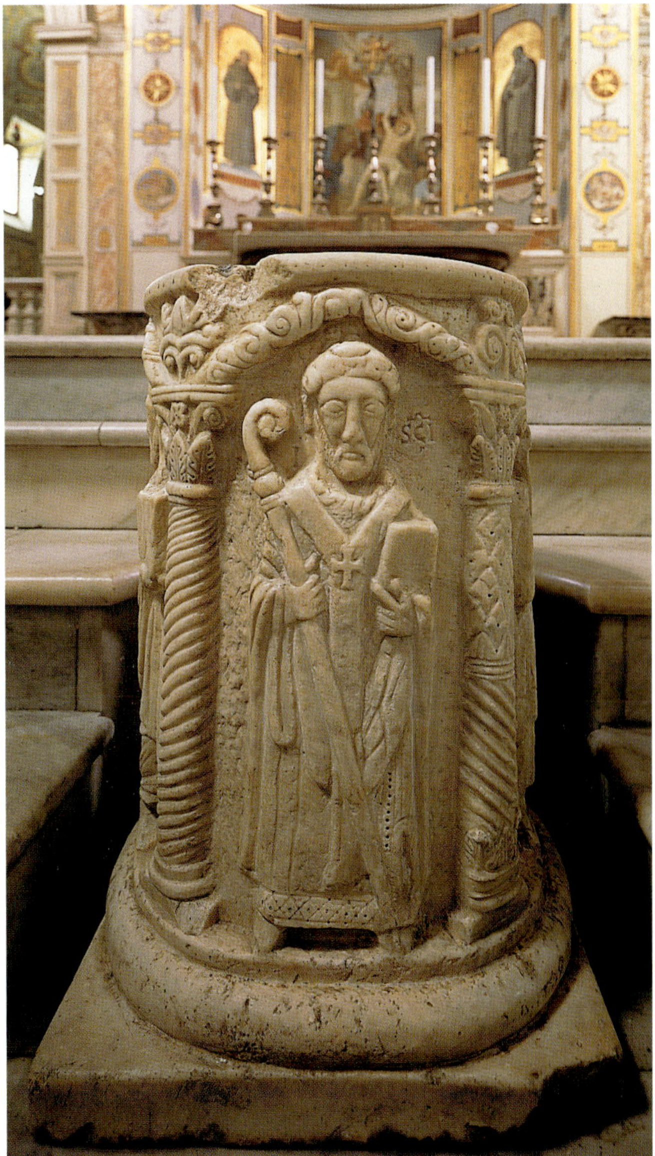

Brunnen mit der Gestalt des hl. Adalbert auf der Treppe zur Apsis von S. Bartolomeo auf der Tiberinsel.

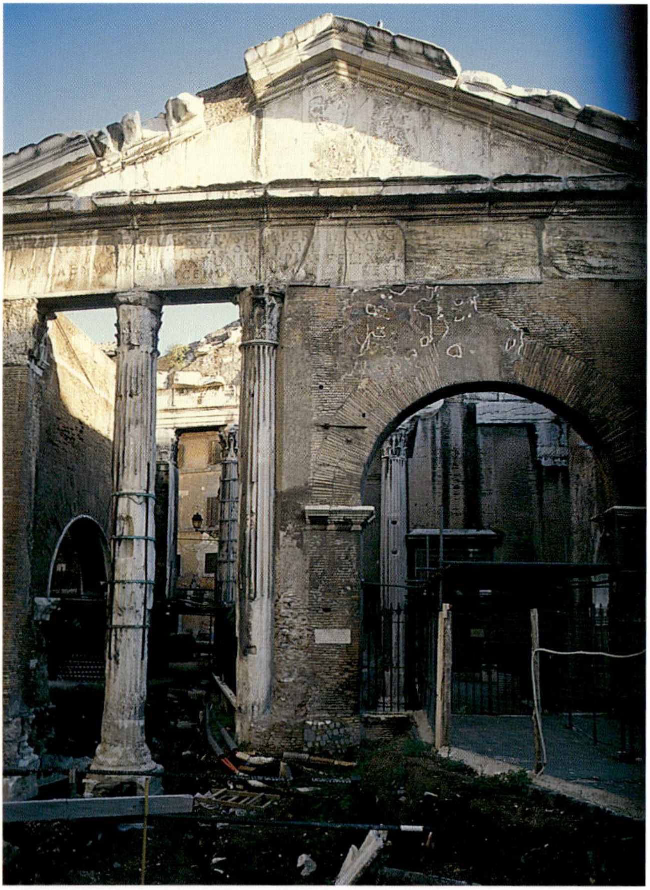

S. Angelo in Pescheria mit dem Portico d'Ottavia, den Resten einer antiken Säulenhalle.

Wenn man diese Brücke zum Ufer hin überschreitet, sieht man links den 1897 – 1904 übermächtig in das Ambiente gesetzten Bau der (5) Synagoge. Hier, am Hafen und damit am Handelszentrum, lag seit dem 12./13. Jh. das jüdische Ghetto. Die Juden pflegten wie andere Landsmannschaften im geschlossenen Verband zu wohnen. Vorgeschrieben wurde ihnen dieses gemeinsame Wohnen aber erst 1555 durch den mit rücksichtsloser Härte regierenden Papst Paul IV. (1555 – 59). Obwohl das

Ghetto 1848 aufgelöst wurde, befinden sich hier noch speziell jüdische (koschere) Geschäfte und Restaurants. Die gegen Ende des 19. Jh.s durchgeführte „Sanierung" des Viertels geschah ohne große Rücksicht auf den alten Bestand. Die damals errichteten Neubauten sind eher banal. 1943 verhaftete die deutsche Besatzungsmacht hier 2091 Juden.

Das interessanteste Monument im ehemaligen Ghetto ist die Kirche (6) S. Angelo in Pescheria (Via del Portico d'Ottavia), so genannt wegen der Nähe des Fischmarktes. Nach ihr ist das ganze Viertel benannt. Ihre Vorhalle gehörte zu einer Säulenhalle, mit der 147 v. Chr. nach einem Sieg über die Griechen zwei an dieser Stelle liegende Tempel umgeben wurden. Papst Stephan III. (768 – 772) ließ hier 770 eine Kirche erbauen, die im Mittelalter ein Zentrum des städtischen Lebens war. Von ihr brach Cola di Rienzo 1347 mit seinen Gefährten zum Kapitol auf, um die römische Republik auszurufen. Die Kirche wurde später barock umgestaltet. Seit dem 19. Jh. legte man ihre Vorhalle wieder frei. Seit 1584 wurde in der benachbarten kleinen Kirche S. Gregorio an jedem Samstag für die Juden des Ghettos eine Bekehrungspredigt gehalten. Dieser Brauch wurde erst 1847 definitiv abgestellt.

13 oder 11 v. Chr. wurde das von Cäsar begonnene und von Augustus vollendete (7) Marcellus-Theater eingeweiht und dem Gedenken an den zum Nachfolger des Augustus vorgesehenen, aber früh verstorbenen Neffen Marcellus gewidmet. Im Gegensatz zum griechischen Theatertyp ist es nicht in einen Berghang eingefügt, sondern es steht frei und ermöglichte dem Architekten den Bau großer Strukturen. Wahrscheinlich diente es als Vorbild für das Kolosseum. Am Marcellus-Theater zeigt sich im großen, was in Rom allenthalben mit antiken Bauten geschah: Im Mittelalter bildete der noch vorhandene Baubestand die Grundlage für die Stadtburg verschiedener Papstfamilien, und zwar nacheinander der Pierleoni, der Savelli und der Orsini. Zu Beginn des 19. Jh.s beherbergte das Gebäude u. a. die preußi-

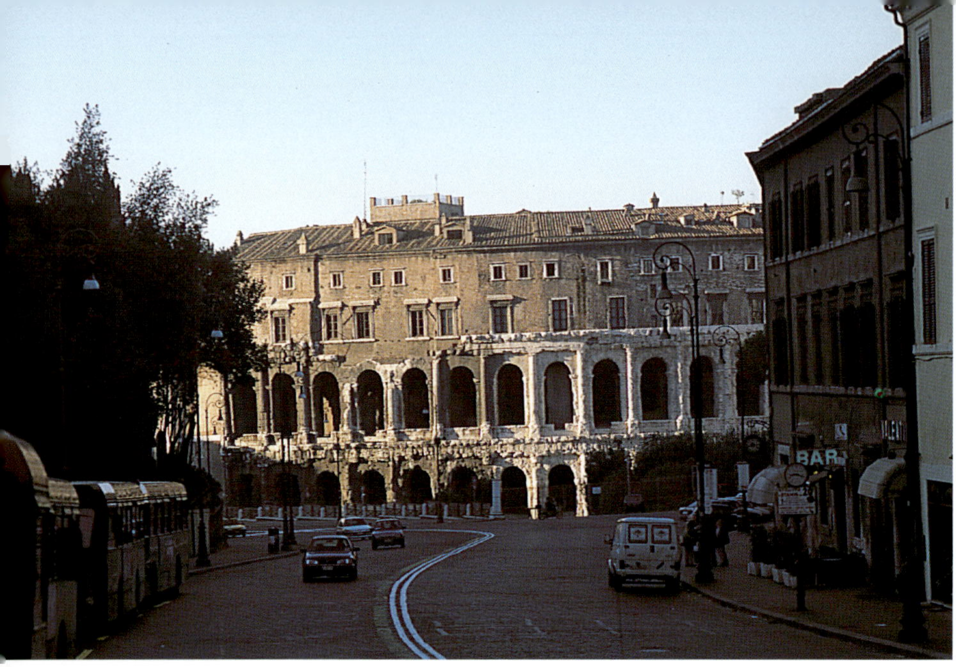

Das Marcellus-Theater, um 17 v. Chr. vollendet, mit den mittelalterlichen und späteren Umbauten des Familienpalastes der Orsini.

sche Gesandtschaft beim päpstlichen Stuhl. Die teilweise Freilegung des antiken Baues erfolgte im 20. Jh.

Was für das Theater im großen gilt, das wiederholt sich bei mehreren Tempelanlagen des ehemaligen Gemüsemarktes, des Forum Holitorium, vor allem bei der heutigen Kirche (8) S. Nicola in Carcere. Im 8. Jh. bestand hier ein Gefängnis, daher der Beiname. Seit dem 11. Jh. ist in den ehemaligen Tempelanlagen eine Kirche bezeugt. 1932 wurden die antiken Säulen der Außenwände freigelegt. Dabei wurde deutlich, daß die Kirche zwischen zwei Tempel gebaut worden war und von diesen jeweils eine Säulenfolge übernommen hatte.

Unmittelbar am Tiber, der bis hierher schiffbar war, lag das (9) Forum Boarium, der Rindermarkt des alten Rom. Unter ihm fließt die Cloaca Maxima, die wenig später den Tiber erreicht. An diesem Platz befinden sich zwei Tempel aus republikanischer Zeit. Der Rundtempel ist der älteste in Rom erhaltene Marmorbau und geht auf das 2. Jh. v. Chr. zurück. Er war dem Hercules Victor geweiht und wurde von einem römischen Kaufmann errichtet. Der rechteckige, unter dem Namen „Tempel der Fortuna virilis“ bekannte Bau, ist der Tempel des Portunus. Der ungewöhnlich gute Erhaltungszustand der beiden Bauten erklärt sich dadurch, daß sie im Mittelalter zu Kirchen wurden.

Der sog. (10) Janus Quadrifrons ist wahrscheinlich ein Ehrenbogen aus konstantinischer Zeit (Anfang 4.Jh.), der z. T. aus Teilen früherer Bauten errichtet wurde.

Unmittelbar daneben liegt die Kirche (11) S. Giorgio in Velabro. Ihr Beiname erinnert daran, daß diese Zone einst sumpfig war. Hier lokalisiert die Sage jenen Platz, an dem Romulus und Remus aufgefunden wurden. In der Nähe wurde am Abhang des Palatin die bis heute nicht wieder aufgefundene Grotte (Lupercal) verehrt, in der die Wölfin die Zwillinge gesäugt habe. Der Name S. Giorgio weist wie der der benachbarten Kirchen S. Maria in Cosmedin, S. Anastasia und S. Teodoro darauf hin, daß sich hier einst das griechische Viertel befand. Die dreischiffige Basilika S. Giorgio mit 16 antiken Säulen unterschiedlichen Zuschnitts aus Marmor und Granit wurde im 9. Jh. erbaut und im 13. Jh. durch einen Portikus und einen Campanile ergänzt, der z. T. über dem antiken Bogen der Argentarier steht. Diesen erbauten nach einer Bauinschrift 204 n. Chr. die Bankiers und Viehhändler des Forum Boarium zu Ehren des Kaisers Septimius Severus (193 – 211) und dessen Familie. Bemerkenswert ist in der Kirche das Altartabernakel aus dem 12. Jh. Die stark restaurierten Apsisfresken werden Cavallini zugeschrieben. Die Kirche wurde 1928 in ihren ursprünglichen Zustand versetzt und wird nach einem Sprengstoffattentat seit 1993 restauriert.

Barocke Brunnenanlage vor der Fassade von S. Maria in Cosmedin.

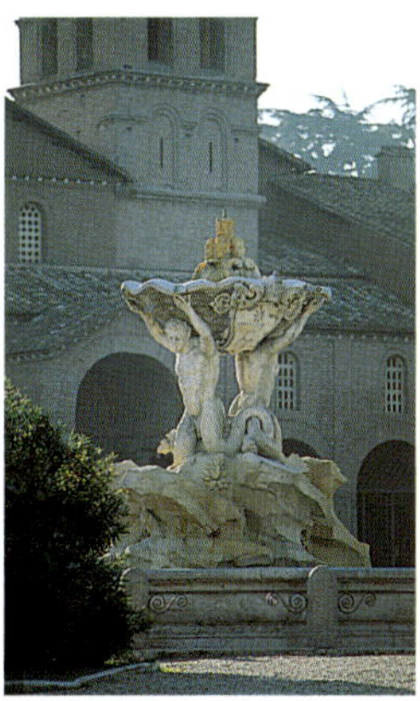

Die Kirche (12) S. Maria in Cosmedin (Piazza Bocca della Verità) wird von den meisten Touristen wegen der in ihrer Vorhalle aufbewahrten antiken Steinscheibe, der sog. Bocca della Verità, aufgesucht. In deren geöffneten Mund sollte ehemals jeder, der einen Eid schwor, seine Hand legen, die bei Meineidigen von geheimer Kraft festgehalten wurde. Die Kirche hat jedoch wesentlich mehr als diese Kuriosität zu bieten. Schon von weitem fällt sie durch ihren eleganten Campanile auf. Ihr Inneres bietet sich nach einer sorgfältigen Restaurierung in den Jahren 1893 – 99 in jener Gestalt, die sie in ihrer

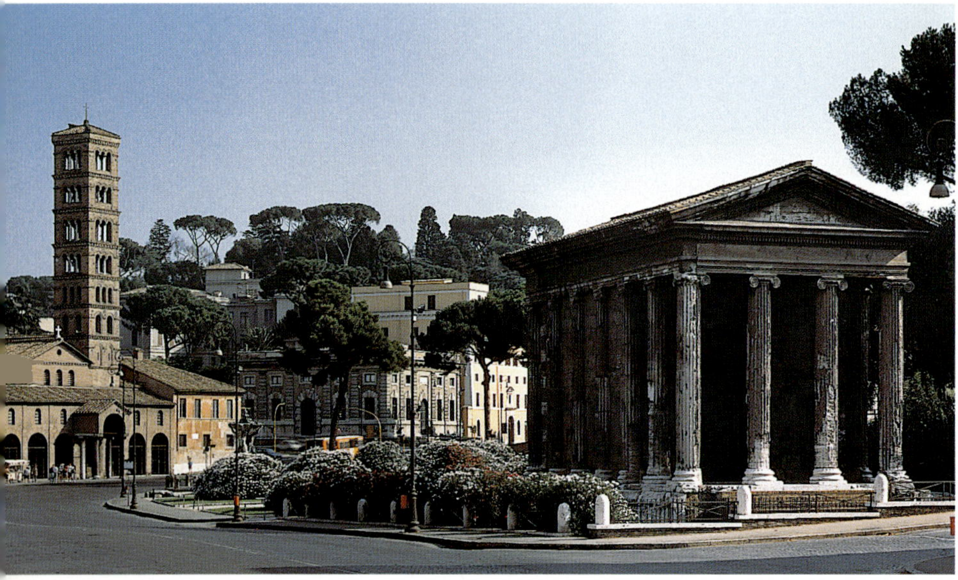

Glanzzeit im 12. Jh. besaß. Auch S. Maria wurde in ein spätantikes Gebäude hineingebaut, dessen Säulen im linken Nebenschiff noch zu sehen sind. In den Hochschiffwänden haben sich ferner Teile einer spätantiken Halle erhalten. Bemerkenswert sind die Schola cantorum, die Marmorkanzel, der Priestersitz, ein gotisches Altarziborium und der kostbare Fußboden.

In der Talsenke zwischen Palatin und Aventin liegt der 600 m lange und 150 m breite (13) Circus Maximus, der auf das 4. Jh. v. Chr. zurückgeht. Er war mit einer Kapazität von mindestens 200 000 Zuschauern „die größte Anlage für öffentliche Darbietungen, die je gebaut wurde" (Coarelli). In ihm fanden vor allem Wagenrennen statt. Auf seiner Mittellinie standen jene zwei Obelisken, die unter Sixtus V. 1587 erhoben und auf der Piazza del Popolo und bei S. Giovanni in Laterano neu aufgestellt wurden. Seit einigen Jahrzehnten ist er wieder freigelegt, und die verlorengegangenen Teile sind durch gärtnerische Bepflanzung kenntlich gemacht.

S. Maria in Cosmedin (links) mit einem der Tempel des Forum Boarium.

Inneres von S. Maria in Cosmedin mit der Schola Cantorum.

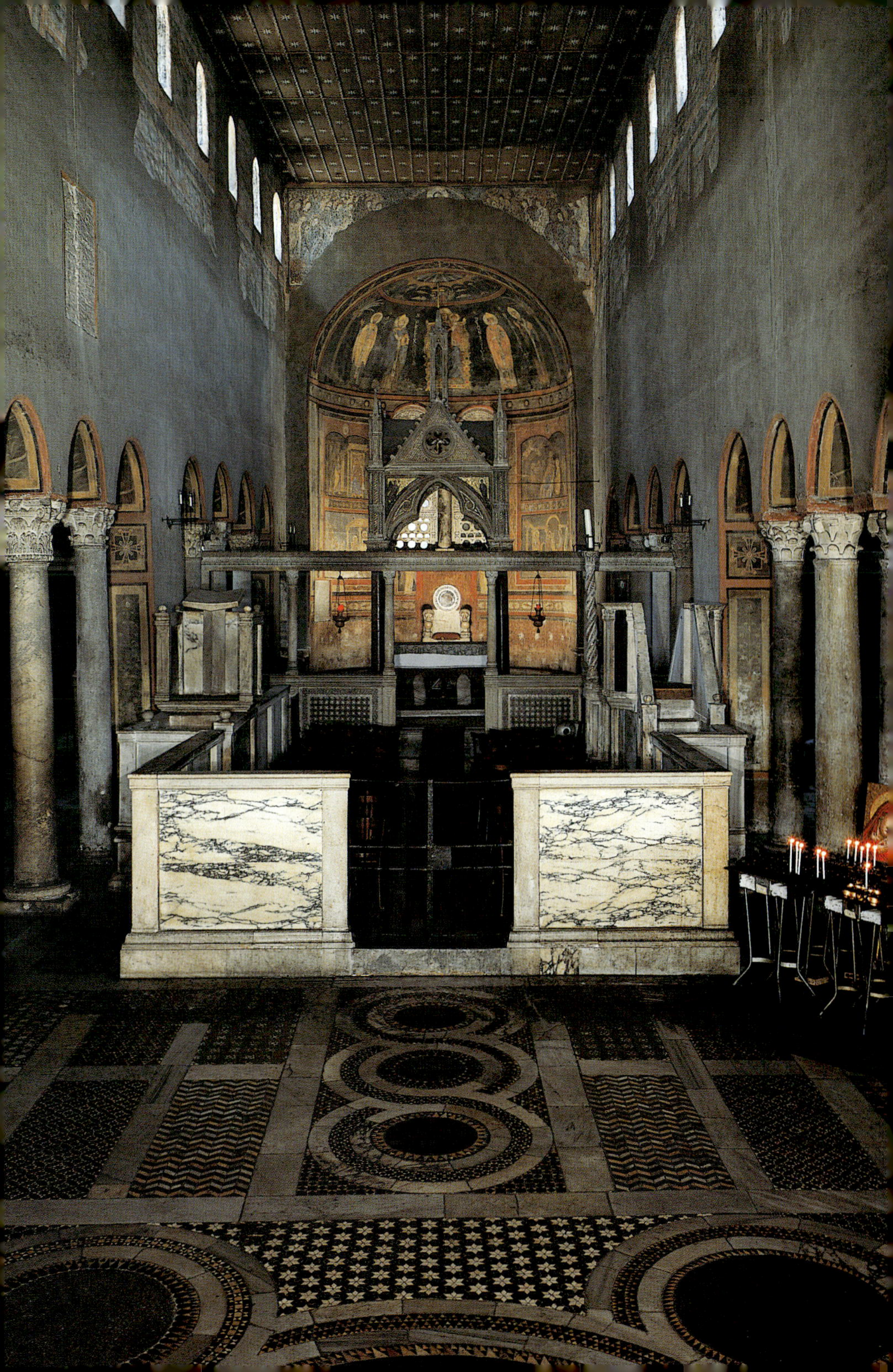

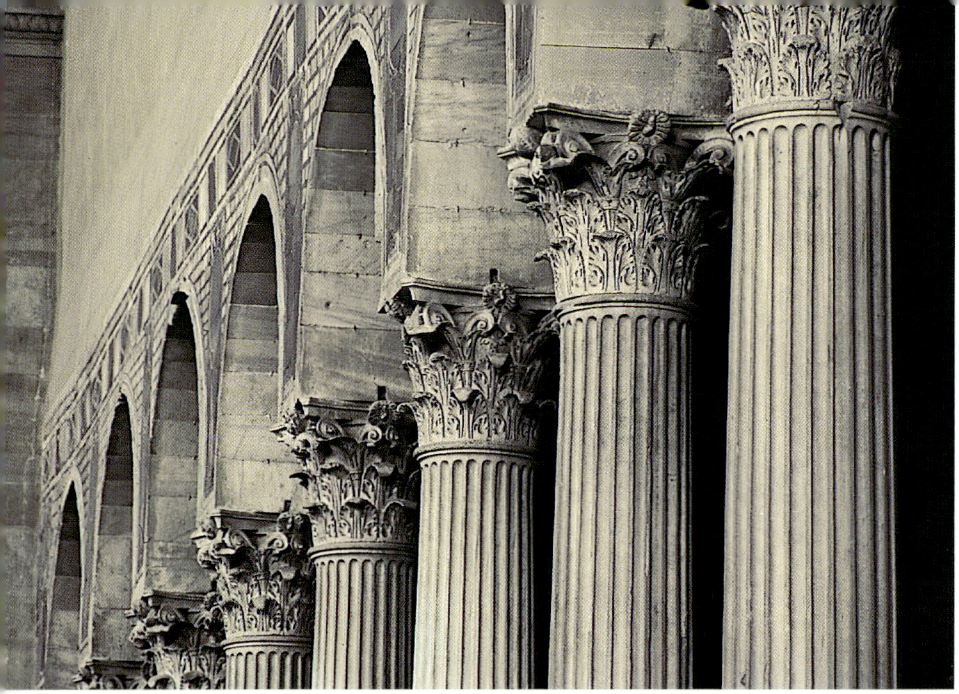

Säulenarkaden in S. Sabina (5. Jh.).

Der Aventin ist einer der sieben Hügel des antiken Rom, von dessen Zentrum und dem Palatin jedoch durch das Tal des Circus Maximus getrennt. Er erhebt sich im Süden der Stadt steil über dem Tiber und ist heute ein ruhiges und vornehmes Residenzviertel. Von S. Maria in Cosmedin her erreicht man auf seiner Höhe zunächst den Parco Savello an der Stelle einer früheren Burg der Savelli. Von hier aus genießt man ein großartiges Panorama über den Fluß und Trastevere bis hin zum Vatikan. Den Platz überragt die Apsis der Kirche (14) S. Sabina (Piazza Pietro d'Illiria). Diese wurde im 5. Jh. möglicherweise über dem Haus einer Matrone Sabina – daher der Name – errichtet. Auf der Innenseite der Eingangswand berichtet eine Inschrift mit goldenen Majuskeln auf blauem Grund, daß ein Presbyter Petrus aus Illyrien unter Papst Coelestin I. (422 – 32) die Kirche unter Einsatz seines ganzen Vermögens erbauen ließ. Sie ist das Paradebeispiel einer frühchristlichen, nicht vom Kaiserhaus finanzierten Basilika und durch die im 20. Jh. vorgenommenen behutsamen Restaurierungen in ihrer ursprünglichen Schönheit wiederhergestellt. Im Innern tragen 24 fein kannelierte Säulen und Kapitelle, die einem antiken Tempel entnommen wurden, über einem Schmuckband aus Porphyr und Serpentin den Obergaden mit den unter Benutzung älterer

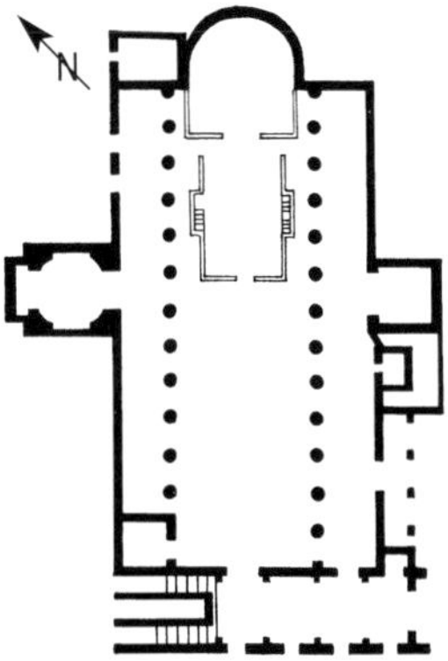

Grundriß von S. Sabina.

Fragmente wiederhergestellten Fensterfüllungen. Bei der Restaurierung wurden ferner die Schola cantorum, die Ambonen, der Bischofsthron und die Klerusbank aus Fragmenten des 11. Jh.s neu zusammengesetzt. Neben der Bauinschrift repräsentieren zwei symbolische Frauengestalten die Kirche der Juden- („ex circumcisione") und der Heidenchristen („ex gentibus"). Alles in allem bietet S. Sabina sich als stilreine Basilika dar, zumal sie auch nicht durch Bänke verstellt ist. Auch das Äußere bietet sich in ursprünglicher Reinheit. Das gilt für die Apsis, vor allem aber in der Vorhalle für die älteste geschnitzte Holztür, die die christliche Kunst kennt. Sie geht auf die Zeit der Erbauung der Kirche im 5. Jh. zurück und erzählt in den erhaltenen 18 von ursprünglich 28 Relieftafeln Begebenheiten aus dem Alten und dem Neuen Testament. Darunter befindet sich die älteste in der Kunstgeschichte bekannte Darstellung der Kreuzigung. Die Kirche wurde 1222 dem Dominikaner- oder Predigerorden, der Gründung des hl. Dominikus († 1221), übergeben, dessen Generalat sich hier befindet (s. auch Abb. S. 43 u. 49).

Wenig weiter erreicht man die Kirche (15) SS. Bonifacio ed Alessio (Piazza S. Alessio), im allgemeinen nur S. Alessio genannt, durch einen Torbau und vorbei am Generalat der Somasker, eines Reformordens aus dem 16. Jh. Er hat ähnliche Ziele wie der Jesuitenorden, fand aber in den deutschsprachigen Ländern keine Verbreitung. Ihm ist die wohl über einer heidnischen Kultstätte erbaute Kirche anvertraut, die allerdings nicht vor dem 7. Jh. bezeugt ist. Im 10. Jh. kam sie an griechische Mönche, die vor den Arabern aus Damaskus geflohen waren. Das Kloster gewann Bedeutung unter Kaiser Otto III., der 998 Rom zu seiner Residenz wählte und sich für die Erneuerung des Papsttums ebenso einsetzte wie für die Christianisierung Ostmitteleuropas. 990 – 992 war Adalbert von Prag, der Apostel der Preußen, hier Mönch. Während ungewiß ist, welcher Bonifatius Kirchenpatron ist, ist die Gestalt des Alexios von Edessa von der Legende reich ausgestaltet worden.

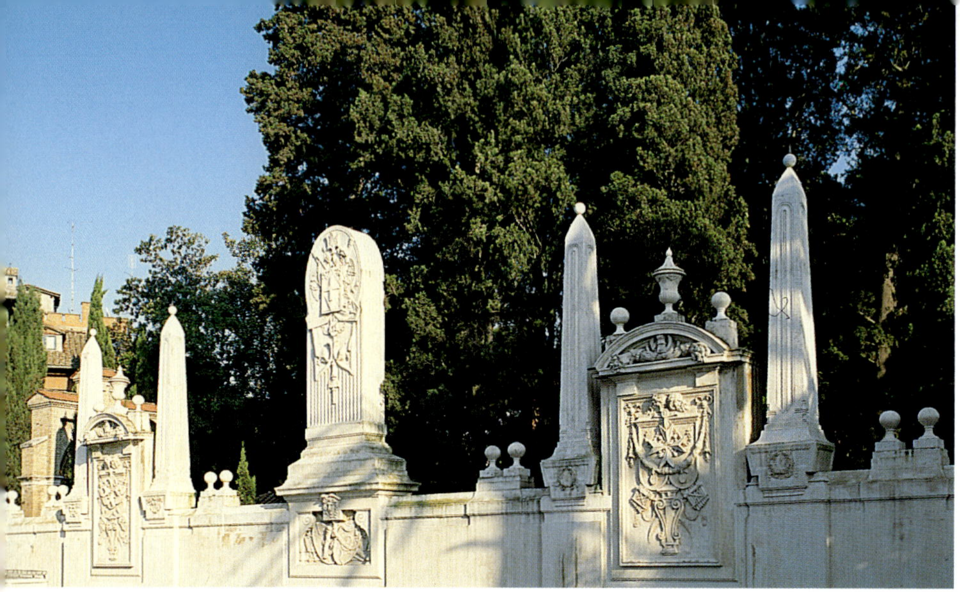

Teil der von Giovanni Battista Piranesi gestalteten Piazza dei Cavalieri di Malta (18. Jh.).

Danach verließ der von seinen Eltern zur Ehe bestimmte junge Mann aufgrund eines Jungfräulichkeitsgelübdes seine Braut und lebte später 17 Jahre lang unerkannt und arm unter einer Treppe in seinem Elternhaus. Abgesehen von dem romanischen Campanile und dem cosmatesken Fußboden aus dem 13. Jh. trägt die dreischiffige Pfeilerbasilika barockes Gepräge. Am Beginn des linken Seitenschiffes befindet sich die Alexius-Kapelle mit einer Stiege, die die Reste jener Treppe enthält, unter der der Heilige gelebt haben soll.

Die von dem berühmten Kupferstecher Giovanni Battista Piranesi (1720 – 78) entworfene (16) Piazza dei Cavalieri di Malta bildet mit ihren heraldischen Symbolen und Waffendekorationen auf dem Hintergrund der Zypressen ein selbst für Rom einmaliges Ensemble. Die meisten Besucher kommen hierher, um den berühmten Blick durch das Schlüsselloch des Tores zur Villa des Priorates des Malteserordens zu tun, von wo aus man durch den Hauptgang des Gartens im Hintergrund die Kuppel von St. Peter erkennt. Die über dem Steilabfall des Aventin zum Tiber hin gelegene Villa mit ihrer von Piranesi entworfenen Kirche ist nur mit Sondergenehmigung zugänglich.

Schlüssellochblick mit der Kuppel von St. Peter.

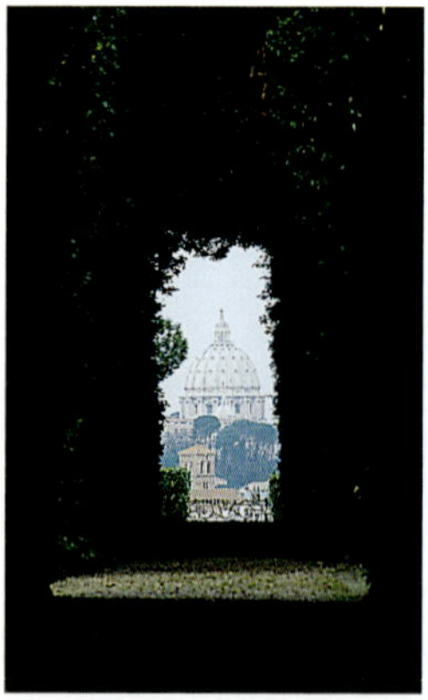

Gegenüber befindet sich der Zugang zum (17) Collegio Internazionale Benedettino mit der Kirche und der Hochschule S. Anselmo. Hier hat der Abt-Primas des Benediktinerordens seinen Sitz. In diesem Orden besitzt jedes einzelne Kloster seine

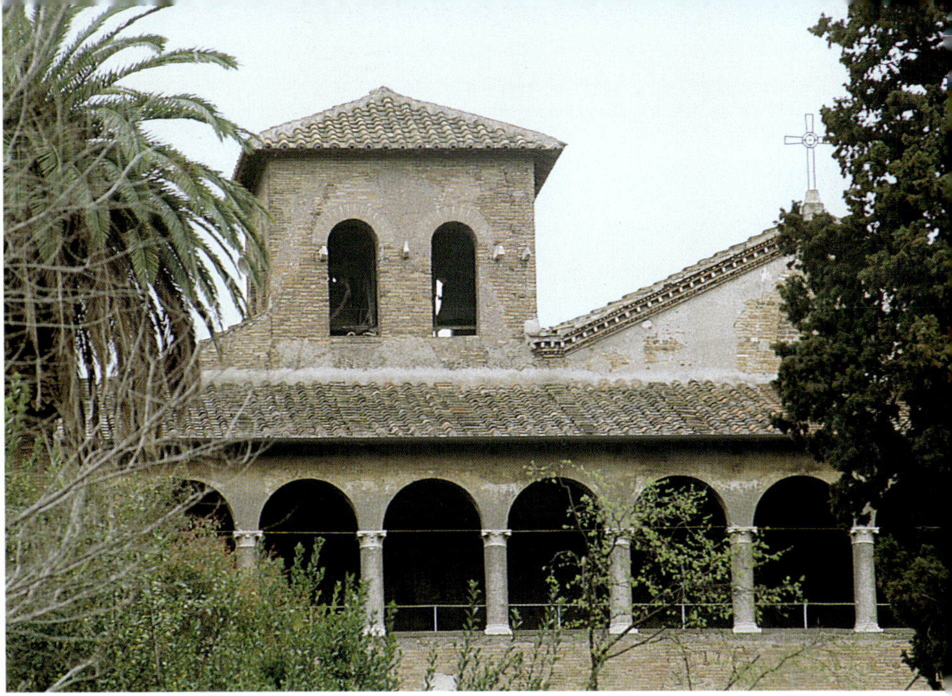

Ausschnitt aus der Fassade von S. Saba auf dem Kleinen Aventin (12. Jh.).

Autonomie, und die Mönche können normalerweise nicht von Kloster zu Kloster versetzt werden. Manche Gruppen von Klöstern schlossen sich jedoch seit dem 15. Jh. zu Kongregationen zusammen, die dem einzelnen Kloster zwar seine Selbstständigkeit ließen, aber doch den Austausch förderten. Erst auf Veranlassung des großen Papstes Leo XIII. (1878 – 1903), der sich auch um die stärkere Konzentration anderer Orden bemühte, erfolgten 1893 die Gründung von S. Anselmo als Ausbildungszentrum aller Kongregationen und die Bestellung eines Abt-Primas, der den Ehrenvorsitz über alle Benediktinerklöster führt. Die Kirche S. Anselmo wurde 1892 – 96 als dreischiffige Basilika in historisierendem Stil erbaut. Sie ist eine der wenigen Kirchen Roms, in denen noch gregorianischer Choral gepflegt wird.

(18) S. Prisca (Via S. Prisca) ist eine der frühen Titelkirchen. Die Legende will, daß sie über dem Haus des Ehepaares Aquila und Prisca entstand, die Paulus in seinem Brief an die Römer erwähnt und bei dem auch Petrus eingekehrt sein soll. Sie wurde erst um 500 gebaut und hat durch barocke Umbauten ihre ursprüngliche Gestalt verloren. Ihre Krypta befindet sich in einem römischen Vorgängerbau. In den letzten Jahrzehnten wurden unter der Kirche eine römische Straße, Wohngebäude und ein Mithräum ergraben.

Jenseits der Talsenke mit dem Viale Aventino liegt auf dem Kleinen Aventin die Kirche (19) S. Saba (Via S. Saba). Sie ist nach dem hl. Sabas († 532) benannt, dem Gründer des Klosters Mar Saba bei Bethlehem. Die Kirche entstand im 6. Jh. über dem Haus der hl. Silvia, der Mutter Papst Gregors d. Gr. Gregor XIII. (1572 – 85) übergab sie mit ihrem Besitz 1573 dem neu gegründeten Collegium Germanicum zur Ausstattung. Die Pfarrkirche wird durch Jesuiten betreut. Sie wurde im 12. Jh. als dreischiffige Basilika erbaut, deren Schiffe jeweils in eine Apsis einmünden, im 15. Jh. erneuert und im 20. Jh. restauriert. Mit ihren antiken Spolien (14 Säulen) und mittelalterlichen Ausstattungsstücken (kosmatesker Fußboden, Fresken) atmet sie den Geist einer langen Geschichte.

Trastevere und Gianicolo

Trastevere ist der vom historischen Zentrum aus jenseits des Tibers (trans Tiberim) auf dem ursprünglich etruskischen rechten Ufer des Flusses als eine Art Vorposten gelegene Stadtteil. Er war bereits in der Kaiserzeit bevölkerungsreich, aber sozial von einfachem Zuschnitt und reich an Fremden, was mit der Nähe des Hafens zusammenhing. Der von der Aurelianischen Stadtmauer umgebene Stadtteil öffnet sich nach Norden mit der Porta Settimiana zum Vatikan hin, nach Westen mit der Porta S. Pancrazio, früher Aurelia, zur Via Aurelia und nach Süden mit der Porta Portuense in Richtung Ostia. Er hat noch seine Eigenart und seinen Charme bewahrt, obwohl die Gefahr besteht, daß die altansässige Bevölkerung wie in anderen charakteristischen Vierteln Roms durch die Zweitwohnungen wohlhabender Ausländer nach und nach verdrängt wird. Der Gianicolo wurde dagegen erst unter Urban VIII. (1623 – 44) durch neu angelegte Bastionen in die Stadt integriert. Er gehört nicht zu den klassischen sieben Hügeln.

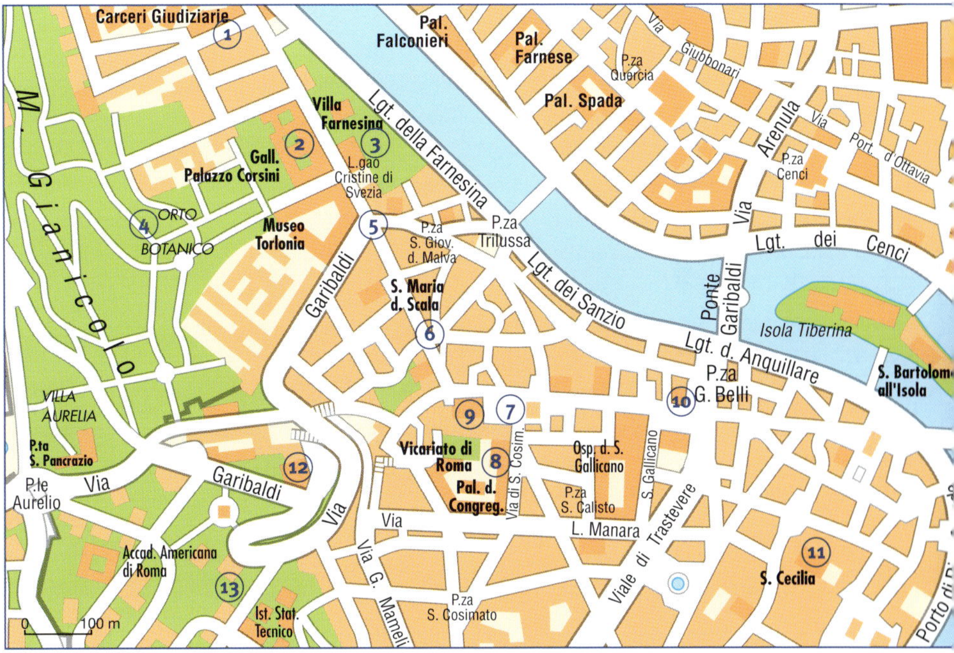

Vom Vatikan aus erreicht man Trastevere durch die Via della Lungara, vorbei am (1) Gefängnis Regina Coeli (1883), das seinen frommen Namen trägt, weil sich an dieser Stelle vordem ein Karmelitinnenkloster befand. Wenig später folgt der Palazzo (2) Corsini aus dem 15. Jh. Er erlebte seine Glanzzeit, als 1656 – 84 Königin Christine von Schweden hier residierte, ihre bedeutende Kunstsammlung aufbaute und kulturelle Mittwochtreffen veranstaltete. In der Galleria Corsini mit ihrem reichen Bestand an Gemälden befindet sich ihr Sterbezimmer mit dem stolzen Spruch „Frei bin ich geboren, frei habe ich gelebt, befreit werde ich sterben." Der Palast ist heute Sitz der Accademia Nazionale dei Lincei, der italienischen Akademie der Wissenschaften.

Gegenüber (Via della Lungara 230) befindet sich die (3) Farnesina, eine zweistöckige Villa in einer Gartenanlage, die sich der Bankier Agostino Chigi, der in enger geschäftlicher und persönlicher Beziehung zu den Päpsten, Künstlern und Literaten seiner Zeit stand, zu Beginn des 16. Jh.s von Baldassare Peruzzi erbauen und von den besten Malern seiner Zeit verschwenderisch schmücken ließ. Hier arbeiteten Raffael, Giulio Romano († 1546), Giovanni Francesco Penni († 1528), Sebastiano del Piombo († 1547) und Sodoma († 1549). Ihre Themen entnahmen sie der griechischen Mythologie. Die Villa ging später an die Farnese über – daher ihr Name. Pläne zu einer Verbindungsbrücke über den Tiber hin zum Palazzo Farnese wurden nie verwirklicht. Heute dient die Farnesina repräsentativen Zwecken der Accademia dei Lincei. Neben dem Palazzo Corsini führt die Via Corsini zum (4) Botanischen Garten, der der römischen Universität untersteht und sich mit seinen reichen Anpflanzungen den Abhang des Gianicolo hinaufzieht.

Wenig später betritt man durch die (5) Porta Settimiana, die ursprünglich den Zugang zu den Thermen des Septimius Severus bildete, dann in die Aurelianische Stadtmauer einbezogen und oft umgestaltet wurde, das eigentliche Trastevere. Über die Via della Scala dringt man ins Innere dieses noch sehr eigenwilligen Stadtteiles durch. Daß dieser aber nicht nur von seinen Traditionen lebt, sondern auch heute noch Zeichen eines vitalen kirchlichen Lebens besitzt, zeigt die beim ehemaligen Kloster (6) S. Egidio (1630) seit 1968 bestehende Gemeinschaft S. Egidio. Diese aus einem festen Mitgliederstamm junger Menschen und zahlreicher Freunde bestehende Basisgemeinde pflegt in ihrer Kirche das tägliche Gebet mit einer Vesper und der Predigt durch einen Laien. Sie leistet in den Armenvierteln Roms vorbildliche Sozialarbeit.

Ausschnitt aus der Fassade von S. Maria in Trastevere mit dem mittelalterlichen Mosaik und der barocken Vorhallenbekrönung.

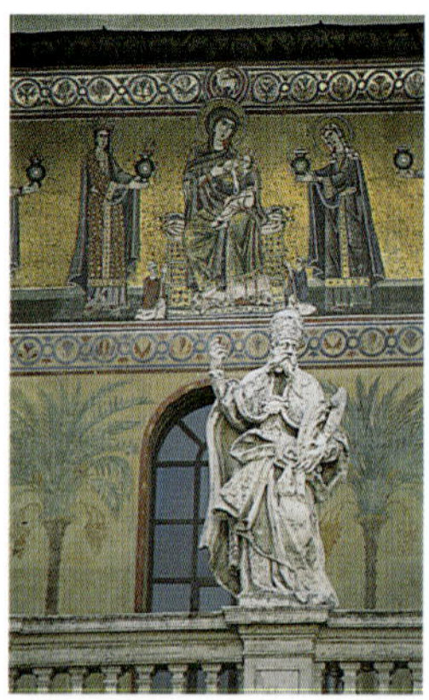

Kurz nach S. Egidio erreicht man die Piazza (7) S. Maria in Trastevere, das alte Zentrum des Stadtviertels, das als Fußgän-

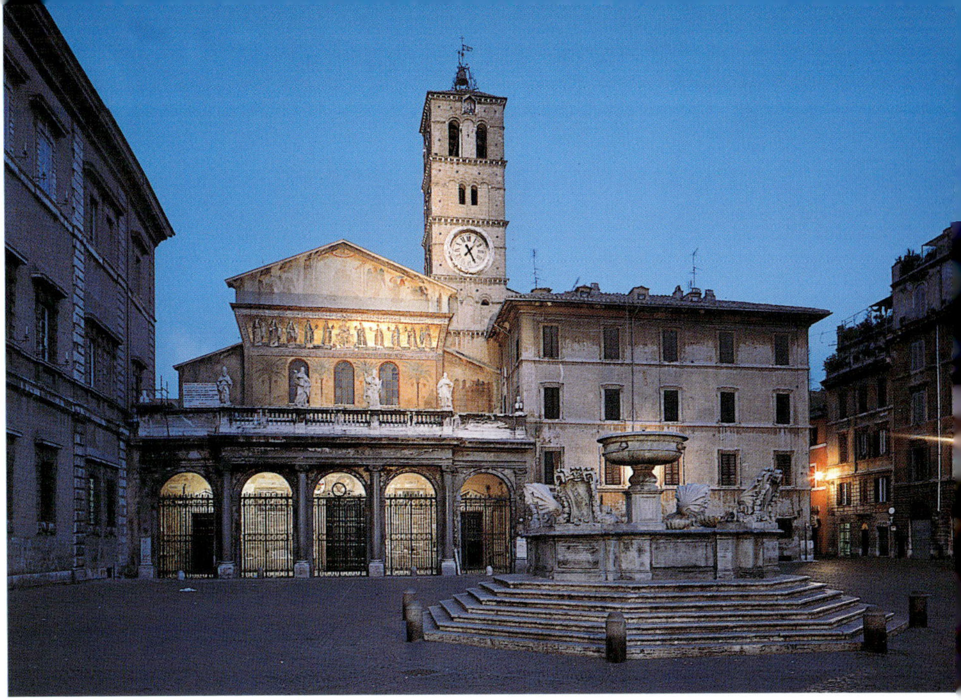

Platz und Kirche von S. Maria in Trastevere.

gerzone ein Treffpunkt der Einheimischen und Fremden ist. Der Platz bildet eine Art Atrium für die Kirche. In dem links davon gelegenen (8) Palazzo S. Callisto aus dem 16. Jh., der nach den Lateranverträgen im Jahre 1936 erweitert wurde, befinden sich zahlreiche vatikanische Behörden. Der heutige Bau von (9) S. Maria einschließlich des Campanile geht im wesentlichen auf das 12. Jh. zurück. Von einem Vorgängerbau des 4. Jh.s haben sich keine Reste erhalten. S. Maria rangiert in der Rangfolge unmittelbar nach den vier großen Patriarchalbasiliken, doch ist das Marienpatrozinium erst im späten 8. Jh. belegt. In manchen von Seuchen heimgesuchten Heiligen Jahren ersetzte sie für die Pilger das weit außerhalb der damaligen Stadt gelegene St. Paul vor den Mauern. Dem mittelalterlichen Bau wurden vom 16. bis zum 18. Jh. weitere Teile und Ausstattungsstücke hinzugefügt. Carlo Fontana schuf 1701 – 02 die Vorhalle. Sie birgt zahlreiche mittelalterliche Steinfragmente und Grabplatten. Auf der Außenwand der Fassade zeigt ein Mosaik aus dem 12. Jh. die thronende, von Frauengestalten, möglicherweise den klugen und törichten Jungfrauen, und zwei Stifterfiguren begleitete Madonna. Das großartige dreischiffige Innere der Kirche wird durch 22 antike Granitsäulen mit ionischen und korinthischen Kapitellen unterteilt, die einen Architrav tragen, der ebenfalls

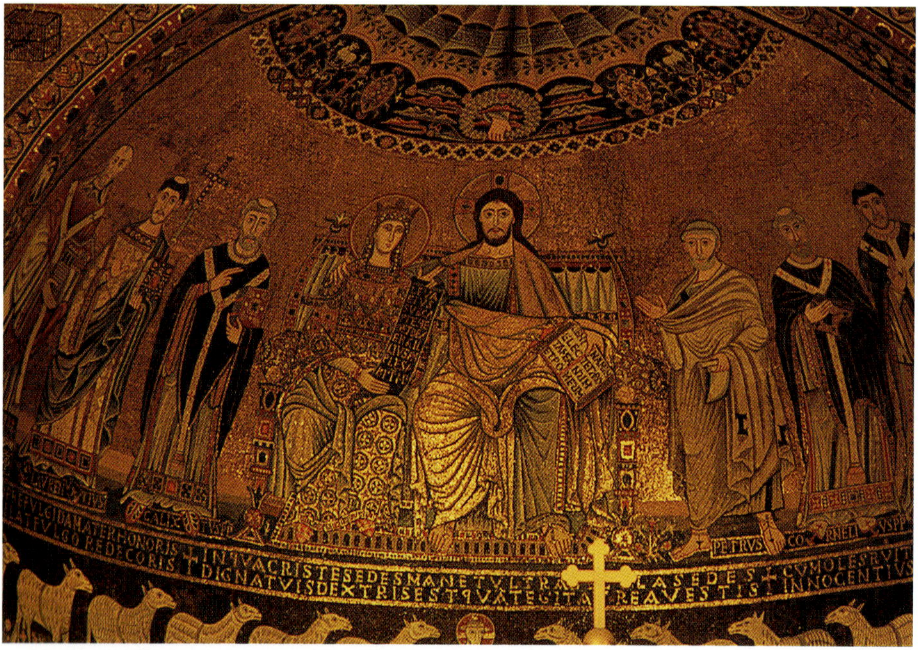

Apsismosaik von S. Maria in Trastevere. Maria als Braut Christi (Kirche) auf dem Thron neben Christus, umgeben von Heiligen und dem stiftenden Papst.

aus antiken Spolien besteht. Der Fußboden ist cosmatesk gestaltet. Die 1617 entworfene Kassettendecke schließt ein Gemälde der Aufnahme Mariens in den Himmel ein. Ihren größten Ruhm verdankt die Kirche ihren Mosaiken in der Apsis und am Apsisbogen. Diese gehen auf zwei verschiedene Epochen zurück. Der obere Teil mit der Inthronisierung Mariens einschließlich des Lämmerfrieses entstand um die Mitte des 12. Jh.s. Hier thront in der Mitte der Apsiswölbung Christus mit seiner Mutter. Beide sind gleich groß dargestellt. Während Christus, der die Mitte des Ganzen einnimmt, als Weltenrichter erscheint, trägt seine an die Seite gerückte Mutter Krone und Prachtgewänder einer Königin. Von ganz anderer Art sind die Mosaiken in dem darunter befindlichen Streifen. Sie stammen von Cavallini (1291) und bilden einen Höhepunkt der klassisch-byzantinischen Formensprache. Die Szenen sind nicht mehr auf einem feierlichen, goldenen Hintergrund dargestellt, sondern sie spielen sich vor Landschaften ab. Links neben der Apsis befindet sich die Capella Altemps. Der Titelkardinal dieser Kirche, Mark Sittich von Hohenems, italianisiert Altemps, ließ sie 1588/1589 als künftige Grablege schaffen. Altemps hatte sich als typischer Vertreter der noch nicht vom Geist der tridentinischen Reform ergriffenen Kirche erst dann für die geistliche Laufbahn entschieden, als sein Onkel zum Papst gewählt wurde, den Namen Pius IV. (1559 – 65) annahm und sich ihm die Hoffnung auf eine Karriere auftat. Unter den von Pius IV. begünstigten Familienangehörigen waren sowohl Karl Borromäus wie Mark Sittich. Während jener zum Muster des nachtridentinischen Seelsorgebischofs wurde, wählte der 1560 zum Kardinal und 1561 zum Bischof von Konstanz erhobene Altemps die Rolle eines römischen Fürsten, Kunstsammlers und Mäzens. An der Erneuerung seines Bistums nahm er kaum Anteil.

Von S. Maria aus erreicht man über die Via della Lungaretta den Viale Trastevere, einen seit 1886 angelegten großen Straßendurchbruch. An ihm liegt die Kirche (10) S. Crisogono. Ihr über römischen Gebäuden errichteter Vorgängerbau ist 499 erstmals bezeugt. S. Crisogono bildete zusammen mit S. Maria eines der frühen kirchlichen Zentren des bevölkerungsreichen Trastevere. Im 12. Jh. entstand auf einem infolge der Anschwemmungen des Tibers um 6 m höheren Niveau ein Neubau mit 22 antiken Granitsäulen, einem Cosmatenfußboden und einem Campanile. Ihr heutiges Aussehen verdankt die Kirche Umbauten des 17. Jh.s. Im linken Seitenschiff kann man in Vorgängerbauten aus dem 5. und 8. Jh. hinabsteigen.

Jenseits des Viale Trastevere erreicht man in einem Viertel, in dem das Mittelalter noch gegenwärtig zu sein scheint, die Kirche (11) S. Cecilia (Via di S. Cecilia), bei der ein Benediktinerinnenkloster besteht. Nach der Legende befand sich hier das Haus des hl. Valerianus, des Verlobten der hl. Cäcilia. Deren

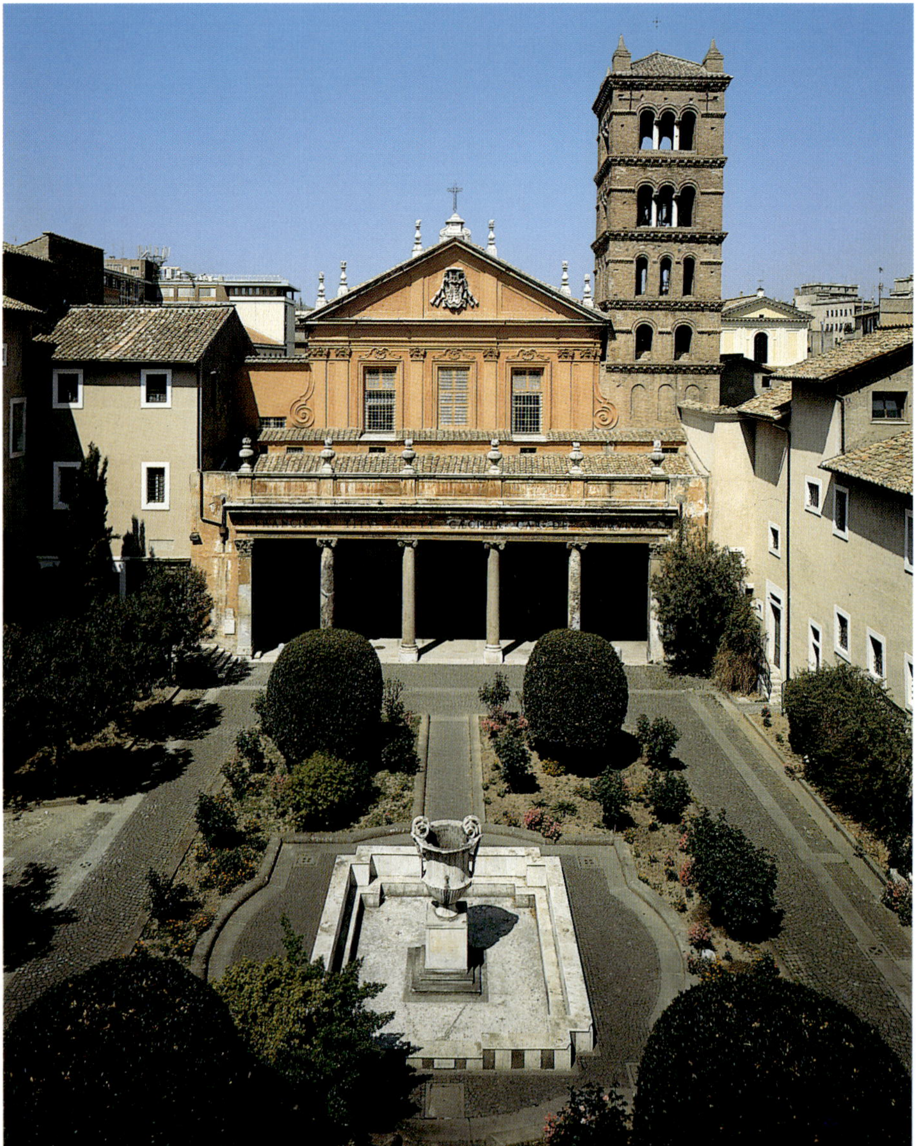

Historizität ist jedoch nicht sicher. Grundmotiv der Erzählung ist das Lob der Jungfräulichkeit, da die Verlobten auf die Ehe verzichteten und nach der Verweigerung des Götteropfers in einer Verfolgung als Märtyrer starben. Die Verehrung der Heiligen in Trastevere ist seit dem 5., die in der Calixtus-Katakombe seit dem 7. Jh. nachgewiesen. Seit dem Spätmittelalter wird Cäcilia als Patronin der Kirchenmusik verehrt. Durch das barocke Portal gelangt man in einen Innenhof. Die hier im 5. Jh. entstandene Kirche wurde im 9. Jh. erneuert und später wiederholt restauriert. 821 wurden die Gebeine der Heiligen hierher übertragen. Die Vorhalle und der Campanile gehen auf das 12. Jh. zurück. Das Innere hat infolge der späteren Veränderungen seinen ursprünglichen Charakter verloren. Über der Confessio erhebt sich ein reich geschmücktes Ciborium des Arnolfo di Cambio aus dem Jahr 1293. An den unversehrt aufgefundenen Körper der Heiligen erinnert in der Confessio eine 1600 von Stefano Maderno geschaffene meisterhafte Liegefigur der Heiligen. Das Apsismosaik aus dem 9. Jh. zeigt Christus mit den Apostelfürsten sowie Caecilia und Valerianus. Im Nonnenchor an der Innenwand der Fassade kann man, soweit der Gottesdienst das erlaubt, die Reste eines Jüngsten Gerichts Cavallinis aus dem Jahre 1293, eines der bedeutendsten Werke des Mittelalters, besichtigen. Es wurde 1900 wiederentdeckt (s. Abb. S. 56).

Von Trastevere aus kann man über einige Treppen zum Gianicolo hinaufsteigen. An dessen Abhang befindet sich die Kirche (12) S. Pietro in Montorio (Via Garibaldi), die der spanische König Ferdinand I. am Ende des 15. Jh.s stiftete. Von ihrem Vorplatz hat man einen weiten Blick über Rom. Ebenso wichtig wie die Kirche mit ihren reich augestatteten Kapellen ist der im Hof des angrenzenden Franziskanerklosters 1502 von Bramante erbaute Tempietto. Der Baumeister schuf mit diesem kleinen Gedächtnisbau, der an der Stelle der legendären Kreuzigung des hl. Petrus stehen soll, einen Bautyp, der der Hochrenaissance den Weg bereitete und den Neubau von St. Peter

Vorhof und barockisierte Fassade sowie der mittelalterliche Campanile von S. Cecilia in Trastevere.

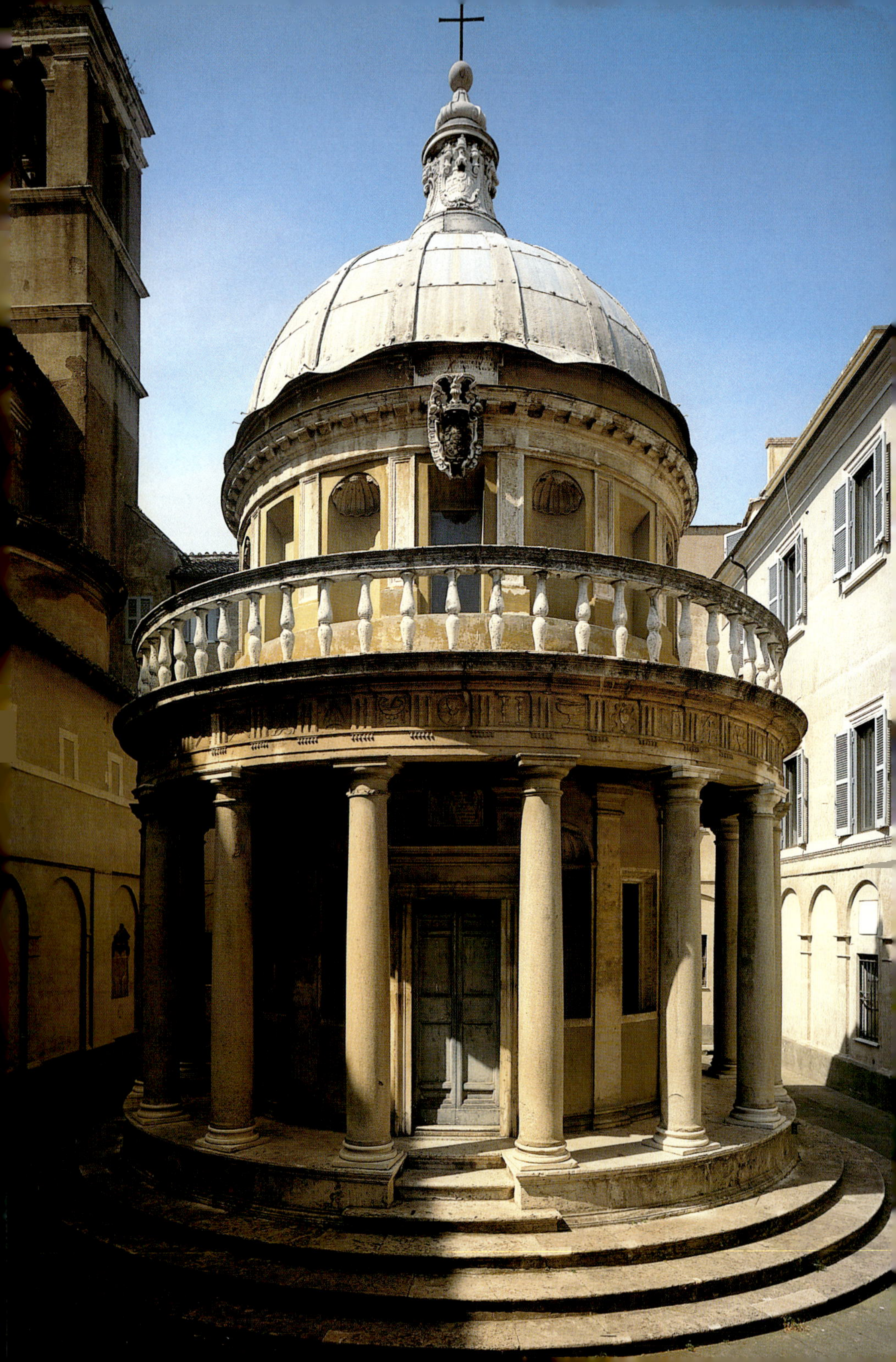

Der Tempietto von Bramente in S. Pietro in Montorio, 1502 geschaffen. Er gilt als ideales Beispiel eines Zentralbaus, mit dem die Renaissance neue Wege in der Architektur beschritt.

inspirierte. Ein wenig weiter kommt man an der (13) Fontana dell'Acqua Paola vorbei. Paul V. (1605 – 21) vollendete 1612 die unter Benutzung antiker Reste erbaute Wasserleitung vom Lago di Bracciano und das gewaltige dreitorige Brunnenhaus. Kurz dahinter beginnt der schöne Spazierweg über den Gianicolo bis zum Piazzale Giuseppe Garibaldi. Von hier genießt man einen unvergleichlichen Blick über ganz Rom. Hier steht das 1895 errichtete Reiterdenkmal für den Freiheitskämpfer Giuseppe Garibaldi (1807 – 82), einen der Helden des Risorgimento, dessen großer Wunsch die Gewinnung des päpstlichen Rom als Hauptstadt für das geeinte Italien war. An die Stelle der damaligen Konfrontation zwischen italienischem Staat und Papsttum ist längst ein friedliches Miteinander getreten.

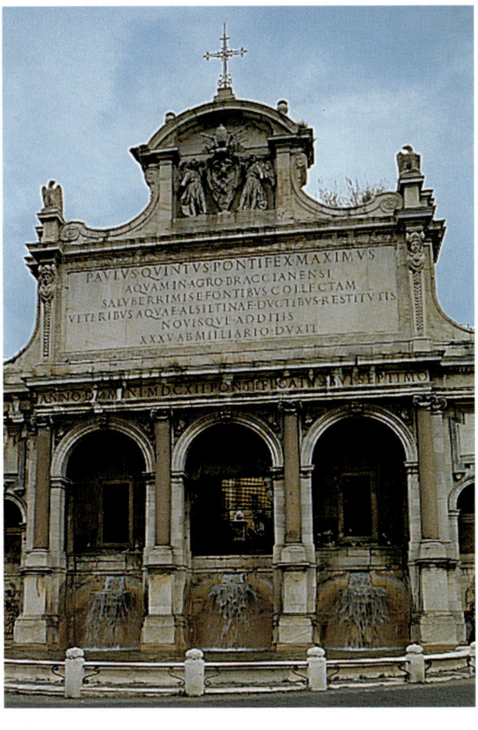

Die Acqua Paola auf dem Gianicolo. Das repräsentative Brunnenhaus des 17. Jh. weist mit seiner monumentalen Inschrift auf die Erneuerung der Wasserleitung unter Paul V. 1612 hin.

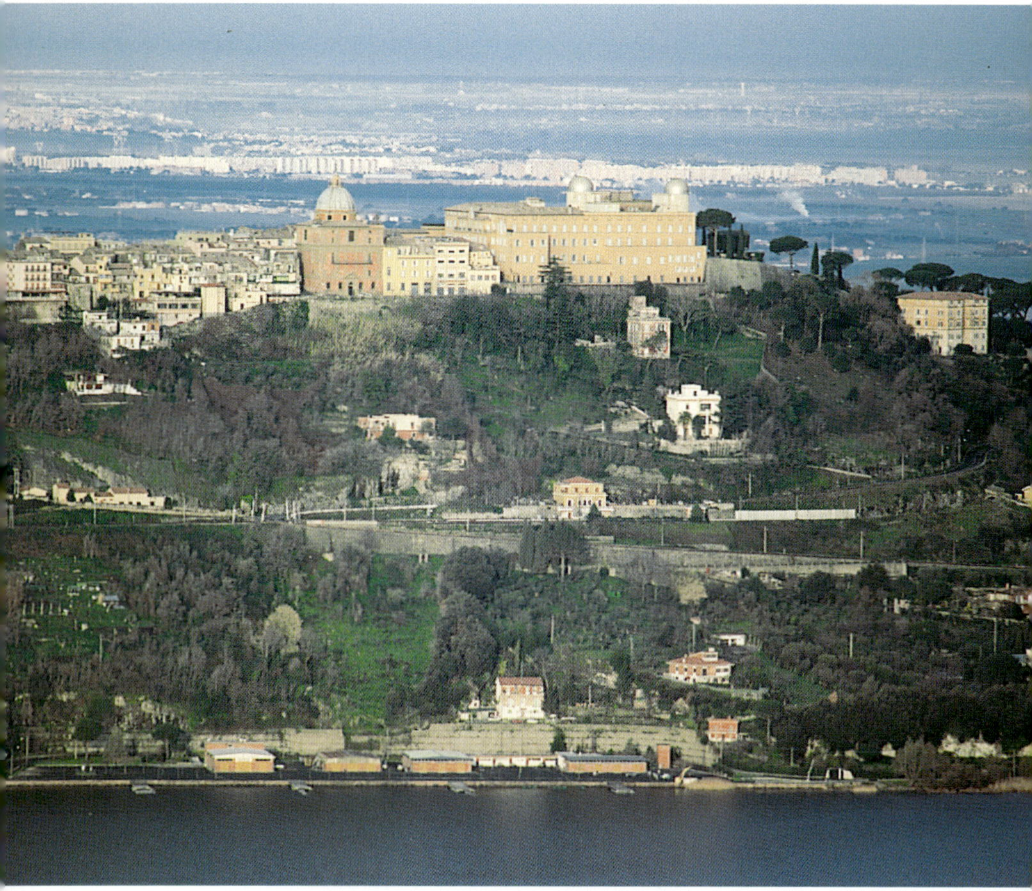

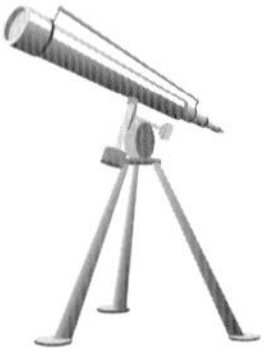

10 Ausflug nach Castel Gandolfo

Castel Gandolfo. Links die Kuppel der Stadtkirche, rechts der Papstpalast mit den beiden Türmen der päpstlichen Sternwarte. Im Vordergrund der Lago di Albano.

Eng mit der Stadt Rom verbunden ist ihr Umland, die Campagna Romana, deren zur Gemeinde Rom gehörender Teil Agro Romano heißt. Es ist das Gebiet zwischen dem Tyrrhenischen Meer und dem Apennin, das von Tiber und Aniene durchflossen und seit der Antike durch die von Rom ausstrahlenden ehemaligen Konsularstraßen, nach SO der Via Appia, nach N der Via Cassia und der Via Flaminia und nach NW der Via Aurelia erschlossen ist. In der Campagna haben sich wie in Rom selbst große Abschnitte der antiken Aquädukte erhalten. Sie geben ihr mit den ebenfalls zahlreichen erhaltenen Grabdenkmälern – etwa an der Via Appia – immer noch das Gepräge.

Geologisch ist die Campagna vulkanisch geprägt. Das zeigen die Kraterseen von Albano, Nemi, Bracciano und der Lago di Vico, die die Hügel aufschütteten und den größten Teil der Campagna mit einer Tuffschicht (Perperino) überdeckten. In diesen weichen Stein von warmer, brauner Farbe haben die Wasserläufe tiefe Schluchten (Fosse) eingegraben, die das Land gliedern und beim Anflug gut zu erkennen sind, da sie im Gegensatz zu den landwirtschaftlich genutzten Hochflächen mit dichtem Buschwald besetzt sind. Im sandigen Küstengebiet gibt es ausgedehnte Pinienwälder (Pinete). Das Tuffland ist nicht nur reich an Schluchten, sondern auch an Höhlen. Der Stein läßt sich leicht schneiden und dient immer noch als Baumaterial. Der verwitterte Boden ist fruchtbar, soweit er genügend Wasser erhält. An die Stelle der traditionellen Wein- sind in den letzten Jahrzehnten vielfach Nußanpflanzungen getreten.

Im Altertum war die Campagna ein blühendes Gebiet mit vielen, heute oft verschwundenen Siedlungen. Sie diente den Römern als Sommeraufenthalt, und die Kaiser ließen sich hier z. T. weitläufige Villenanlagen errichten, so etwa Hadrian in Tivoli (Villa Adriana). Seit der Spätantike und dem Niedergang der Stadt Rom verödete die Campagna und wurde wegen ihrer Sumpfgebiete malariaverseucht. Die Päpste als Herren des Kirchenstaates bemühten sich vergebens um Rekultivierung. Diese begann erst gegen Ende des 19. Jh.s. Sie wurde in faschistischer Zeit abgeschlossen, beseitigte die Sumpfgebiete und damit die Malaria und regulierte die Gewässer. Die Campagna ist heute durch die Ausdehnung der Stadt Rom in ihr Umland gefährdet.

Aus der Campagna erheben sich südöstlich von Rom die nach ihrem Hauptort Albano so genannten vulkanischen Albaner Berge. Vorwiegend aus Aschen und Tuffen gebildet und von ausgedehnten Kastanien- und Eichenwäldern bedeckt, erreichen sie mit dem Monte Cavo eine Höhe von 949 m. Der vulkanische Boden bietet die Voraussetzung für berühmte Weinkulturen. Neben Albano sind wichtige Orte Genzano, Castel Gandolfo, Marino und Frascati mit seinen zahlreichen Villen aus dem 16. bis 18. Jh., in denen sich Bauten, Gärten und Landschaft mit ihrem Ausblick auf Rom und über die Campagna bis ans Meer zu einer Einheit verbinden.

Unter den Weinorten der Albaner Berge, den Castelli Romani, nimmt das auf dem Kraterrand gelegene Castel Gandolfo (426 m ü. M.) mit seinem herrlichen Panorama auf den Albaner See wie auch zum Meer hin nach seinem Alter – hier lag das sagenhafte Alba Longa, die Rivalin Roms – und als Sitz der päpstlichen Sommerresidenz eine Sonderstellung ein. 1596 erwarb die Apostolische Kammer den ehemaligen Besitz der Savelli, deren Burg über der Akropolis der antiken Siedlung liegt. Papst Urban VIII. (1623 – 44) ließ sie seit 1624 durch Carlo Maderna und andere zur päpstlichen Sommervilla umbauen. Weitere Ausbauten folgten. Die vier Flügel des Apostolischen Palastes umschließen einen Innenhof, in dem während des sommerlichen Aufenthaltes des Papstes gelegentlich kleine Audienzen stattfinden. Die üblichen Mittwochsaudienzen sind seit Johannes Paul II. auch im Sommer stets im Vatikan. Das 550 000 m^2 große Gelände der Sommervilla, das exterritorial ist und nicht besichtigt werden kann, umschließt auch die Villa Cybo und die Villa Barberini. Seit 1936 hat hier die päpstliche Sternwarte ihren Sitz. Bei Aufenthalten des

Papstes versieht die Schweizergarde hier den Sicherheitsdienst.

Vor der Fassade des päpstlichen Palastes liegt der kleine Marktplatz mit einem von G.L. Bernini geschaffenen Brunnen. Der große Meister des Barock entwarf ferner die über einem griechischen Kreuz erbaute Pfarrkirche S. Tommaso da Villanova. Deren Hauptaltar trägt ein Bild dieses Heiligen, des bedeutenden spanischen Bischofs aus dem „Goldenen" 16. Jh., von Pietro da Cortona.

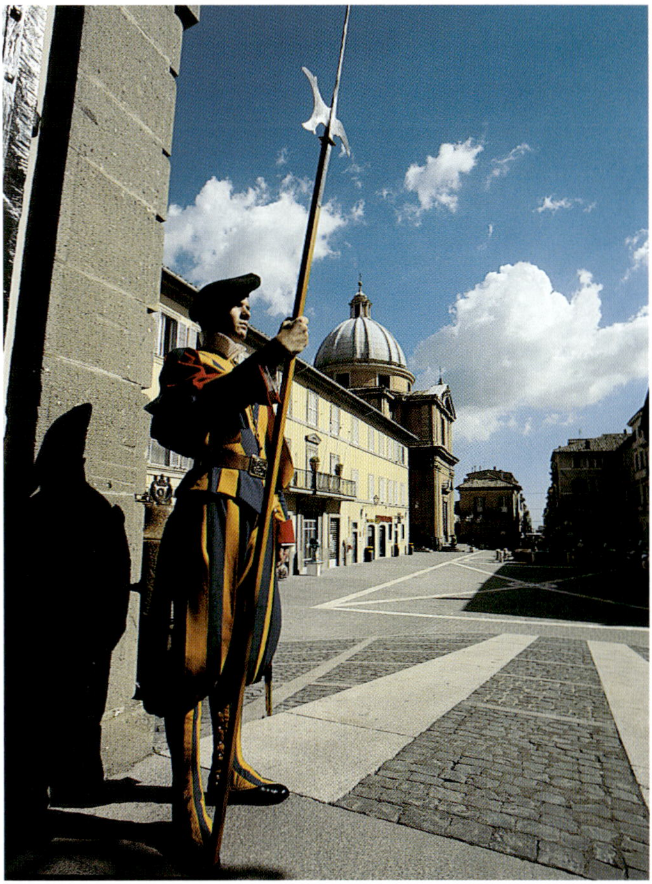

Schweizergardist vor dem Eingang zum Papstpalast. Von dort Blick über die Piazza zur Kirche.

Anhang

Praktische Hinweise

Zusammengestellt von Edith Maria Schaffer

Reisezeit. Rom hat ein auch für italienische Verhältnisse sehr vorteilhaftes Klima. Man kann die Stadt daher zu allen Jahreszeiten besuchen, doch kann der Hochsommer (15. Juli – 15. September) sehr heiß sein, so daß Besichtigungen mühsam werden. November und Februar gelten als regenreich, doch muß dies nicht so sein. Wegen der Nähe des Meeres sind Wetterwechsel häufig.

Die **Anreise** kann mit dem Flugzeug (vom Flughafen Fiumicino verkehrt eine Bahn zum Hauptbahnhof Termini), mit dem Zug (von Basel, Schaffhausen, München, Wien gute Schlafwagenverbindungen) und mit dem Auto erfolgen. Das historische Zentrum Roms ist für Autos weitgehend nur mit Sondererlaubnis zugänglich. Es empfiehlt sich, auch aus Sicherheitsgründen, auf das eigene Auto zu verzichten. Diebstähle und mutwillige Beschädigungen an Autos kommen häufiger als in Deutschland vor (Keine Wertsachen im Wagen lassen. Möglichst bewachte Parkplätze benutzen).

Öffentliche Verkehrsmittel. Neben den zwei Linien der U-Bahn (Metro) ist die Stadt gut durch öffentliche und dazu preiswerte Busse erschlossen (Es gibt Tages-, Wochen- und Monatskarten. Einzelfahrscheine für Metro, Straßenbahn und Bus gibt es an vielen Zeitungskiosken und „Tabacchi-Läden“ mit einem „T“- oder „ATAC“-Zeichen. Wichtigste Buslinie: 64 vom Vorplatz Termini nach St. Peter). In manchen Buslinien gibt es Taschendiebe. Die früher häufigen Streiks der öffentlichen Verkehrsmittel sind in den letzten Jahren selten geworden. Seit dem Heiligen Jahr 2000 gibt es die Buslinie „J“ zu den Patriachalbasiliken, Katakomben u. a. (Fahrkarten im Bus erhältlich).

Es empfiehlt sich, eine kleinere Menge **Bargeld** mitzubringen. In größeren Hotels, Gaststätten und Geschäften kann man mit der Kreditkarte zahlen. Im übrigen kann man mühelos an fast allen Bankautomaten mit EC- und gängigen Kreditkarten Geld abheben.

Inzwischen sind fast alle römischen **Fernsprecher** Kartentelefone. Telefonkarten (Euro 2,58 und 5,–) sind in Kiosken und Bars erhältlich. Vorwahl von Rom nach Deutschland: 0049, nach Österreich: 0043, in die Schweiz: 0041, von Deutschland und der Schweiz aus nach Rom: 0039.06, von Österreich aus nach Rom: 0040.06. Beispiel: Das Deutsche Pilgerbüro in Rom ist von Deutschland aus zu erreichen unter der Nummer 0039.06.6897197.

Über **Unterkünfte** geben die Hotelführer Auskunft. Das Deutsche Pilgerbüro, Via della Conciliazione, 51, I-00193 Roma, Tel. 06.6897197 hält eine Liste mit preiswerten Unterkünften in kirchlich geführten Pensionen bereit.

Die **Gaststätten** nennen sich „Ristorante“ – das ist durchweg die anspruchsvollere Kategorie – „Trattoria“ oder „Osteria“. Die qualitativen Grenzen sind dabei sehr fließend. Die „Tavola calda“ bietet preiswerte Fertiggerichte an (auch zum Mitnehmen). Bars bieten nicht immer Sitzgelegenheiten. Den Schlüssel zur Toilette muß man oft an der Theke erbitten. Der Verzehr im Stehen an der Theke ist immer preiswerter als mit Bedienung im Sitzen. In den Gaststätten geht man nicht fehl, wenn man als Getränk den offenen Wein des Hauses (vino della casa) erbittet, da die Weinqualität eine Ehrenfrage ist. In der unmittelbaren Nachbarschaft von St. Peter gibt es keine Gaststätten, wohl aber in den nahen Nebenstraßen (u.a. Borgo Pio, Via delle Fornaci).

Die **wichtigeren Kirchen** Roms sind täglich, außer 12.00 – 16.00 Uhr, geöffnet. Die Patriarchalkirchen sind auch über die Mittagszeit, viele Nebenkirchen dagegen nur am Sonntagvormittag geöffnet.

Vatikan

Auf der linken Seite des Petersplatzes gibt es ein Informationsbüro für Pilger, in dem man Pläne, Führer und Postkarten erwerben kann. Unmittelbar daneben befindet sich ein vatikanisches Postamt. Der Vatikan gibt als selbständiger Staat eigene Briefmarken heraus. Die damit frankierten Sendungen dürfen nur in die vatikanischen blauen Briefkästen (auf Vatikangebiet) eingeworfen werden.

St. Peter

Öffnungszeit: 7.00 – 18.00,
Sommer 7.00 – 19.00
Besichtigung nur 10.00 – 16.00,
So 13.00 – 15.00
Tesoro (Schatzkammer) 9.00 – 17.30
Euro 5,– bzw. 3,–
Kuppel 8.00 – 17.00. Euro 4,–,
mit Aufzug Euro 5,–

Nekropole unter St. Peter nach vorheriger Anmeldung und Vorausbezahlung im Ufficio Scavi, Piazza dei Protomartiri Romani, I-00120 Città del Vaticano, Tel. 06.69885318 Euro 9,–

Vatikanische Museen, Viale Vaticano

Vom Petersplatz fährt ein Bus zum Museum. Zu Fuß erreicht man den Eingang nach rechts an der Vatikanmauer entlang in 10 Minuten. Tel. 06.69884947, Mo – Sa 8.45 – 13.45 – 1. März – 31. Okt: 8.45 – 15.45 Euro 10,–. Für Studenten bis 26 mit internationalem Studentenausweis und Pilger mit Bestätigung der Heimatdiözese Euro 7,–. Am letzten Sonntag im Monat und am 27. September kostenlos.

Am Mittwochvormittag findet normalerweise eine **Papstaudienz** statt, und zwar in St. Peter oder in der Audienzhalle, bei sehr starkem Andrang auch nacheinander in beiden Räumen oder auf dem Petersplatz. Zur Teilnahme ist eine Karte (kostenlos) erforderlich. Man erhält sie beim Deutschen Pilgerbüro, Via della Conciliazione, 51, I-00193 Roma (in Richtung Petersdom auf der linken Seite etwa 50 m vor dem Ende der Straße, grünes Portal) Tel. 06.6897197, oder bei der Anima, Via della Pace, 20, I-00186 Roma, Tel. 06.6864160. Man kann sie auch vorher schriftlich (in deutscher Sprache) beantragen bei den genannten Stellen und bei der Prefettura della Casa Pontificia, I-00120 Città del Vaticano. Falls man in diesem Schreiben neben dem erbetenen Termin auch das römische Quartier (genaue Adresse!) angibt, werden die Karten am Vortag der Audienz dorthin kostenlos zugestellt. Bei den gleichen Stellen kann man auch Karten für die Gottesdienste mit dem Papst bestellen.

Archäologische Zonen und Museen
In staatlichen Museen haben Bürger der EU bis zu 18 und über 60 Jahre freien Eintritt.

Forum Romanum, Via dei Fori Imperiali
Mo – So 9.00 – 1 Stunde vor Sonnenuntergang; gratis.
Der Palatin ist auf dem Weg über das Forum beim Titusbogen zu erreichen.
Palatin und Kolosseum Doppeleintrittskarte Euro 8,–

Kolosseum
Täglich 9.00 – 1 Stunde vor Sonnenuntergang.

Engelsburg (Castel S. Angelo), Lungotevere di Castello, 9.00 – 19.00 außer Montags.
Euro 5,–

Galleria Nazionale d'Arte Antica nel Palazzo Corsini, Via della Lungara, 10.
Tel. 06.68 80 23 23
täglich 8.30 – 19.00 außer Montags.
Euro 4,–

Farnesina, Via della Lungara, 230.
Tel. 06.68 80 17 67
Mo – Sa 9.00 – 13.00, Do und Sa auch 14.30 – 18.30, frei unter 14 und über 65 Jahren. Euro 4,50

Orto Botanico, Largo Cristina di Svezia, 24,
Tel. 06.6 86 41 93
Di – Sa 9.30 – 17.30, Sommer 9.30 – 18.30.
Euro 2,–

Quirinalpalast, Piazza del Quirinale
Sonntags 8.30 – 12.30. gratis. Gärten geöffnet am 2.6. (Festa della Repubblica).

Musei Capitolini e Pinacoteca, Piazza del Campidoglio. Tel. 06.67 10 20 71
Di – So 9.00 – 20.00. Euro 6,20,
bei Sonderausstellungen Euro 7,80

Museo di Goethe (Goethe-Haus),
Via del Corso, 18. Tel. 06.32 65 04 12
Mi – Mo 11.00 – 18.00. Euro 3,– unter 18, über 60 Euro 2,–

Museo di Palazzo Venezia, Via del Plebiscito, Piazza Venezia. Tel. 06.6 99 94 318
Di – So 9.00 – 19.00. Euro 4,–

Museo e Galleria Borghese, Villa Borghese, Piazza Scipione Borghese, Voranmeldung Tel. 06.32 81 01
Di – Sa 9.00 – 19.00. Euro 6,50 und 1,50

S. Ceciliä, Fresken Cavallini,
Di., Do 10.00 – 11.30 (Spende)

Kirchen mit deutschsprachigem Gottesdienst
Katholische Gemeinde S. Maria dell'Anima, Via della Pace, 20.
Via S. Maria dell'Anima, 64.
I-00186 Roma
Gottesdienst So 10.00

Campo Santo Teutonico,
I-00120 Città del Vaticano.
Täglich 7.00 – 12.00,
Gottesdienst So 9.00;
im August ist die Kirche geschlossen.

Evangelisch-Lutherische Gemeinde Rom,
Via Toscana, 7, I-00187 Roma
Gottesdienst So 10.00 in der Christuskirche, Via Sicilia, 70

Beichtgelegenheit besteht in St. Peter in allen wichtigeren Sprachen
Mo – Sa 7.00 – 12.30, 15.00 – 18.00,
im Sommer bis 19.00
So 7.00 – 13.00, 16.00 – 18.00,
im Sommer bis 19.00

Wichtige Katakomben
S. Domitilla, Via delle Sette Chiese, 282,
I-00147 Roma, Tel. 06.5 11 03 42
Verwaltet von Barmherzigen Brüdern aus dem Mutterhaus Trier
Mi – Mo 8.30 – 12.00, 14.30 – 17.00.
Im Januar geschlossen, Euro 5,–

S. Callisto, Via Appia Antica, 110,
I-00179 Roma, Tel. 06.51 30 15 80
Verwaltet von Salesianern
Do – Di 8.30 – 12.00, 14.30 – 17.00.
Im Februar geschlossen, Euro 5,–

S. Priscilla, Via Salaria, 430,
I-00199 Roma, Tel. 06.86 20 62 72
Verwaltet von Benediktinerinnen
Di – So 8.30 – 12.00, 14.30 – 17.00.
Im Januar geschlossen, Euro 5,–

S. Agnese, Via Nomentana 349,
I-00162 Roma, Tel. 06.8 61 08 40
9.00 – 12.00, 16.00 – 18.00 außer Montagnachmittag und Sonntagvormittag, Euro 5,–

S. Sebastiano, Via Appia Antica, 132.
I-00179 Roma, Tel. 06.7 88 70 35
Verwaltet von Franziskanern
Fr – Sa 9.00 – 12.00, 14.30 – 17.00.
10. Nov. – 10. Dez. geschlossen, Euro 5,–

Die **diplomatische Vertretungen** stehen ihren Staatsangehörigen beim Verlust der Personalpapiere zur Verfügung.

Botschaft der Bundesrepublik Deutschland
Via S. Martino della Battaglia, 4,
I-00185 Roma, Tel. 06.49 21 31

Österreichische Botschaft,
Via Pergolesi, 3. I-00198 Roma,
Tel. 06.8 44 01 41

Luxemburgische Botschaft,
Via S. Croce in Gerusalemme, 90,
I-00185 Roma,
Tel. 06.77 20 11 77

Schweizerische Botschaft und Konsulat,
Via Barnaba Oriani, 61/b.
I-00197 Roma,
Tel. 06.8 08 36 41

Literaturhinweise

Walther Buchowiecki (Bde 1-3)/Brigitte Kuhn-Forte (Bd 4), Handbuch der Kirchen Roms (Wien 1967/97).

Leo Bruhns, Die Kunst der Stadt Rom. Ihre Geschichte von den frühesten Anfängen bis in die Zeit der Romantik (Wien-München ND 1972).

Filippo Coarelli, Rom. Ein archäologischer Führer (Freiburg u. a. 1974).

Arne Effenberger, Frühchristliche Kunst und Kultur. Von den Anfängen bis zum 7. Jahrhundert (Leipzig 1986).

Ursula Verena Fischer Pace, Rom, 2 Bde. (Darmstadt 1988) (= Kunstdenkmäler in Italien).

Eva Maria Jung-Inglessis, Das Heilige Jahr in Rom. Geschichte und Gegenwart (Città del Vaticano 1997).

Richard Krautheimer, Rom. Schicksal einer Stadt 312 – 1308 (München 1987).

Klaus Schatz, Der päpstliche Primat. Seine Geschichte von den Ursprüngen bis zur Gegenwart (Würzburg 1990).

Abbildungsnachweise

Biblioteca Hertziana, Rom, Fotothek S. 74, 104, 106, 183, 202, 230, 257, 272, 273, 293, 302, 306, 318, 328

Bildagentur Huber, Garmisch-Partenkirchen S. 124, 127, 323

Bolońský, Stanislav, Prag S. 335

Meier, Stefan, Città del Vaticano S. 35, 43, 49, 77, 82 oben u. unten, 83, 84, 85, 90, 97, 98, 99, 100, 101, 102, 107, 110, 112, 121, 122, 125, 129, 131, 187, 203, 204, 206, 221, 222, 228, 231, 244, 246, 254, 258, 259, 260, 262, 263, 264, 268, 274, 283, 287, 296, 297, 298, 307, 308, 309, 325, 329, 331, 334 unten, 336, 338, 339, 342, 344, 345, 348, 350, 355, 356, 359, vordere Umschlagseite

Musei Vaticani, Città del Vaticano, Fototeca / A. Bracchetti - P. Zigrossi S. 163, 168, 171; M. Sarri S. 148, 152, 158, 160; Vasari S. 24, 193, 199, 208, 209, 223, 224, 226, 227

PCAS, Città del Vaticano S. 32, 38 (Schlechter, Franz, Heidelberg), 233, 234 (Schlechter), 237 (Schlechter), 239 (Schlechter), 242, 243

Schlechter, Franz, Heidelberg / Deckers, Johannes G., München S. 7, 10, 47, 261

Vasari, Giorgio, Rom S. 15, 20, 36, 53, 56, 61, 64, 69, 73, 87, 88, 93, 94, 96, 113, 114, 117, 119, 130, 132, 135, 137, 140, 141, 143, 144, 145, 146, 150, 159, 174, 176, 178, 181, 190, 195, 197, 198, 200, 210, 211, 212, 215, 217, 219, 247, 248, 249, 250, 251, 252, 270, 271, 275, 276, 277, 280, 281, 282, 284, 285, 291, 292, 295, 300, 305, 310, 312, 314, 315, 316, 319, 326, 327, 330, 332, 334 oben, 340, 341, 349, 352, 354

Verlag Schnell & Steiner, Regensburg / v. Goetz, Roman S. 28

Weiland, Albrecht, Regensburg S. 80, 236, 240, 241

Die Papstwappen wurden mit freundlicher Genehmigung dem Werk: Brigitte Kuhn-Forte, Handbuch der Kirchen Roms, Band 4, Verlag Brüder Hollinek, Wien 1997, entnommen.

Die Papstbildnisse auf den Seiten 63, 66, 67, 70 und 71 sind Kupferstiche des ausgehenden 16. Jh.s und wurden freundlicherweise vom Graphischen Kabinett des Stiftes Göttweig zur Verfügung gestellt.

Die Grundrisse und Längsschnitte zeichnete Edith Maria Schaffer, Rom.

Stadtpläne: Berndtson & Berndtson Productions GmbH, Fürstenfeldbruck.

Register*

Stichwort-Verzeichnis

Historische Personen

Künstler

Orte und Regionen außerhalb Roms

Objekte in Rom

Die in Klammern gesetzten Ziffern beziehen sich auf die Hinweise der Objekte in den jeweiligen Stadtplänen.
Hinweise auf Gemälde und Skulpturen befinden sich auch im Stichwortverzeichnis S. 366f.

* Das Register wurde von Frau Gabriele Woll, Regensburg, erstellt

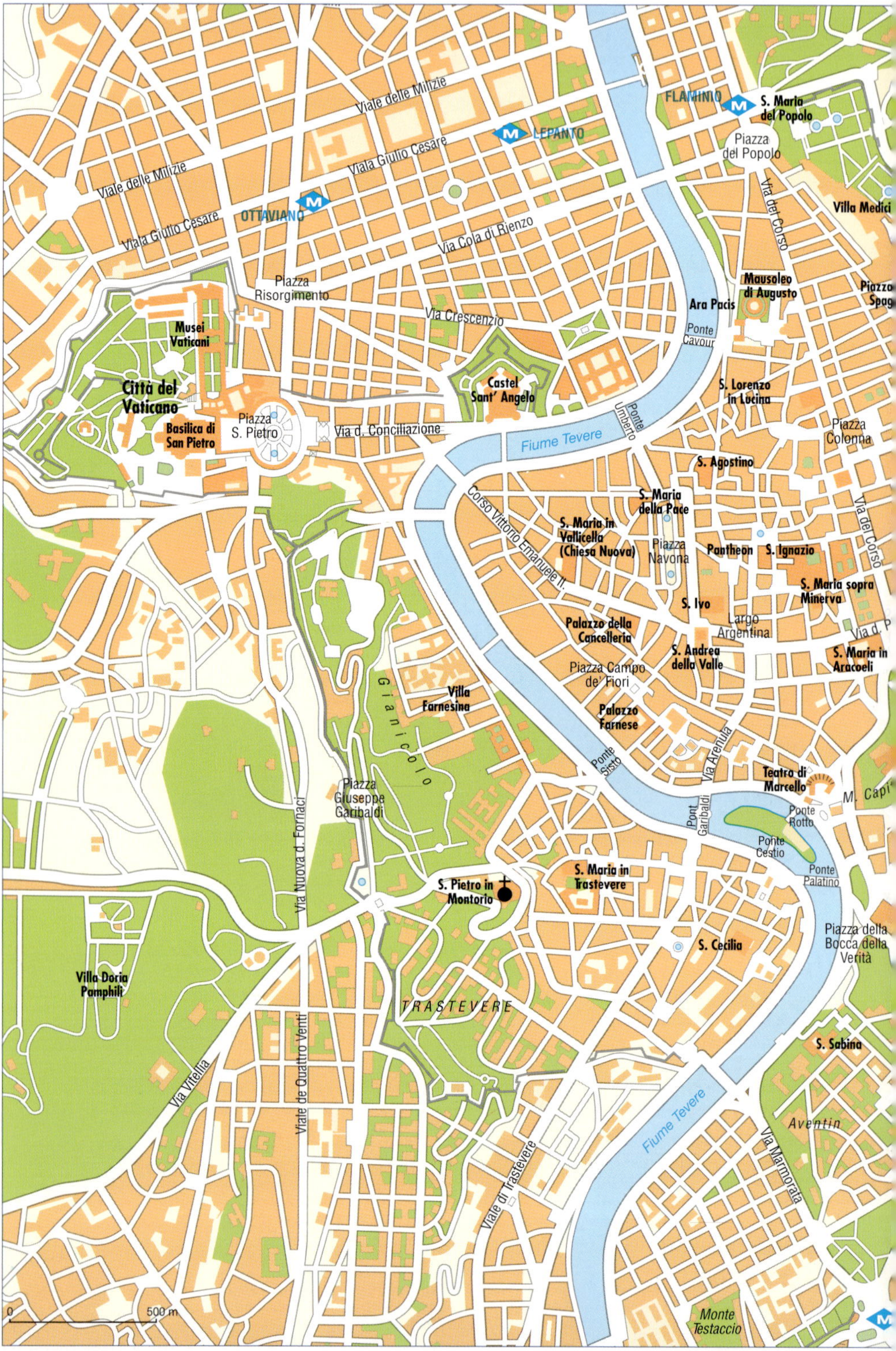
Viale delle Milizie
Viala Giulio Cesare
LEPANTO
FLAMINIO
S. Maria del Popolo
Piazza del Popolo
Viale delle Milizie
Viala Giulio Cesare
OTTAVIANO
Via Cola di Rienzo
Via del Corso
Villa Medici
Piazza Risorgimento
Mausoleo di Augusto
Ara Pacis
Via Crescenzio
Musei Vaticani
Ponte Cavour
Città del Vaticano
Castel Sant' Angelo
S. Lorenzo in Lucina
Piazza S. Pietro
Basilica di San Pietro
Via d. Conciliazione
Ponte Umberto
Fiume Tevere
Piazza Colonna
S. Agostino
S. Maria della Pace
Corso Vittorio Emanuele II.
S. Maria in Vallicella (Chiesa Nuova)
Piazza Navona
Pantheon
S. Ignazio
Via del Corso
S. Maria sopra Minerva
S. Ivo
Largo Argentina
Palazzo della Cancelleria
S. Andrea della Valle
S. Maria in Aracoeli
Piazza Campo de' Fiori
Gianicolo
Villa Farnesina
Palazzo Farnese
Ponte Sisto
Via Arenula
Teatro di Marcello
Piazza Giuseppe Garibaldi
Via Nuova d. Fornaci
Pont Garibaldi
Ponte Rotto
Ponte Cestio
S. Maria in Trastevere
Ponte Palatino
S. Pietro in Montorio
Piazza della Bocca della Verità
S. Cecilia
Villa Doria Pamphili
TRASTEVERE
S. Sabina
Via Vitellia
Viale de Quattro Venti
Fiume Tevere
Aventin
Via Marmorata
Viale di Trastevere
0
500 m
Monte Testaccio

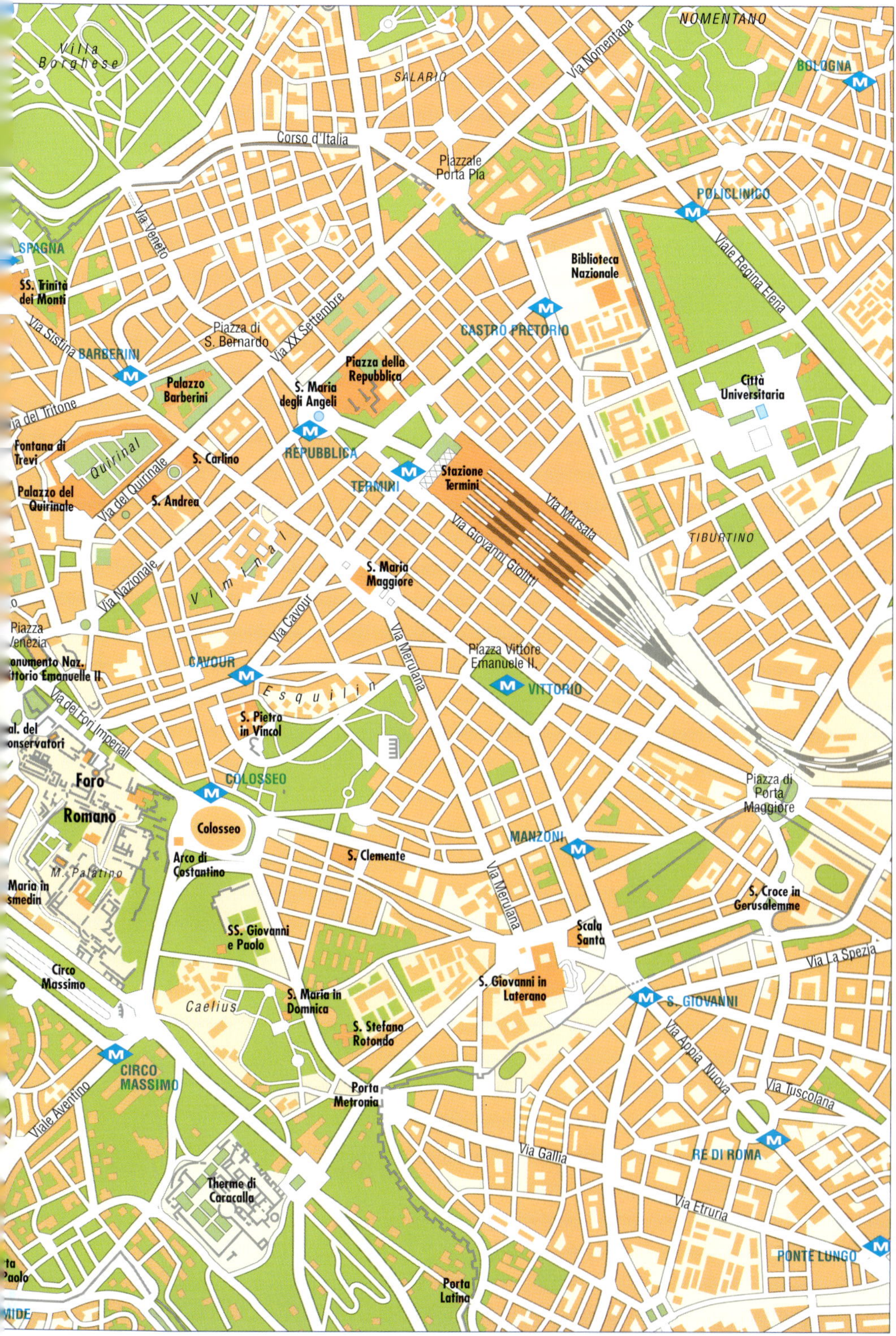
Villa Borghese
SALARIO
NOMENTANO
BOLOGNA
Via Nomentana
Corso d'Italia
Piazzale Porta Pia
POLICLINICO
Viale Regina Elena
SPAGNA
Via Veneto
SS. Trinità dei Monti
Via Sistina
BARBERINI
Piazza di S. Bernardo
Via XX Settembre
Biblioteca Nazionale
CASTRO PRETORIO
Piazza della Repubblica
S. Maria degli Angeli
Palazzo Barberini
Città Universitaria
Via del Tritone
Fontana di Trevi
Quirinal
Via del Quirinale
S. Carlino
REPUBBLICA
TERMINI
Stazione Termini
Palazzo del Quirinale
S. Andrea
Via Marsala
Via Giovanni Giolitti
TIBURTINO
Viminal
Via Nazionale
S. Maria Maggiore
Piazza Venezia
Via Cavour
Via Merulana
Piazza Vittore Emanuele II.
CAVOUR
VITTORIO
Esquilin
Via dei Fori Imperiali
S. Pietro in Vincol
Foro Romano
COLOSSEO
Piazza di Porta Maggiore
Colosseo
Arco di Costantino
S. Clemente
MANZONI
M. Palatino
S. Croce in Gerusalemme
SS. Giovanni e Paolo
Scala Santa
Via La Spezia
Circo Massimo
S. Giovanni in Laterano
S. GIOVANNI
Caelius
S. Maria in Domnica
Via Appia Nuova
S. Stefano Rotondo
CIRCO MASSIMO
Via Tuscolana
Viale Aventino
Porta Metronia
RE DI ROMA
Via Gallia
Therme di Caracalla
Via Etruria
PONTE LUNGO
Porta Latina
M

Notizen